사회복지법제와 실천
(Social Welfare Legal system and Practice)

사회복지 법제와 실천

박용오 · 조달현 · 조재문 공저

Social Welfare
Legal system and Practice

dm 동문사

머리말

우리나라 저출산·고령화로 인한 인구구조 변화와 글로벌 시대를 맞아 사회복지에도 많은 변화가 일어나고 있다. 특히 2025년 초고령사회로 진입은 사회복지의 중심축을 종전 다출산 시대 아동복지에서 고령화 시대 노인복지로 이동시키고 있다. 또한 현대는 글로벌 시대로 다문화가족복지의 중요성이 강조되고 있다. 빠르게 변화하는 사회에서 사회복지는 시대 현상에 맞는 사회복지실천이 중요해지고 있다.

사회복지실천의 환경이 되는 사회복지제도, 즉 사회복지법의 체계를 이해하고, 실천에 활용하기 위한 기초 지식과 방법들을 이해하여야 한다. 사회복지법은 사회복지에 관한 법으로 우선 법에 대한 일반적 이해가 있어야 한다. 일반적으로 법은 체계성 및 논리성을 바탕으로 하고 있다. 이는 legal mind(법적 사고력)로 무장하면 어느 정도 맞닥뜨리는 현상을 해결할 수 있듯이 social welfare legal mind(사회복지법적 사고력)를 기르면 사회복지실천 현장에서 맞닥뜨리는 현상에서 응용력을 발휘할 수 있을 것이다.

본 교재는 물고기를 잡아주는 것보다는 물고기 잡는 법을 알려주는 심정으로 사회복지법제의 체계를 이해하고 social welfare legal mind(사회복지법적 사고력)를 사회복지실천에 활용할 수 있도록 구성하였다. 즉, 총론에서는 사회복지법제의 일반에 관한 사항을 다루고 각론에서는 사회복지실천에 관한 사항을 다루었다. 사회복지실천 분야에서도 각 법제가 갖는 사회복지법제적 위치에 대해 생각할 수 있도록 기술하였다.

사회복지와 사회보장의 개념 및 범위 등에 관한 학문적 논란에도 불구하고 본서에서는 사회보장기본법의 정의에 따른 체계에 따랐다.

총론에서는 법이 무엇인지에 대해 이해를 하고, 사회복지법의 개념, 등장과 전개를 살펴보았다. 영국의 빈민법, 독일의 사회보험법, 미국의 사회보장법은 사회복지법제 역사의 큰 줄기이기 때문이다. 아울러, 우리나라 사회복지법의 역사를 구체적으로 이해하도록 하였다. 사회복지법의 체계로 사회보장기본법을 중심으로 사회복지법 상호 관계를 살펴보았고, 사회복지는 시혜가 아니라 권리임을 알아보고, 사회복지의 국제화를 살펴보았다. 총론의 마지막 부분으로 사회복지법과 사회복지실천과의 관계를 일반적 관점에서 살펴보았다.

각론에서는 크게 사회복지 기본법, 사회보험 관련 사회복지법, 공공부조 관련 사회복지법, 사회서비스 관련 사회복지법으로 구분하였다. 사회복지 기본법에서는 사회보장기본법, 사회복지급여법, 사회복지사업법을 다루었다. 사회보험 관련 사회복지법은 소득보장과 건강보장으로 구분하여 우리나라 5대 사회보험에 대해 다루었다.

본 교재는 한국사회복지교육협의회에서 발간한 '사회복지 교과목 지침서 2022'의 '사회복지법제와 실천' 분야를 참고하여 대부분의 내용이 포함되도록 하였다. 최근 3년에서는 사회복지사 1급 국가시험이 종전 출제된 종합형이나 장애인고용법, 다문화가족지원법, 가정폭력방지 및 피해자보호법, 성폭력방지 및 피해자보호법, 자원봉사활동기본법은 출제되지 않고 있다. 사회복지사 자격증에 필요한 이수과목 및 시험과목으로써의 '사회복지법제와 실천' 교과목에서 현장실천과 1급 국가시험의 중요성에 잘 부합되도록 집필하였다. 최근 5년간 사회복지사 1급 시험 출제 빈도를 조사하여 출제된 법과 분야에 대해서는 그 내용을 모두 포함하였다. 그리고 최근 3년간 모든 기출문제를 각 장에 수록하고 풍부하게 해설함으로써 공부하면서 각 장마다 그 중요도를 인지하도록 하였다.

본 교재를 집필하는 과정에서 집필자들은 집필지침을 공유하고 분야별로 집필한 후, 토론을 거쳐 공동의견으로 논점을 정리하였다. 아무쪼록 사회복지 현장 실천가나 1급 시험을 준비하는 수험생들에게 많은 도움이 되길 바란다.

2024년 8월

저자 일동

차 례

머리말 • 5

Chapter 01 법에 대한 이해 13

1. 법의 필요성 15
2. 법의 이념 17
3. 법의 분류 21
4. 법의 입법과정 24
5. 법의 효력 29
6. 법의 해석 30
7. 판례의 이해 32

Chapter 02 사회복지법의 개념 35

1. 사회복지법의 정의 37
2. 사회복지법의 이념 41
3. 사회복지법의 목적 42
4. 사회복지법의 기본원리 43
5. 사회복지법의 법원 45

Chapter 03 사회복지법의 등장과 전개 55

1. 사회복지법의 등장배경 57
2. 사회복지법의 등장 : 시민법에서 사회법으로 전환 59
3. 사회복지법의 전개 1 : 영국 빈민법 64
4. 사회복지법의 전개 2 : 독일 사회보험법 68
5. 사회복지법의 전개 3 : 미국 사회보장법 70

Chapter 04 우리나라 사회복지법의 역사 75

1. 삼국시대~조선시대 78
2. 일제 강점기~미군정시대 84
3. 대한민국 시대 86
4. 우리나라 사회복지법 역사의 특성과 과제 95

Chapter 05 사회복지법의 체계 101

1. 사회복지법 체계 일반 103
2. 사회복지법의 법률관계 114
3. 사회복지법과 타법과의 관계 115
4. 사회복지자치법규 : 조례 및 규칙 120

Chapter 06 사회복지의 권리성 125

1. 사회복지의 권리성 인식 127
2. 헌법상 기본권 128
3. 사회권적 기본권 135
4. 사회복지수급권 138
5. 사회복지 권리구제 및 보호 143

Chapter 07 사회복지의 국제화 151

1. 사회복지의 국제화 원인 153
2. 사회복지에 관한 국제적 선언 155
3. 사회복지 관련 국제 조약 및 협약 159
4. 사회보장협정 164

Chapter 08 사회복지법과 사회복지실천 169

1. 사회복지법과 사회복지실천의 관계 171
2. 사회복지실천의 가치 173
3. 사회복지법상 사회복지실천 가치 176
4. 사회복지실천 가치 실천가로서 사회복지사의 역할 183

Chapter 09 사회복지 기본법(Ⅰ) – 사회보장기본법 187

1. 사회복지법제적 의의 189
2. 개요 192
3. 사회보장 기본계획 및 사회보장위원회 195
4. 사회보장수급권 197
5. 사회보장제도 운영 199
6. 사회보장비용 204
7. 권리구제 205

Chapter 10 사회복지 기본법(Ⅱ) – 사회보장급여의 이용·제공 및 수급권자 발굴에 관한 법률(약칭 : 사회보장급여법) 215

1. 사회복지법제적 의의 217
2. 개요 219
3. 사회보장급여 220
4. 사회보장정보 227
5. 사회보장 지역계획 및 운영 231
6. 사회보장수급권 보장 235

Chapter 11 사회복지 기본법(Ⅲ) – 사회복지사업법 243

1. 사회복지법제적 의의 245
2. 개요 247
3. 국가 및 지방자치단체의 책임 249
4. 사회복지법인 252
5. 사회복지시설 256
6. 재가복지서비스 260
7. 법정단체 260
8. 사회복지사 제도 262
9. 사회복지사업의 재원 263
10. 수급권 보호 264

Chapter 12 사회보험 관련 사회복지법(Ⅰ) – 소득보장 273

1. 국민연금법 276
2. 고용보험법 285
3. 산업재해보상보험법 291

Chapter 13 사회보험 관련 사회복지법(Ⅱ) – 건강보장 303

1. 국민건강보험법 305
2. 노인장기요양보험법 315

Chapter 14 공공부조 관련 사회복지법 327

1. 국민기초생활보장법 331
2. 의료급여법 338
3. 긴급복지지원법 342
4. 기초연금법 345
5. 장애인연금법 349

Chapter 15 사회서비스 관련 사회복지법 361

1. 노인복지 관련법 365
2. 장애인복지 관련법 367
3. 아동복지 관련법 371
4. 가족복지 관련법 377
5. 기타 사회서비스 관련법 385

참고문헌 • 401
찾아보기 • 403

Chapter

01

법에 대한 이해

1. 법의 필요성
2. 법의 이념
3. 법의 분류
4. 법의 입법과정
5. 법의 효력
6. 법의 해석
7. 판례의 이해

Chapter

01 법에 대한 이해

사회복지 관련법을 이해하기 위해서는 우선 법이 무엇인지 이해를 하여야 한다. 법에 대한 기초이론은 사회복지법 개념 및 체계를 이해하는 데 도움이 된다.

1. 법의 필요성

1) 인권보장

사회규범으로써의 법의 기능이 현존 질서 유지라면 현대사회에서는 더 나아가서 법은 인권보장의 기능을 하고 있다. 인권은 인간이 태어날 때부터 가지고 있는 보편적, 고정불변의 권리이며(보편성), 누구에 의해서도 침해받지 않아야 되며(불가침성), 누구에게도 양도할 수 없는(불가양성) 권리이다(조원탁 외, 2022: 23).

인권은 자유권, 참정권, 생존권(사회권, 복지권)으로 나타나는데, 근대에서 자유권과 참정권이 강조되었다면, 현대에는 생존권(사회권, 복지권)이 강조되고 있다. 세계인권선언 전문에서 법에 의한 통치에 의하여 인권 보호가 필수적이라 하고, 우리나라 헌법 제10조는 국가는 개인이 가지는 불가침의 기본적 인권을 확인하고 보장할 의무를 가진다고 하여 법의 기능이 인권을 적극적으로 보장하는 것으로 명확히 정의하고 있다.

2) 사회규범

이 세상에 혼자 산다면 생활하는 데 아무 거리낌이 없다. 나의 생각과 행동이 그 어느 누구에게도 피해를 주지 않기 때문이다. 두 명 이상 산다면 어떨까? 서로 양보하면서 충돌하는 일이 없겠지만 한정된 재화를 나누어 가져야 하는 경우 충돌이 있게 된다. 평화로운 공동생활을 하기 위해서는 사회규범이 필요하게 된다. 즉, 개인과 개인, 개인과 공동체, 공공체와 공동체의 관계를 규율하는 규범이 필요하게 된다. 이 규범이 법(法)이다. 법은 행위규범, 강제규범, 조직규범, 사회규범, 재판규범, 당위규범의 성격을 갖는다.

규범은 해야 하는 명령과 하지 말아야 하는 금지를 내용으로 하고 있다. 규범의 내용은 상충하는 경우도 있다. 예를 들어, 살인을 하지 말라는 규범이 있어 살인을 하면 형법에 의해 처벌 받는다. 살인을 하지 말라는 규범이 없다면 힘에 의한 약육강식의 세계가 있을 뿐이다. 그런데 전쟁터에서는 군인이 적군을 죽이라는 규범이 있다. 살인이라는 행위에 명령과 금지의 규범이 동시에 존재한다. 이 상반된 규범의 목적은 사회의 평화를 지키려는 것에서 동일하다. 이와 같이 규범은 사실이나 행위의 의미를 해석하고 판단하는 기준 역할을 하는 것으로 볼 수 있다.

3) 분쟁 조정 · 해결

법은 행위가 따라야만 하는 당위규범으로써의 척도를 제시하며, 누구에게 법적 권리와 법적 의무가 있는가를 판단할 수 있는 근거가 되어 분쟁 해결 기능을 가진다. 특히, 공익을 목적으로 사익을 제한하는 경우 공익과 사익의 합리적 조화를 위한 조정의 기능도 한다.

4) 제도 형성

법치주의 국가에서 정치, 경제, 교육, 가족제도 등 모든 사회제도는 법 형식에 의하여 수립되고 촉진된다. 다른 측면에서는 법은 정부가 계획한 사회적 변화를 이끌어 내는 중요한 하나의 방법으로 활용된다. 사회현상이 법을 통해 제도화된다. 법을 통해 제도를 만들어 사회변화를 시도하는 것은 복잡한 현대국가에서 필연적이라고 할 수 있다.

2. 법의 이념

법은 이념과 가치를 실현하기 위해 존재한다. 법의 이념은 법의 목적이라고도 하는데 법이 무엇을 위해 존재하는가, 법은 왜 있는가 하는 법의 존재가치를 말한다. 따라서 법의 이념은 법의 정당성 판단의 근거, 법의 가치를 평가하는 척도, 법을 준수해야 하는 근거가 된다. 독일의 법철학자 라드브루흐(G. Radbruch)는 법의 이념으로 정의, 합목적성, 법적 안정성을 들고 있다.

1) 정의

정의는 공동생활을 하는 사람들에게 기본권이 보장되고, 자의적인 불평등이 금지되어 자신이 받아야 할 대가를 정당하게 받아야 하는 것을 의미한다.

아리스토텔레스(Aristoteles)는 정의를 사람과 사람과의 관계에서 실현해야 할 사회적 도덕으로 간주하여 정의를 일반적 정의, 평균적 정의, 배분적 정의로 구분하였다. 일반적 정의는 사회구성원인 개인이 개인의 감정과 행동을 공동생활의 일반원칙에 따라 법을 준수하는 것이다. 평균적 정의는 절대적 · 산술적 평등을 원리로 하여 사람들의 능력과 개성의 차이를 고려하지 않고 모두에게 동일하게 적용하며, 평등자 간의 병렬관계에서 타당하다. 급부와 반대급부, 손해와 배상, 범죄와 형벌 등에서처럼 등가가치의 균형을 유지하고자 한다. 배분적 정의는 상대적 · 비례적 평등을 원리로 하여 각자의 능력과 기여에 대응하여 명예, 재화, 기타 이익을 공정하게 배분하며, 불평등자의 상하관계에 타당하다. 부자에게는 세율을 높게 하거나 능력 있는 자에게 급여를 더 많이 준다.

라드브루흐는 아리스토텔레스의 정의론을 원용하여 평균적 정의는 평등한 입장에 있는 자끼리의 정의이므로, 그 전제로서 배분적 정의가 적용되어 당사자에게 평등한 입장을 만들어 주어야 한다고 하여 배분적 정의야말로 정의의 근원적 형태라고 한다. 대체로 정의라는 것은 사회구성원 각자에게 그의 몫을 귀속시키는 배분적 정의에 가장 중요한 의미를 두고 있다고 생각된다. 물론 정의라는 것 자체가 추상적 개념이므로 시대, 민족, 문화, 정치형태 등에 따라 그 내용이 매우 다르게 나타난다. 그러나 이런 여타의 변수에도 불구하고 '각자에게 그의 몫을'이라는 배분적 정의의 기본이념은 변하지 않는다고 생각된다.

2) 합목적성

합목적성은 가치관에 구체적으로 합치되는 것을 말한다. 법의 이념으로서의 정의는 같은 것을 같게, 다른 것을 다르게 취급하라는 형식적인 이념으로 법의 내용을 일반화하는 것이다. 합목적성은 법이 요구하는 가치관에 따라 법의 목적을 현실화하는 것이다. 무엇이 법의 목적이고 합목적적이냐 하는 것은 사회의 가치관에 따른 상대적인 개념으로 사회적, 정치적, 사상적 배경에 의해 구체적 내용이 결정된다.

라드브루흐는 법의 목적은 세계관의 차이에 근거하여 개인주의, 단체주의, 문화주의와 같은 여러 입장으로 나뉘어 대립하고 있다고 하면서 이들 사이의 선택의 문제로 파악하였다. 개인주의는 개인의 가치를 중시하여 다수의 이익으로부터 개인의 가치를 보호하는 것이 법의 목적이다. 단체주의는 전체의 이익을 중시하여 전체가 그 구성원들을 위하여 존재하는 것이 아니고 구성원들이 전체를 위해 존재하는 것이며, 국가이익이 개인이익에 우선한다는 것을 법의 목적으로 본다. 문화주의에서는 문화를 중시하며 개인은 문화적 가치 실현에 봉사하고 법과 국가는 문화에 봉사하는 것이 법의 목적이 된다고 하였다.

오늘날 법의 목적은 개인의 권리와 자유를 중시하는 개인주의와 공공의 복리라는 단체적 가치를 추구하는 단체주의와의 대립 · 모순되는 가치관을 조절하는 데 있다. 두 이익의 대립은 그중 어느 하나를 결정하는 선택의 문제가 아니라 양자를 포함하고 이해하는 상대적인 문제라고 할 수 있으며, 개개인의 이익을 최대한 보장하면서 공익을 실현하는 것이 법의 합목적성이라 할 것이다.

3) 법적 안정성

법적 안정성은 사람들이 안심하고 생활할 수 있는 상태, 즉 법에 의하여 보호되는 사회생활의 질서와 안정을 말한다. 어떤 행위나 권리의 행사가 정당한 것이면 보호받고, 잘못된 것이면 손해배상을 하거나 형벌을 받게 된다는 것을 명백히 함으로써 안심하고 생활할 수 있게 된다.

법적 안정성을 유지하기 위해서는 법의 내용이 명확해야 한다. 법이 쉽게 변경되어서는 안 되며, 특히 입법자의 자의에 영향을 받아서는 안 된다. 법이 실제로 실행 가능한 것이어야 하며 너무 높은 이상만 추구하여서는 안 된다. 법은 시민들의 법의식에 합치되는 것이어야 한다.

4) 법이념의 상호관계

정의, 합목적성, 법적 안정성의 세 이념은 상호 긴장과 협조의 관계에 있을 수 있다. 정의는 공동생활을 하는 사람들에게 기본권이 보장되고, 자의적인 불평등이 금지되어 자신이 받아야 할 대가를 정당하게 받아야 하는 것을 요구한다는 점에서 그것을 실증적으로 보장하는 법적 안정성을 요구한다. 법적 안정성이 정의에 우선하는 상반된 경우도 있다. 예를 들면, 권리자가 본인의 권리를 행사할 수 있음에도 불구하고 그 권리를 행사하지 않는 사실상태가 일정기간 계속되면 권리의 소멸을 인정하는 소멸시효제도는 법적 안정성을 정의보다 우선시하는 사례로 보인다. 정의와 합목적성은 서로 상반되는 경우도 있다. 따라서 정의는 평등을 중시하지만 합목적성은 가능한 한 개별화되지 않으면 안 되는 것이다.

이 세 가지 법의 이념은 시대에 따라 각각 비중을 달리한다. 즉, 자연법 시대에는 목적적 의미로서 정의의 이념이 강조되었고, 경찰국가 시대에는 국가의 목적을 위하여 수단적 의미로서 합목적성의 이념이 강조되고, 정의나 법적 안정성은 희생시켰다. 법실증주의 시대에는 법적 안정성을 유지하기 위하여 정의나 합목적성이 소홀히 되었다. 또한 법체계에 있어서도 형법에서는 정의의 이념이, 행정법에서는 합목적성이, 민법이나 소송법에서는 법적 안정성이 강조된다. 정의, 합목적성, 법적 안정성은 법의 이념이나 목적으로서는 변하지 않을 것이나 시대 또는 사회에 따라 그 내용이 상대적으로 변화할 것이다.

3. 법의 분류

1) 자연법과 실정법

자연법과 실정법의 정의는 아리스토텔레스의 '자연의 정의'와 '법의 정의'가 언제나 일치하지는 않는다는 주장과 맥을 같이한다. 자연의 정의는 어느 곳에서나 똑같은 효력을 갖고서 존재한다. 자연법은 인간의 본성 또는 사물의 본성에 근거하여 언제 어디서나 유효한 보편적이고 불변적인 법칙이다. 자연법은 인간이 올바른 사회생활을 하는 데 필요한 하나의 근본지침이라고 할 수 있다. 반면, '법의 정의'는 사람들이 어떻게 생각하느냐에 따라 존재한다. 실정법은 특정한 시대와 특정한 장소에서 효력을 가지는 법규범이다. 실정법은 국가기관이 제정하는 헌법, 법률, 명령, 규칙 등 성문법이 일반적이지만, 예외적으로 관습법, 판례법 등과 같이 경험적인 사실에 기반을 두어 성립되고 현실로 행해지는 불문법이 있다.

자연법과 실정법은 상호 보완적 관계에 있다. 자연법은 실정법의 존재 근거이며 자연법의 이념적·추상적 규범적 내용을 실정법으로 구체화하고 있다. 그러나 실정법이 모든 것을 구체화할 수는 없고 그 부족한 부분은 자연법에 의하여 해석되므로 자연법은 실정법의 근거이기도 하면서 보충적 역할을 하기도 한다.

2) 공법, 사법, 사회법

공법은 국가의 조직이나 국가 간 또는 국가와 개인 간의 관계를 규정하는 법률이다. 헌법, 행정법, 형법, 민사소송법, 형사소송법, 국제법 등이 포함된다. 사법은 개인 사이의 권리나 의무관계를 규율하는 법을 통틀어 이르는 말이다. 민법과 상법 등이 이에 속한다.

법을 공법과 사법으로 나누는 것은 로마법 이래의 전통적인 분류방법이다. 공법과 사법으로 구별하는 실익은 공법원리와 사법원리가 서로 다르기 때문이다. 공법과 사법을 구분하는 기준은 법이 보호하는 이익이 사회공동의 이익인가, 개인의 이익인가(이익설), 법률관계의 주체가 국가와 공공단체 상호 간 또는 국가 대 사인, 사인 상호 간인가(주체설), 권력 복종의 관계인가, 대등한 관계인가(법률관계설) 등을 들 수 있다.

사회법은 자본주의가 발달함에 따라 빈부 격차, 노사 대립, 독점 자본가의 출현, 실업의 급증 등으로 인해 발생한 사회 문제를 해결하기 위해 국가의 적극적인 개입이 필요해지면서 19세기 말경에 등장하였다. 국가는 모든 사람에게 인간다운 생활을 보장하기 위해 종래의 자유방임적 태도를 지양하고, 복지국가 실현을 위하여 국민생활에 적극적으로 관여하여 사익과 공익의 조화를 시도하였다. 사회법은 인간의 실질적 평등이나 사회적 조화를 달성하기 위한 법으로, 공법과 사법이 혼합되어 있어서 공법과 사법의 어느 하나에 배타적으로 속하지는 않는 '제3의 법 영역'으로 노동법, 경제법, 사회보장법, 사회서비스법 등을 말한다.

3) 일반법과 특별법

일반법과 특별법은 법적용 및 법효력이 미치는 범위를 기준으로 나눈다. 일반법이란 법의 효력이 특별한 제한 없이 일반적으로 적용되는 법을 말하며, 특별법이란 일정한 장소, 사항, 사람에게만 국한하여 적용되는 법을 말한다.

일반법과 특별법의 관계는 상대적이다. 비교 대상에 따라 일반법이었던 법이 특별법이 될 수도 있고 특별법이었던 법이 일반법이 될 수도 있다. 예를 들어, 사회복지사업법(1970년)은 사회복지 관련법에서 일반법의 지위를 가지다가, 사회보장기본법(1995년)이 제정된 이후에는 특별법적 지위를 가지게 되었다.

일반법과 특별법을 구별하는 실익은 법의 적용에서 동일한 사항에 일반법과 특별법이 병존하는 경우 특별법이 일반법에 우선하여 적용된다는 '특별법 우선의 원칙'에 있다. 즉, 특별법은 일반법에 우선하여 적용되고, 특별법에 해당 규정이 없는 경우 그의 보충으로서 일반법이 적용된다.

4) 강행법과 임의법

강행법(강행규정)과 임의법(임의규정)은 법률 또는 법조문의 적용이 강제적이냐 임의적이냐를 기준으로 분류된다. 강행법은 법률행위 당사자의 의사를 묻지 않고 절대적으로 적용하는 법이고, 임의법은 법률행위 당사자의 의사에 따라 적용되는 법이다. 강행법은 '해야 한다'로 규정되며, 행위 주체를 강제하는 구속력을 갖지만, 임의법은 '할 수 있다' 또는 '노력해야 한다'로 규정되어 행위 주체의 의지에 따른다. 강행법에서는 상응하는 권리성이 인정되지만 임의법에서는 반사적 이익을 누린다고 볼 수 있다.

5) 실체법과 절차법

실체법은 보호하려는 권리와 의무를 정의하고 수립하는 법규로서 권리와 의무의 성질, 내용과 범위, 권리·의무의 발생과 변경, 소멸 등을 정한다. 헌법, 행정법, 형법이 대표적이며 사회보장기본법과 사회복지사업법 등 대부분의 사회복지법은 실체법적 성격을 가진다.

절차법은 실체법에 따라 규율되는 권리·의무를 실현하는 절차나 실체법에 의하여 보장된 권리를 구제하는 절차를 정한다. 실체법상의 권리를 실행하거나 의무를 구체적으로 실행시키기 위한 절차 또는 형식을 정한 법으로 형식법이라고도 한다. 예를 들어, 돈을 빌린 사람은 그것을 갚을 의무가 있다고 한 민법 규정은 실체법이며, 돈을 갚지 않았을 때 강제로 받아내는 절차를 규정한 민사소송법은 절차법이다.

6) 신법과 구법

신법은 새로 제정된 법을 말하고, 구법은 신법에 의해 폐지되는 법을 말한다. 법은 사회현상을 반영하면서 진화하고 있다. 사회현상은 항상 진행과정에 있으므로 어느 순간에 완벽하게 새로운 법이 적용될 수 있는 변화된 모습으로 나타나는 것은 아니다. 그러므로 신법의 시행시기와 구법의 종료시기에서는 상호 불일치가 존재할 수 있다. 이러한 불일치를 해결하기 위하여 신법에 경과규정 또는 부칙을 둔다.

그럼에도 불구하고 신법과 구법이 병존하게 되는 경우가 있다. 법이 새로 제정 또는 개정되어 법 내용에 충돌이 생겼을 때는 신법이 구법에 우선적으로 적용된다(신법 우선적용의 원칙).

신법을 제정 또는 개정하더라도 그 내용에 법 제정 또는 개정 이전의 행위에 소급하여 적용해서는 안 된다. 이를 법률불소급의 원칙이라고 하는데 기본적으로 법률의 적용은 행위 당시의 법률에 의하여야 한다는 원칙이다. 이는 국민들에 대하여 법적 안정성과 예측가능성을 부여하고 법치국가를 실현하기 위한 것이다. 다만, 신법 내용이 국민에게 유리하게 변경된 경우 또는 별도의 특례입법을 제정한 경우에는 소급하여 적용될 수도 있다.

4. 법의 입법과정

1) 입법의 개요

입법이란 국민 모두를 구속하는 법률을 제정하는 것을 말한다. 실질적으로는 강제규범의 정립이며, 형식적으로는 성문의 실정법을 제정하는 것이다. 일반적으로 입법과정은 법령안의 제안부터 공포까지 일련의 절차로 법률로서 효력이 발생되기까지의 모든 과정을 의미한다.

우리나라 헌법은 입법권, 즉 법률을 제정하는 권한은 국회에 있다고 하여 국회중심주의를 원칙으로 하고 있다(제40조). 입법 작용은 국가기관에 의한 일반적이고 추상적인 성문법 규범의 정립작용을 말한다.

헌법에 따르면, 법률의 입법권은 국회에 속하나(제40조), 법률안 제출권은 국회의원과 정부에 있다(제52조). 그러나 법률로부터 위임받은 사항에 관한 하위법령(위임명령: 대통령령, 총리령, 부령)과 법률의 집행에 필요한 사항을 정하는 하위법령(집행명령)에 관한 입법권은 행정부나 사법부 등이 갖도록 하고 있다.

입법기관으로서의 국회는 본회의에서 의안심사를 원활하게 할 목적으로 일정한 사항에 관하여 전문적 지식을 가진 일단의 소수위원들로 하여금 의안을 예비적으로 심사 · 검토하게 하는 위원회를 운영한다. 거의 모든 의안이 위원회의 심사를 거치게 된다. 위원회는 의안을 자유로이 수정할 수 있고, 위원회 내에서 대안의 제시는 원칙적으로 위원회에서 원안을 심사하는 동안에만 인정된다. 국회의 위원회는 크게 상임위원회와 특별위원회로 구분된다. 상임위원회는 소관사항에 관한 입법 기타의 의안을 예비적으로 심의하기 위하여 상설로 설치된 위원회이다. 사회복지법과 직접적인 관련이 있는 상임위원회는 보건복지위원회, 환경노동위원회, 여성가족위원회 등이 있다. 상설특별위원회로는 예산결산특별위원회가 있다.

2) 입법절차

입법절차는 법령(법률과 명령)안의 제안부터 공포까지의 절차를 말한다. 법률은 법률안 제안 → 심의 · 의결 → 이송 → 공포의 과정을 거쳐 성립되고 시행된다.

헌법상 법률의 입법권은 국회에 속하나, 법률안 제안권은 국회의원과 정부에 있다. 정부가 법률안을 제출하고자 하면, 국무회의의 심의를 거쳐 국무총리와 관계 국무위원의 부서(副署)를 받은 후 대통령이 국회의장에게 제출한다.

우리나라 법률안 심의방법은 위원회주의로 심의와 의결을 다르게 하고 있다. 법률안이 제출되면 국회의장은 이를 의원들에게 배부하고 본회의에 보고한다. 법률안의 내용과 성질에 따라 소관상임위원회에 회부 · 심의한다. 상임위원회에서 심의 · 채택된 법률안은 법제사법위원회에 넘겨 체계와 자구수정을 거쳐 본회의에 부의한다. 본회의에서는 소관상임위원장의 심사보고를 듣고 질의와 토론을 거쳐 표결처리한다. 법률안이 본회의를 통과하려면 재적의원 과반수의 출석과 출석의원 과반수의 찬성이 있어야 한다.

국회에서 의결된 법률안은 정부에 이송되어 15일 이내에 대통령이 서명 · 공포한다. 대통령의 서명 · 공포에는 국무회의의 심의와 국무총리 및 관계 국무위원의 부서(副署)가 있어야 한다. 또한 15일 이내에 공포나 재의의 요구를 하지 아니한 때에도 법률로 확정된다. 대통령은 이송된 법률안에 이의가 있을 경우 거부권을 행사할 수 있다.

국회의원이 법안을 제출하는 의원입법(議員立法)의 경우 입법절차는 총 4단계로 구분된다. 법률안 제안(1단계) → 심사(2단계) → 의결(3단계) → 종결(4단계)의 과정으로 되어 있다([그림 1-1] 참조).

[그림 1-1] 국회입법절차

제안(제출) • 국회의원 10인 이상 • 정부	• 제안권자(국회의원), 제출(정부) • 국회의원: 10인 이상의 찬성 • 국회의 위원회도 그 소관에 속하는 사항에 관하여 법률안 제안 • 정부: 국무회의 심의를 거쳐 대통령이 서명하고, 국무총리·관계 국무위원이 부서하여 제출
⬇	
회부 • 국회의장	• 국회의장은 법률안이 발의 또는 제출되면 이를 인쇄하여 의원에게 배부하고 본회의에 보고한 후(폐회, 휴회 등으로 보고할 수 없을 때에는 생략), 소관 위원회에 회부하여 심사하게 함
⬇	
위원회 심사 • 상임위원회	• 위원회는 회부된 법률안에 대하여 위원회 상정 → 제안자 취지 설명 → 전문위원 검토보고 → 대체토론 → 소위원회 심사보고 → 축조심사 → 찬반토론 → 의결(표결)의 순서로 심사
⬇	
법제사법위원회 체계 자구심사 • 법제사법위원회	• 위원회의 심사를 마친 법률안은 법제사법위원회에 회부되어 체계·자구심사를 거치게 됨
⬇	
전원위원회 심사	• 위원회의 심사를 거치거나 위원회가 제안하는 의안 중 정부조직에 관한 법률안, 조세 또는 국민에게 부담을 주는 법률안 등 주요 의안에 대해서는 당해 안건의 본회의 상정 전이나 상정 후 재적의원 4분의 1 이상의 요구가 있으면 의원 전원으로 구성되는 전원위원회의 심사를 거침
⬇	
본회의 심의·의결	• 체계·자구심사를 거친 법률안은 본회의에 상정되어 심사보고, 질의·토론을 거쳐 재적의원 과반수의 출석과 출석의원 과반수의 찬성으로 의결됨
⬇	
정부이송	• 국회에서 의결된 법률안은 정부에 이송되어 15일 이내에 대통령이 공포함
⬇	
대통령의 거부권 행사	• 법률안에 이의가 있을 때에는 대통령은 정부이송 후 15일 이내에 이의서를 붙여 국회로 환부하고, 그 재의를 요구할 수 있음 • 재의 요구된 법률안에 대하여 국회가 재적의원 과반수의 출석과 출석의원 3분의 2 이상의 찬성으로 전과 같은 의결을 하면 그 법률안은 법률로서 확정됨 • 정부이송 후 15일 이내에 대통령이 공포하지 않거나 재의요구를 하지 않는 경우 그 법률안은 법률로서 확정됨
⬇	
공표	• 대통령은 법률안이 정부에 이송된 지 15일 이내에 공포하여야 함 • 법률로 확정되거나 확정법률의 정부이송 후 5일 이내에 대통령이 이를 공포하지 않을 경우 국회의장이 공포함 • 법률은 특별한 규정이 없으면 공포한 날로부터 20일을 경과함으로써 효력을 발생함

출처: 국회(https://www.assembly.go.kr/portal/main/contents.do?menuNo=600158)

정부가 법안을 제출하는 정부입법(政府立法)의 경우 입법절차는 총 8단계 과정으로 되어 있다. 입안(1단계) → 협의(2단계) → 입법예고(3단계) → 규제심사(4단계) → 법제처 심사(5단계) → 국무회의 의결 · 대통령 재가(6단계) → 국회 의결(7단계) → 공포(8단계)의 과정이다([그림 1-2] 참조).

[그림 1-2] 정부입법절차

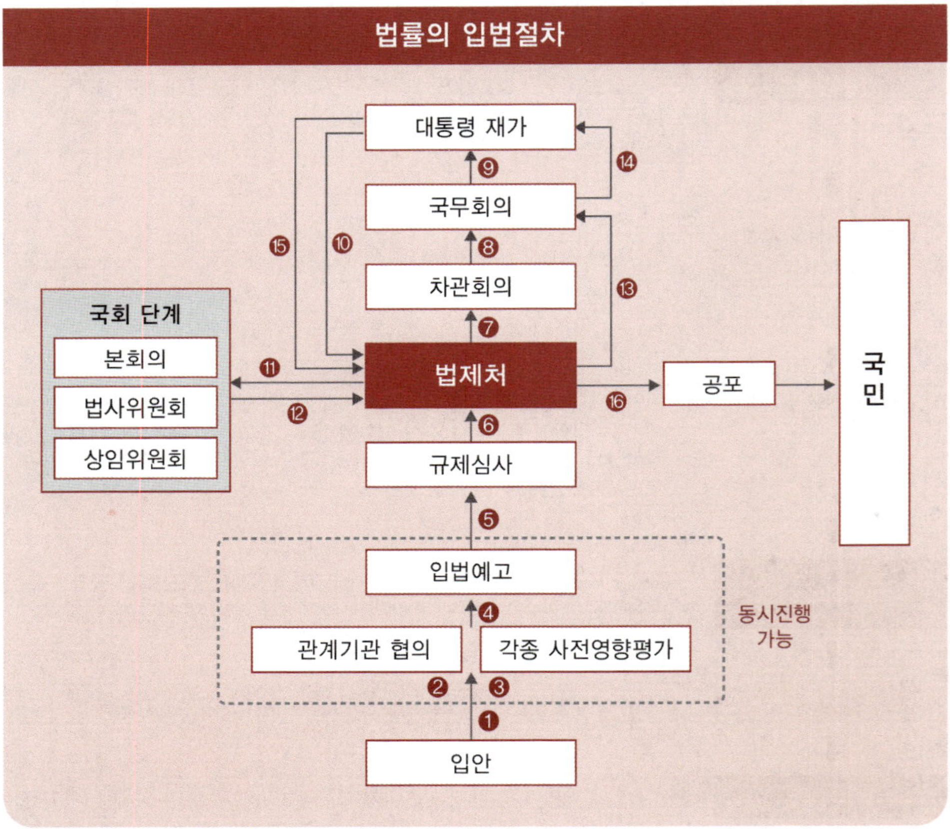

출처: 법제처, 2024 법제업무편람, p. 3

5. 법의 효력

1) 법의 실질적 효력

법은 명령이나 금지의 형식을 통하여 인간의 행위를 규율한다. 법이 효력을 갖기 위해서는 타당성과 실효성을 동시에 갖추어야 한다. 이 중에서 어느 하나라도 결여되는 경우에는 실정법으로서의 존재가치를 잃게 된다.

법적 타당성은 법률에 대한 의무 주체의 의사와는 관계없이 현실에서 법의 내용이 실현되기를 요구하는 것으로 법규범의 객관적 당위성을 나타내는 것이다. 법이 규정한 대로 준수할 것을 요구하고 있다는 사실에서 효력을 가진다.

법적 실효성은 법이 현실적으로 법규범이 의미하고 있는 내용대로 실현되고 있는 것을 말한다. 예를 들어, 장애인고용촉진 및 직업재활법은 일을 통한 장애인의 사회통합이라는 법적 타당성을 갖는 동시에 위반 시 고용부담금을 납부하도록 하는 강행규정을 통하여 법적 실효성을 높이고 있다.

2) 법의 형식적 효력

일반적으로 성문법의 경우 법의 시행일부터 폐지일까지 효력을 가진다. 법은 그 시행기간 내에 발생한 사항에 대해서만 적용되고, 그 전 또는 그 후에 발생한 사항에는 적용되지 않는 것이 원칙이다. 법은 폐지에 의하여 법으로서의 효력을 잃는다. 법의 폐지는 법이 미리 정한 시행기간이 만료되는 경우(한시법), 신법에 명시적으로 구법의 폐지를 규정한 경우이다.

사람에 관한 법의 효력에는 속인주의와 속지주의라는 두 가지 원칙이 있다. 속인주의는 국적을 기준으로 하여 법령의 적용 범위를 정하는 것으로, 한 나라의 법은 자국민에 대해서는 그들이 자국에 있든지 외국에 있든지 그 소재 여하를 불문하고 자국인에 관한 사항이면 그들 모두에게 자국의 법령을 적용하는 원칙이다. 속지주의는 영토를 기준으로 하여 법령의 적용 범위를 정하는 것으로, 그 영토 내에 있으면 자국민이든 외국인이든 불문하고 모든 사람은 그 나라의 법이 적용된다는 원칙이다.

한 국가의 법은 그 국가의 전 영역에 걸쳐 적용되는 것이 원칙이다. 국가의 영역은 주권이 미치는 범위로서 영토 · 영해 · 영공을 포함하며, 국가의 법은 그 국가의 영역 안에 거주하는 내외국인을 막론하고 모든 사람에게 적용되는 것이 원칙이다. 그러나 지방자치단체에서 제정한 자치법규인 조례나 규칙은 그 지방자치단체 내에서만 효력이 있다.

6. 법의 해석

법의 해석이란 일반적 · 추상적으로 규정되어 있는 법규범의 의미와 내용을 명확히 하는 것을 말한다. 법이 모든 인간의 상태와 행위 그리고 사회현상을 완벽하게 예견하면서 규정될 수는 없으며 또한 모든 사실을 일일이 규정할 수 없기 때문에 법규범은 추상적으로 표현될 수밖에 없는 것이다. 법 해석의 방법은 유권해석과 학리해석으로 구분할 수 있다.

유권해석(有權解釋)이란 국가의 권위 있는 기관에 의한 법규의 해석을 말한다. 유권해석은 해석 주체에 따라 입법해석, 사법해석, 행정해석으로 분류할 수 있다. 입법해석은 입법기관이 입법에 따라 문구(文句)의 의미를 밝히는 것인데, 예컨대 법 조항 중에는 '용어의 정의' 규정이 있다. 이것은 입법 그 자체와 동일시된다. 사법해석은 판결로서 나타나며, 행정해석은 행정기관에 의한 회답, 지령 또는 훈령 등이 해당된다.

학리해석(學理解釋)은 이론적 학설상의 해석 방법이다. 문리해석과 논리해석으로 구분할 수 있다. 문리해석(文理解釋)이란 법문(法文)에 나타나 있는 자구의 의미를 확정하는 것을 말한다. 이것은 법 해석에서 가장 기초적인 제1단계의 해석으로서 의미가 있지만, 지나치게 여기에 치중하면 법의 진의(眞意)를 파악하기 곤란하다. 논리해석(論理解釋)은 법문의 문구에 구애받지 않고 법의 구조, 법질서 전체의 유기적 및 논리적 관계, 입법정신, 법의 연혁, 법규 적용의 결과 등을 고려하여 법규의 의미를 밝히는 해석 방법이다. 논리해석에는 확장해석, 축소해석, 반대해석, 보충해석, 물론해석, 연혁해석, 목적해석, 비교해석, 유추해석 등 다양한 해석 방법이 있다.

논리해석의 예를 들면, 국민기초생활보장법의 해산급여(제13조)는 정상적 출산행위와 더불어 유산(流産) 또는 사산(死産)도 포함하는 것으로 해석하는 확장해석(擴張解釋), 국민연금법 적용대상을 모든 국민으로 하고 있으나 실제로는 사회보험에 가입된 국민만으로 제한적으로 해석하는 축소해석(縮小解釋), 노인복지법에서 경로우대 서비스는 65세 이상의 자를 대상으로 하기 때문에 65세 미만의 자는 경로우대 서비스를 받을 수 없다고 해석하는 반대해석(反對解釋), 국민건강보험법에서 범죄행위에 의한 사고에 대해 보험급여를 하지 않는 경우 범죄행위에 대한 해석을 사회학적 의미에서의 실질적 범죄, 형법적 의미의 범죄, 미수(未遂)에 그친 범죄행위도 포함시킬 것인가 등에 대해 해석하는 보충해석(補充解釋), 사회복지사업법에서 사회복지법인의 임원이 회계부정이나 인권침해 등 현저한 불법행위 또는 그 밖의 부당행위 등을 하였을 때 해임사유이면 범죄행위가 발생하였을 경우에도 마찬가지로 해임할 수 있다고 해석하는 물론해석(勿論解釋), 법안의 이유서, 입법자의 의견, 의사록, 입법정책상의 이유 및 관련 인사의 설명 등을 토대로 법규의 의미를 보충하여 그 진의를 파악하는 해석인 연혁해석(沿革解釋), 입법목적을 고려하여 법의 합리적 의미를 파악하는 목적해석(目的解釋), 외국법이나 구법(舊法) 등과 비교하여 법규의 의미를 명확히 하는 비교해석(比較解釋), 특정한 사항에 관해서는 법 규정이 있으나 이와 유사한 사항에 관해서는 규정이 없는 경우, 양자의 공통적 요소를 찾아 이에 대하여 동일한 법리가 적용되는 것으로 해석하는 유추해석(類推解釋) 등을 들 수 있다.

7. 판례의 이해

판례(判例 precedents)란 재판의 선례를 말하는데, 법원이 특정 소송사건에 대하여 재판을 통하여 법을 해석하고 적용하여 내리는 판단이다. 판례는 향후 발생할 수 있는 동일한 사건에 대해서 법원이 취할 수 있는 일반적인 태도를 유추해석할 수 있는 기본적인 법률적 정보라고 볼 수 있다.

우리나라에서 판례는 가장 상급법원인 대법원의 판례와 헌법재판소의 판례가 중요하다. 다만, 판례가 법률과 동일한 구속력을 가지는 것은 아니다. 또한 구체적인 소송에서 내린 법원의 판단은 그 사건에 관해서만 구속력을 갖는 것이고, 다른 사건에 대하여는 구속력이 없다. 하지만, 우리나라 재판제도는 3심제도를 채택하고 있으므로 상급법원의 판단은 이후 하급법원의 재판에 사실상 영향을 미치기 때문에 판례는 사실상 구속력을 발휘하게 되고 법규범으로 작용하게 된다.

판례는 기존의 법률에 대해 법원이 어떻게 해석하고 적용되는지 이해할 수 있고, 현행법으로 규정되지 않은 다양한 법률적 상황을 어떻게 취급하는지 알 수 있기 때문에 향후 발생할 수 있는 새로운 법 생활에 대한 예측을 가능하게 해준다.

한편, 사회복지법과 관련된 판례는 공익소송적인 의미를 갖는다. 공익소송(public interest litigation)이란 공공의 이익을 위해 제기된 소송을 말한다. 사회복지소송에 대한 법원의 판결은 소송당사자인 개인이나 집단뿐만 아니라 국민 다수의 이익에 직접적으로 영향을 미칠 수 있기 때문에 결과적으로 국가의 사회복지제도와 정책에 근본적인 변화를 가져오게 된다.

Chapter 01

법에 대한 이해
핵심내용 학습 사회복지사1급 기출문제 해설

출제 경향 분석: 사회복지사 1급 국가시험 사회복지법제론의 출제영역

사회복지사 1급 국가시험을 주관하는 한국산업인력공단에서 사회복지법제론의 출제영역(2020.02.28. 발표)을 다음과 같이 공지한 바 있다. 교재 "제1장 법에 대한 이해"는 출제영역에 포함되어 있지는 않지만 법에 대한 기본적인 상식차원에서 전반적으로 이해하고 있어야 한다. 사회복지사 1급 국가시험의 합격을 위해서는 다음의 10개 분야 출제영역을 집중적으로 공부해야 한다.

사회복지법제론[1] 사회복지사 1급 국가시험 출제 영역(2020. 2. 28. 발표)
1. 사회복지법의 개념 · 역사
2. 사회복지법의 체계 · 법원 등
3. 사회보장기본법
4. 사회복지사업법
5. 공공부조법
6. 사회보험법
7. 사회서비스법
8. 사회복지관련법
9. 판례 및 사례
10. 기타 사회복지법제론에 관한 사항

1) 교과목명은 '사회복지법제와 실천'이지만 사회복지사 1급 국가시험을 관리하는 한국산업인력공단에서 현재 '사회복지법제론'으로 사용하고 있기 때문에 여기서는 명칭을 그대로 따랐다.

아울러 다음의 '사회복지법제론 사회복지사 1급 국가시험 출제 빈도표(최근 5년간: 2020~2024년)'를 잘 참고하기 바란다. 최근 3년에서는 사회복지사 1급 국가시험이 종전 출제된 종합형이나, 장애인고용법, 다문화가족지원법, 가정폭력방지 및 피해자보호법, 성폭력방지 및 피해자보호법, 자원봉사활동기본법은 출제되지 않고 있다.

사회복지법제론 사회복지사 1급 국가시험 출제 빈도표(최근 5년간: 2020~2024년)

(단위 : 개)

구분	계	비율	2024년 (22회)	2023년 (21회)	2022년 (20회)	2021년 (19회)	2020년 (18회)
계	125	100%	25	25	25	25	25
헌법	5	4.0%	1	1	1		2
법원	3	2.4%	1	0	1	1	0
역사, 제정연도	6	4.8%	1	2	1	1	1
법체계	1	0.8%				1	
자치법규	2	1.6%		1		1	
사회보장기본법	13	10.4%	3	3	3	2	2
사회보장급여법	8	6.4%	2	1	2	1	2
사회복지사업법	18	14.4%	4	5	3	3	3
기초생활보장법	10	8.0%	2	3	1	2	2
의료급여법	2	1.6%	1		1		
긴급복지지원법	3	2.4%		1	1		1
기초연금법	4	3.2%	1		1	1	1
국민연금법	3	2.4%	1		1	1	
건강보험법	4	3.2%	1		1	1	1
노인장기요양보험법	4	3.2%	1	1	1		1
고용보험법	6	4.8%	2	1	1	1	1
산재보험법	5	4.0%		2	1	1	1
노인복지법	4	3.2%	1		1	1	1
장애인복지법	2	1.6%			1		1
장애인고용법	1	0.8%				1	
아동복지법	4	3.2%	1	1	1		1
건강가정기본법	1	0.8%		1			
한부모가족지원법	3	2.4%	1	1	1		
다문화가족지원법	1	0.8%					1
가정폭력방지 및 피해자보호법	1	0.8%					1
성폭력방지 및 피해자보호법	2	1.6%				1	1
정신건강복지법	1	0.8%		1			
사회복지공동모금회법	4	3.2%	1		1	1	1
자원봉사활동기본법	1	0.8%				1	
종합 – 권리구제	1	0.8%				1	
종합 – 학대	1	0.8%				1	
종합 – 연령	1	0.8%				1	

Chapter

02

사회복지법의 개념

1. 사회복지법의 정의
2. 사회복지법의 이념
3. 사회복지법의 목적
4. 사회복지법의 기본원리
5. 사회복지법의 법원

Chapter

02 사회복지법의 개념

1. 사회복지법의 정의

1) 일반적 의미

사회복지법은 '사회복지에 관한 법'으로서 사회복지에 대해 법의 일반적인 성격과 틀을 지니고 있다. 사회복지(social welfare)는 모든 국민이 고통 받지 아니하고 평안하게 그리고 만족스럽고 행복하게 잘 지내는 상태를 의미한다. 따라서 사회복지법은 모든 국민과 적법한 외국인의 인간다운 생활을 보장하고, 안녕(wellbeing)과 행복(happiness)을 유지하며 잘 지낼 수 있도록 공적 · 사적 제도와 정책 등을 규율하기 위한 제반 법규를 의미한다. 사회복지법은 각종 사회복지제도가 구체적으로 실시될 수 있도록 하는 제도 · 기구 · 기관 및 시설, 권리 · 의무 등의 정당성 근거가 된다.

2) 형식적 의미와 실질적 의미

사회복지법은 법의 존재형식에 따라 형식적 의미의 사회복지법과 실질적 의미의 사회복지법으로 구분된다.

형식적 의미의 사회복지법이란 법의 존재 형식, 사회복지법이라는 외형을 갖춘 제반 법률을 말한다. 독일의 경우 사회법전(SGB: Sozialgesetzbuch)[1)]이 있어 명시적으로 알 수 있으나 우리나라는 하나의 통일적인 단일의 법 형식을 취하지 못하고 있다. 실정법상 사회복지와 연관된 모든 법들이 사회복지법에 포함된다고 볼 수 있다.

실질적 의미의 사회복지법이란 법의 존재형식이나 명칭여하를 불문하고 법률의 내용, 목적, 기능 등이 사회정의, 사회형평, 사회연대, 사회통합, 인간다운 생활, 행복추구권 등과 같이 사회복지 법규범에 내재하는 공통된 법원리 내지 가치에 부합하는 법규 모두를 말한다(남기민 외, 2020: 48). 우리나라의 다수설이 실질적 의미로 사회복지법을 이해하고 있다(이중엽, 2022: 24).

3) 협의, 광의 의미

사회복지법의 범위를 실정법적 측면에서 분류할 필요가 있다. 우리나라 사회보장기본법은 사회보장 범주에 사회보험, 공공부조, 사회서비스를 상정하고 있다(제3조).

협의의 사회복지법은 사회서비스를 다루는 법률이다. 협의의 사회복지가 주로 사람을 매개로 하여 제공되는 개호, 양호, 보육, 원호 등 사회서비스를 의미한다는 측면(임정문 외, 2020: 43)에서 사회복지법은 도움이 필요한 모든 국민에게 복지, 보건의료, 교육, 고용, 주거, 문화, 환경 등의 분야에서 인간다운 생활을

1) 사회법전(SGB: Sozialgesetzbuch)은 1969년 사회법의 법전화 작업을 발표한 후, 1976년 1월 총칙편이 시행됨으로써 사회법전이 출발하였다. 2005년 1월 12편이 제정 · 시행되어 총 12편으로 구성되어 있다(정연택 외, 2018: 235-241).

보장하고 상담, 재활, 돌봄, 정보의 제공, 관련 시설의 이용, 역량 개발, 사회참여 지원 등을 통하여 국민의 삶의 질이 향상되도록 지원하는 제도를 다루고 있는 것이다. 다만, 사회복지법의 범위를 지나치게 축소하고 있다는 비판이 따를 수 있다.

광의의 사회복지법은 사회보험, 공공부조, 사회서비스를 다루는 법이다. 광의의 사회복지가 협의의 사회복지에 소득보장, 보건의료, 교육, 고용, 실업대책, 주택 등을 포함한다는 측면(임정문 외, 2020: 43)에서 사회복지법은 국가 혹은 공법인이 주체가 되어 사회적 안정, 사회적 정의의 실현을 통하여 개인을 사회적 위험(social risk)으로부터 보호할 목적으로 제공되는 급여관계를 규율하는 법체계라고 정의할 수 있다(이중엽, 2022: 25).

최광의의 사회복지법은 헌법상의 생존권을 구체화하기 위한 사회복지정책에 관한 규범의 총화라고 정의할 수 있는 바(이중엽, 2022: 25), 토목, 건축, 재정, 금융, 경찰, 군사 등 모든 영역에서 전 국민의 사회생활의 안정과 발전에 공헌하는 일체의 사회적 시책을 다루게 된다(임정문 외, 2020: 44). 다만, 사회복지법의 범위를 최광의로 보는 견해는 사회복지법이 하나의 법분야로서 일관된 체계와 독자성이 결여된다는 지적이 따를 수 있다.

4) 실정법상 의미, 이념적 의미, 법규범적 의미

실정법상 사회복지 내지 사회복지법의 개념을 직접적으로 정의하고 있는 법규정은 없지만 관련 규정을 참고하여 사회복지법의 개념을 추론해 볼 수 있다. 헌법 제34조 제2항은 '국가는 사회보장 · 사회복지의 증진에 노력할 의무를 진다.'고 규정하여 사회보장과 사회복지를 병렬적으로 나열하고 있지만, 이들을 명확히 구분하여 각각 별개의 개념으로 사용하고 있는 것 같지는 않다(이중엽, 2022: 26). 사회보장기본법 제2조는 '사회보장은 ......사회통합과 행복한 복지사회를 실현하는 것을 기본이념으로 한다.'고 규정하고 있는 바, 복지사회를 실현하기 위한 것이 바로 사회복지라고 할 수 있으며, 이를 다루는 법이 사회복지법이라고 할 수 있을 것이다.

이념적 의미의 사회복지법은 국민의 생존권(right to live)을 구체적으로 실현하기 위한 법이다. 생존권이 실정헌법상의 권리로 구체화된 것은 1919년 독일 바이마르헌법에서 시작되었는바, 생존권이란 국민의 생활에 필요한 제반조건을 국가권력이 적극적으로 관여하여 확보해 줄 것을 요청할 수 있는 권리로 사회권, 생존권적 기본권, 사회권적 기본권, 사회적 기본권, 생활권, 생활권적 기본권 등의 용어로도 사용되고 있다(이중엽, 2022: 26). 우리나라 헌법도 국민생활의 균등한 향상(전문)으로 실질적 평등사회 건설의 이념을 천명하고, 불가침의 기본적 인권을 확인 · 보장(제10조), 국가는 사회보장 · 사회복지의 증진 노력 의무(제34조)를 규정함으로써 생존권 보장의 대원칙을 선언하고 있다. 이러한 헌법규정에 비추어 볼 때 이념적 의미의 사회복지법은 헌법에서 규정하고 있는 생존권의 이념과 내용을 구체화하기 위한 법으로서 국가가 국민의 인간다운 생활을 적극적으로 확보해 주는 데에 있어 필요한 제반조건을 규정한 법을 의미한다고 할 수 있다.

법규범적 의미의 사회복지법은 다른 법들과 마찬가지로 행위규범, 강제규범, 조직규범을 갖고 있다. 특히, 행위규범으로서 사회복지법은 국민의 인간다운 생활을 보장하기 위해 국가와 사회구성원들의 행위준칙을 규정하고 있고, 이를 위반한 행위에 대해서는 일정한 제재를 가함으로써 사회구성원 다수의 복지를 실현하고 있다. 규범적 의미의 사회복지법은 법원리적으로 몇 가지 특성을 갖고 있다. 첫째, 사회복지법은 사회복지의 기본적인 가치를 구체적으로 실현하기 위한 수단이다. 둘째, 사회복지법은 사회복지정책을 구체화하여 사회복지제도나 정책대안이 집행되고 실천되기 위한 주된 매개체의 역할을 수행한다. 셋째, 사회복지법은 모든 국민에게 복지권(welfare rights)을 보장하기 위한 법이다. 사회복지법규는 복지권에 대한 국민의 권리와 이를 보장할 국가의 의무를 구체적으로 규정하고 있다(이중엽, 2022: 27).

5) 사회복지법과 사회보장법 구분

사회복지와 사회보장은 우리 헌법 제34조에 '국가의 사회보장 · 사회복지 증진 의무' 규정을 두어 두 용어는 병렬적으로 사용되고 있으므로 사회복지법과 사회보장법 또한 병렬적으로 볼 수 있다. 사회보장기본법에서도 사회보장을 공공부조, 사회보험, 사회서비스를 포괄하는 것으로 정의하고 있는 것으로 보아 사회보장법을 사회복지법에 가까운 개념으로 받아들일 수 있을 것이다(이명현, 2020: 58).

그러나 사회복지법과 사회보장법을 별개라고 보는 관점에서는 사회보장기본법을 중심으로 사회복지법은 공공부조와 사회서비스에 한정하여 다룬다고 보는 견해와 사회보장 개념이 질병, 상해, 실업, 노령, 출산, 사망 등의 위험에 대해 보험 제도를 통해 국민의 최저 생존권을 지키고자 하는 경제적 보장이라는 전제하에 이를 다루는 사회보장법을 포함한 더 넓은 개념이 사회복지법이라는 견해가 있는 것도 사실이다.

2. 사회복지법의 이념

사회복지법이 추구하는 이념은 국민의 삶의 질(QOL: Quality Of Living) 향상을 목표로 하는 생존권의 보장에 있으며, 나아가 인간의 존엄과 가치의 실현에 있다고 할 것이다(이중엽, 2022: 28).

한편, 사회복지법의 이념은 사회복지법의 목적이나 타당성 등을 실천하기 위해 보편성, 사회성, 적절성, 보충성, 예방성, 능력과 재능의 개발 · 신장, 민주성을 필요로 한다. 보편성은 사회복지 대상이 전체 국민이라는 것이다. 사회성은 사회적 위험은 사회적 책임이 크므로 국가나 지자체가 해소하여야 한다는 것이다. 적절성은 소득보장, 건강보장, 서비스보장은 대상과 상황에 따라 적절하게 이루어져야 한다는 것이다. 보충성은 국민 개개인이 자신의 능력과 재산으로 살아가는 데 있어 부족한 부분이 있는 경우 국가가 보충적으로 도와준다는 것이다. 예방성은 사회문제의 사전예방이 국민의 고통해소와 복지비용 절감에 효과적이라는 것이다. 능력과 재능의 개발 · 신장은 국가가 사회복지를 하여 자립 · 자활 · 재활하도록 하여야 한다는 것이다. 민주성은 사회복지 정책결정에 참여하고 사회복지 수단도 민주적 절차에 따라야 한다는 것이다(김재호 외, 2019: 15).

3. 사회복지법의 목적

1) 인간다운 생활 보장

사회복지법의 궁극적인 목적은 인간을 사회적 위험으로부터 보호하고, 사회적 요보호자(클라이언트)를 보호하여 건강하고 문화적인 삶을 영위할 수 있도록 하는 데 있을 뿐 아니라 나아가 사회구성원 전체가 인간다운 생활을 할 수 있도록 보장함에 있다(이중엽, 2022: 29). 인간다운 생활을 할 권리는 우리나라 헌법의 가장 핵심적인 이념인 인간의 존엄과 가치를 실현하기 위한 것이며, 모든 생존권(사회권)의 총칙적 규정인 인간다운 생활을 할 권리의 주체는 국민이다.

2) 사회복지의 증진

사회복지법은 사회보험, 공공부조 및 사회서비스를 실시함으로써 전 국민, 특히 사회적 약자의 복지증진을 목적으로 하고 있다. 이와 같은 사회복지는 복지증진을 구체화하기 위해 현금급여나 현물급여 또는 상담, 조언, 상담치료 등 전문적·기술적 방법과 재활을 위한 직업훈련 등 서비스 형태로 제공되고 있다.

3) 사회적 통합

사회복지법은 사회경제적 약자, 소외계층의 사회적·경제적 생활문제를 해결함으로써 그들이 지니고 있는 불평과 불만을 해소하여 사회적 통합(social integration)을 꾀함에 목적이 있다. 사회통합이란 모든 사람들이 사회생활에 적극적으로 참여하고 살아가는 것을 의미한다. 사회통합을 위해서는 소득 재분배의 불평등을 감소시키고, 이로써 사회적 안정을 기하여야 하며 사회복지정책과 제도, 그리고 사회복지서비스의 투명성 및 책임성 등에 있어서 국민에게 신뢰를 받을 수 있도록 하는 것도 매우 중요한 일이다(이중엽, 2022: 30).

4. 사회복지법의 기본원리

사회복지법은 모든 국민이 다양한 사회적 위험으로부터 벗어나 행복하고 인간다운 생활을 향유할 수 있도록 자립을 지원하며, 사회참여·자아실현에 필요한 제도와 여건을 조성하여 사회통합과 행복한 복지사회를 실현하는 것을 기본이념으로 한다. 따라서 사회복지법은 이러한 이념을 실현하기 위하여 원조의 원리, 부조의 원리, 보상의 원리, 보험의 원리를 도입하고 있다(김재호 외, 2019: 14-15).

1) 원조의 원리

사회적인 욕구가 미충족되거나 사회문제로 어려움을 겪고 있는 사람들에게 원조함으로써, 그들로 하여금 생활의 어려움을 극복하여 사회생활능력을 향상시키려는 사회복지서비스 방식이다. 따라서 사회복귀를 목적으로 한다. 보통 원조 형태는 치료, 상담, 생활지도, 보호, 직업훈련 등이다. 현행 사회복지사업법의 사회복지사업이 이에 해당된다.

2) 부조의 원리

사회복지에서 부조는 빈곤층 등의 경제적인 부담을 경감시켜 주도록 하는 보험급여방식으로, 국가재정으로 지원한다. 이는 합목적적 법관계(합목적성의 원리)에 따른 것으로, 일정한 사유가 발생하면 무조건 급여한다는 의미이다. 그러나 부조는 반드시 자산조사(소득과 재산조사)를 하는 점이 특징이다. 현행 국민기초생활보장법, 의료급여법, 긴급복지지원법, 장애인복지법상 장애수당, 기초연금법, 장애인연금법 등이 있다.

3) 보상의 원리

국가와 민족을 위하여 활동한 사람이 위험을 당하는 경우 보험급여를 하는 방식으로, 인과적 법관계(인과성의 원리)에 따른 것이다. 인과적 법관계란 개인에게 책임을 돌릴 수 없는 특정한 원인에 의해서 사유가 발생하는 경우에는 급여한다는 것이다. 현행 의사상자 등 예우 및 지원에 관한 법률, 독립유공자예우에 관한 법률, 국가유공자 등 예우 및 지원에 관한 법률 등이 여기에 해당된다.

4) 보험의 원리

미래의 위험을 대비하여 미리 보험료를 납부하고 위험이 발생하면 보험급여를 받는 방식으로 사보험과 유사한 형태이지만, 다른 점은 보험자가 국가에 의해 조직된 기관(보통 공단임)이며, 보험계약이 강제된다는 점이다. 현행 5대 사회보험(국민연금, 건강보험, 노인장기요양보험, 산업재해보상보험, 고용보험)과 특수직역연금(군인, 공무원, 사학연금, 별정우체국직원연금 등)에서 채택하고 있다. 인과적 법관계(인과성의 원리)에 따른 것이다.

5. 사회복지법의 법원

1) 법원의 의의

법원(法源 source of law)이란 법의 연원이라는 말로 법이 어떤 방식으로 존재하는가에 대한 것을 의미한다. 법은 그 표현방식에 따라 성문법과 불문법으로 나누어진다. 법원성을 따지는 이유는 구체적 사건을 재판함에 있어 당해 사건에 적용하고자 하는 명문의 법률 또는 법률조항이 없을 경우 어떤 것을 기준으로 하여 재판을 하여야 하는가 하는 문제로, 즉 재판의 준거규범으로 삼을 수 있는 것이 어디까지이며 그 우선순위는 무엇인가를 규명하기 위함이다(이중엽, 2022: 39).

2) 사회복지법의 법원의 종류

(1) 성문법원

성문법(written law)이란 입법권을 가진 국회와 명령제정권을 가진 행정권 등에 의해 제정되고, 그 내용이 문서의 형식을 띠며, 일정한 형식과 절차를 거쳐서 공포된 법을 말하며, 이를 달리 제정법(statute law)이라고도 한다. 오늘날 대부분의 국가는 성문법을 법원으로 하는 성문법주의를 채택하고 있으며 예외적으로 불문법을 병용하고 있다. 우리나라는 성문법주의 국가로서 사회복지법규 역시 성문법주의에 기초하고 있는 바, 현행의 성문법으로는 헌법, 법률, 명령, 규칙, 자치법규 및 조약 등이 있다.

① 헌법

헌법(constitutional law)은 국가와 국민 간의 권리 의무에 관한 기본법이고, 최상위법이며 '법 중의 법'이다. 국가의 최고기본법이라고도 한다. 헌법은 사회복지에 대한 국가의 의무, 즉 생존권 조항들을 담고 있는데 이로써 헌법은 중요한 사회복지법의 법원이자 기본 근거가 되는 것이다. 즉, 헌법 전문을 비롯하여 제10조 인간의 존엄과 가치 및 행복추구권, 제34조 제1항의 인간다운 생활을 할 권리, 제31조 능력에 따라 균등하게 교육을 받을 권리, 제32조 근로의 권리, 제33조 근로자의 근로3권, 제35조 환경권, 제36조 혼인과 가족생활의 보호, 모성의 보호 및 보건권 등의 규정은 사회복지법규의 중요한 법원이 된다. 따라서 헌법의 규정은 사회복지 관련 하위법규의 존립근거이면서 동시에 재판의 규범으로서도 의미를 지니고 있다(이중엽, 2022: 39-40).

② 법률

법률(law)은 넓게는 법 일반을 의미하며, 좁은 의미에서는 입법기관인 국회에서 의결되어 대통령이 서명·공포한 법을 말한다. 헌법에서 국회에 입법권을 부여하였고, 국민이 선출한 국회의원들이 국회에서 의결하였으므로 국민의 뜻으로 그 정당성이 인정된다. 따라서 법률도 당연히 사회복지법의 법원이 된다.

사회복지 관련 법률로는 일반법으로서의 사회보장기본법, 사회복지사업법이 있고, 개별법 · 특별법으로는 사회보험 분야에 국민연금법, 건강보험법, 고용보험법 등이 있고, 공공부조 분야에 국민기초생활보장법, 기초연금법, 장애인연금법 등이 있으며, 사회서비스 분야에 아동복지법, 노인복지법, 장애인복지법 등이 있다.

③ 명령과 규칙(시행령 · 시행규칙/기타 규칙)

명령(order)은 국회의 의결을 거치지 않고 행정기관이 법률에 의하여 제정하는 위임입법을 말한다. 행정입법이라고도 한다. 이러한 행정입법(명령)은 법률 다음의 효력을 가진다. 명령은 제정주체에 따라 대통령, 국무총리, 행정각부의 장이 발하는 것을 말하며 여기에는 대통령령, 총리령, 부령으로 나누어진다. 대통령령을 시행령이라고 하고, 장관이 발하는 부령을 시행규칙이라고 한다.[2] 시행령이나 시행규칙에서는 개별 법률의 실행을 위한 좀 더 구체적인 사항이 규정된다.

규칙(rule)은 헌법에 의하여 행정부 이외의 독립적인 국가기관이 내부규율과 사무처리에 관한 자율권을 행사하기 위하여 제정한 법규이다. 우리 헌법은 권력분립의 이념에 따라 국회, 대법원, 중앙선거관리위원회, 헌법재판소, 감사원 등에게 업무의 자율성을 보장하기 위해 각각 규칙 제정권을 부여하고 있다. 즉, 국회규칙, 대법원규칙, 중앙선거관리위원회규칙, 헌법재판소규칙, 감사원규칙 등이 있다. 규칙이 명령과 같은 효력을 갖는다는 점에서 자치법규로서의 규칙과는 구별된다. 이러한 규칙도 명령과 마찬가지로 사회복지실천 과정에서 중요한 위치를 차지하고 있는 사회복지법의 법원이 될 수 있다.

---

2) 예시) 기초연금법 시행령, 대통령령 제32823호, 일부개정 2022. 07. 26./ 기초연금법 시행규칙, 보건복지부령 제403호, 일부개정 2016. 05. 25.

④ 자치법규

자치법규란 지방자치단체가 법령의 범위 안에서 자신의 조직, 사무 및 주민의 복리에 관한 법규를 제정한 규범을 말한다(헌법 제117조 제1항). 자치법규가 법령에 위반하는 경우에는 효력이 없다. 자치법규에는 조례와 규칙이 있는데, 조례는 지방자치단체가 지방의회(의결기관)의 의결을 거쳐 제정하는 법규를 말하고, 규칙은 지방자치단체의 장(집행기관)이 법령 또는 조례가 위임하는 범위 내에서 그 권한에 속하는 사무에 관하여 정립한 법규범을 말한다. 자치법규는 원칙적으로 그 지방자치단체의 지역 내에서만 효력을 가지며, 자치법규인 조례나 규칙을 통해 그 지방자치단체 내의 사회복지시설의 설치 · 운영에 관한 구체적인 기준을 정하는 경우가 많다. 조례나 규칙이 지역주민의 사회복지에 관한 내용을 규정할 수 있을 뿐 아니라 이러한 자치법규가 사회복지법의 중요한 법원이 됨은 물론이다.

⑤ 조약과 국제법규

조약(treaty)이란 국가와 국가 간에, 국가와 국제기구 간에, 그리고 국제기구 상호 간에, 국가와 교전단체 간에 권리 · 의무를 발생케 하는 내용을 문서로 체결하는 국제적 합의를 말한다. 조약을 지칭하는 용어로는 협정, 협약, 약정, 의정서, 규약, 헌장, 규정, 결정서, 선언, 합의서, 교환각서 등 다양하다. 우리 헌법은 '이 헌법에 의하여 체결되고 공포된 조약은 국내법과 같은 효력을 가진다.'(제6조 제1항)고 규정하여 조약이 국내법의 법원임을 명시하고 있다.

주요 조약으로는 국제연합(UN)의 국제인권규약이 있다. 1966년 12월 제21차 총회에서 세계인권선언을 구체화하여 제정하였으며, 우리나라는 1990년 4월에 가입하였다. 이 국제인권규약은 A규약(Part A)과 B규약(Part B)으로 나뉘는데, A규약은 경제적 · 사회적 · 문화적 권리에 관한 규약으로 생존권적 기본권을 대상으로 노동기본권, 사회보장권, 생활향상권, 교육권 등을 각 체약국이 그들의 국내 입법조치에 의해 실현할 것을 내용으로 하고 있으며, B규약은 시민적 · 정치적 권리에 관한 규약으로 자유권적 기본권의 존재를 전제로 하여 체약국이 이를 존중할 것을 의무화하고 있다. 국제인권규약은 조약으로서 체결 당사국을 법적으로 구속하는 구속력을 가진다.

국제노동기구(ILO)는 제2차 세계대전 이후부터 사회복지에 대해 활발한 활동을 전개하여, 1952년 모성보호조약, 1962년 사회보장 내 외국인 균등대우 조약, 1964년 산업재해직업병 급여에 관한 조약(업무상 재해 조약), 1967년 노령 · 장애 · 유족연금에 관한 조약, 1969년 의료급여에 관한 조약 등을 채택하여 각국에 사회보장제도 실시를 권고하였다.

유럽협의회(CE: Council of Europe)는 1961년 유럽사회헌장을 채택하였고, 1964년 사회보장급여에 관한 조약, 1972년 사회보장에 관한 조약 등을 체결하여 생존권 보장에 공헌하였다.

국제연합(UN)은 1989년에 국제아동권리협약(Convention on the Rights of the Child)을 선언하였다. 우리나라는 1991년 12월에 가입하였다. 이 협약은 18세 미만의 모든 아동에게 평등하게 적용되고 아동의 최선의 이익을 지향하고 있으며, 아동 차별금지의 원칙, 아동 최우선 이익의 원칙, 아동의 생존 · 보호 · 발달의 원칙, 아동의 의사 존중의 원칙 등 4가지 일반원칙을 선언하고 있다.

우리나라는 국민연금과 관련하여 개별국가와 사회보장협정을 체결하고 있다[3]. 사회보장협정은 그 적용범위에 따라 가입기간 합산 협정(Ttotalization agreement)과 보험료 면제 협정(Exemption agreement)으로 구분된다. 이 외에도 미국과는 산재보험법 사회보장협정, 독일과는 고용보험법 사회보장협정을 체결하였다.

(2) 불문법원

불문법(unwritten law)이란 입법기관에 의해 일정한 형식과 절차에 따라 제정 · 공포되지 않고 성문화되지 않은 법을 말한다. 권한 있는 기관의 제정절차를 거

3) 상세 내용은 제7장 사회복지의 국제화 중 사회보장협정을 참고한다.

치지 않고 생활관계에서 자연스럽게 생겨난 법이다. 여기에는 관습법, 판례법, 조리가 있다.

① 관습법

관습법(customary law)이란 오랜 기간에 걸쳐 일상생활에서 자연적으로 형성되어 사회적 관행으로 준수되어 온 사회생활의 규범이 사회구성원의 법적 확신을 얻게 되어 국가에 의해 불문의 형태로 승인되고 강행되는 불문법을 말한다. 법의 역사에서 불문법인 관습법으로부터 성문법으로 발전해 왔다. 성문법주의가 발전된 국가에서도 관습법을 적용하여야 할 필요가 발생하기 때문에 성문법과 더불어 관습법이 법규범으로서 존재하는 것이다.

관습법이 성립하려면 오랫동안 반복하여 계속되는 일관된 관행이 존재하여 그 관행에 따르는 것이 권리·의무라는 법적 확신이 있고, 법원의 판결을 통해 확인되어야 한다. 이러한 관습법은 성문법에 대해 보충적인 효력을 갖는다고 볼 수 있다. 특히, 민법 제1조 및 상법 제1조에서는 법률에 규정이 없으면 관습법에 의하도록 규정하고 있다.

사회복지에 관해서는 우리나라의 경우 그 역사가 매우 짧아서 재판의 근거가 될 만한 관습이 아직은 없다고 보아야 할 것이다. 그러나 사회복지법의 미흡한 체계, 사회복지사업의 전문성 부족, 정부의 많은 재량권, 사회복지법을 탄력적으로 해석해야 하는 필요성 등을 감안하면 관습법도 당연히 사회복지법의 법원으로 인정되어야 한다(김재호 외, 2019: 29).

② 판례법

판례법(case law)이란 법원의 판결을 통하여 형성된 법이론이나 법원칙인 판례의 형태로 존재하는, 성문화되지 않은 법규범을 뜻한다. 어떤 사건에 대해 법관이 판결을 내린 이후에 그와 비슷한 사건에 대해 판결을 하게 되는 경우, 특별한 사정이 없으면 먼저 이루어진 판결에 따라 동일한 취지의 판결을 내리는 것이 보통이다. 법원의 판결은 구체적 사건의 해결을 본질로 하나, 그 속에 포함되어 있는 일반적인 법이론이나 법원칙은 다른 유사한 사건에 관하여도 동일한 해결을 기대할 수 있게 한다. 여기에 판례의 법규범성이 인정되는 요인이 있는 것이다. 판례법은 법원의 판결 자체가 판례법이 되는 것이 아니라 일정한 법률문제에 관하여 동일취지의 판결이 반복됨으로써 재판의 방향이 대체로 확정될 수 있을 경우에 성립하는 재판의 선례를 말하며, 그 선례가 그 후의 판결을 구속할 때 그 판례는 법원으로서 판례법이 된다(홍완식, 2023: 30).

③ 조리

조리(law of nature)라 함은 보통 '사물의 이치' 또는 '사물의 본성(Natur der Sache)'을 의미한다. 조리란 일반 다수인이 건전한 의식으로서 인정하는 공동생활의 원리이며, 사물의 본질적 법칙 또는 사물의 필연의 도리로써 정의, 형평, 공서양속(公序良俗), 경험칙, 법의 일반원칙 또는 신의성실의 원칙 등으로 표현되기도 한다. 조리의 의미에 대하여 여러 가지로 표현되지만 넓은 의미로는 자연법과 같은 뜻으로도 사용되며 실정법 존립의 근거 또는 평가척도의 의미로 사용된다(홍완식, 2023: 31).

모든 재판은 법에 의존하여 판결을 하지만 적용해야 할 성문법, 관습법, 판례법이 없는 경우라 하더라도 재판은 해야 하기 때문에 이럴 때 조리가 최종적 보충적으로서 법원이 되는 것이다. 즉, 조리는 성문의 법규가 없고 관습법 또는 판례도 없을 경우에 한하여 보충적으로 법원으로 채용되는 것이기에 법의 해석상 마지막 카드라고 할 수 있다. 우리 민법 제1조는 "민사에 관하여 법률의 규정이 없으면 관습법에 의하고, 관습법이 없으면 조리에 의한다"라고 규정함으로써 조리의 법원성을 명문으로써 인정하고 있다. 사회복지법 분야에서도 성문법이나 관습법이 없는 경우에 조리가 중요한 법원이 된다. 법원이 된다는 말은 곧 재판의 준거규범이 된다는 의미와 같다(이중엽, 2022: 46).

Chapter 02

사회복지법의 개념 핵심내용 학습 사회복지사1급 기출문제 해설

출제 경향 분석

최근 3년간 출제경향을 볼 때, 교재 "제2장 사회복지법의 개념"에서는 우리나라 사회복지법의 법원에 관하여 2문제가 출제되었다.

01 **우리나라 사회복지법의 법원에 관한 설명으로 옳은 것은?** [2024년도 제22회]

① 관습법은 사회복지법의 법원이 될 수 없다.
② 법률은 정부의 의결을 거쳐 제정 · 공포된 법을 말한다.
③ 지방자치단체의 조례는 성문법원이다.
④ 명령은 행정기관이 제정한 법규로 국회의 의결을 거쳐야 한다.
⑤ 일반적으로 승인된 국제법규는 사회복지법의 법원에 포함되지 않는다.

정답 ③

해설 우리나라 사회복지법의 법원에 관한 설명 중 선택지의 오답을 체크하면 다음과 같다.
① 사회복지법의 법원은 성문법과 불문법으로 구분할 수 있으며, 불문법에는 관습법이 포함된다.
② 법률은 국회의 의결을 거쳐 제정 · 공포된 법을 의미한다.
③ 지방자치단체의 조례는 성문법에 속하며, 해당 자치단체의 지역 안에서만 효력을 가진다.
④ 명령은 행정기관에 의해 제정된 성문법으로, 국회의 의결을 거치지 않는다.
⑤ 헌법에 의해 체결 · 공포된 조약과 일반적으로 승인된 국제법규는 국내법과 같은 효력을 지닌다.

02 우리나라 사회복지법의 법원에 해당하는 것을 모두 고른 것은? [2022년도 제20회]

> ㄱ. 대통령령 ㄴ. 조례 ㄷ. 일반적으로 승인된 국제법규 ㄹ. 규칙

① ㄱ
② ㄱ, ㄴ
③ ㄱ, ㄴ, ㄹ
④ ㄴ, ㄷ, ㄹ
⑤ ㄱ, ㄴ, ㄷ, ㄹ

정답 ⑤

해설 우리나라 사회복지법의 법원(法源)에 관한 설명은 다음과 같다.

① 사회복지법의 법원(法源)은 성문법과 불문법 모두 해당한다.
② 성문법(成文法, Statute Law)은 입법기관에 의해 제정·공포되어 문서화된 법을 말한다.
③ 성문법에는 헌법, 법률, 명령(대통령령, 총리령, 부령), 자치법규(조례, 규칙), 국제조약과 국제법규 등이 있다.
④ 불문법은 성문화되어 있지 않은 법을 뜻하며, 불문법에는 관습법, 판례법, 조리가 있다.

Chapter

03

사회복지법의 등장과 전개

1. 사회복지법의 등장배경
2. 사회복지법의 등장 : 시민법에서 사회법으로 전환
3. 사회복지법의 전개 1 : 영국 빈민법
4. 사회복지법의 전개 2 : 독일 사회보험법
5. 사회복지법의 전개 3 : 미국 사회보장법

Chapter

03 사회복지법의 등장과 전개

1. 사회복지법의 등장배경

사회복지법은 산업화와 자본주의의 발달, 그리고 정치 · 경제 · 사회체제의 변동에 따라 나타난 사회문제를 해결하기 위한 사회복지제도와 함께 형성되고 발전해 왔다.

1) 전통적 농경사회에서 산업사회로 전환

전통적인 농경사회에서는 개인의 기본적 욕구의 충족이 주로 가족과 지역사회라는 공동체 내에서 이루어졌다. 생산수단인 토지를 소유한 일종의 경영주인 가장이 가족구성원을 총체적으로 지휘하면서 가족구성원의 무상노동을 지배했다. 당시 가족의 생활 및 소비지출은 가장이 관리 · 지배하는 농업경영에 의한 수입에 의존했다. 이에 가장은 소유, 경영, 수입 등에 지배적인 권능과 책임을 가지면서 동시에 가족구성원의 생활보장까지 담당했던 것이다(남기민 외, 2020: 35-36).

그러나 중세 말기에 토지에 기반을 둔 농민가장은 농노제의 모순 심화, 영주의 지배력 약화, 공동체의 이완 등으로 계층적 분화가 진행되면서 빈민문제의 대상이 되었다. 특히, 절대왕정이 성립하는 15세기 말 이후에 봉건 가신단의 해체, 수도원의 해산, 신대륙으로부터 은의 유입에 따른 인플레이션, 엔클로저[1] 운동에 의한 농민의 토지로부터 박탈 등은 빈민문제를 중대한 국면에 접어들게 하였다(원용찬, 1998: 52-53; 조원탁 외, 2022: 27 재인용).

2) 자본주의 전개와 사회문제의 등장

산업화의 진전과 함께 등장한 자본주의는 가족이 지니고 있었던 생산과 소비의 기능을 분리시켰다. 가족은 단순한 소비생활의 공동체로 전락하게 되고 농민은 임금노동자화된 것이다. 결과적으로 가족의 생존과 부양문제는 임금노동자인 가장의 노동수입에 전적으로 의존하게 되었다. 이렇게 법적 부양책임자인 가장이 받는 임금은 단순한 노동력의 대가로서만이 아니라 그 가족구성원의 생존비용까지 포함할 수 있어야 하는 것이다. 그러나 자본주의 사회에서 임금이란 노동력의 가격일 뿐 노동력을 소유한 '인간'과 그 가족의 생존에 대한 배려가 안정적으로 이루어지는 것이 아니다.

1789년 산업혁명으로 노동자들을 고용한 대규모 공장이 발전하여 공장 제도를 확립시키고, 공장의 도시 집중을 초래한다. 초기 자본주의의 이념은 고전적 자유주의였다. 이는 봉건적, 절대왕정의 억압에 대한 대항으로 시민혁명을 이루

1) 엔클로저(enclosure)란 공동경작권이 존재하고 있던 토지를 경계표석으로 담을 치고, 공동경작권을 배제하고 사유지임을 증명하는 것을 일컫는 말이다. 15~16세기 이후 증가하는 인구로 말미암은 양육(羊肉)과 양모의 수요가 급증하면서 엔클로저가 대규모로 행해졌다는 것은 잘 알려진 사실이다. 지주의 입장에서는 땅을 농민에게 빌려 주고 그 대가로 지대를 받는 것보다 농지를 목초지로 만들어서 그곳에 양을 키우는 것이 보다 많은 이익을 보장받는 것이었기 때문에 경작지를 양을 사육하기 위한 목초지로 만들기 위한 엔클로저가 행해졌던 것이다. 그 결과 갑자기 경작지를 빌릴 수 없게 되어 생계수단을 잃어버린 농민은 대규모의 부랑인으로 전락하였고, 엔클로저가 곧 농지의 축소와 식량의 감소를 의미하기 때문에 곡물가격을 상승시키는 작용을 하는데, 그것으로 인하여 발생하는 생활상의 곤란문제가 초래되었다(박광준, 2002: 88; 조원탁 외, 2022: 27 재인용).

었던 자유, 평등, 박애 이념으로 표현되었다. 농노를 신분적으로 자유로운 노동자로 만든 것, 자본가 개인의 경제활동의 자유, 재산을 소유할 자유를 바탕으로 자본주의 시장원리를 최대가치로 표현했던 사상과 체제였다. 대표적으로 아담 스미스(Adam Smith)의 '보이지 않는 손'으로 상징되는데 이는 시장에서의 자유경쟁을 가리키는 말이다. 경제적 생산과정은 외부에서 개입하지 않고 시장에 맡겨두면 만사가 저절로 잘 돌아간다는 것이다.

공업화는 가족의 기능 분화와 더불어 질병, 노령, 장애, 빈곤, 실업 등 대량의 사회문제를 발생시켰고, 이러한 사회문제가 개인의 무능력 때문만은 아니고 자본주의화에 따른 구조적 문제라는 점을 널리 인식하게 되었다. 산업화 진전에 따른 자본주의 경제의 급속한 발전은 노동과 자본 등 계층분화와 빈부격차의 심화, 고령화에 따른 부양문제 등 심각한 사회문제를 낳게 되었다.

사회문제 확산은 사회불안을 확산할 뿐만 아니라 국가발전을 저해하는 위험요소이다. 국가는 사회정책적 수단을 통하여 사회문제를 해결하는 것에 큰 책임을 가지게 되었다. 즉, 자본주의 발전에 따라 여러 가지 사회구조의 변화와 새로운 문제의 발생으로 사회복지법이 형성되게 되었다. 사회구조적 모순을 사회복지라는 차원에서 사회 혹은 국가에서 해결해야 한다는 것이다.

2. 사회복지법의 등장 : 시민법에서 사회법으로 전환

1) 시민법의 형성

18세기 말부터 19세기 초에 중세 봉건사회의 붕괴 과정에서 경제적 능력과 지식을 갖춘 시민계급(부르주아)에 의한 시민혁명에 의해 인간을 전근대적인 봉건적 신분관계로부터 해방시켜 법 앞에서의 만민의 평등을 실현시켰다. 또한 산업혁명이 동시에 진전되어 시민사회가 출현하게 되었다. 시민사회는 개인의 자유와 권리를 쟁취하기 위한 자연법사상을 이념적 기초로 하였다. 이 시민사회는 상하 신분지배체제의 부정, 시민의 천부인권 인정, 자유 · 평등 · 독립적 인격을 특징으로 하여 경제적 자본주의와 정치적 민주주의를 확립하는 기초가 되었다. 이러한 시민사회의 법질서를 이끌어 갈 법체계가 시민법이었다.

2) 시민법의 원리

(1) 사유재산 존중의 원칙(소유권 절대 원칙, 사유재산불가침 원칙)

각 개인의 사유재산권에 대한 절대적 지배를 인정하여 소유권의 행사 및 처분을 소유자 개인의 절대적 자유에 맡기고 국가와 다른 개인은 이에 간섭하거나 제한을 가할 수 없는 것이다. 근대 시민사회에 있어서 개인은 봉건사회의 신분적 종속관계에서 해방된 대신 타인의 보호를 받아서는 생활할 수 없다는 것에 기초한다.

(2) 계약자유의 원칙(사적자치의 원칙)

법적으로 평등한 시민들 간의 자유로운 의사표시로 법적인 권리 · 의무관계에 대해 당사자가 동등한 입장에서 합의하여 교환거래를 한다는 원칙이다. 이 원칙에 의해 노동력과 임금의 등가교환관계가 형성되었다. 계약자유의 원칙은 사람은 누구나 합리적인 판단력을 가지고 있으며, 개인의 활동에 있어서 국가가 간섭하지 않고 각자의 자유에 맡겨두면 사회는 조화 있게 된다는 생각을 바탕으로 한다.

(3) 과실책임의 원칙

과실이나 고의의 입증책임은 피해 당사자에게 있다는 원칙이다. 개인이 타인에게 준 손해에 대해서 그 행위가 위법할 경우뿐만 아니라 고의 또는 과실에 기인하는 경우에만 손해배상책임을 지고, 고의나 과실이 없을 때에는 어떠한 책임도 지지 않는다는 것을 말한다.

3) 사회법의 등장

시민법의 원리는 초기 자본주의 발전에 지대한 공헌을 하였지만, 자본주의가 발전함에 따라 그 자체에 내포되어 있는 여러 가지 결함과 폐해로 인하여 자본의 독점과 부의 편재가 초래되었고, 이것은 결국 개인 간의 심한 빈부의 차이를 가져와 사회구성원을 이분화하였고, 계급 간에는 적대감과 대립이 고조되었다.

시민법은 그 현실적 · 역사적 한계로 그 원리가 제대로 작동되지 않았다. 소유권 절대의 원칙은 유산자가 대다수의 무산자를 지배하는 무기로 이용되어 무산대중에게는 한낱 장식물에 지나지 않았으며, 계약자유의 원칙은 경제적 강자가 경제적 약자에 대하여 일방적으로 계약을 강제하는 수단으로 전환되었고, 과실책임의 원칙은 경제적 강자가 경제적 약자에 대한 손해배상책임을 면제하는 방패로 이용되었다.

이와 같이 시민법의 원리는 그 한계로 인하여 변용될 수밖에 없었고, 새로운 내용을 갖는 사회법의 등장을 보게 된 것이다.

4) 사회법의 원리

(1) 소유권의 사회성 원칙

소유권의 행사는 절대적 자유가 아니라 사회적 · 국가적 견지에서 필요한 제한과 구속을 받아야 한다는 것이다. 이는 시민법의 소유권 절대의 원칙에 대한 수정을 의미한다.

사유재산의 원천은 소유자 본인의 노력만으로 성취되었다기보다는 여러 사람이 기여해 만들어진 공통의 부가 포함되었다고 보아야 할 것이다. 자본주의 사회에서는 소유의 제한보다는 소유권의 내용, 즉 사용, 수익, 처분에 대한 권능을 제한한다(이명현, 2020: 50).

우리 헌법도 재산권은 보장한다고 하면서도 공공복리 적합, 재산권 수용·사용·제한·보상(제23조), 광물, 중요 지하자원·수산자원·수력, 자연력 특허(제120조), 농지의 소작제도 금지(제121조) 등을 규정하여 소유권의 내용을 제한하고 있다.

사회법으로써의 경제법은 정치권력의 개입을 긍정하고, 국가가 국민경제의 건전성을 보존하고 복지증진을 위해 경제를 통제한다. 또한 사회복지법도 소유의 물적인 기초가 취약한 자에게 소득의 재분배를 통해 상대적으로 가진 자의 소유권 및 재산권을 통제하는 기능을 가지고 있다(남기민, 2020: 44).

(2) 계약의 공정성 원칙

계약의 자유는 주어졌지만 실제로는 대등하게 계약에 참여하기 어려운, 기업주에 비해 상대적으로 열세에 있는 노동자 등에 대해서 국가가 생존권을 확보하기 위하여 공공복리, 질서유지, 신의성실 등의 법리로 계약의 자유를 제한하는 것이다.

시민법상 계약자유의 원칙은 우위에 있는 자본이 상대적으로 열세에 있는 노동의 불평등을 심화시켰다. 그 결과 인간에 의한 인간의 지배를 정당화시켰다. 상대적으로 열세에 있는 노동자가 자본가와 어느 정도 대등하게 계약을 맺기 위해서는 새로운 법영역이 필요했다. 계약의 공정성을 기하기 위해 사회법으로서의 노동법이 등장하게 된 것이다. 노동법은 노동자에게만 적용된다는 한계로 인하여 노동자와 그 가족의 생존권을 확보하는 차원에서 사회보장법이 등장하게 되었다.

(3) 무과실책임(집합적 책임) 원칙

과실에 대한 개인의 책임이 개인이 아닌 집합적 책임에 귀속되어야 한다는 것이다. 무과실책임의 원칙은 재해, 질병, 빈곤 등의 본질적인 원인이 개인의 결함에 있는 것이 아니라 사회구조 자체에 있다는 것을 인식하고 사회가 공동으로 책임질 수 있는 제도를 마련해야 한다는 것을 뜻한다. 자본주의의 구조적 모순의 심화와 그에 따른 사회문제의 대두 · 심화로 사용자(자본가)의 과실책임주의에서 집합적 책임주의로의 전환이 이루어졌다.

산업재해의 경우 시민법에서는 과실책임의 원칙에 따라 피해자(노동자)가 자신의 책임으로 인정하였지만, 사용자가 산업재해에 대해 공동부담하게 되는 산업재해보상법이 등장하였다. 실업의 경우에도 개인책임이 아닌 사회적 책임으로서 실업보험이 등장하였다.

5) 시민법과 사회법의 비교

시민법의 수정원리로서의 사회법의 성격을 시민법과 비교해 정리해 보면 〈표 3-1〉과 같다.

〈표 3-1〉 시민법과 사회법의 비교

구분	시민법(근대법): 자본주의적 법질서	사회법(현대법): 수정자본주의적 법질서
이념과 사상	개인주의, 자유방임주의	집단주의, 사회민주주의
권리	자유권	사회권(생존권, 복지권)
인간관	평등한 추상적 인간	불평등한 현실적 인간
법원칙 (원리)	• 계약자유의 원칙 • 소유권 절대의 원칙 • 과실책임의 원칙	• 계약의 공정성–특정 계약행위의 금지 • 소유의 사회성–소유권 행사의 제한 • 집합적 책임–무과실책임의 인정
경제체제	자본주의 초기(상업 · 산업자본주의)	독점자본주의, 수정자본주의
국가의 역할	국가는 시민사회의 질서유지자로 권리의 다툼이나 질서 문란에 대해 사후적 대응 · 경제생활에 대해서는 개입, 간섭, 통제, 조정을 하지 않았음	경제발전을 위해 사전적 개입 · 통제 · 조정을 하게 됨(시장기구에 대한 통제 · 조정, 공공사업을 통한 경기회복 주도)
법영역	민법, 상법	사회복지법, 노동법, 경제법

출처: 남기민 외, 2020: 46

3. 사회복지법의 전개 1 : 영국 빈민법

1) 영국의 빈민법 제정

영국은 중세시대에 기근, 전쟁, 전염병과 봉건제도 붕괴로 인해 빈민과 걸인이 크게 증가하자 1601년 엘리자베스 여왕은 빈민법(Poor Law)을 제정하였다. 구빈행정체계가 교구행정단위에서 국가행정단위로 바뀌었다. 정부는 지방세액 인상, 구빈감독관 임명 등 정부가 빈민을 책임지는 구빈행정을 확립하였다.

영국 자본주의의 본원적 축적기에 빈민이 대량 발생함에 따라 이 법은 빈민구제보다는 질서유지와 치안방위적인 입장에서 빈민을 통제하고 관리하기 위한 법이었다. 그럼에도 불구하고 1601년의 이 빈민법은 사회복지법의 기원으로 볼 수 있다. 이 법은 최초로 구빈책임을 교회가 아닌 정부가 졌다는 점에서 국가적 차원에서 빈민문제를 다루었다는 데 의의가 있다. 또한 이 법은 19세기 말 이후 공공부조법으로 발전하였다는 점에서 사회복지법의 기원으로 볼 수 있다.

2) 영국의 빈민법의 주요 내용

빈민사업에 소요되는 재원은 교구(parish) 단위로 주민이 납부하는 일종의 고정자산세 성격의 구빈세(poor rate)였다. 그 재정은 교구단위로 자치적으로 운영되었다. 교구단위 운영은 빈민의 수가 많은 교구와 그렇지 않은 교구 간에는 구빈세 부담의 수준에 있어서 큰 격차가 날 수밖에 없었다. 빈민이나 부랑인은 재정이 넉넉한 교구로 이동하는 경향이 있었는데 이 교구는 자신의 교구로 들어오는 것을 적극적으로 저지하려고 하였다. 이는 1662년 정주법이 제정되는 원인이 되었다.

빈민이나 부랑인이 돌아다니는 것은 사회질서유지에 커다란 위험요소가 되었으며, 이들을 구빈하는데도 비용을 절감할 수 있는 시설화를 선호하였다. 그러나 시설에는 위생 시설은 거의 없었고, 음식은 영양은커녕 위생관리가 적절하지 않았다. 또한 보건과 의료보호가 사실상 존재하지 않은 상태였다.

빈민을 노동능력에 따라 달리 처우할 수 있도록 법제화했다. 노동능력이 있는 빈민(able bodied poor)은 노동을 강제하고 거부하는 자는 투옥하였다. 노동능력이 없는 빈민(impotent poor)은 구빈원(almshouse) 또는 자선원에 수용하여 보호하였다. 빈곤아동(dependent children)은 강제적으로 도제(apprentice)로 보내거나 입양을 보냈다.

이 빈민법은 빈곤의 책임이 전적으로 빈민에게만 있다고 보지 않고, 사회도 빈곤에 대하여 어떠한 책임을 지지 않으면 안 된다는 것이다. 따라서 그 책임을 실행에 옮기기 위한 적절한 실행기구를 설치하였다. 지역 차원에서 치안판사의 총괄 지도하에서 각 교구에 '빈민감독관'의 임명이 의무화되었다. 빈곤에 대하여 사회책임을 인정하고 실행기구를 설치한 것은 빈민법에 나타난 커다란 진보라고 볼 수 있다.

3) 영국의 공장법

빈민법에서 보호아동을 도제로 할 수 있도록 규정한 것이 산업화의 진전에 따라 결국 소년노동의 문제로 대두되어 1802년 공장법(Factory Acts)의 출현을 보게 되었다. 이 법의 적용대상자는 빈민의 자녀로서 구빈원에 수용된 아동 중에서 공장에 고용된 자이며, 적용대상 공장은 3인 이상의 도제, 20인 이상의 노동자를 고용한 모든 공장이다(박광준, 2002: 204; 조원탁 외, 2022: 30 재인용).

공장법은 1802년 최초로 제정된 이후 1833년에는 근대적인 최초의 사회정책적 공장법이 제정되었다. 연소자, 특히 아동의 노동시간을 규제하여 아동의 보호에 중점을 두면서 감독규제를 위한 새로운 중앙집권적 법실시 감독제도를 갖추게 되었다. 공장감독관을 임명하여 영국 전역의 공장법 시행의 책임을 부여하였다. 공장법은 여성과 아동의 노동시간을 규제하는 것을 내용으로 하므로 노동법으로 발전해 나갔다.

4) 영국의 신빈민법

1601년 빈민법은 이후 많은 변화를 거쳐 1662년의 정주법(Settlement Act)[2], 1772년의 작업장심사법(Workhouse Test Act)[3], 1782년의 길버트법(Thomas Gilbert Act)[4], 1795년의 스핀햄랜드법(Speenhamland Act)[5]을 거쳐, 1834년의 신빈민법으로 이어졌다. 신빈민법 제정 배경으로는 스핀햄랜드법에 의해 증가된 구빈세를 감소하여 국가재정 지출 축소, 19세기 초 자본주의 진전에 따른 새로운 사회문제 야기, 자유방임주의 영향 등을 들 수 있다.

신빈민법은 빈곤이 개인의 나태와 무절제에 기인한다는 빈곤관을 가지고 있다. 신빈민법의 주요 내용은 열등처우의 원칙, 원외구제금지의 원칙, 작업장처우의 원칙, 균일처우의 원칙 등이다. 첫째, 열등처우의 원칙이다. 구빈수혜자의 구제수준을 그 사회 최저임금을 받는 자보다 낮아야 한다는 것이다. 빈곤자들의 근로동기 부여와 최저임금을 받는 자와의 공평성 유지를 위함이다. 둘째, 원외구제금지의 원칙이다. 빈민들이 자신의 집에서 공공부조를 받을 수 없도록 하는 거택보호를 금지하는 것이다. 셋째, 작업장처우의 원칙이다. 근로능력이 있는 빈곤자는 작업장에 수용하여 일을 하게 한다는 것이다. 물론 병자, 노인, 허약자 및 한부모가정에게만 원외구호를 허용하였다. 넷째, 전국적 통일의 원칙이다. 빈곤자 구제는 중앙행정기관인 구빈법위원회에 의해 전국적으로 통일되도록 한다는 것이다. 구빈행정의 중앙집권화를 의미한다. 구빈이 전국적으로 균일하다

2) 정주법(Settlement Act, 1662) : 부랑자의 '복지 이주'를 막기 위해 부랑자를 그들의 출생지로 돌려보내도록 규정
3) 작업장심사법(Workhouse Test Act, 1772) : 빈민구호를 줄이기 위해 노동능력이 있는 사람들에 대한 원외구호를 없앰
4) 길버트법(Thomas Gilbert Act, 1782) : 교구 간 연합 '빈민 공장'의 설립 · 운영 허용, 원외 구호 시작
5) 스핀햄랜드법(Speenhamland Act, 1795) : 원외 구호 확대, 저임금 보충을 위한 수당 지급

는 의미에서 균일처우의 원칙이라고도 한다.

신빈민법은 자유주의적인 시민법의 원리가 반영된 법으로서 산업자본주의가 등장함에 따라 전면적인 시장사회의 출현과 지배를 필요로 했던 당시의 지배계급이 노동력을 상품화하기 위해 만든 생존권 박탈의 입법이었다. 이러한 사회적 변화는 아담 스미스(Adam Smith)를 대표로 하는 자유방임의 사상에 잘 나타나 있다. 즉, 국가는 정치적 · 경제적으로 시민의 생활에 간섭하지 않고 범죄와 전쟁의 공격으로부터 시민을 지킨다는 '야경국가'의 역할을 가져야 한다는 것이었다(남기민 외, 2020: 39).

5) 영국의 빈민법의 전환

그 후 빈민법은 20세기 초 자유당 정부의 대대적인 사회정책 입법에 의해 주요 원칙들이 변화되었고, 제2차 세계대전 이후 베버리지 보고서(1942년)의 출현으로 사회복지법으로 발전되었다. 베버리지 보고서에서 사회보장계획의 기본적인 세 가지 원칙은 다음과 같다.

첫째, 미래를 위한 어떤 제안도 이해관계자 집단에 의하여 제약받아서는 안 된다.

둘째, 사회보험은 결핍(want)에 대한 공약일 뿐, 소위 5대 악(five giant evils)의 나머지인 질병(disease), 무지(ignorance), 불결(squalor), 나태(idleness)까지 해결할 수 있는 것은 아니었기 때문에 사회보험의 조직은 사회진보를 위한 포괄적인 정책의 한 부분으로 간주되어야 한다.

셋째, 사회보장은 정부와 민간의 협력에 의해 이루어져야 한다. 즉, 국가의 역할도 중요하지만 국가가 사회보장을 조직하는 데 있어 개인의 인센티브나 기회 그리고 책임감을 저해해서는 안 되고, 개인이 국민최저한(national minimum)을 초과하는 여유 있는 삶을 영위하기 위한 자원 활동을 장려할 수 있는 여지를 남겨두어야 한다는 것이었다.

베버리지 구상은 전후 1945년 총선거에서 압승한 노동당 정부에 의하여 구체적으로 입법되어 1945년 가족수당법(Family Allowances Act), 1946년 국민보험법(National Insurance Act), 1946년 국민보건서비스법(National Health Service Act) 등으로 점차 구체화되고 공적부조에 관한 입법은 1948년 국가부조법(National Assistance Act)으로서 제정되었다. 이 법의 제정을 계기로 빈민법은 350년간의 역사를 마무리하고, 기초보장이라는 이념에 기반을 둔 공공부조법으로 전환되었다(조원탁 외, 2022: 31-32).

4. 사회복지법의 전개 2 : 독일 사회보험법

1) 사회보험법의 등장 배경

후발 산업국가인 독일은 19세기 후반 초기자본주의 시기 산업화가 매우 빠른 속도로 진행되면서 노동자의 도시집중현상, 물가인상, 주택난 등 사회문제가 대두되면서 사회주의 운동과 노동운동이 발생했다. 당시 독일의 집권자인 비스마르크(Bismarck)는 지주계급 출신으로 사회주의 운동에 대응하여 탄압과 회유의 정책, 즉 '당근과 채찍' 정책을 폈다. 탄압(채찍) 정책은 1878년 사회주의자 진압법(Sozialistengesetz)을 제정하여 사회주의 운동을 탄압하였다. 회유(당근) 정책은 사회보험법을 제정하여 임금노동자, 특히 육체노동자인 프롤레타리아를 대상으로 사회통합을 시도하였다. 독일에서 세계 최초로 사회보험제도가 출범하게 된 배경이다. 비스마르크의 사회보험법은 사회주의의 무력화, 생산관계의 안정화, 경제적 효율성의 증대, 국제경쟁력의 강화, 국가의 지배력 강화 등을 위한 다목적 카드였다.

이때 제정된 사회보험법으로는 1833년 노동자질병보험법, 1884년 재해보험법,

1889년 노령 및 폐질보험법 등을 들 수 있다. 1833년 노동자질병보험법은 질병에 걸린 노동자에 대한 무료치료와 질병수당을 지급하는 의료보험제도에 관한 법으로 비스마르크 사회보험입법 중 가장 먼저 제정되었으며, 세계 최초의 사회보험법이다. 1884년 재해보험법은 노동자의 업무상 재해에 대한 사용자 책임을 확립한 것으로 현대의 산업재해보상보험법에 해당한다. 1889년 노령 및 폐질보험법은 16세 이상의 모든 임금노동자를 의무가입으로 하였고 가입 후 30년 이상된 70세 이상의 근로자에게 노령임금이 지급된다. 재원은 국가가 보조하거나 사용자와 노동자가 똑같이 부담하는 보험료로 충당된다. 현대의 국민연금법에 해당한다. 이들 3법은 1911년 제국보험법으로 통합, 사회보험법으로 단일화되어 보험행정의 상호조정이나 가입대상이 확대되는 진전이 있었다.

2) 사회보험법의 한계

비스마르크의 사회보험법은 회유와 탄압 성격으로 노동계, 사회주의자, 보수적 자유주의자들 모두의 반발을 불러 일으켰다. 또한 노동자들의 계급투쟁과 사회변화를 피하기 위해 노동자들이 권위주의적 국가권력에 의존하도록 만들려고 한 정책이라는 점에서 한계가 있다(이용재, 2021: 51).

3) 사회보험법의 의의

비스마르크의 사회보험법은 사회주의와 노동운동을 와해시키기는커녕 오히려 노동자들의 참여와 권리의식을 향상시키고 노동자조직의 강화를 초래하여 비스마르크의 정치적 의도와는 달리 사회복지 발전에 기여하게 되었다. 어쨌든 독일은 산업화가 늦게 진행되긴 했지만, 세계 최초로 사회보험법을 제정했다는 점에서 그 의의를 높이 평가할 만하다(남기민 외, 2020: 40).

5. 사회복지법의 전개 3 : 미국 사회보장법

1) 사회보장법의 등장 배경

미국은 전통적으로 자유주의 또는 개인주의가 강하여 국가가 국민 개개인의 사회 · 경제생활에 관여한다는 것은 상상할 수조차 없었다. 그러나 1929년의 대공황은 미국사회를 유례없이 마비시키고 시민들의 경제적 생존권을 심각하게 위협했다. 이런 총체적 위기에 대응하는 데 있어 개인주의와 자유시장체제는 무기력하다는 것이 증명되었다. 이처럼 대공황의 참상은 미국의 전통적 자유방임주의 가치관을 변화시켜 시장경제에 대한 국가의 개입을 요구하는 움직임으로 나타났다. 미국인들은 1929년의 대공황을 계기로 국가의 간섭을 수용한 것이다.

당시 루스벨트 행정부는 직접구호와 공공사업의 발주를 내용으로 하는 대규모의 공공구호사업을 통해 실업을 감소시킴과 동시에 사회보장제도의 수립으로 이를 보완하는 이른바 뉴딜(New Deal)정책을 마련하였다.

루스벨트의 뉴딜정책은 흔히 3R정책, 즉 구호(Relief), 경제회복(Recovery), 그리고 개혁(Reform)의 정책으로 알려져 있다. 뉴딜정책은 일하는 국민의 구매력 회복을 도모함으로써 유효수요를 창출하여 경기를 부양하려는 접근이다. 따라서 미국의 사회보장법은 국민의 생활보장에 대한 연방정부의 책임을 명백히 한 것이었다. 또한 이것은 상당한 결함을 가지고 있었음에도 불구하고 미국에서 사회보장의 첫 출발에 신기원을 이룩하는 대전환의 시작이었고, 미국 사회권의 발전에 획기적인 계기를 마련한 것이었다. 또한 미국 내의 사회보장 발전뿐만 아니라 많은 다른 국가들에게도 영향을 미쳤다(박광준, 2002: 338; 남기민 외, 2020: 41 재인용).

2) 사회보장법

루스벨트 정부의 1935년 사회보장법(Social Security Act)은 세계 최초로 '사회보장'이라는 용어를 공식화하고, 미국 최초의 연방정부 차원의 복지 프로그램이었다. 또한 사회보장법이라는 새로운 법영역을 탄생시켜 현대 미국 사회복지제도의 근간을 이루었다. 루스벨트 사회보장법은 미국 사회복지 역사에서 하나의 분수령이 되었다.

사회보장법은 연방이 노령과 실업급여의 책임을 지는 노령보험제도와 연방과 주가 공동으로 관리하는 실업보험제도로 시작되었다. 그러나 전국 차원의 강제 가입방식의 의료보험제도는 의사들의 반대로 수립되지 못하였다.

3) 사회보장법의 한계

뉴딜정책의 기본 입장은 노동자로 하여금 민간기업에 취업하여 스스로의 힘으로 살아가게 하는 것이었다. 취로구호사업을 중심으로 한 경기부양정책이 주된 정책수단이었으며 사회보장제도는 이를 보완하는 수단이었다(이인재 외, 1999: 82). 따라서 사회보장제도는 복지국가의 이념을 담은 사회복지 입법이라고 평가하기는 어렵다. 즉, 이 법은 사회복지를 '권리'로서 국가가 보장하고자 하는 현대적 의미의 사회복지법과는 거리가 멀었다(윤찬영, 2001: 32-33; 남기민 외, 2020: 41 재인용).

〈표 3-2〉 사회복지법 전개 관련 제정법 현황

구분	영국	독일	미국
17세기	• 1601년 빈민법 • 1662년 정주법		
18세기	• 1772년 작업장심사법 • 1782년 길버트법 • 1795년 스핀햄랜드법		
19세기	• 1802년 공장법 • 1834년 신빈민법	• 1878년 사회주의자 진압법 • 1883년 질병보험법 • 1884년 산재보험법 • 1889년 노령폐질보험법	
20세기	• 1945년 가족수당법 • 1946년 국민보험법 • 1946년 국민보건서비스법 • 1948년 국가부조법		• 1935년 사회보장법

Chapter 03

사회복지법의 등장과 전개
핵심내용 학습 사회복지사1급 기출문제 해설

출제 경향 분석

최근 3년간 출제경향을 볼 때, 교재 "제3장 사회복지법의 등장과 전개"에서는 기출문제가 없었다.

Chapter

04

우리나라 사회복지법의 역사

1. 삼국시대~조선시대
2. 일제 강점기~미군정시대
3. 대한민국 시대
4. 우리나라 사회복지법 역사의 특성과 과제

Chapter

04 우리나라 사회복지법의 역사

우리나라 사회복지법의 역사는 고조선(古朝鮮)의 건국이념인 홍익인간(弘益人間)[1)]에서 출발한다고 볼 수 있다. 이는 널리 인간 세계를 이롭게 한다는 뜻으로 우리나라의 정치, 교육의 최고 이념으로 삼고 있다. 물론 사회복지 이념에도 영향을 미치고 있다.

우리나라 사회복지법제는 삼국시대부터 궁핍한 백성을 국가가 돌보아주는 궁민진휼(窮民賑恤)의 구빈사업과 풍수재해 등으로 일시적으로 빈곤해진 이재민을 구제하는 공공부조와 관련이 깊다.

이 장에서는 우리나라 사회복지법제의 시대를 왕정시대인 삼국시대에서 조선시대, 외세의 영향이 컸던 일제 강점기 및 미군정기, 자주적인 대한민국 시대로 구분하고 사회복지의 내용별로 흐름을 설명하고자 한다.

1) 삼국유사(三國遺事) 권 제1 기이(紀異) 고조선(古朝鮮) 왕검조선(王儉朝鮮)에 소개되어 있다.

1. 삼국시대 ~ 조선시대

우리나라에서의 사회복지의 근원은 삼국시대, 고려시대 그리고 조선시대까지 약 2000년간에 걸친 온정주의적 민생구휼(民生救恤)에서 찾아볼 수 있다.

1) 빈민구제제도

백제는 온조왕 32년(14년)에 가뭄으로 굶주린 백성에게 곡물을 나누어주어 구제하였다. 삼국사기에 의하면 신라는 남해왕 15년(18년)에 백성들이 기근으로 굶주리게 되었을 때 국고를 열어 이들을 구제했으며, 유리왕 5년(28년)에 빈곤한 백성을 조사하여 구제하였다는 기록이 있다(남기민 외, 2020: 125). 고구려는 태조왕 56년(108년)에 재해를 당한 사람들에게 관곡을 배급하였으며, 고국천왕 16년(194년)에는 흉년으로 빈곤이 극심하자 전국의 해당 관청에 명령하여, 환(鰥: 홀아비), 과(寡: 홀어미), 고(孤: 부모 없는 자식들), 독(獨: 자식 없는 사람), 노(老: 늙은이), 병(病: 병든 자) 등을 널리 조사하여 구제하게 하였다[2](심승구, 2012: 71).

고려시대에는 불교의 영향이 오래되고 깊어서 중생에게 사랑을 베푸는 자비사상이 일반 민중과 지도층에 널리 퍼져 있었고, 관료적 봉건체제가 확립되어 역대 왕들은 구제사업을 나라를 다스리며 백성을 이끄는 국가적 사업으로 인식하여 점차 구제사업을 담당하는 전문기관을 마련하고 그 기관을 통해 구제사업을 전개하였다(남기민 외, 2020: 125-126).

고려 4대 광종 14년(963년)에 고려 최초 구빈기관인 제위보(濟危寶)를 설치하였다. 의리(醫吏)가 배치되었으며, 빈민구제사업, 이재민구제사업 및 질병치료사업 등으로 빈민을 구휼하였다. 숙종 6년(1101년)에는 가난한 백성은 제위보로 하여금 진휼(賑恤)하게 하였고, 인종 5년(1127년)에는 제위보 · 대비원에서 질병을 구

2) 《三國史記》 卷16, 高句麗本紀 4

하도록 하였다. 그러나 공양왕 3년(1391년)에 이르러 없어지는 등(한국민족문화대백과사전) 고려시대 후반기에 이르러서 국내외의 다양한 재난으로 인해 국가재정은 빈약하게 되고 사회는 일대 혼란에 빠져 구제기관들의 기능이 정체되었고 백성들은 생활상의 곤경에 처하게 되었다(남기민 외, 2020: 126).

조선시대는 건국 초부터 불교를 멀리하고 유교를 지도이념으로 하여 모든 국가의 제도를 확립하였다. 그동안의 민생구휼제도의 취지를 계승함과 동시에 유교의 정신에 기초하여 혜애안민(惠愛安民)의 인정(仁政)을 국가통치의 근본을 삼았다. 따라서 민생구휼을 국가의 중요한 시책으로 삼았고 구휼행정의 대계를 완성하여 대(代)를 이어 실천하였다(김만두 외, 2000: 86).

조선 태조는 1392년 즉위교서에서 환과고독(鰥寡孤獨) 구휼, 즉 '궁핍한 네 부류의 백성'을 뜻하는 사궁민(四窮民)에 대한 구휼사업을 밝혔다. 태종 17년(1417년)에는 묵은 쌀과 콩 1만 석을 방출하면서 환과고독과 장애인, 극빈자에게 구매 우선권을 주어 시중가보다 훨씬 싸게 산 곡식으로 장사 밑천을 삼도록 하였다(이중엽, 2022: 70).

조선 세종 원년(1419년)에는 이재민 구제에 관한 교서(敎書)를 공포하여 수재, 한해, 풍해 및 설해 등의 재해로 인하여 빈곤하게 된 난민들을 관곡 또는 국비로써 구제케 하였다. 세종 때 구황청(救荒廳)을 설치하였다. 기근이 심한 시기에 먹을 것을 구하지 못하는 빈민들을 구제하는 제도이다. 중종 20년(1525년)에 진휼청(賑恤廳)으로 개명되었다가 숙종 3년(1677년) 선혜청에 흡수 · 합병되었다가 고종 31년(1894년)에 폐지되었다(두산백과). 구황청은 사궁인 환과고독(鰥寡孤獨) 보호, 노인보호사업, 음식제공, 진휼 및 진대 사업, 관곡의 염가매출과 방곡사업, 혼례나 장례를 치르지 못하는 자에게 비용을 조달해 주는 고조제도, 흉년 또는 재해를 당한 백성에게 지세, 호세, 부역 등을 감면하거나 대부된 환곡을 면제 또는 감해 주는 견감제도, 부유한 민간인으로 하여금 구제를 위한 곡물을 납입하게 하고 이를 납입한 자에게 관직의 첩지를 주는 원납제도, 향약 및 계 제도, 식용식물을 조사 · 연구하여 제시한 구황방제도 등이 있다. 특히 향약은 ① 덕업상권, ② 과실상규, ③ 예속상교, ④ 환난상휼 등의 4개 덕목의 실천을 근본 목적으로 하는데, 그중에서도 환난상휼은 복지의 제공에 중점을 두고 있다(남세진 · 조홍식, 1995: 88; 남기민 외, 2020: 128 재인용).

조선 성종 16년(1485년)에 편찬된 『경국대전(經國大典)』은 6전(이전, 호전, 예전, 병전, 형전, 공전)으로 구성되어 있는데, '비황조(備荒條)'에는 지방관에게 흉년에 대비하여 소금과 해초를 준비할 것을 지시하였다. '혜휼조(惠恤條)'에는 아동과 노인의 구휼에 관한 내용이 규정되어 있다.

조선 정조 7년(1783년)에 무의무탁한 사궁의 구제에 관한 진휼청의 구호사업 준칙인 자휼전칙(字恤典則)을 공포하였다. 이것이 후에 고종 때에 이르러 1855년 프랑스 신부 매스트르(Maistre)에 의하여 고아구제사업으로 이어졌으며, 이는 우리나라 최초의 근대적 의미의 사회복지사업(아동복지사업)이라고 할 수 있으며, 이후 고종 25년인 1888년 3월에 프랑스 교회가 서울 명동에 최초의 고아원을 개설하였다. 이것이 우리나라 최초의 시설사회복지사업이다. 이렇듯 우리나라에 있어서 서구식 사회복지 또는 근대적 의미의 아동복지사업은 외국인 천주교 신부들이 시작한 기아 · 고아 · 빈민아들에 대한 구제사업에서부터 비롯되었음을 알 수 있다(이중엽, 2022: 69-72).

이상과 같은 조선시대의 구휼제도는 오늘날의 사회복지제도에 비하여 조금도 뒤떨어지지 않았으나 계속 발전되지 못하였음은 애석한 일이다(남기민 외, 2020: 127).

2) 양곡대여제도

고구려 고국천왕 16년(194년)에는 을파소의 건의로 진대법(賑貸法)이 제정되었는데, 그 내용은 춘궁기(3~7월)에 관곡을 빈곤한 백성들에게 그 가구원 수에 따라 필요한 양을 대여하였다가 추수기인 10월에 회수하는 빈민구제제도이다. 진대법은 고리대의 폐단을 막는 농민구휼책으로 백성들이 채무노비로 전락하는 것을 방지하였다.

고려 태조 때 고구려의 진대법은 흑창(黑倉)으로 이어져 춘대추납(春貸秋納)의 빈민구제기관으로 역할하였다. 성종 5년(986년)에 흑창을 개량하여 각 주(州)와 부(府)에 의창(義倉)을 설치하였다. 의창은 정부시설로서 평상시 나라에서 곡물을 비축하여 두었다가 흉년 등 비상시에 곡물을 대여해 주고 추수기에 반납케 하였다. 이 의창은 무상 구제기관은 아니었다(김덕준 외, 1977: 55; 남기민 외, 2020: 126 재인용). 의창은 처음에는 순수한 구호기관으로 출발했으나 나중에는 이자를 붙여 받는 대여기관이 됨에 따라 관리들이 백성들을 착취하는 기관으로 전락하였다. 반면 민간 주도로 운영되었던 사창(민영 의창제도)은 곡물 대여를 가려서 하였기에 환수의 어려움도 없었고 이식도 더 받을 수 있었다. 그 밖에도 교제창, 제민창을 두어 재민을 구제하였다. 이와 같은 창제제도는 1910년 한일합방과 더불어 폐지되었다.

고려 성종 12년(993년)에 설치된 상평창(常平倉)은 풍년이 들어 곡가가 떨어지면, 국가는 곡물을 사들여서 곡가를 올리고, 흉년이 들어 곡가가 폭등하면 국가는 상평창의 곡물을 풀어서 곡가를 떨어뜨려 일반농민을 보호하고 상인의 활동을 억제하고자 했던 곡물을 중심으로 한 물가조절기관이다(이중엽, 2022: 69-72). 상평창은 직접적인 구제제도는 아니지만 나라를 다스리며 백성의 생활을 안정되게 하려는 목적으로 설치되었다는 점에서 넓은 의미의 구제제도로도 볼 수 있는 제도이다(김덕준 외, 1977: 58-59; 남기민 외, 2020: 127).

3) 빈민의료구제

고려 문종 3년(1049년)에 빈민 질병자를 구호 · 요양하기 위해 국립의료기관인 대비원(大悲院)을 개경의 동 · 서 두 곳에 설치하였으며 이를 동서대비원이라 하였다. 이것은 병자, 굶주린 자, 부랑인들을 치료해 주며 음식과 의복 등을 주어 구제하였던 곳으로 나라에서 운영하는 의료구제기관이었다. 대비원은 조선시대에도 이어진다. 조선 건국 초기에 활인서가 설치된 후 이것이 태종 14년(1414년)에 활인원으로 개명되었다가 다시 세조 12년(1466년)에 활인서로 개명된 것으로 지방이 아닌 서울의 의료에 관한 일을 맡아 본 기관이었다. 활인서는 고종 19년(1882년)에 폐지되며 그 후 활인서의 사업은 혜민서의 업무와 통합되어 제중원(광혜원의 전신), 대한적십자병원으로 이어졌다(이중엽, 2022: 69-72).

고려 예종 4년(1109년)에는 개경의 백성들 사이에 질병이 유행하자 이들을 치료하는 한편, 병으로 죽은 사람들의 시체를 거두어 묻어주기 위해 임시관청의 중앙관서로서 구제도감(救濟都監)이 처음으로 설립되었다. 그 후 충목왕 4년(1348년)에 진제도감(賑濟都監)으로 명칭을 바꾸었고, 그 후 우왕 7년(1381년)에 진제색(賑濟色)으로 명칭을 바꾸어 구제사업을 하였다(한국민족문화대백과사전).

고려 예종 7년(1112년)에 설치한 혜민국(惠民局)은 가난한 백성의 질병을 치료하고 의녀(醫女)를 교습하였던 의료기관인데, 충렬왕 때에 사의서의 관할로 하였다가 공양왕 3년(1391년)에 혜민전약국(惠民典藥局)으로 고쳤다. 조선시대에는 세조 12년(1466년)에 혜민서(惠民署)로 고쳤다가 조선 성종 16년(1485년) 경국대전 편찬으로 의료구제 기관으로 혜민서와 활민서를 두도록 하고 있다. 예전조(禮典條)에 따르면 일종의 방문구료의(訪問求療醫)인 월령의를 두게 했다. 민생구휼사업의 시설로서는 구황청, 혜민국, 활인서, 제생원, 광혜원, 제중원, 광제원 등이 있어 각기 독립적인 기능을 가졌었다(이중엽, 2022: 69-72). 조선시대 혜민서는 고종 19년(1882년)에 폐지되었다. 대한제국 광무 5년(1901년)에 혜민원(惠民院)을 설치하였다가 동 7년(1903년)에 폐지하였다.

조선시대 구료제도(의료사업)로서 태조 원년(1392년)에 의료담당의인 전의감과 일반 백성의 의료기관인 혜민서 및 동서대비원을 설치하였고 태조 6년(1397년)에는 의학연구소인 제생원을 설치하였다.

조선 태조 6년(1397년)에 조준의 건의에 따라 설치된 의료구제기관인 제생원(濟生院)에서는 각 도로부터 매년 약재를 수납하는 일과 빈민의 치료 및 미아보호의 일을 맡아보았다. 제생원은 세조 5년(1459년)에 혜민서에 병합되었다. 고종

22년(1885년)에 일반 백성의 질병을 치료하기 위해 광혜원(廣惠院)이 설립되었는데 이는 우리나라 최초의 근대식 병원이었으며, 이 광혜원이 후에 제중원(濟衆院)으로 이름을 바꾸었다. 제중원은 조선시대 최초의 근대식 국립병원이었다. 광제원은 1899년에 설치된 질병치료에 관한 사무를 맡아보던 의료구제기관으로 1907년에 폐지되었다(이중엽, 2022: 69-72).

그러나 조선 말엽에 이르러 국정 및 사회가 혼란에 빠지면서 각종 의료사업도 소기의 목적을 달성하기 어렵게 되었다(남기민 외, 2020: 126-128).

4) 빈민대상 금융

보(寶)는 불교용어인 삼보(三寶: 佛·法·僧)에서 유래된 것으로 삼국시대부터 조선 중기까지 사원이나 공공기관에서 전곡(錢穀)이나 포(布)를 빌려주고 받은 이자로써 특정한 사업을 수행하기 위해 설치한 재정기금을 말한다.

보(寶)는 삼국시대에는 법회를 운영하기 위한 재원으로서의 기금의 성격이 강하였다. 고려시대에 들어오면서 빈민구제 성격의 보도 생겨났다. 광종 14년(963년) 궁민·기민을 구제하기 위한 제위보(濟危寶), 고려 의종 10년(1156년) 궁궐 내의 별실에 약재를 모아두고 질병 치료에 사용하기 위한 선구보(善救寶), 70세 이상의 노인을 위로하기 위한 천보(泉寶) 등이 그것이다. 고려시대에 가장 성행했던 보는 조선 중기 이후 계(契)가 등장하면서 그 경제적 기능이 쇠퇴하여 점차 소멸되기에 이르렀다(다음백과, 2023).

5) 조세 등 행정지원

고려 성종 8년(998년)에 면재법(免災法)을 제정하여 수한상충(水旱霜蟲) 등으로 인해 전답의 피해가 4분 이상 손실되면 조(租)를 면제하고, 6분 이상이면 조포(租

布)를 면제하고, 7분 이상이면 조포역(組布役)을 면제해 준 제도이다. 문종 5년(1050년)에 손재면역법(損財免役法)으로 이어졌다.

2. 일제 강점기 ~ 미군정시대

1) 일제 강점기(1910. 8. 29. ~ 1945. 8. 15.)

일제시대의 구제사업은 근대적인 복지이념에 의해 시행되었다기보다는 그들 식민정책의 일부로서 우리 민족이 그들에게 충성하게 하려는 정치적인 목적을 갖는 시혜 또는 자선의 의미가 컸다고 하겠다.

1910년 한일합방이 이루어지면서 조선시대의 구제사업은 거의 소멸되고 1921년 조선총독부 내무국에 사회과를 신설하여 우리나라 사회사업의 지도·통제를 전담하게 되었다. 또한 일본에서 1929년 제정되어 1932년부터 실시되었던 구호법을 원용하여 1944년 3월에 조선구호령을 실시하였다. 그러나 이와 같은 제도들이 우리나라에서 시행된 것은 구빈목적이라기보다는 전시동원체제하의 식민지 통치의 효율성 제고를 위한 것이라고 볼 수 있다. 이 조선구호령은 형식상으로는 근대적 의미의 공공부조가 우리나라에 최초로 제도화된 것이며 광복 후 1961년 생활보호법이 제정되기까지 우리나라 공공부조의 지침 구실을 해왔다.

2) 미군정 시대(1945. 8. 15. ~ 1948. 8. 15.)

1945년 8월 15일 광복 이후 미군정 3년간의 구호사업은 형식상으로는 일제시대의 관계법을 계승하고 있으나, 군정법령 및 업무처리 준칙에 의해 이루어졌다. 당시의 빈곤정책은 주로 북한으로부터 월남한 피난민과 해외로부터 귀환한 전재민 및 국내 거주의 요구호 빈민들에 대한 식량, 의료 및 주택 등의 공급에 치중하였다(남기민, 2020: 129).

미군정 보건후생국은 1946년 1월 12일 공공부조에 관한 후생국보 제3호를 발표하여 일본이 제정한 조선구호령과 함께 사용하였다. 그 뒤 후생국보 제3A호(1946. 1. 14.)를 발표하여 재해민과 피난민 구호계획을 발표하고, 그들에게 식량, 의류, 연료, 긴급의료, 매장, 차표 등의 편의를 제공하였으며, 후생국보 제3C호(1946. 2. 7.)는 이재민, 피난민, 빈궁자, 고아 등에 관한 응급처리와 임시구호 등 공공구호(public relief)를 규정하였다. 이 시기 공적 부조 관련 정책의 특징은 외국 민간 원조 단체가 주축이 되어 고아원, 양로원 등 수용보호시설을 중심으로 한 미국식 사회사업 개념이 도입되었다는 것이라 할 수 있으며 새로운 공적부조 제도가 조성되지는 않았으나 공적 부조 방향 설정에 중요한 계기가 되었다.

미군정은 군정법령 제112호(1946. 9. 18.)로 아동노동법규를 제정하여 전 세계의 문명국가가 채용하는 인도적 · 계몽적 원리에 따라 어린이의 노동을 보호하였다. 그 이후 과도정부 법령 제4호로 미성년자노동보호법을 제정하여 미성년자를 유해, 위험한 작업 또는 과중한 노동으로부터 보호하여 어린이의 건전한 발육과 정당한 이익을 보장하도록 하였다. 이 법은 근로기준법(1953. 8. 9.)이 실시되기 전까지 아동복지 증진에 커다란 영향을 미쳤다.

미군정기의 사회복지 입법의 특성은 적극적 · 계획적 · 장기적이지 않고, 주로 기아의 방지, 최소한의 서민 생계유지, 보건위생 및 치료, 응급주택 공급 등 빈곤과 사회적 혼란에 대처하기 위한 구호적 · 응급적인 대책으로서의 성격을 가진다(남기민 외, 2020: 129).

3. 대한민국 시대

1948년 대한민국 수립 후에도 빈곤 및 국내 정치·사회적 혼란이 지속되고, 1950년 한국전쟁을 계기로 고아 발생, 빈곤 등 사회복지 수요는 폭발적으로 증가하였으나 이 수요를 충족시킬 여건이 마련되지 않다가 1961년 경제개발5개년 계획 이후 경제성장이 이루어지고 1987년 민주화 이후 본격적으로 사회복지 요구가 분출되면서 제도화되었다.

1) 이승만 정부 및 의원내각제 시대 사회복지법

우리나라는 1945년 8월 15일 광복 후 신탁통치 찬반 데모, 좌우익의 극심한 대립과 갈등 등 사회혼란은 1948년 8월 15일 대한민국 정부 수립 이후에도 정치적·사회적으로 혼란은 계속되었다. 특히, 일제식민지 통치 36년간 가혹한 수탈을 당하였고, 1950년 6월 25일의 한국전쟁으로 국토가 폐허화되면서 1인당 국민소득이 1945년 40달러, 1948년 80달러, 1953년 66달러에 불과하여 당시 세계 177개국 중 6번째로 가난한 나라였다. 이러한 경제적인 궁핍은 국민들의 생활을 고통스럽게 만들었다. 특히, 한국전쟁은 261여만 명의 피난민, 394만 명 이상의 사상자 등 엄청난 인적 손실로(국가기록원) 사회복지 수요는 폭증하였다. 당시 정부는 외국 원조물자를 효과적으로 분배하여 민생문제를 해결하는 데 행정력을 동원하였다. 외원물자의 분배업무와 수많은 고아원시설을 지원하는 사업이 주류를 이루었다.

이 시기의 사회복지 입법은 사회복지법이 아직까지 개념적 정의를 내리지 못한 상태에서 실시되었다. 즉, 사회복지 입법이 법률적·입법적 근거에 의해서 시행된 것이 아니라 정부의 관계부처, 즉 사회부의 행정명령에 의해서 시행되었던 것이다. 물론 제헌헌법에 생존권 조항이 명시되어 있긴 하지만 하위 법률규정이 없어 실제로 생존권은 보장되지 못하였다(장동일, 2001: 198; 남기민 외, 2020: 131 재인용).

이 시기 사회복지 주요 입법은 대한적십자사조직법(1949년), 후생시설설치기준령(1950년), 후생시설 운영요령(1952년), 근로기준법(1953년), 어린이헌장(1956년), 공무원연금법(1960년) 등이 있다.

2) 박정희 정부 시대 사회복지법

박정희 정부 때는 전쟁 이후 만연한 민생고 등 사회문제를 정리하는 의미에서 많은 사회복지 입법을 하였으며, 국가 부담을 최소화하여 경제에 부담을 주지 않는 방향으로 설정되었으며, 보수주의적 경향과 발전주의 이념이 결합된 것으로 볼 수 있다(김영애 외, 2022: 173).

1963년 '선 성장 후 복지'를 천명한 사회보장에 관한 법률이 사회보장에 관한 기본법으로서 제정되었으나 전문 7개 조문에 불과한 법으로서 시행령을 제정하지 않아 시행되지 않다가 1995년 사회보장기본법이 제정됨에 따라 폐지되었다. 1961년 생활보호법은 공공부조의 최초 실정법으로 2000년 국민기초생활보장법의 시행으로 대체될 때까지 약 40년간 공공부조 법률로서 기능하였다. 1983년 생활보호법을 전부개정하여 자활보호와 교육보호가 추가되었다. 1970년 사회복지사업에 대한 기본적인 사항을 규정하여 그 공정한 운영을 기하기 위한 목적으로 사회복지사업법이 제정되었다. 사회복지사업을 일부 민간에 의존하면서 동시에 이를 규제하려는 입장이었다.

또한 사회보험 체계가 갖춰지기 시작하였다. 연금으로는 공무원연금법(1960년), 군인연금법(1963년), 사립학교교원연금법(1973년) 및 국민복지연금법(1973년)이 제정되었다. 그러나 국민복지연금법은 석유파동으로 시행되지 않았다. 산업재해보상보험법(1963년)이 제정되고, 의료보험법(1963년)은 의료보험법 개정(1976년)으로 1977년 7월 1일부터 500인 이상의 사업장 근로자에게 강제 적용하는 의료보험을 실시하였다. 공무원 및 사립학교교직원 의료보험법이 1977년 12월 31일 제정되었다. 선원보험법(1961년)은 시행령이 제정되지 않아 실시되지 않았다.

기타 사회복지 주요 입법으로는 갱생보호법(1961년), 군사원호보상법(1961년), 윤락행위등방지법(1961년), 고아입양특례법(1961년), 아동복리법(1961년), 선원법(1962년), 국가유공자특별원호법(1962년), 재해구호법(1962년) 등이 제정되었다.

3) 전두환 정부 시대 사회복지법

전두환 정부는 정치적 정당성을 의식하여 정당성 확보를 위한 사회복지법을 대대적으로 제정 · 개정하였다. 이 시기 사회복지법 입법은 외형적으로는 민주주의 영향으로 국가복지의 기틀을 마련한 것으로 보이지만, 내용 면에서는 여전히 보수주의적 성향이 강하였다(김영애 외, 2022: 174).

전두환 정부 후반부터는 한국형 복지모형이 등장하기 시작하였다. 한국형 복지모형이 등장하게 된 배경은 1970년 중반 이후 선진 복지국가에서 복지국가위기론이 대두되고 있었기 때문에 한국에서도 자칫 잘못하면 복지병을 유발할 수 있다는 정책 관련자들의 우려 때문이었다고 볼 수 있다(구종회, 1999: 585-586; 남기민 외, 2020: 135 재인용). 국민연금법 전부개정(1986년), 최저임금법 제정(1986년), 의료보험법 개정(1987년)이 이루어졌다.

그 외 주요 입법으로는 사회복지사업기금법(1980년), 노인복지법(1981년), 심신장애자복지법(1981년), 아동복지법(1981년), 생활보호법 전부개정(1981년), 사회복지사업법 개정(1983년), 갱생보호법 개정(1986년), 보호관찰법(1988년) 등이 있다.

4) 민주화 이후 시대 사회복지법

1987년 봄부터 개헌과 민주화의 요구가 정점에 달했고, 마침내 6.29선언으로 직선제 개헌을 받아들여 1987년 10월 29일 제9차 헌법 개정, 1988년 2월 25일

직선제 선거로 노태우 정부(제13대), 1993년 2월 25일 김영삼 정부(제14대), 1998년 2월 25일 김대중 정부(제15대), 2003년 2월 25일 노무현 정부(제16대), 2008년 2월 25일 이명박 정부(제17대), 2013년 2월 25일 박근혜 정부(제18대), 2017년 5월 10일 문재인 정부, 2022년 5월 10일 윤석열 정부로 이어지고 있다.

이 시기에는 몇 차례 정권교체가 되는 동안 지방자치제가 실시되고 민주화는 많은 진전을 이루었으나 경제적으로는 고금리 · 저성장 시대, IMF 위기와 기업의 구조조정과 실업자의 증가, 세계적인 금융위기 등으로 시련을 겪고 있다. 사회적으로 급속한 산업화, 도시화는 인구의 고령화, 핵가족화, 청소년 문제, 상대적 빈곤의식의 고조 등 여러 가지 사회문제를 표출시켰다.

(1) 노태우 정부

의료보험이 1989년 7월 1일부터 도시지역주민까지 확대 적용되면서 의료보험제도 도입 12년 만에 전국민의료보험 시대를 열었다. 심신장애자복지법(1981년)이란 법명이 장애인복지법(1989년)으로 바뀌어 현재 장애인이란 용어가 일반화되었다. 사회복지사업법 전부개정(1992년)으로 사회복지행정의 전문성과 효율성을 높이기 위하여 일선 행정기관에 사회복지전담공무원을 두고 시 · 군 · 구에 복지사무전담기구를 설치할 수 있도록 하여 사회복지사업이 체계적으로 수행될 수 있게 되었다.

주요 입법으로는 보호관찰법(1988년), 모자복지법(1989년), 장애인복지법 개정(1989년), 장애인고용촉진 등에 관한 법률(1989년, 장애인 의무고용), 영유아보육법(1991년), 고령자고용 촉진법(1991년), 청소년기본법(1991년) 등이 있다.

(2) 김영삼 정부(문민정부)

김영삼 정부(문민정부)는 1993년 신경제 5개년 계획과 1994년에 21세기위원회에서 사회복지정책의 발전전략을 제시하고, 보건사회부를 보건복지부로 개칭하였으며, '삶의 질 세계화'를 위한 사회복지개혁안을 국민에게 제시하는 등 사회복지에 대한 노력을 경주하였다. 이 시기는 사회복지 분야의 기본법을 제정하고, 4대 사회보험법과 상당한 영역의 사회복지서비스법을 제정하는 등 사회복지 입법이 활발하였다. 사회복지법의 외형적 틀을 갖춤으로써 일대 도약기를 이루었다고 볼 수 있다(김영애 외, 2020: 176).

그동안 형식적 수준에 그쳤던 사회보장에 관한 법률(1963년)을 폐지하고 사회보장기본법(1995년)을 제정하여 사회보장에 관한 국민의 권리와 국가 및 지방자치단체의 책임을 정하고 사회보장정책의 수립 · 추진과 관련제도에 관한 기본적인 사항을 정하였다. 사회복지사업 활성화를 위해 사회복지시설 설치 · 운영에 대한 허가제를 신고제로 변경하였고, 사회복지사의 전문성을 제고하기 위하여 사회복지사 1급은 국가시험에 합격한 자로 하고, 사회복지시설에 대한 평가제도를 도입하였다. 이는 사회복지제도 전반의 체제를 구축하였다는 긍정적 평가도 할 수 있으나, 수익자 부담, 민간 책임 강조 등에서 신자유주의적 지향점을 제시하고 있다고 볼 수 있다(김영애 외, 2022: 176).

사회보험 분야로는 고용보험법(1993년)으로 4대 사회보험 체계를 마련하였으며, 국민연금법 개정(1995년)으로 그 적용 대상을 농어민까지 확대하였다. 국민의료보험법(1997년) 제정으로 직장의료보험조합을 제외하고 227개의 지역의료보험조합과 공무원 · 교직원 의료보험공단을 통합하여 의료보험 통합이 시작되었다.

기타 주요 입법으로는 일제하 일본군위안부에 대한 생활안정지원법(1993년), 성폭력범죄의 처벌 및 피해자 보호 등에 관한 법률(1994년), 정신보건법(1995년), 여성발전기본법(1995년), 사회복지사업법 전부개정(1997년), 사회복지공동모금회법(1997년), 가정폭력방지 및 피해자보호 등에 관한 법률(1997년), 청소년보호법(1997년), 장애인 · 노인 · 임산부 등의 편의증진에 관한 법률(1997년), 노인복지법 전부개정(1997년) 등이 있다.

(3) 김대중 정부(국민의 정부)

김대중 정부(국민의 정부)는 IMF 위기에서 탈출하였으며, 이 과정에서 생산적 복지, 적극적 노동시장정책 등을 국가의 주요 정책방향으로 채택하여 실질적인 복지정책의 확대를 꾀하였다. 의약분업 실시와 의료보험제도의 통합, 국민기초생활보장제 전면 실시 등이 좋은 예가 될 것이다. '생산적 복지'를 지향하여 사회복지를 근로능력 향상과 연계하여 '일을 통한 복지(workfare)'를 추구하였다. 즉, 신자유주의 이념을 유지하면서 사회복지를 생산과 연결하려는 것이다(김영애 외, 2022: 177).

국민연금법 개정(1998년)은 국민연금 가입대상자의 범위를 도시지역 거주자까지 확대함으로써 전국민연금시대를 여는 기틀을 마련하였다. 또한 국민건강보험법(1999년)은 직장근로자, 공무원 및 근로자, 농어촌 및 도시지역의 자영자 등 전 국민을 포괄하는 통합의료보험체계가 구축되는 기틀을 만들었다. 이 법의 제정과 동시에 의료보험법(1963년)은 폐지되었다.

빈곤층 구호제도로 일제강점기 조선구호령(1944년)에서 생활보호법(1961년)의 뒤를 잇는 국민기초생활보장법(1999년)이 제정되어 새로운 전기를 맞이하게 되었다. 근로능력의 유무와 관계없이 소득이 최저생계비에 미달하는 국민은 누구나 대상자로 선정될 수 있도록 하였으며 기초생활보장과 근로활동을 연계함으로써 국민최저생활보장을 위한 계기를 마련하였다. 이때 '의료보호'를 '의료급여'로 변경함에 따라 의료보호법(1977년)이 의료급여법(2001년)으로 전부개정되어 의료급여수급기간의 제한을 폐지하여 연간 기간제한 없이 의료급여를 받을 수 있도록 하였다. 장애인고용촉진 및 직업재활법이 전부개정(2000년)되었다.

(4) 노무현 정부(참여정부)

노무현 정부(참여정부)는 '노사정 사회협약' 등 국민참여에 바탕을 둔 복지를 강조하였고, 취약계층 등 수요자 중심의 민생입법이 증가하였다. 외환위기 이후에 나타난 빈곤과 실업 등 사회양극화, 저출산 · 고령화의 위험 과제를 안고 있었다. 사회복지서비스의 지방화를 추구하는 등 신자유주의 흐름을 유지하고 있었다(김영애 외, 2022, 180).

농어촌주민의 보건복지증진을 위한 특별법(2004년)이 자유무역협정(FTA)의 확산에 따른 농산물시장의 개방으로 경제·사회적 어려움이 예상되는 농어촌에 대하여 보건의료기반의 조성 및 사회복지증진에 관한 체계적인 지원책을 마련을 위해 제정되었다. 국민기초생활보장법 개정(2006년)에서 차상위계층에 대하여 주거, 교육, 의료, 장제 및 자활급여 등 부분급여를 할 수 있게 하고 중앙자활센터를 설치할 수 있도록 하였다. 국민연금에 가입하지 못한 저소득층 노인의 생활안정을 위해 기초노령연금법(2007년)이 제정되었으나 기초연금법(2014년) 제정으로 폐지되었다.

기타 주요 입법으로는 건강가정기본법(2004년), 영유아보육법 전부개정(2004년, 보육시설 설치·운영 인가제로 전환), 성매매방지 및 피해자보호 등에 관한 법률(2004년), 저출산·고령사회기본법(2005년), 긴급복지지원법(2005년), 자원봉사활동기본법(2005년), 교통약자의 이동편의 증진법(2005년), 국민연금법 전부개정(2007년), 노인장기요양보험법(2007년), 한부모가족지원법 개정(2007년), 장애인차별금지 및 권리보호에 관한 법률(2007년) 등이 있다.

(5) 이명박 정부

이명박 정부는 사회복지정책의 기본 노선을 능동적 복지로 표방하고 생애주기별 맞춤형 복지를 강조하고, 복지제도 내에서 시장원리의 강화를 추구하였다. 보수주의와 신자유주의 기조하에 이슈가 되는 특정정책에 선택과 집중을 하는 경향을 보였다(김영애 외, 2022: 181).

사회보장기본법 전부개정(2012년)으로 국민의 보편적·생애주기적인 특성에 맞게 소득과 사회서비스를 함께 보장하는 방향으로 사회보장제도를 확대·재정립하고자 하였다. 사회복지사업법 개정(2012년)으로 시설이용자의 인권보호와 사회복지법인 및 시설 운영의 투명성을 강화하였다. 국민건강보험법 개정(2009

년)으로 고용보험, 산업재해보상보험, 국민연금, 건강보험 등의 사회보험료 징수 업무를 2011년부터 국민건강보험공단에서 통합징수하고 있다. 또한 장애인연금법(2010년)과 장애인활동지원에 관한 법률(2011년)을 제정하여 장애인연금과 장애인활동지원제도를 도입함으로써 장애인 복지에 진일보하였다.

기타 주요 입법으로는 다문화가족지원법(2008년), 국민연금과 직역연금의 연계에 관한 법률(2009년), 성폭력방지 및 피해자 보호 등에 관한 법률(2010년), 사회복지사 등의 처우 및 지위향상을 위한 법률(2011년), 장애아동복지지원법(2011년), 노숙인 등의 복지 및 자립지원에 관한 법률(2011년), 치매관리법(2011년) 등이 있다.

(6) 박근혜 정부

박근혜 정부는 생애주기별 맞춤형 사회안전망 구축, 일을 통한 자립지원, 지속 가능한 사회보장 기반구축이라는 3대 정책목표와 핵심가치로 '맞춤형 고용복지'를 천명하였다(관계부처합동, 2014). 보수주의와 신자유주의에 기반한 사회복지 정책이 펼쳐졌다고 볼 수 있다(김영애 외, 2022: 183).

국민기초생활보장법 개정(2014년)에서는 절대적 빈곤선인 최저생계비기준을 폐지하고 상대적 빈곤선인 기준 중위소득에 의한 보장대상자 선정기준에 따라 급여종류별로 다층화한 맞춤형 급여체계를 도입하였다. 주거급여법을 제정(2014년)하고 개정(2018년)하여 주거급여수급권자가 되기 위한 부양의무자 요건을 폐지하였다. 기초연금법(2014년)은 65세 이상 노인 중 하위소득 70%에 대하여 매월 30만원 지급을 규정하고 있다.

사회보장급여의 이용 제공 및 수급권자 발굴에 관한 법률(2014년)이 복지대상자 선정과 지원에 필요한 일련의 절차 및 방법 등에 관한 사항을 구체적으로 규정하고, 소외계층을 발굴하기 위한 신고의무, 보호계획 수립 지원 등 수급권자 보호를 강화하고 복지사각지대를 해소하기 위한 방안을 제도적으로 보완하기 위해 제정되었다.

기타 주요 입법으로는 발달장애인권리보장 및 지원에 관한 법률(2014년), 아동학대범죄의 처벌 등에 관한 특례법(2014년), 장애인건강권 및 의료접근성 보장에 관한 법률(2015년), 정신건강증진 및 정신질환자 복지서비스 지원에 관한 법률 전부개정(2016년) 등이 있다.

(7) 문재인 정부

문재인 정부는 모두가 누리는 포용적 복지국가를 표방하고 국민의 기본생활을 보장하는 맞춤형 사회보장, 고령사회를 대비하여 건강하고 품위 있는 노후생활 보장, 건강보험 보장성 강화 및 예방 중심 건강관리 지원, 의료공공성 확보 및 환자 중심 의료서비스 제공을 제시하였다(남기민 외, 2020: 136-138). 불평등과 양극화, 청년실업과 비정규직 문제, 선별주의 기반의 사회복지 등에 대한 개혁과 변화가 기대되었으나 사회복지 영역에서 기존의 이념적 기반의 획기적인 변화가 이루어지지 않은 것으로 평가된다(김영애 외, 2020: 184).

장애인복지법 개정(2017년)으로 장애등급제가 폐지되어 '장애 등급'을 '장애 정도'로 변경하고, 맞춤형 서비스 제공을 위한 '서비스 지원 종합조사'를 실시할 수 있는 법적 근거를 마련하였다. 아동수당법(2018년)은 6세 미만 아동에게 아동수당을 지급하도록 함으로써 아동 양육에 따른 경제적 부담을 경감하고 아동 양육에 대한 국가의 책임성을 강화하였다.

기타 주요 입법으로는 주거급여법 개정(2018년), 여성폭력방지기본법(2018년), 재난적 의료비 지원에 관한 법률(2018년), 노인 · 장애인 등 사회복지시설의 급식안전 지원에 관한 법률(2021년) 등이 있다.

(8) 윤석열 정부

윤석열 정부는 사회분야 국정목표를 따뜻한 동행, 모두가 행복한 사회를 만드는 것으로 하고 있다. 국정과제로는 필요한 국민 집중 지원, 노동의 가치 존중, 문화매력국가, 국민의 안전과 건강 중시, 살고 싶은 농산어촌의 5대 과제와 32

개 실행과제를 제시하고 있다.

윤석열 정부의 복지모델은 약자복지모델로 볼 수 있다. 재정적 지속가능성에 우선을 두어 복지체제의 효율성을 강화하여 지출을 억제하고자 하나, 취약계층을 위한 복지를 강화하고자 한다. 또한, 사회서비스와 고용서비스의 확대를 지향하지만 국가가 직접 서비스를 제공하는 것보다는 민간의 도움으로 서비스를 제공하고자 한다. 그러나 한국 복지체제에 광범위하게 걸쳐 있는 복지 사각지대 문제를 해결하려는 노력이 더욱 필요해 보인다(김원섭, 2023: 165-167).

종전의 입양특례법(1976년)은 입양촉진 및 절차에 관한 특별법(1995년 전부개정)으로, 다시 입양특례법(2011년 전부개정)으로 법제명이 바뀌었다가 2023년 7월 28일 전부개정되어 국내입양에 관한 특별법으로 법제명이 바뀌고 같은 날 국제입양에 관한 법률을 제정하여 두 법 모두 2025년 7월 19일 시행된다.

기타 주요 입법으로는 위기 임신 및 보호출산 지원과 아동 보호에 관한 특별법(2023년), 노인 일자리 및 사회활동 지원에 관한 법률(2023년), 의료 · 요양 등 지역 돌봄의 통합지원에 관한 법률(2024년) 등이 있다.

4. 우리나라 사회복지법 역사의 특성과 과제

우리나라 사회복지법 역사의 특징은 첫째, 정치적 동기와 밀접한 관련이 있다. 대통령의 선거 공약이 반영된 사회복지법들이 입법되는 경향이 높았다. 둘째, 사회복지법의 적용범위가 선별주의에서 보편주의로 확대해 가는 양상이다. 셋째, 국가의 사회통제적 면에서 다수의 요구를 수용하는 사회통합적 면으로 변화하고 있다. 넷째, 임의규정이 많아 법적 실효성은 떨어지나 국가나 지방자치단체 등 사회복지주체에게 재량권이 많이 주어져 있다. 다섯째, 개별법으로 산재되어 있어 체계적이지 못하고 상호연계성과 통합성이 취약한 경우가 있다(노기남 외, 2023: 61; 조원탁 외, 2022: 140).

우리나라에서 사회복지법 입법에 있어 과제는 첫째, 입법하는 제도나 정책의 지속가능성을 위해 예산 검증이 반드시 필요하다. 현세대의 복지가 과하다면 이는 후세대에게 빚더미를 물려준다는 의미이다. 둘째, 각 사회복지법은 연계성과 통합성을 고려하여 입법하는 법과 기존 관련법들, 또는 입법 예정인 법들과의 체계적인 검토가 필요하다. 셋째, 사회복지법, 특히 사회복지서비스법의 실천과 지방자치제는 밀접한 관련이 있으므로 사회복지실천에 있어서 지방자치단체의 역할이 강화되도록 입법이 이루어져야 한다. 넷째, 사회복지급여수급권에 대한 분쟁이 다양하게 증가하고 있어 사회복지절차법과 사회복지법원 등의 권리구제 관련 입법이 필요하다. 다섯째, 국가 간 교류 활성화로 인하여 사회복지의 국제화가 심화되고 있으므로 우리 국민의 외국에서 사회복지 대우와 외국인의 우리나라에서의 사회복지 대우에 있어서 인간의 존엄성 인정 범위, 상호주의 인정 범위 등에 대한 체계적 검토가 필요하다.

Chapter 04

우리나라 사회복지법의 역사 핵심내용 학습 사회복지사1급 기출문제 해설

출제 경향 분석

최근 3년간 출제경향을 볼 때, 교재 "제4장 우리나라 사회복지법의 역사"에서는 총 4문제가 출제되었다. 법률 제정연도와 제정순서에 관한 문제가 주로 출제되었다. 해마다 1~2문제가 출제되고 있으니, 문제해설 뒷부분의 우리나라 사회복지 법률의 제정연도 순서를 1960년대~2020년대까지 잘 숙지하기 바란다.

01 법률의 제정연도가 가장 최근인 것은? [2024년도 제22회]

① 아동복지법
② 노인복지법
③ 장애인복지법
④ 한부모가족지원법
⑤ 다문화가족지원법

정답 ⑤

해설 우리나라 사회복지 법률의 제정연도 순서는 다음과 같다.

① 1960년대: 생활보호법(1961), 아동복리법(1961), 산업재해보상보험법(1963), 공무원연금법(1961)
② 1970년대: 사회복지사업법(1970), 국민연금법(1973), 입양특례법(1977)
③ 1980년대: 노인복지법(1981), 장애인복지법(1981), 아동복지법(1981)
④ 1990년대: 영유아보육법(1991), 청소년기본법(1991), 고용보험법(1993), 사회보장기본법(1995), 사회복지공동모금회법(1997), 국민기초생활보장법(1999), 국민건강보험법(1999)
⑤ 2000년대: 의료급여법(2001), 긴급복지지원법(2005), 노인장기요양보험법(2007), 한부모가족지원법(2007), 다문화가족지원법(2008), 기초연금법(2014)
⑥ 2010년대: 장애인연금법(2010), 치매관리법(2011), 사회복지사 등의 처우 및 지위 향상을 위한 법률(2011), 아동수당법(2018)
⑦ 2020년대: 사회서비스 지원 및 사회서비스원 설립 · 운영에 관한 법률(2021), 위기 임신 및 보호출산 지원과 아동 보호에 관한 특별법(2023), 노인 일자리 및 사회활동 지원에 관한 법률(2023), 국제입양에 관한 법률(2023), 의료 · 요양 등 지역 돌봄의 통합지원에 관한 법률(2024)

02 법률의 제정연도가 빠른 순서대로 옳게 나열된 것은? [2023년도 제21회]

ㄱ. 국민기초생활보장법	ㄴ. 산업재해보상보험법
ㄷ. 사회복지사업법	ㄹ. 고용보험법
ㅁ. 노인복지법	

① ㄱ - ㄴ - ㄷ - ㄹ - ㅁ
② ㄴ - ㄱ - ㅁ - ㄷ - ㄹ
③ ㄴ - ㄷ - ㅁ - ㄹ - ㄱ
④ ㄷ - ㄱ - ㄹ - ㅁ - ㄴ
⑤ ㄷ - ㅁ - ㄴ - ㄹ - ㄱ

정답 ③

해설 **한국 사회복지법의 발달과정(법률 제정연도 순서)**
ㄱ. 국민기초생활보장법 – 1999년
ㄴ. 산업재해보상보험법 – 1963년
ㄷ. 사회복지사업법 – 1970년
ㄹ. 고용보험법 – 1993년
ㅁ. 노인복지법 – 1981년

03 사회복지법의 역사적 변천에 관한 설명으로 옳은 것을 모두 고른 것은? [2023년도 제21회]

ㄱ. 2014년 기초노령연금법이 제정되면서 기초연금법은 폐지되었다.
ㄴ. 1999년 제정된 국민의료보험법은 국민건강보험법을 대체한 것이다.
ㄷ. 1973년 제정된 국민복지연금법은 1986년 국민연금법으로 전부개정되었다.

① ㄱ　② ㄴ　③ ㄷ　④ ㄱ, ㄴ　⑤ ㄴ, ㄷ

정답 ③

해설 사회복지법의 법률 제정연도에서 약간 변형한 문제로서 법률의 명칭 개정 또는 폐지에 관한 것이다.
ㄱ. 2014년 기초연금법이 제정되면서 기초노령연금법은 폐지되었다.
ㄴ. 1999년 제정된 국민건강보험법은 국민의료보험법을 대체한 것이다.
ㄷ. 1973년 제정된 국민복지연금법은 1986년 국민연금법으로 전부개정되었다.

※ 최신 출제 경향에 따른 기타 사회복지법의 역사적 변천(사회복지법의 발달과정)
① 1986년 국민연금법이 제정되면서 국민복지연금법(1973)은 폐지되었다.
② 1961년 제정된 아동복리법은 1981년 아동복지법으로 전부개정되었다.
③ 1999년 제정된 국민기초생활보장법은 생활보호법(1961)을 대체한 것이다.

04 **법률의 제정연도가 가장 빠른 것은?** **[2022년도 제20회]**

① 사회보장기본법 ② 국민건강보험법
③ 고용보험법 ④ 영유아보육법
⑤ 노인복지법

정답 ⑤

해설 우리나라 사회복지 법률의 제정연도 순서는 다음과 같다.

① 1960년대: 생활보호법(1961), 아동복리법(1961), 산업재해보상보험법(1963), 공무원연금법(1961)
② 1970년대: 사회복지사업법(1970), 국민연금법(1973), 입양특례법(1977)
③ 1980년대: 노인복지법(1981), 장애인복지법(1981), 아동복지법(1981)
④ 1990년대: 영유아보육법(1991), 청소년기본법(1991), 고용보험법(1993), 사회보장기본법(1995), 사회복지공동모금회법(1997), 국민기초생활보장법(1999), 국민건강보험법(1999)
⑤ 2000년대: 의료급여법(2001), 긴급복지지원법(2005), 노인장기요양보험법(2007), 한부모가족지원법(2007), 다문화가족지원법(2008), 기초연금법(2014)
⑥ 2010년대: 장애인연금법(2010), 치매관리법(2011), 사회복지사 등의 처우 및 지위 향상을 위한 법률(2011), 아동수당법(2018)
⑦ 2020년대: 사회서비스 지원 및 사회서비스원 설립 · 운영에 관한 법률(2021), 위기 임신 및 보호출산 지원과 아동 보호에 관한 특별법(2023), 노인 일자리 및 사회활동 지원에 관한 법률(2023), 국제입양에 관한 법률(2023), 의료 · 요양 등 지역 돌봄의 통합지원에 관한 법률(2024)

Chapter

05

사회복지법의 체계

1. 사회복지법 체계 일반
2. 사회복지법의 법률관계
3. 사회복지법과 타법과의 관계
4. 사회복지자치법규 : 조례 및 규칙

Chapter

05 사회복지법의 체계

1. 사회복지법 체계 일반

1) 사회복지법의 일반법 체계

일반적으로 법은 상호 관련성을 가지면서 일정한 조직체계를 이루고 있다. 사회복지법은 일반 법체계에서 실정법 중 국내법이며, 사회법이다. 사회법은 공법과 사법과 다른 제3의 법 영역에 위치하며, 이 사회법이 노동법, 경제법, 사회복지법 등 여러 영역으로 분화되어 가면서 사회복지법이 하나의 독립된 법규로서 체계를 형성하게 되었다.

① 사회복지법은 '실정법'이다.

자연법은 법의 근원으로 시·공간을 초월하는 영구불변의 이상적인 법이며 우주의 존재질서를 규율하는 보편타당한 원칙이다. 실정법은 인간에 의하여 제정된 법으로서 시대상황과 국가에 따라 그 내용이 다르며, 역사와 더불어 변화한다(정현태 외, 2020: 53).

② 사회복지법은 '국내법'이다.

국내법은 한 국가에 의하여 인정되어 국가의 주권이 미치는 범위 안에서만 시행되는 법을 말하고, 국제법이란 국가 사이의 합의에 의거하여 국가 상호 간의 권리와 의무를 규율하는 법을 말한다. 국제법은 국내 법률과 동일한 효력을 가진다. 국제조약과 국제법규 등이 있다.

③ 사회복지법은 '사회법'이다.

법은 일반적으로 공법과 사법으로 구분된다. 공법은 국가 또는 공공단체가 법률관계를 규율하며 국민의 공익을 보호하기 위한 것이다. 사법은 국민 간의 법률관계를 규율한다. 자본주의가 발달하면서 그 폐단으로 인한 사회문제를 해결하기 위하여 20세기 초에 공법과 사법이 혼합되어 공법과 사법 어느 하나에 배타적으로 속하지 않는 제3의 법 영역인 사회법(social law)이 형성되었다. 사회법은 독점자본주의의 폐해 중 하나인 경제적 강자의 법적 지위를 제한하여 경제적 약자를 보호하기 위하여 사법관계를 공법적으로 수정하는 새로운 법체계이다. 사회법의 종류로는 노동법, 경제법, 사회보장법 등이 있다.

④ 사회복지법에도 일반법과 특별법이 존재한다.

법은 그 효력이 미치는 범위를 표준으로 하여 일반법과 특별법으로 나눌 수 있다. 사람 · 장소 · 사항 등에 특별한 제한이 없이 일반적으로 적용되는 법을 일반법이라고 하고, 일정하게 한정된 사람 · 장소 · 사항 등에 관해서만 적용되는 법을 특별법이라고 한다. 특별법 우선의 원칙이 적용되므로 일반법은 특별법에 규정이 없는 경우에만 보충적으로 적용된다. 특별법과 일반법의 관계는 상대적인 것으로 어떤 법이 다른 법과의 관계에서 일반법이 되기도 하고 특별법이 되기도 한다. 예를 들면 일부 생활이 어려운 국민을 대상으로 하는 국민기초생활보장법은 모든 국민을 대상으로 하는 사회복지사업법에 대하여 특별법이지만, 신속한 개입이 필요한 특정 국민을 위한 긴급복지지원법에 대하여는 일반법이 된다.

⑤ **사회복지법도 상위법 우선의 원칙이 적용된다.**

법규범은 수직적으로 체계화되어 있는데 순서상 헌법을 최상위로 하여 법률, 명령(시행령, 시행규칙), 조례규칙의 체계를 갖는다. 하위법은 법 규정 제정과 해석에 있어 상위법을 위반하여 제정해서는 안 된다.

⑥ **사회복지법은 강행법과 임의법이 혼재되어 있다.**

법의 효력이 그 적용에 있어서 절대적인가 아닌가를 기준으로 하여 강행법과 임의법으로 구별한다. 강행법이란 당사자의 의사와는 상관없이 적용이 강제되는 법으로 헌법, 형법, 행정법, 민사소송법, 형사소송법 등 공법들이 이에 속하고, 임의법이란 법의 적용이 강제되지 않고 특정한 자의 의사에 따라 적용 여부가 결정되는 법으로 민법, 상법 등 사법이 이에 속한다.

⑦ **사회복지법은 실체법이고 절차법은 따로 없다.**

법은 규정내용에 따라 실체법과 절차법으로 나눈다. 실체법은 권리와 의무를 규정하는 법을 말한다. 헌법, 형법, 민법, 상법 등이 있다. 절차법은 권리와 의무의 실현절차를 규정하는 법을 말한다. 형사소송법, 민사소송법, 부동산등기법 등이 있다.

⑧ **사회복지법에도 원칙법과 예외법이 존재한다.**

원칙법은 일정한 사항에 관하여 일반적으로 적용되는 법을 말한다. 예외법은 일정한 사항에 관하여 특별한 사항이 있는 경우에 적용되는 법을 말한다. 통상적으로 예외법은 '다만'이라는 단서를 사용하는 경우가 많다(정현태 외, 2020: 56).

2) 사회복지법의 수직적 법체계

사회복지법은 국가의 최고법인 헌법에 근거하여 제정된 하위법규범이다. 즉, 사회복지법의 정점은 헌법이다. 사회복지법은 헌법의 기본원리를 이어받아 그

테두리 안에서 사회복지에 관한 구체적인 사항들을 규정하고 있다. 특히 헌법상 복지국가의 원리, 기본권존중주의, 사회적 시장경제주의가 사회복지법규의 주된 법원리로 채택되고 있다. 이러한 헌법의 기본원리 외에도 헌법전문(憲法前文 preamble)에서는 국민생활의 균등한 향상을 선언하고 있으며, 헌법 제34조 제1항에서 모든 국민의 인간다운 생활을 보장하고, 제2항에서 국가의 사회보장 · 사회복지 증진의무를 규정하며, 제35조 제1항에서 건강하고 쾌적한 환경에서 생활할 권리를 보장하여 복지국가(welfare state), 복지사회 구현을 목적으로 하고 있음을 천명하고 있다(이중엽, 2022: 52). 우리나라 수직적 법체계도 및 사회복지법의 예시는 [그림 5-1]과 같다.

[그림 5-1] 우리나라 수직적 법체계도 및 사회복지법의 예시

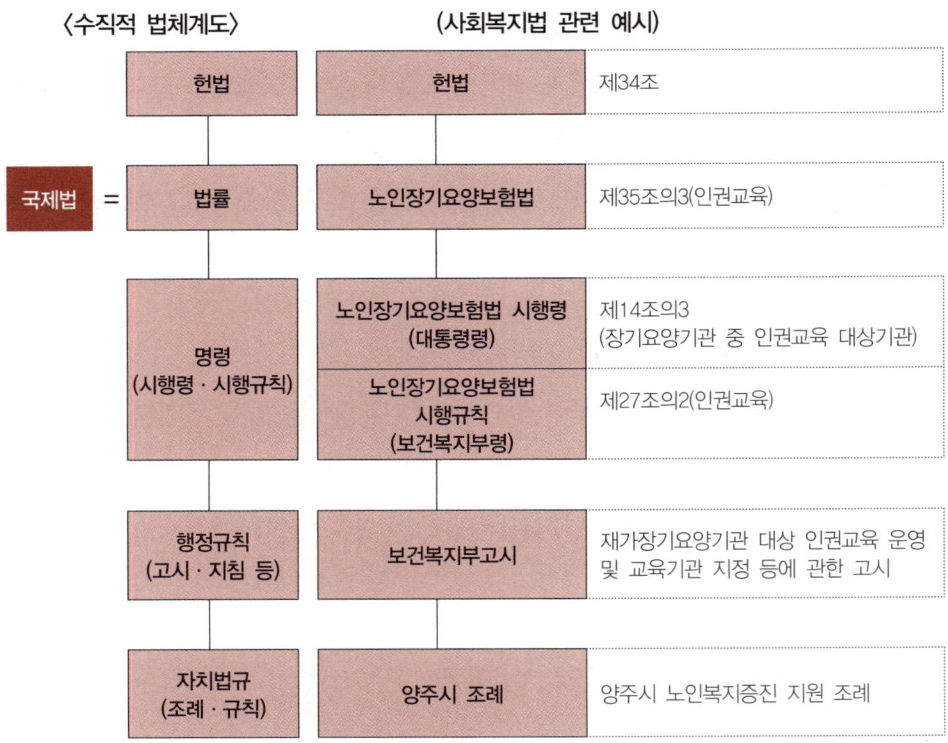

3) 사회복지법의 상호적 관계

우리나라의 사회복지법은 필요에 따라 개별적으로 입법화되어 왔으므로 독일의 사회법전과 같은 독립된 사회법전이 없다. 우리나라 사회복지법 체계에 관해 사회보장기본법 제4조(다른 법률과의 관계)는 "사회보장에 관한 다른 법률을 제정하거나 개정하는 경우에는 이 법에 부합되도록 하여야 한다."고 규정하여 사회보장기본법이 사회복지의 기본법임을 명확히 밝히고 있다. 사회보장기본법은 우리나라 사회복지에 관한 기본법으로 헌법과 일반 사회복지 법률 사이에 위치하여 양자를 연결해 주는 역할을 하고 있다.

사회보장기본법은 '사회보장'을 출산, 양육, 실업, 노령, 장애, 질병, 빈곤 및 사망 등의 사회적 위험으로부터 모든 국민을 보호하고, 국민 삶의 질을 향상시키는 데 필요한 소득 · 서비스를 보장하는 사회보험, 공공부조, 사회서비스라고 규정하여 사회보장의 범위를 사회보험과 공공부조 그리고 사회서비스라고 명확히 규정하고 있다. 이에 따른 사회복지법 체계도는 [그림 5-2]와 같다.

[그림 5-2] 사회복지법 체계도

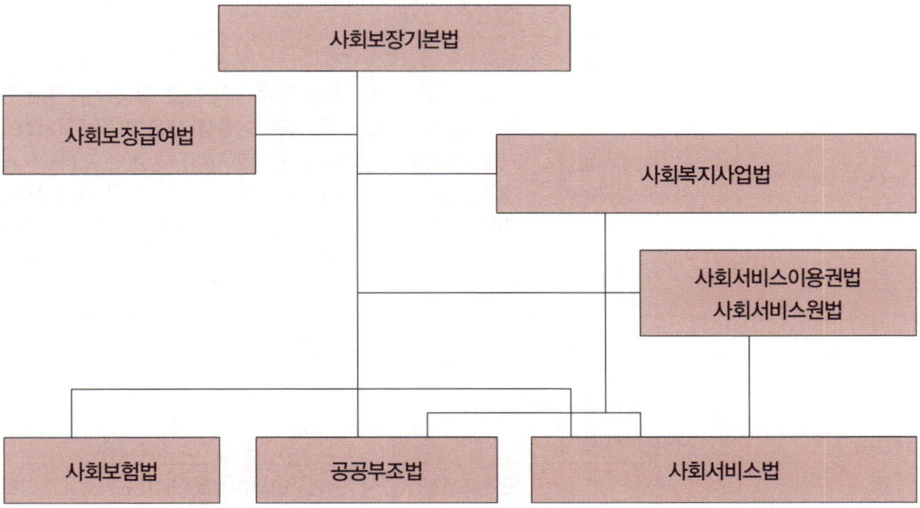

위 [그림 5-2]의 사회복지법 체계도에 따라 사회복지법을 구체적으로 분류해 보면 〈표 5-1〉의 사회복지법 상세체계와 같다. 특히, 사회복지사업법은 공공부조와 사회서비스 관련하여 27개 법(제2조 제1호)과 같은 법 시행령에는 4개 법(제1조의2)으로 총 31개 법을 열거하고 있다.

〈표 5-1〉 사회복지법의 상세체계

구분		기본이 되는 법	관련 법
사회복지 일반법		사회보장기본법 (1995/1996)	사회복지사업법(1970/1970) 사회서비스 이용 및 이용권(利用卷) 관리에 관한 법률(사회서비스이용권법)(2011/2012) 사회보장급여의 이용 · 제공 및 수급권자 발굴에 관한 법률(사회보장급여법)(2014/2015) 사회서비스 지원 및 사회서비스원 설립 · 운영에 관한 법률(사회서비스원법)(2021/2022)
사회보험 관련법	사회보험		산업재해보상보험법(1963/1964), 국민연금법(1986/1988), 고용보험법(1993/1995), 건강보험법(1999/2000), 노인장기요양보험법(2007/2008), 선원보험법(미실시)
	직역연금		공무원연금법(1960/1960), 군인연금법(1963/1963), 사립학교교직원연금법(1973/1974), 별정우체국법(연금)(1981/1982)
	기타		고용보험 및 산업재해보상보험의 보험료 징수 등에 관한 법률(2003/2005), 국민연금과 직역연금의 연계에 관한 법률(2009/2009)
공공부조 관련법		사회복지사업법 사회보장급여법	재해구호법(1962/1962), 의사상자 예우 및 지원에 관한 법률(1970/1970), **북한이탈주민의 보호 및 정착지원에 관한 법률**(1997/1997), **국민기초생활보장법**(1999/2000), **의료급여법**(2001/2001), **긴급복지지원법**(2005/2006), **장애인연금법**(2010/2010), **노숙인 등의 복지 및 자립지원에 관한 법률**(2011/2012), **기초연금법**(2014/2014), 주거급여법(2014/2014), 재난적 의료비 지원에 관한 법률(2018/2018)
사회서비스 관련법	전체	사회복지사업법 사회보장급여법 사회서비스이용권법 사회서비스원법	
	아동복지	**아동복지법** (1981/1981)	**입양특례법**(1976/1976), **영유아보육법**(1991/1991), 아동 · 청소년 성보호에 관한 법률(2000/2000), 실종아동 등의 보호 및 지원에 관한 법률(2005/2005), 장애아동복지지원법(2011/2012), 아동학대범죄의 처벌 등에 관한 특례법

구분	기본이 되는 법	관련 법
		(2014/2014), 아동수당법(2018/2018), 위기 임신 및 보호출산 지원과 아동 보호에 관한 특별법(2023/2024), 국제입양에 관한 법률(2023/2025)
가족복지	**건강가정기본법** (2004/2005) 저출산 · 고령사회기본법(2005/2005)	가정폭력범죄의 처벌 등에 관한 특례법(1997/1997), **가정폭력 방지 및 피해자 보호 등에 관한 법률**(1997/1998), **한부모가족지원법**(2007/2008), 가족친화 사회환경의 조성촉진에 관한 법률(2007/2008), **다문화가족지원법**(2008/2008)
청소년 복지	청소년기본법 (1991/1993) **청소년복지지원법** (2004/2005)	청소년보호법(1997/1997), 아동 · 청소년 성보호에 관한 법률(2000/2000), 학교폭력 예방 및 대책에 관한 법률(2004/2004), 청소년활동진흥법(2004/2005)
여성복지	양성평등기본법 (1995/1996) 여성폭력방지기본법 (2018/2019)	**장애인 · 노인 · 임산부 등의 편의증진 보장에 관한 법률**(1997/1998), **성매매 방지 및 피해자 보호 등에 관한 법률**(2004/2004), 성폭력 범죄의 처벌 등에 관한 특례법(2010/2010), **성폭력 방지 및 피해자 보호 등에 관한 법률**(2010/2011), 위기 임신 및 보호출산 지원과 아동 보호에 관한 특별법(2023/2024)
장애인 복지	**장애인복지법** (1989/1989)	장애인 고용촉진 및 직업재활법(1990/1991), **장애인 · 노인 · 임산부 등의 편의증진 보장에 관한 법률**(1997/1998), 장애인기업활동촉진법(2005/2005), 교통약자의 이동편의증진법(2005/2006), 장애인 등에 대한 특수교육법(2007/2008), 장애인차별 금지 및 권리구제 등에 관한 법률(2007/2008), **장애인연금법**(2010/2010), **장애인활동지원에 관한 법률**(2011/2011), **장애아동복지지원법**(2011/ 2012), 장애인 · 고령자 등 주거약자 지원에 관한 법률(2012/2012), **발달장애인 권리보장 및 지원에 관한 법률**(2014/2015), **장애인 · 노인 등을 위한 보조기기 지원 및 활용촉진에 관한 법률**(2015/2016), 장애인 건강권 및 의료접근성 보장에 관한 법률(2015/2017), 노인 · 장애인 등 사회복지시설의 급식안전 지원에 관한 법률(2021/2022), 의료 · 요양 등 지역 돌봄의 통합지원에 관한 법률(2024/2026)
노인복지	**노인복지법** (1981/1981) 저출산 · 고령사회기본법(2005/2005)	고용상 연령 차별금지 및 고령자 고용촉진에 관한 법률(1991/1992), **장애인 · 노인 · 임산부 등의 편의증진 보장에 관한 법률**(1997/1998), 고령친화산업진흥법(2006/2007), 치매관리법(2011/2012), 기초연금법(2014/2014), 노후준비지원법(2015/2015), **장애인 · 노인 등을 위한 보조기기 지원 및 활용촉진에 관한 법률**(2015/2016), 노인 · 장애인 등 사회복지시설의 급식안전 지원에 관한 법률(2021/2022), 노인 일자리 및 사회활동 지원에 관한 법률(2023/2024), 의료 · 요양 등 지역 돌봄의 통합지원에 관한 법률(2024/2026)

구분		기본이 되는 법	관련 법
	정신보건 복지		**자살예방 및 생명존중 문화조성을 위한 법률**(2011/2012), 치매관리법(2011/2012), **정신건강 증진 및 정신질환자 복지서비스 지원에 관한 법률**(2016/2017)
	지역복지		**사회복지공동모금회법**(1999/1999), **농어촌주민의 보건복지 증진을 위한 특별법**(2004/2004), 자원봉사활동기본법(2005/2006), **식품 등 기부 활성화에 관한 법률**(2006/2006)
	교정복지		형의집행 및 수용자의 처우에 관한 법률(1950/1950), 소년법(1958/1958), 보호소년 등의 처우에 관한 법률(전 소년원법)(1958/1958), **보호관찰 등에 관한 법률**(1988/1989)
	보건복지		농어촌 등 보건의료를 위한 특별조치법(1980/1980), 후천성면역결핍증예방법(1987/1988), 국민건강증진법(1995/1995)
	주거복지		주택임대차보호법(1981/1981), 국민임대주택 건설 등에 관한 특별조치법(2003/2004), 장애인 · 고령자 등 주거약자 지원에 관한 법률(2012/2012)
	교육복지		학교급식법(1981/1981), 평생교육법(1982/1983)
	고용복지	근로복지기본법(2001/2002)	최저임금법(1986/1986), 남녀고용평등과 일 · 가정 양립 지원에 관한 법률(1987/1988), 근로기준법(1997/1997), 근로자퇴직급여보장법(2005/2005), 노인 일자리 및 사회활동 지원에 관한 법률(2023/2024)
	문화복지	예술인복지법(2011/2012)	문화예술진흥법(1972/1972)
	환경복지	환경정책기본법(1990/1991)	하수도법(1966/1966), 폐기물관리법(1986/1987), 대기환경보전법(1990/1991), 물환경보전법(1990/1991), 화학물질관리법(1990/1991), 도시 및 주거환경정비법(2002/2003), 악취방지법(2004/2005), 가축분뇨의 관리 및 이용에 관한 법률(2006/2007),
	기타부문		범죄피해자보호법(2005/2006)

* (/) : 법 제정연도/시행연도
* 굵은 글씨는 사회복지사업법 제2조(정의) 제1호 및 같은 법 시행령 제1조의2(사회복지사업 관련 법률) 규정에 의한 법률이다.

(1) 사회보장기본법

사회보장기본법은 사회보장에 관한 국민의 권리와 국가 및 지방자치단체의 책임을 정하고 사회보장정책의 수립 및 추진과 관련 제도에 관한 기본적인 사항을 규정함으로써 국민의 복지증진에 이바지하는 것을 목적으로 한다(제1조). '사회보장'이란 출산, 양육, 실업, 노령, 장애, 질병, 빈곤 및 사망 등의 사회적 위험으로부터 모든 국민을 보호하고 국민 삶의 질을 향상시키는 데 필요한 소득 · 서비스를 보장하는 사회보험, 공공부조, 사회서비스를 말한다(제3조 제1호).

(2) 사회보험법

사회보험법은 국민에게 발생하는 사회적 위험을 보험방식에 의하여 대처함으로써 국민의 건강과 소득을 보장하는 제도를 말한다(사회보장기본법 제3조 제2호). 우리나라 5대 사회보험법으로는 국민연금법, 국민건강보험법, 산업재해보상보험법, 고용보험법, 노인장기요양보험법이 있다.

(3) 공공부조법

공공부조법은 국가 및 지방자치단체의 책임으로 생활유지능력이 없거나 생활이 어려운 국민의 최저생활을 보장하고 자립을 지원하는 제도를 말한다(사회보장기본법 제3조 제3호). 우리나라 대표적 공공부조법으로는 국민기초생활보장법, 기초연금법, 의료급여법, 긴급복지지원법, 장애인연금법 등이 있다.

(4) 사회서비스법

사회서비스법은 국가, 지방자치단체 및 민간 부문의 도움을 필요로 하는 모든 국민에게 상담 · 재활 · 직업 소개 및 지도, 사회복지시설 이용 등을 제공하여 정상적인 사회생활이 가능하도록 지원하는 제도를 말한다(사회보장기본법 제3조 제2호). 우리나라 사회서비스법은 사회복지사업법상 사회복지사업에 속하는 여러 법률과 사회적 취약계층인 노인, 장애인, 영유아 등을 대상으로 하는 여러 법률들이 있다.

4) 사회복지법의 법적 효력

(1) 시간적 효력

법은 시행일로부터 폐지일까지 효력을 갖는다. 이 기간을 법의 시행기간이라고 한다. 법은 국회에서 정부로 이송되어 공포함으로써 효력이 발생한다. 통상 법은 부칙 제1조에 시행일을 명시하고 있다. 그 시행일은 '공포한 날', '공포 후 *개월이 경과한 날', '20**년 *월 *일'의 형태로 표현되고 있다. 시행일은 일반 국민에게 법률제정과 그에 따른 시행을 널리 알리기 위해 시간적 간격을 두는 것이 일반적이다. 어떤 법률이 만약 시행일에 대해 특별한 규정을 두고 있지 않으면 공포한 날로부터 20일이 경과함으로써 효력이 발생한다(헌법 제53조 제7항).

법은 시행 후에 생긴 사항에 대해서만 적용되며, 시행 전에 생긴 사항에 대해서는 소급하여 적용되지 않는 것이 원칙인데 이를 법률불소급의 원칙(소급입법금지의 원칙)이라고 한다. 그러나 법규 시행 당시에 진행 중인 사실이나 국민의 기득권을 침해하지 않거나 국민에게 권리이익을 부여하는 경우에는 소급시행도 가능하다(민법(1958년) 부칙 제2조).

(2) 인적 효력(사람에 대한 효력)

법의 효력이 누구에 대하여 미치는가에 따라 속인주의(혈통주의)와 속지주의(출생지주의)로 나눈다. 속인주의는 자기 나라의 국적을 가진 자에 대해서는 국내에 있거나 외국에 있거나를 불문하고 자국법을 적용한다는 것이다. 속지주의는 자국의 영역 내에 있는 사람은 내·외국인을 불문하고 자국법이 적용된다는 것이다. 우리나라를 포함한 대륙법계 국가들은 속인주의를, 영국이나 미국과 같은 영미법계 국가들은 속지주의를 채택하고 있다.

우리나라 사회복지법은 속인주의를 원칙으로 하고 있다. 예외적으로 속지주의가 적용되는 경우는 이주근로자들에 대한 산업재해보상보험의 적용이나 외국과의 사회보장협정 체결로 이주국의 사회복지법규가 적용되는 경우 등이다.

한편 대통령의 형사상 특권이나 국회의원의 불체포특권, 면책특권도 법의 인적 효력에 대한 예외이다. 또한 국가공무원법은 국가공무원에게만 효력을 미치고, 고등교육법은 고등교육기관에 종사하는 자에게만 효력을 미치며, 근로기준법은 근로자에게만 효력을 미치는 등 그 대상에 따라 법의 효력범위가 다를 수 있다(이중엽, 2022: 56).

(3) 장소적 효력

한 나라의 법은 그 나라의 전 영역에 걸쳐 그 효력이 미친다. 따라서 자국민이건 외국인이건 그 영역 내에 있는 사람 전체에 적용되는 것이 원칙이다. 이때 영역은 그 국가의 주권이 절대적으로 미치는 범위로서 영토, 영해(내수 포함), 영공을 포함한다. 따라서 자국의 군함 · 선박 · 항공기는 자국영토의 연장으로 보기 때문에 공해상은 물론이고 타국의 영역 내에 있을 때에도 자국의 법이 적용된다. 대사관 역시 마찬가지이다. 그리고 영사재판권이 행하여지는 지역, 일시적으로 빌린 영토인 조차지, 점령지, 위임통치지 등에도 자국의 법이 적용된다.

다만, 휴전선 이북도 대한민국의 영토(헌법 제3조)이므로 당연히 대한민국의 법의 효력이 미치지만, 그 통치권이 잠정적으로 미치지 않고 있기 때문에 통일이 되면 별도의 절차 없이 당연히 대한민국 법이 적용되게 된다(홍완식 외, 2023: 52).

지방차지단체가 제정한 조례와 규칙은 그 지방자치단체 내에서만 효력이 있다. 또한 재해구호법에 의해 재난지역으로 선포된 경우에도 그 재난지역 내에서만 그 법의 효력이 발생한다.

2. 사회복지법의 법률관계

법률관계란 법에 의하여 규율되는 생활관계를 말한다. 법은 사람과 사람과의 관계를 권리와 의무의 관계로 규율하므로 법률관계는 권리와 의무의 관계이다. 권리와 의무는 법률관계의 구성요소가 된다. 권리와 의무는 상호불가분의 관계에 있으므로 권리 행사는 의무를 전제로 한다.

1) 권리

권리는 어떤 행위를 하거나 이익을 얻을 수 있도록 법률이 인정하는 힘이다. 즉, 실정법에 따라 부여된 힘을 의미한다. 구체적으로 말하면 권리는 일정한 이익을 목적으로 하며, 특정인에 대하여 부여되며, 법에 의하여 부여된 법률상의 힘인 것이다.

권리와 구분되는 개념으로 권한, 권능, 반사적 이익이 있다. 권한은 타인(단체)에게 일정한 법률효과를 발생하게 하는 행위를 할 수 있는 법률상의 자격이다. 예를 들어, 사회복지법인 이사의 대표권이나 미성년 자녀를 위하여 부모가 대신 계약을 체결할 수 있는 친권과 같은 대리권이다. 권능은 권리의 내용을 이루는 개개 법률상의 구체적인 힘을 말한다. 물건에 대한 소유권은 권리이지만, 그 내용인 물건 사용권, 처분권, 수익권 등은 권능이다. 반사적 이익은 법을 실현하는 결과로 사람들이 반사적 효과로서 저절로 받게 되는 이익을 말한다. 그러나 반사적 이익은 이익이 침해당하는 경우라도 법적으로 구제받을 수 없으며 반사적 이익을 요구할 수도 없다.

권리의 본질에 대하여는 법에 의하여 주어진 힘이 권리라는 의사설, 법에 의하여 보호되는 이익이 권리라는 이익설, 일정한 이익을 향유할 수 있도록 법에서 인정한 이익이라는 권리법력설이 주장되고 있다. 권리법력설이 일반적으로 받아들여지고 있다.

2) 의무

의무는 법으로 부과된 일정한 작위·부작위 행위를 자신의 의사와 상관없이 강요당하는 법률상의 구속을 말한다. 의무의 불이행은 당연히 위법행위가 되어 법적 제재가 가해진다. 의무는 공법상 의무, 사법상 의무, 사회법상 의무로 구분할 수 있다. 공법상 의무는 자율적인 의사표시가 아니라 법에 따라 강제적으로 부여된다. 의무의 불이행은 행정형벌, 행정질서벌 등 공법상의 제재가 부과된다. 국방, 납세, 교육 의무가 대표적이다. 사법상 의무는 신의성실, 권리남용 금지, 부부간 성실, 친권상 의무 등이다. 사회법상 의무는 공법상 의무와 유사하게 강제적인 성격을 가진다(김영애 외, 2022: 37).

3. 사회복지법과 타법과의 관계

1) 행정법과의 관계

행정법(administrative law)은 행정에 고유한 공법으로서, 내용적으로는 행정주체의 조직·작용 및 행정구제에 관한 공법을 말한다. 사회복지법은 국민의 인간다운 생활보장을 위해 국가의 강한 입법의지를 담은 사회정책적 입법으로 국가의 강한 행정행위에 의하여 실현되고 있다. 이와 같이 사회복지급여는 국가에 의한 사회복지행정을 통해 국민에게 전달되므로 사회복지법과 행정법은 관련성을 가지고 있다. 사회복지법은 기본적으로 행정법적 속성을 가지고 있다고 볼 수 있다.

그러나 사회복지법은 행정법과 차이가 있다. 행정법은 공법에 속하며, 사회복지법은 사회법에 속한다. 행정법은 국가의 행정권을 확보하는 법이며, 사회복지법은 국민의 사회복지권을 확보하는 법이다. 행정법은 국가행정의 모든 분야를 규율하고 있고, 사회복지법은 복지행정분야를 규율하고 있다. 행정법은 급여주체의 하나인 국가조직과 급여 및 서비스 전달과 절차에 관련된 법이며, 사회복지법은 국민의 생존권 확보를 위한 국가책임이라는 규범목적을 달성하기 위한 기술적이고 절차적인 법이다. 사회복지법이 복지행정과 관련하여 볼 때 특별법의 지위에 있다면 행정법은 일반법의 지위에 있는 등 서로 다른 점이 많다(윤찬영, 1998: 88-89).

이상과 같이 행정법과 사회복지법은 상호 밀접하게 관련되어 있지만 몇 가지 측면에서 차이점을 가지고 있는 것이 사실이다. 따라서 행정법과 사회복지법은 서로 다른 법이며, 사회복지법의 특성상 행정법의 원리를 그대로 사회복지법의 원리에 적용해서는 안 된다(남기민 외, 2020: 72).

2) 노동법과의 관계

노동법(labor law)은 노동관계를 규율하는 법규범을 말하는데 개별적 근로관계와 집단적 노사관계를 규율한다. 노동법과 사회복지법은 넓은 의미의 사회법에 포함된다. 이 두 법은 인간다운 생활을 보장하기 위한 생존권적 기본권에 기초하여 현대 사회법 원리를 실현하기 위한 법률로서 규범목적상 동질성을 갖는다. 또한 두 법은 기원적으로 상호 밀접하게 연관되는 역사적 배경을 갖고 있는데, 모두 빈민법을 그 기원으로 한다. 1601년 빈민법의 대상은 노동능력 있는 빈민, 노동능력 없는 빈민, 요보호아동이었다. 여기서 노동능력 있는 빈민을 대상으로 발전한 법이 노동법의 전신이라 할 수 있는 1833년 영국의 공장법이라면, 노동능력 없는 빈민을 대상으로 발전한 법이 오늘날의 공공부조법이다. 이처럼 이

둘은 같은 법에서 출발했다(남기민 외, 2020: 71).

그러나 노동법과 사회복지법은 많은 차이점을 가지고 있다. 우선 목적과 대상에 있어서 노동법은 근로자의 권익보호를 목적으로 하는 반면 사회복지법은 사회적 위험에 처한 모든 사람의 인간다운 생활 보장을 목적으로 하고 있다. 노동법이 노동계약관계(고용관계)를 매개로 하는 반면 사회복지법은 모든 국민에 대하여 직접적으로 생존권을 실현하기 위한 법인 것이다. 노동법은 적극적 소득재분배를 지향하지 않는 반면, 사회복지법은 보험료 차등 부과, 조세를 통한 급여제공 등 소득재분배를 지향하고 있다. 노동법은 시민법상의 계약자유의 원칙에 대해 국가 개입을 통해 이를 수정 · 보완한 법이라면, 사회복지법은 계약자유의 원칙을 근본적으로 수정한 법이라고 할 수 있다. 예를 들어, 사회보험의 강제가입 원칙, 사회보험료의 차등 부과 등은 가진 자의 소유권에 대한 통제를 의미한다(남기민 외, 2020: 71).

3) 민법과의 관계

민법(civil law)은 인간의 법률생활관계를 규율하는 법으로 권리의 주체와 객체 그리고 권리변동의 관계를 다루고 있다. 사회복지법은 사회법에 속하면서도 사법 가운데 민법과 상당한 관계가 있다. 민법상 법인에 관한 규정, 동산 · 부동산에 관한 규정, 권리의 발생 · 변경 · 소멸에 관한 규정, 사적자치의 원칙, 계약자유의 원칙, 과실책임의 원칙 등이 일반적으로 사회복지법 전반에도 적용된다.

사회복지법은 "민법의 해당 조항을 준용한다"는 규정(사회복지사업법 제32조)을 두고 있다는 점에서 사법적(私法的) 요소를 가지고 있다. 또한 민법 중 친족법은 일반적으로 부양의무자로 하여금 피부양자를 부양하도록 규정하고 있다. 이것은 피부양자의 인간다운 생존을 목적으로 하는 사회복지법과 상호보완적이면서도 중복되는 측면이 있다. 예를 들면, 국민기초생활보장법은 생계급여수급 요건에 부양의무자 여부를 전제하고 있다(제8조 제2항). 한편, 사회복지법이 제3자와의 관계를 인정하고 있는 점 역시 민법적 요소로 볼 수 있다. 사회복지 급여가 제3자의 행위로 인하여 발생한 경우 제3자에게 구상권을 행사하거나 손해배상의 범위에서 사회복지급여를 하지 아니한다. 예를 들면, 국민건강보험법 제58조(구상권), 국민연금법 제114조(대위권 등), 산업재해보상보험법 제87조(제3자에 대한 구상권) 등이 있다. 이 경우에 발생하는 법률관계는 명백히 사법적 관계이지만 사회복지법 관계와 밀접한 관계를 갖는 것으로 볼 수 있다(윤찬영, 1998: 95; 남기민 외, 2020: 74 재인용).

그러나 민법은 개인 당사자 간의 법률관계를 규정한 법으로 사법적 요소가 강한 반면, 사회복지법은 국가와 개인 간의 법률관계, 즉 공법적 요소가 강하다는 측면에서 민법과 사회복지법은 차이가 있다. 특히, 민법의 뿌리인 근대 시민법의 3대 원리인 소유권 절대의 원칙(사유재산 존중의 원칙), 계약자유의 원칙, 과실책임의 원칙(국가무책임사상 내지 개인책임사상)은 자본주의 경제의 발전으로 인해 그리고 사회경제적 약자의 보호를 위해 오늘날의 현대국가에 있어서는 소유권 행사의 제한(재산권의 사회적 구속성 내지 재산권의 사회화), 계약자유의 원칙의 수정(공공복리, 질서유지, 신의성실 등의 법리로 계약의 자유를 제한), 무과실책임주의(국가책임 내지 사회책임)로 변화하였고 이것은 오늘날 사회법의 기본원칙이 되고 있다(이중엽, 2022: 54).

4) 경제법과의 관계

경제법(economic law)은 사적인 경제 활동을 국가에서 통제할 목적으로 제정한 법이다. 고도의 자본주의 경제에서 생겨나는 모순과 폐해를 국민 경제 전체의 입장에서 정책적으로 규제하거나 조정하기 위한 것이다. 경제법의 범주에 속하는 법률로는 독점규제 및 공정거래에 관한 법률, 물가안정에 관한 법률, 소비자기본법 등이 있다.

경제법은 사회적 시장경제 원리를 기반으로 국민경제 전체의 이익을 도모하고 경제질서의 실질적 민주화를 꾀하며 근로자의 경제적·사회적 최저생활을 보장한다는 측면에서 사회복지법과 공통점을 가지고 있다. 또한 국가의 적극적 개입을 추구하는 공법과 사법의 혼합 분야로서의 사회법의 영역에 속한다는 점에서 역시 양 법은 공통점이 있다. 경제법도 소득재분배, 소득세 제도 등을 통해 저소득자를 보호하려는 측면에서는 사회복지제도와 같은 기능을 수행한다고 볼 수 있다.

그러나 경제법은 경제정책적 입법으로서의 성격이 강한 반면, 사회복지법은 사회정책적 입법으로서의 성격이 강하다. 이처럼 경제법과 사회복지법은 동질성을 가지면서도 법체계의 이념이나 대상에서 차이가 있으며 또한 독자성을 가진다(남기민 외, 2020: 74).

5) 조세법과의 관계

조세법(tax law)은 과세권의 주체로서의 국가 또는 지방자치단체와 경제활동의 주체로서의 국민과의 사이에 형성되는 조세법률관계를 규율하는 법을 말한다. 조세법과 사회복지법은 특정 기능에서 유사한 점이 있다. 예를 들어, 조세법상의 소득공제제도와 조세감면제도, 부(負)의 소득세(NIT: Negative Income Tax)제도 등은 소득의 재분배(특히 수직적 재분배)가 가능하다는 측면에서 비록 소극적이긴 하지만 적극적인 사회복지법상의 급여제도와 거의 유사한 기능을 담당하고 있다고 말할 수 있다(윤찬영, 1998: 89; 남기민 외, 2020: 73 재인용). 또한 사회보험에서의 기여금(보험료)과 직접세인 소득세는 재원조달에 강제성이 있다는 면에서 밀접한 관계를 지니고 있다. 실제 대부분의 사회보험법에서는 보험료 등의 독촉 및 체납처분은 국세 체납처분의 예에 따라 이를 징수할 수 있다고 규정하고 있다(국민건강보험법 제81조 제3항 등).

조세법과 사회복지법과는 가장 큰 차이는 대가성 여부의 차이이다. 조세법은 국가가 경비를 충당하기 위해 국민들로부터 대가 없이 조세를 강제 징수하는 반면, 사회복지법은 일부에서 대가성이 있다. 사회보험의 경우 보험급여를 대가로 보험료를 징수한다. 반면, 공공부조나 사회서비스의 경우 이러한 징수 자체가 없다. 또한 반대급부의 면에서는 조세법의 경우 납부한 조세에 대해 국민이 국가에 대해 구체적으로 반대급부를 요구할 수 없는 반면, 사회복지법의 사회보험의 경우 보험료를 납부한 대신 보험급여에 대한 권리를 갖게 된다.

4. 사회복지자치법규 : 조례 및 규칙

우리나라 현재 지방자치제는 1991년 3월 기초의원선거와 6월 광역의원선거가 치러지면서 지방의회가 구성되었다. 이후 1995년 자치단체장 선거까지 동시에 치러지면서 본격적인 지방자치가 부활되어 오늘에 이르고 있다. 사회복지실천에 있어 접근성 측면에서 지방자치와 밀접한 관련이 있으므로 지방자치법규를 이해 할 필요가 있다.

헌법 제117조는 "지방자치단체는 주민의 복리에 관한 사무를 처리하고 재산을 관리하며, 법령의 범위 안에서 자치에 관한 규정을 제정할 수 있다"라고 규정함으로써 지방자치단체의 자치법규에 대한 제정권을 부여하고 있다. 자치법규에는 조례와 규칙이 있다.

1) 조례

조례(條例)는 지방자치단체가 법령의 범위 안에서 그 권한에 속하는 사무에 관하여 지방의회 의결을 거쳐 제정하는 규범이다(지방자치법 제28조). 사회복지조례란 지방자치단체가 사회복지 사무에 관하여 지방의회 의결을 통해 제정하는 사회복지에 관한 지방자치법이라고 할 수 있다.

사회복지법령은 모든 국민에게 적용하는 것이기 때문에 전국적으로 공통적이면서 획일적으로 적용하게 되어 지역적으로 구체적인 사회복지 특성이 반영되기 어렵다. 그러나 사회복지조례는 해당 지역의 지역사회문제를 비롯한 지역사회의 위험과 욕구에 대해 지역적 특성과 지역주민의 의사를 최대한 반영하여 구체적이고 능동적으로 해결할 수 있어 실질적인 지역사회복지를 보장할 수 있게 된다. 따라서 사회복지조례는 사회복지법령을 보완하는 기능을 한다. 사회복지조례는 사회복지법령의 사각지대를 보완하여 순발력 있는 현실적합성을 보일 수 있다.

사회복지조례는 주민복지에 관한 사업, 사회복지시설의 설치 · 운영 및 관리, 생활이 어려운 자의 보호 및 지원, 노인 · 아동 · 장애인 · 청소년 및 여성의 보호와 복지 증진 등의 내용으로 제정할 수 있다(지방자치법 제13조 제2항 제2호). 세부적으로는 지역적 특성을 고려한 대상자 선정, 급여의 종류 및 수준, 재정부담, 관련 조직, 전문인력 등을 확보할 수 있어야 한다(정현태 외, 2020: 92-93). 이처럼 사회복지조례는 지역사회복지실현의 출발이자 과정이며 결과라고 할 수 있다.

2) 규칙

규칙(規則)은 지방자치단체의 장이 법령 또는 조례가 위임한 범위 내에서 그 소관 사무에 관하여 제정하는 규범을 말한다(지방자치법 제29조). 일반적으로 조례가 제정되면 조례의 시행에 관한 필요한 사항을 규칙으로 정한다.

Chapter 05

사회복지법의 체계
핵심내용 학습 사회복지사1급 기출문제 해설

출제 경향 분석

최근 3년간 출제경향을 볼 때, 교재 "제5장 사회복지법의 체계"에서는 총 2문제가 출제되었다. 사회복지사업 관련 법률과 자치법규에 관한 문제이다.

01 사회복지사업법상 사회복지사업 관련 법률을 모두 고른 것은? [2024년도 제22회]

ㄱ. 아동복지법 ㄴ. 장애인복지법 ㄷ. 국민기초생활보장법 ㄹ. 기초연금법

① ㄱ, ㄴ ② ㄷ, ㄹ ③ ㄱ, ㄴ, ㄷ
④ ㄱ, ㄴ, ㄹ ⑤ ㄱ, ㄴ, ㄷ, ㄹ

정답 ⑤

해설 사회복지사업법 제2조 제1호에 따르면, "사회복지사업"이란 다음 각 목의 법률에 따른 보호·선도 또는 복지에 관한 사업과 사회복지상담, 직업지원, 무료 숙박, 지역사회복지, 의료복지, 재가복지, 사회복지관 운영, 정신질환자 및 한센병력자의 사회복귀에 관한 사업 등 각종 복지사업과 이와 관련된 자원봉사활동 및 복지시설의 운영 또는 지원을 목적으로 하는 사업을 말한다. 이에는 다음과 같은 법률들이 포함된다.
1) 국민기초생활 보장법, 2) 아동복지법, 3) 노인복지법, 4) 장애인복지법, 5) 한부모가족지원법, 6) 영유아보육법, 7) 성매매방지 및 피해자보호 등에 관한 법률, 8) 정신건강증진 및 정신질환자 복지서비스 지원에 관한 법률, 9) 성폭력방지 및 피해자보호 등에 관한 법률, 10) 입양특례법, 11) 일제하 일본군위안부 피해자에 대한 생활안정지원 및 기념사업 등에 관한 법률, 12) 사회복지공동모금회법, 13) 장애인·노인·임산부 등의 편의증진 보장에 관한 법률, 14) 가정폭력방지 및 피해자보호 등에 관한 법률, 15) 농어촌주민의 보건복지증진을 위한 특별법, 16) 식품 등 기부 활성화에 관한 법률, 17) 의료급여법, 18) 기초연금법, 19) 긴급복지지원법, 20) 다문화가족지원법, 21) 장애인연금법, 22) 장애인활동 지원에 관한 법률, 23) 노숙인 등의 복지 및 자립지원에 관한 법률, 24) 보호관찰 등에 관한 법률, 25) 장애아동 복지지원법, 26) 발달장애인 권리보장 및 지원에 관한 법률, 27) 청소년복지 지원법, 그 밖에 대통령령(사회복지사업법 시행령 제1조의2)이 정하는 법률로 28) 건강가정기본법, 29) 북한이탈주민의 보호 및 정착지원에 관한 법률, 30) 자살예방 및 생명존중문화 조성을 위한 법률, 31) 장애인·노인 등을 위한 보조기기 지원 및 활용촉진에 관한 법률이다.

이러한 법률들은 사회복지사업의 다양한 측면을 다루고 있으며, 이들을 통해 사회복지사업이 어떤 범위를 가지는지 이해할 수 있다. 제5장 〈표 5-1〉 사회복지법의 상세체계를 참고하기 바란다.

02 자치법규에 관한 설명으로 옳지 않은 것은? [2023년도 제21회]

① 지방의회는 규칙 제정권을 갖고 지방자치단체의 장은 조례 제정권을 갖는다.
② 시 · 군 및 자치구의 조례는 시 · 도의 조례를 위반해서는 아니 된다.
③ 사회복지시설의 설치 · 운영 및 관리는 주민의 복지증진과 관련된 지방자치단체의 사무이다.
④ 지방자치단체는 법령의 범위 안에서 자치에 관한 규정을 제정할 수 있다.
⑤ 주민은 지방자치단체의 조례를 제정할 것을 청구할 수 있다.

정답 ①

해설 자치법규에서 지방의회는 조례 제정권을 갖고 지방자치단체의 장은 규칙 제정권을 갖는다. 즉, 중앙정부의 국회가 법률 제정권을 가지며, 대통령이 명령을 발할 수 있는 것처럼 지방의회는 조례 제정권을 가지며, 지방자치단체의 장은 규칙 제정권을 갖는다. 따라서 법률과 명령의 범위 내에서 조례를 제정할 수 있는 것은 지방의회이고, 지방자치단체장은 규칙을 제정한다.

Chapter

06

사회복지의 권리성

1. 사회복지의 권리성 인식
2. 헌법상 기본권
3. 사회권적 기본권
4. 사회복지수급권
5. 사회복지 권리구제 및 보호

Chapter 06 사회복지의 권리성

1. 사회복지의 권리성 인식

전통적으로 사회복지와 관련하여 빈곤한 자 등 사회적 약자에 대한 배려, 물질적 자선은 개인의 자유로운 선택에 의한 도덕적인 것으로 사회적 약자 입장에서는 베풀어 주면 고맙고, 그렇지 않으면 할 수 없는 은혜로 인식되었다. 그러나 독일의 비스마르크 정부의 사회보험법(질병보험법 1883년, 산재보험법 1884년, 노령 및 폐질보험법 1889년), 미국의 루스벨트 정부의 1935년 사회보장법(social security act), 영국의 1942년 베버리지 보고서('사회보험 관련 서비스' social insurance and allied services) 등에 의해 사회복지 분야가 법제화되면서 사회복지의 권리성이 인식되기 시작하였다.

독일의 사회보험법은 근대적 의미의 사회복지입법으로서의 형식을 갖추고 있었기 때문에 급여청구권이 단순한 반사적 이익이 아니라 법적 청구권으로 존재했으나, 가부장적 국가의 권리를 강조한 특징으로 미루어 볼 때 아직은 전통적 법사상과 단절되지 못한 것으로 볼 수 있다. 미국의 사회보장법 또한 수혜자를 자선의 대상에서 벗어나게 한 발전적 측면이 있음에도 권리의 주체로까지는 인정하지 못했고 빈민법적 체계를 유지하고 있었다(윤찬영, 2001: 32-33; 조원탁 외, 2022: 32-34 재인용).

사회복지가 실제로 시혜와 자선의 시각에서 권리로 인식되기 시작한 것은 베버리지 보고서(1942년) 이후이다. 베버리지 보고서의 모든 시민이 기본적인 인간다운 생활(국민최저선)을 누리게 한다는 계획은 곧 복지국가의 이념과 통한다. 1945~1975년 기간을 '복지국가의 황금기'라 부르는데, 이 시기에 다양한 복지제도들이 발달하였고, 개인적 사회서비스와 공공부조는 더욱 확충되었다. 따라서 복지는 시혜가 아닌 시민의 권리로 인정받게 되었다(임정문 외, 2020: 169).

2. 헌법상 기본권

1) 헌법상 기본권의 개념

기본권은 인간이 인간으로서 누릴 수 있는 권리 가운데 헌법이 보장하는 국민의 기본적 권리를 말한다. 인권과 시민권 등의 헌법적 표현이 기본권이라고 볼 수 있다. 헌법상 기본권은 인간의 존엄과 가치, 행복추구권, 평등권, 자유권, 정치권, 청구권, 사회권 등을 포함하고 있다.

1948년 건국헌법은 서구의 다양한 헌법의 영향을 받았으며, 특히 1919년 독일 바이마르헌법의 영향이 크다. 건국헌법이 자유권뿐만 아니라 사회적 기본권과 기본의무에 관한 조항을 보유하고, 상세하고 광범위한 경제조항도 두고 있다는 것이 그 영향임을 보여주고 있다(한수웅, 2016: 371-372).

2) 기본권의 법적 성격

(1) 자연적 권리성

기본권이란 본질적으로 인간이 가지는 천부적 권리이지 헌법에 규정되어야만 보장되는 것은 아니다(자연권설). 자연적 권리성은 헌법 제10조(인간으로서의 존엄과 가치 및 행복추구권, 기본적 인권의 불가침성) 및 제37조 제1항(기본권은 헌법에 열거되지 아니한 이유로 경시 금지), 제37조 제2항(기본권의 제한은 법률에 의하며, 본질적 내용의 침해 금지)에 표현되고 있다.

(2) 주관적 공권성

기본권은 국민 개인이 국가에 대해 작위와 부작위를 주장할 수 있는 권리이다. 그 주장이 주관적이기 때문에 기본권은 주관적 공권성을 갖는다고 한다. 헌법은 제2장에서 기본권을 개인의 '자유' 또는 '권리'로 표현함으로써 주관적 권리의 형태로 규정하고 있다(한수웅, 2016: 374). 자유권에 있어서는 국가의 침해의 배제를 적극적으로 청구할 수 있으며, 사회권에서는 원하는 정도의 급부를 주장할 수 없으나, 헌법에서 보장하는 기본권으로, 모든 국가권력이 사회권 보장을 추구하고 있다.

(3) 기본권의 이중성

기본권은 주관적으로는 개인을 위한 대국가적 공권을 의미하지만, 객관적으로는 국가의 기본적 법질서성을 동시에 가진다는 의미에서 이중성을 갖는다고 볼 수 있다. 헌법 제10조는 국가는 개인이 가지는 불가침의 기본적 인권을 확인하고 이를 보장할 의무를 진다고 규정하여 기본권 보장을 존중해야 하는 국가의 객관적 의무를 명백히 밝히고 있다. 따라서 국가는 자유권의 주관적 권리에 대응하여 '헌법적으로 정당화되지 않는 한 자유권을 침해해서는 안 된다'는 객관적 의무를 진다(한수웅, 2016: 375).

3) 기본권의 분류

(1) 현행 헌법상 기본권의 체계

헌법은 제10조의 인간의 존엄과 가치가 기본권 보장의 출발점임을 밝히고 있다. 인간의 존엄과 가치는 헌법의 최고 가치로서 전체 헌법질서를 결정하는 최고의 구성원리이다. 인간 존엄성은 단지 선언적인 규정이 아니라 모든 국가기관을 구속하는 최고의 헌법규범이자, 동시에 개인의 기본권이다. 헌법 제10조의 행복추구권은 다른 개별자유권에 대하여 '일반적 자유권'이다(한수웅, 2016: 376). 국가는 개인이 가지는 불가침의 기본적 인권을 확인하고 이를 보장할 의무를 진다.

우리나라 헌법에 나타난 기본권의 종류는 인간의 존엄과 가치, 행복추구권, 평등권, 자유권, 정치권, 경제권, 청구권, 사회권 등으로 구분되며 〈표 6-1〉과 같다(황미경, 2020: 69).

〈표 6-1〉 헌법상 기본권 체계

<table>
<tr><th colspan="2">기본권 유형</th><th>기본권 보장 내용</th><th>관련조항</th></tr>
<tr><td colspan="2">기본적 인권
(포괄적 기본권)</td><td>인간의 존엄성과 가치, 행복추구권, 국가가 기본적 인권 보장</td><td>제10조</td></tr>
<tr><td colspan="2">평등권</td><td>법 앞에서의 평등, 성별 · 종교 · 차별받지 않을 권리</td><td>제11조</td></tr>
<tr><td rowspan="3">자유권적
기본권
(자유권)</td><td>인신의 자유</td><td>생명권, 신체의 자유, 언론 · 출판 · 집회 · 결사의 자유</td><td>제12조</td></tr>
<tr><td>사생활의 자유</td><td>거주이전의 자유, 사생활의 비밀과 자유, 통신의 자유</td><td>제14조
~제18조</td></tr>
<tr><td>정신적 자유</td><td>양심 · 종교의 자유, 언론 · 출판 · 집회 · 결사의 자유, 학문 · 예술의 자유</td><td>제19조
~제22조</td></tr>
<tr><td colspan="2">정치적 기본권</td><td>정치적 자유, 참정권</td><td>제24조</td></tr>
<tr><td colspan="2">경제적 기본권</td><td>재산권, 직업선택의 자유, 소비자의 권리</td><td>제15조,
제23조</td></tr>
<tr><td colspan="2">청구권적 기본권</td><td>청원권, 재판청구권, 국가배상 · 보상청구권, 범죄피해자구조청구권</td><td>제26조
~제30조</td></tr>
<tr><td colspan="2" rowspan="2">사회권적 기본권
(생존권, 사회권, 복지권)</td><td>인간다운 생활권, 근로권, 근로3권, 교육을 받을 권리, 환경권 · 건강권 · 주거권, 범죄피해자구조청구권</td><td>제31조
~제35조</td></tr>
<tr><td>결혼과 가족생활의 유지, 양성평등, 모성보호, 국민보건</td><td>제36조</td></tr>
</table>

출처: 황미경, 2023: 63-64

(2) 평등권

평등권은 법 앞에서의 평등을 의미하며, 헌법 제11조 제1항에서 "모든 국민은 법 앞에 평등하다. 누구든지 성별, 종교 또는 사회적 신분에 의하여 정치적 · 경제적 · 사회적 · 문화적 생활의 모든 영역에 있어서 차별을 받지 아니한다"라고 하여 평등권을 규정하고 있다. 개별적 평등권으로는 사회적 특수계급의 금지(제11조 제2항), 영전 일대의 원칙(제11조 제3항), 교육의 기회균등(제31조 제1항), 근로관계에 있어서 여성의 차별금지(제32조 제4항), 혼인과 가족생활에서의 양성의 평등(제36조 제1항), 선거에 있어서의 기회균등(제41조 제1항, 제67조 제1항, 제116조 제1항)을 규정하고 있다.

평등권의 내용에서 평등은 행정부나 사법부에 의한 법 적용상의 평등뿐만 아니라 입법권자에게 정의와 형평의 원칙에 합당하게 합헌적으로 법률을 제정하도록 하는 것을 명령하는 이른바 법 내용상의 평등을 의미한다(헌재 1992. 4. 28. 90헌바24).

평등권에 내포된 평등의 규범적 의미는 산술적인 의미의 절대적인 평등을 의미하는 것이 아니라 배분적 정의에 입각한 상대적 평등을 말한다. 즉, 국가권력이 모든 분야에서 같은 것은 같게, 다른 것은 다르게 처우한다는 의미이다. 또한 헌법이 요구하는 평등은 합리적인 이유가 없는 차별금지를 의미한다. 평등의 문제는 차별의 대상이 되는 비교집단과 비교기준을 전제로 한다. 차별금지 사유로 규정된 성별 · 종교 · 사회적 신분은 헌법에서 한정적으로 열거한 규정이며, 제도적 · 사회적 불평등의 역사적 경험을 통하여 불이익을 받은 집단을 차별로부터 특별히 보호하려는 취지를 갖고 있다고 본다(황미경, 2020: 70-71).

(3) 자유권

자유권의 개념은 국가에 대해 적극적으로 어떠한 행위를 요구할 수 있는 권리는 아니며, 국가에 대한 개인의 방어적이고 소극적인 공권이다. 개인의 자유영역에 대한 국가의 부당한 침해를 배제한다. 이러한 의미에서 자유권은 '국가의 강제와 간섭으로부터의 자유', 즉 '국가로부터의 자유'이다.

개별자유권으로 신체의 자유(제12조), 거주이전의 자유(제14조), 사생활의 비밀과 자유(제17조), 통신의 자유(제18조), 양심의 자유(제19조), 종교의 자유(제20조), 언론 · 출판의 자유(제21조) 등이 있다.

자유권은 입법자의 입법을 필요로 함이 없이 그 존재 자체로서 국가의 부당한 행위를 배제하는 주관적 공권으로서 완전한 기능을 하기 때문에, 헌법은 자유권의 규정형식으로 "... 자유를 가진다."(제12조, 제14조, 제15조, 제19조, 제20조, 제21조, 제22조), "... 침해받지 아니한다."(제16조, 제17조, 제18조), "... 보장된다."(제23조)는 표현을 사용하고 있다.

(4) 참정권

참정권이란 국민이 국가의사 형성에 참여하는 권리를 말한다. 즉, 국민이 정당 설립 · 선거 · 공무담임 · 국민투표 등을 통하여 국가권력의 창설과 국가의 권력행사과정에 적극적으로 참여하여 자신의 정치적 소견을 국정에 반영할 수 있는 권리를 말한다.

헌법은 선거권(제24조), 공무담임권(제25조) 등 참정권을 규정하고 있다. 헌법은 참정권의 규정형식으로 "법률이 정하는 바에 의하여"의 표현을 사용함으로써, 자유권과는 달리 입법자에 의한 구체적 형성을 필요로 한다는 것을 명시적으로 밝히고 있다. 국민이 헌법상 보장된 선거권을 실제로 행사하기 위해서는 '누가 어떻게 선거할 것인지'에 관하여 법률에 의한 구체적인 형성을 필요로 한다.

선거권은 통치권 내지 국정의 담당자를 결정하는 국민의 주권행사를 뜻한다. 공무담임권이라 함은 입법부 · 행정부 · 사법부는 물론 지방자치단체 등 국가 · 공공단체의 구성원으로 선임되거나 비선거직 공직에 취임하여 공무를 담당하는 것을 말한다.

(5) 청구권적 기본권

청구권적 기본권이란 권리의 보장을 위하여 국가에 대하여 일정한 행위를 적극적으로 청구할 수 있는 국민의 권리이다. 헌법은 국가에 청원할 권리(청원권)(제26조), 재판청구권(제27조), 형사보상청구권(제28조), 국가배상청구권(제29조), 범죄피해자구조청구권(제30조) 등 청구권적 기본권을 규정하고 있다.

청구권적 기본권은 국가의 행위나 조력을 필요로 하므로 입법자에 의한 구체적 형성을 필요로 한다. 헌법은 청구권적 기본권의 규정형식으로 "법률이 정하는 바에 의하여" 또는 "법률에 의한" 등의 표현을 사용함으로써 자유권과는 달리 입법자에 의한 구체적 형성을 필요로 한다는 것을 분명히 밝히고 있다.

(6) 사회적 기본권(생존권적 기본권)

사회적 기본권(생존권적 기본권)이란 사회국가원리를 실현하기 위한 기본권으로서, 각 개인이 자유를 실제로 행사할 수 있는 실질적 조건을 마련해 줄 것을 국가로부터 요구할 수 있는 권리, 특히 입법자에 대하여 사회적 기본권의 보장내용을 실현하는 입법을 요구할 권리이다. 사회적 기본권으로부터 국가의 특정 급부나 특정 행위를 요구할 수 있는 개인의 주관적인 권리는 원칙적으로 나오지 않는다. 사회적 기본권이 구체적 권리가 되기 위해서는 사전에 입법에 의한 구체적 형성을 필요로 한다. 헌법은 사회적 기본권의 규정형식으로 "법률이 정하는 바에 의하여" 또는 "법률로 정한다." 등의 표현을 사용함으로써 입법자에 의한 구체적 형성을 필요로 함을 밝히고 있다.

헌법상의 사회권으로 설명되는 사회복지관련 규정은 헌법 전문 등을 통하여 자유민주주의의 이념에 입각한 기회의 균등 및 국민생활의 균등한 향상을 규정하고 제10조는 인간의 존엄성 확보와 행복을 추구할 권리를 규정하고 있다. 헌법은 사회권으로 인간다운 생활을 할 권리(제34조 제1항), 교육을 받을 권리(제31조), 근로에 관한 권리(제32조, 제33조), 환경권 · 건강권 · 주거권(제35조), 혼인과 가족생활 유지, 모성보호, 국민보건(제36조) 등을 규정하고 있다.

모든 국민은 인간다운 생활을 할 권리를 가지므로(제34조 제1항) 국가는 사회보장·사회복지의 증진, 여자의 복지와 권익 향상, 노인과 청소년의 복지 향상 정책 실시, 신체장애자 및 질병·노령 기타의 사유로 생활능력이 없는 국민 보호, 재해위험으로부터 국민 보호를 위해 노력하여야 한다.

국가가 국민의 인간다운 생활을 보장하기 위하여 사회보장·사회복지의 증진에 노력할 의무를 진다. 이에 관한 법률이 사회보장기본법이다. 사회보장기본법은 사회보장은 모든 국민이 다양한 사회적 위험으로부터 벗어나 행복하고 인간다운 생활을 향유할 수 있도록 자립을 지원하며, 사회참여·자아실현에 필요한 제도와 여건을 조성하여 사회통합과 행복한 복지사회를 실현하는 것을 기본이념으로 하여, 사회보장에 관한 국민의 권리와 국가 및 지방자치단체의 책임을 정하고 사회보장정책의 수립·추진과 관련 제도에 관한 기본적인 사항을 규정함으로써 국민의 복지증진에 이바지하는 것을 목적으로 한다.

4) 기본권의 제한과 사회복지

기본권은 무제한으로 보장되지는 않는다. 기본권의 제한은 헌법이나 개별 법률에 근거하여 가능하다. 이를 '법률유보'라고 한다. 헌법 제37조 제2항은 국민의 모든 자유과 권리, 즉 기본권은 국가의 안전보장이나 질서유지 또는 공공복리를 위하여 필요한 경우에 한하여 법률로써 제한될 수 있으며(기본권의 헌법적 한계), 제한하는 경우에도 자유와 권리의 본질적인 내용을 침해할 수 없다(법률유보의 규범적 한계)고 규정하고 있다.

기본권 제한의 타당성은 목적의 정당성, 방법의 적절성, 피해의 최소성, 법익의 균형성을 기준으로 판단한다(김환준, 2018: 15-16; 이명현, 2020: 101 재인용). 기본권 제한 입법 한계의 근거가 되는 헌법 제37조 제2항은 국민의 기본권을 제한하는 경우 절대로 넘을 수 없는 목적상의 한계(국가안전보장·질서유지·공공복리), 형식상의 한계(법률로써 제한할 수 있음), 내용상의 한계(본질적인 내용은 침해할 수 없음), **방법상의 한계**(필요한 경우에 한함)를 **명확히 하고 있다.**

사회복지를 목적으로 공공복리를 위하여 개인의 자유권 등 기본권이 제한될 수 있다. 국민연금법에 의해 연금보험료를 강제 징수하는 규정에 대해 헌법재판소는 국민연금제도는 국민의 노령·폐질 또는 사망에 대하여 연금급여를 실시함으로써 국민의 생활안정과 복지증진에 기여하고 하는 입법목적에 정당성이 있으며, 국가적인 보험기술을 통한 사회보험 방식 또한 적정하고, 필요한 최소한도로 개인의 선택권이 제한되며, 국민연금제도를 통하여 달성하고자 하는 공익이 개별적 저축에 대한 선택권이라는 개인적 사익보다 월등히 크다고 보아야 할 것이어서 과잉금지의 원칙에 위배되지 아니하므로, 기본권 제한에 해당하지 않는다고 판단하였다(헌법재판소 2001. 2. 22. 선고 99헌마365).

3. 사회권적 기본권

1) 사회권적 기본권의 개념

사회권은 국민이 '인간다운 생활'을 영위하기 위하여 국가에 대하여 적극적인 배려를 요구할 수 있는 권리를 말한다. 사회권적 기본권은 자본주의의 모순이라고 할 수 있는 불평등을 완화하기 위해서 등장하였다. 이는 곧 국가의 개입을 정당화했다.

사회권적 기본권은 제1차 세계대전 후 20세기 초 헌법에 등장하였다. 1919년 독일 바이마르헌법이 생존권을 처음으로 규정한 이후 각국의 헌법이 뒤따라 규정하였다. 제2차 세계대전을 겪으면서 인권보장의 중요성이 강조되어 1948년에는 유엔총회에서 세계인권선언을 채택하였다. 이 선언은 제22조에서 모든 사람은 사회의 일원으로서 사회보장제도에 대한 권리를 가진다고 규정하여 사회보장을 받을 권리를 명시하고 있다.

사회복지법의 이념으로서의 생존권과 사회권 이념의 형성은 자본주의 사회의 발전 과정과 밀접하다. 18세기 서구의 시민혁명의 성공 이후 근대 시민사회의 법은 자주적이고 독립적인 개인을 전제로 하여 계약의 자유, 과실책임의 원칙, 절대적인 재산권을 내용으로 하는 사적자치의 원칙으로 하였고, 근대의 헌법들은 사적자치의 영역에 국가가 개입하지 못하도록 하는 자유권적 기본권을 보장하였다. 따라서 침범할 수 없는 영구적 권리로서 소유권 절대의 원칙과 계약자유의 원칙을 그 기본으로 한 자유권과 시민법하에서 절대적 자유권이었던 소유권에 대한 비판, 정치적 정의를 기초로 한 생존권 개념의 등장으로 생존권의 법 원리는 시민사회의 법 원리인 자유권적 기본권을 수정함으로써 국민의 생존권을 확보하려는 것이다(황미경, 2020: 77).

2) 사회권적 기본권의 법적 성격

(1) 프로그램 권리설 : 입법방침설

헌법상 생존권 규정은 그 자체로서 구체적이고 현실적인 권리가 아니라 국가의 사회정책적 선언에 불과하므로 국가가 생존권의 실현에 필요한 입법에 의해 구체화될 때 비로소 효력을 갖게 된다는 것이다. 따라서 국민은 헌법규정만으로 국가에 대하여 그 의무이행을 청구할 구체적 청구권이 인정되지 않는다고 한다.

(2) 법적 권리설 : 추상적 권리설과 구체적 권리설

헌법상 생존권 규정은 국가에 대한 국민의 법적 권리를 명확히 한 것으로 구체적인 입법 규정이 없어도 국가는 이에 대응하는 법적 의무를 진다고 한다. 그 법적 성격에 대하여는 추상적 권리설과 구체적 권리설이 있다.

① 추상적 권리설

헌법상의 생존권적 기본권이 추상적이기는 하나 법적 권리이며, 국가는 생존권 보장을 위한 입법 등의 의무를 가지게 된다고 한다. 우리나라 다수설이기도 하다.

추상적 권리설이 프로그램 규정설과 다른 점은 추상적 권리설은 헌법상의 생존권이 추상적일지라도 법적 권리이고, 법적 의무가 있다는 입장이며, 프로그램 규정설은 기본적으로 생존권의 권리성을 부인하고 국가의 의무도 강제할 수 없다는 입장이다. 다만, 두 설 모두 구체적인 입법이 없는 한 생존권은 현실적으로 사법적 구제를 받을 수 없다고 보는 점에서는 일치하고 있다.

② 구체적 권리설

헌법상 생존권을 구체화하는 입법이 존재하지 않더라도 헌법상 생존권 규정에 의하여 현실적으로 국가에 대하여 일정한 급부를 청구할 수 있는 구체적 권리라고 본다.

3) 사회복지법제에 의한 인권 · 기본권 · 사회권 · 복지권 보장 체계

사회권은 복지권의 넓은 의미로 헌법상 국민들이 복지혜택을 받을 권리가 있음을 말한다. '사회권'의 포괄적 의미에 관하여 최고의 법규범인 헌법상 광의의 사회권적 기본권 개념을 '사회권'으로 명시하고 사회복지 개별 법률이 보장하는 좁은 의미의 구체적인 권리의 개념에 대하여 '복지권'으로 구분할 수 있다. 사회복지에 관련된 인권 · 기본권 · 사회권 · 복지권 보장으로 실현되는 사회복지의 가치와 이념, 사회복지법과 제도를 체계화하면 [그림 6-1]과 같다(황미경, 2020: 78).

[그림 6-1] 사회복지법제에 의한 인권 · 기본권 · 사회권 · 복지권 보장 체계

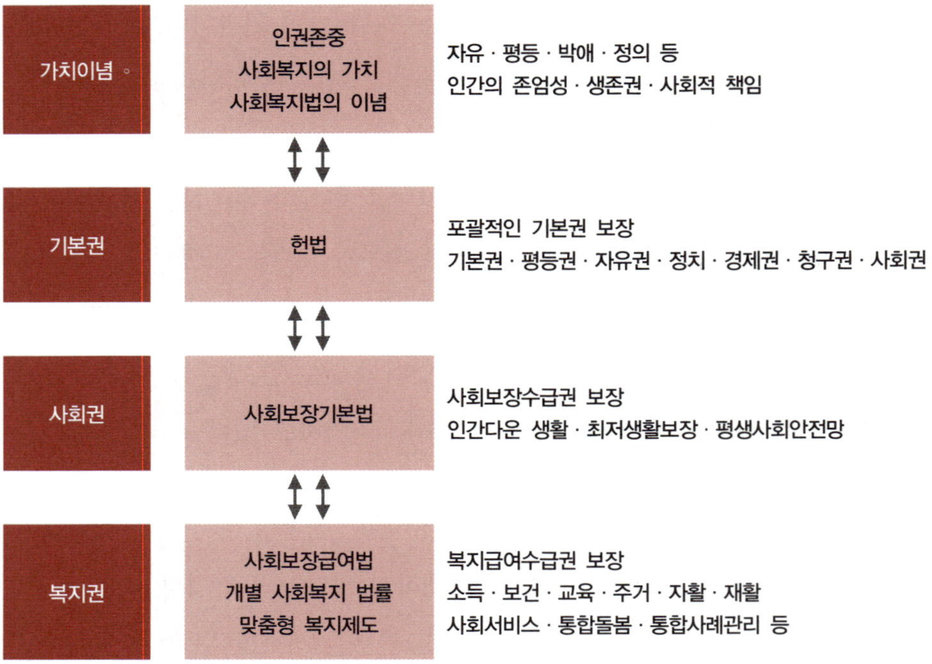

출처: 황미경, 2023: 73 재구성

4. 사회복지수급권

1) 사회복지수급권의 개념

사회복지수급권은 사회복지법상의 급여를 받을 수 있는 권리를 말한다. 사회복지수급권은 헌법에 보장된 인간다운 생활을 보장하기 위한 생존권을 구체적으로 보장하기 위하여 법적 권리로 인정된 것이다. 따라서 국민은 사회보험법, 공공부조법, 사회서비스법을 통하여 국가에 대해 급여를 요청할 수 있는 법적인 권리를 가지며 국가는 이에 대해 적극적으로 응해야 할 의무가 있다.

2) 사회복지수급권의 규범적 구조

사회복지수급권의 규범적 구조는 실체적 권리, 수속적 권리, 절차적 권리로 이루어져 있다. 이는 실정법에 의하여 인정되는 사회복지수급권(실체적 권리)을 일정한 수속과정(수속적 권리)을 거쳐 사회복지급여를 받으며, 사회복지수급권 실현을 강제(절차적 권리)하는 등으로 실체적 보장을 받게 된다.

첫째, 실체적 권리는 사회복지법상의 급여를 받을 수 있는 권리를 말한다. 이를 사회복지수급권이라고 한다. 사회복지수급권 내용으로는 수급자격, 수급요건, 급여수준과 종류, 재원, 전달체계, 수급권의 보호와 제한 등을 들 수 있다. 이러한 실체적 권리는 사회보장수급이 보장되는 핵심적 내용이다. 사회보험수급권, 공공부조수급권, 사회복지서비스수급권 등을 예로 들 수 있다. 이 수급권에 의하여 사회복지급여를 청구할 수 있다.

둘째, 수속적 권리는 사회복지수급권에 의한 급여를 받기 위해 거쳐야 하는 수속과정에서 수급권 보장을 위해 적합하게 진행될 것을 요구할 수 있는 권리이다. 사회복지수급권자가 사회복지급여를 신청(청구)하면 그 해당 기관은 이 신청에 대하여 수급권 적격 여부 등을 조사 및 심사하여 급여지급 결정을 하게 된다. 이러한 수속과정에서 사회복지급여를 받기 위한 적법한 절차에 참여하는 권리, 불평등하게 취급당하지 않을 권리, 하자 없는 재량행사를 청구할 수 있는 권리 등을 말한다. 수속적 권리로는 PR 및 정보제공요구권, 상담 및 조언요구권, 사회복지기관 이용권 등을 예로 들 수 있다.

셋째, 절차적 권리는 사회보장수급권의 실체적 권리를 보장하고 실현하기 위해 요구되는 의무와 강제를 구체화하는 절차에 대한 권리이다. 사회복지법에 의한 급여와 서비스의 청구 및 청구를 위한 절차, 권리를 보장받기 위한 의무이행이나 강제 등에 관한 권리를 의미한다. 절차적 권리로는 사회복지행정 참여권, 사회복지입법 청구권, 사회복지급여 쟁송권 등이 있다. 사회복지급여 쟁송권은 사회복지청구권이 부당한 행정기관의 조치에 의해 침해되었을 때 구제를 신청하는 권리로 행정적 구제인 행정심판, 사법적 구제인 행정소송, 부작위 위법확인소송 등을 말한다.

3) 사회복지수급권의 특징

(1) 신청주의

사회복지급여를 받을 권리의 권리성을 인정하는 바탕에서 신청주의를 도입하고 있다. 사회보장급여의 이용 · 제공 및 수급권자 발굴에 관한 법률(사회보장급여법) 제5조는 사회보장급여의 신청에 대하여 규정하고 있다.

이 신청주의는 사회복지수급권의 권리성을 인정한다는 바람직한 측면에도 불구하고 그 적용에 있어서는 문제가 있는 것도 사실이다.

첫째, 빈곤의 경우 일반적인 채권-채무 관계와 달리 빈곤을 떳떳하게 여기며 당당하게 급여 또는 서비스를 신청할 만큼 우리 사회가 과연 성숙되고 수용적이지 않다는 것이다. 더구나 도움을 필요로 하는 자가 그 도움에 대하여 권리를 가지고 있다면 더욱 그러할 것이다.

둘째, 사회복지급여 신청이 복잡하다는 것이다. 신청의 접근성은 포털 '정부24' 등 비대면 신청으로 극복하고 있지만 신청서류가 많거나 복잡한 것은 신청을 어렵게 하고 있다. 더구나 사회복지급여 신청자가 사회적 취약계층인 경우 이런 신청절차를 본인의 의지와 능력으로 감당하리라고 기대하는 것은 비현실적으로 보인다. 이를 감안하여 현행법들은 신청주의를 기본으로 하면서도 직권주의를 병행하고 있다.

(2) 사회복지수급권 보호

사회복지수급권은 타인에게 양도하거나 담보로 제공할 수 없으며, 이를 압류할 수 없다. 사회복지수급권은 일신전속성이 강하며, 수급권자가 직접 급여를 받아 생활하게 하는 것이 입법 취지이다. 각 사회복지제도가 추구하는 목적을 달성하는 데 해당 급여가 실질적으로 사용되도록 제도화함으로써 수급권자의 개인적, 사회적 보호를 통해 인간다운 생활을 보장하고자 하는 것이다.

(3) 사회복지수급권의 권리성

사회복지수급권의 권리성은 그 사회복지수급권이 무엇이든 차이가 없다고 볼 것이다. 다만, 실제로는 사회보험법상의 권리, 공공부조법상의 권리, 사회(복지) 서비스법상의 권리에 따라 다소 차이를 보이고 있다.

사회보험법은 사회적 위험 분산이라는 보험원리를 차용하여 가입을 강제하고 있으며 사회보험재정에 수급권자가 기여하도록 하고 있으므로 수급권자는 급여를 받아야 할 권리의 당연성이 있다. 따라서 사회보험수급권은 그 권리성이 매우 강하다.

공공부조법은 생활능력이 없는 국민이 건강하고 문화적인 최저한의 인간다운 생활을 보장받을 수 있는 권리를 규정하고 있다. 국가는 최소한 최저수준의 인간다운 생활을 영위할 수 있도록 사회복지 증진을 위해 노력할 의무가 있다. 따라서 공공부조의 재원은 수급권자의 기여 없이 국가가 세금에서 전액 지원하고 있다.

사회서비스법상의 권리 역시 기여가 없어도 사회서비스가 제공되기 때문에 그 권리가 취약하다는 견해가 지배적이다. 또한 사회서비스가 취약계층을 대상으로 제공되는 경우가 많아 수급자의 선택 능력 결여 등의 문제로 인한 서비스 미신청 혹은 서비스 수급자격 미인지 등으로 서비스의 제공이 원활하지 못하여 사회서비스의 권리성에 한계가 있다(황미경, 2020: 91).

(4) 사회복지급여의 보장

사회복지급여는 인간이 최소한의 삶을 영위하게 하는 데 목적이 있으므로 조세나 기타 공과금을 부과하여 사회복지급여를 생활에 사용할 수 없도록 하는 것은 타당하지 않다. 국민연금의 경우 국민연금급여가 조세특례제한법 등 법률 또는 지방자치단체 조례에 따라 조세, 국가 또는 지방자치단체의 공과금을 감면하도록 하고 있다(제60조).

사회복지급여가 결정되면 정당한 이유 없이 변경하는 것을 금지하고 있다. 사회복지대상자의 사회복지수급권을 유지 · 보호하려는 취지이다.

제3자 불법행위로 인한 사유로 사회복지수급권을 가지된 경우 사회복지운영기관이 사회복지급여를 실시하고 불법행위자에게 구상권을 행사할 수 있다. 이는 불법행위로 인하여 어려운 상황에 놓인 국민에게 사회복지급여를 신속하게 지급함으로써 생활의 어려움을 벗어나도록 하고자 하는 것이다.

사회복지법은 사회복지급여를 보장하고 있지만 같은 사회복지제도 내의 중복급여도 금지하고 있다. 사회적 정의와 형평성에 반하기 때문이다. 이는 사회복지제도 목적에 비추어 과잉급여가 되지 않도록 함으로써 자립의지를 훼손하지 않아야 한다는 것이다.

사회복지법에 의한 급여끼리의 충돌을 회피하여 사회보장급여를 실질적으로 보장할 필요가 있다. 기초연금의 경우 국민연금과 연계하여 감액되고 있으며, 기초연금 소득인정액 산정 시 국민연금 등 공적연금을 소득으로 인정하여 기초연금 수급 가능성을 줄이고 있다. 기초생활보장급여의 경우도 소득인정액 산정 시 국민연금 등 공적연금 및 기초연금, 실업급여 등을 소득으로 인정하고 있다. 이는 각 사회복지제도는 각각 그 목적에 충실하도록 설계되었음에도 기초연금, 기초생활보장제도 등 일부 사회복지제도에서 수급자격 인정 요건인 소득에 다른 사회복지제도의 급여를 포함시킴으로써 그 사회복지수급권을 위축시키고 있는 점은 사회복지수급권 보장 측면에서 취약점이라고 할 수 있다.

5. 사회복지 권리구제 및 보호

1) 사회복지 권리구제의 개념

사회복지 권리구제란 사회보장급여수급권자가 사회보장기관의 처분과 관련하여 이의가 있거나 불복하는 경우에 사회복지법의 규정에 의거 그 처분의 시정을 구할 수 있는 절차이다.

2) 권리구제의 방법과 절차

사회복지기관의 처분에 이의가 있거나 불복하는 경우 이의신청을 제기하였으나 수용되지 않으면 상급기관에 재심사청구를 할 수 있다. 재심사청구가 수용되지 않으면 행정심판 또는 행정소송을 제기할 수 있다. 이러한 절차는 반드시 단계를 거쳐야 하는 것은 아니다. 이의신청 없이 곧바로 행정심판이나 행정소송을 제기할 수 있다. 또한 행정심판을 제기할 수 있는 경우에도 이를 거치지 아니하고 행정(취소)소송을 제기할 수 있다(행정소송법 제18조: 행정심판과의 관계).

우리나라 사회복지법제에서 권리구제는 사회보장기본법 제39조에서 '위법 또는 부당한 처분을 받거나 필요한 처분을 받지 못함으로써 권리 또는 이익을 침해받은 국민은 「행정심판법」에 따른 행정심판을 청구하거나 「행정소송법」에 따른 행정소송을 제기하여 그 처분의 취소 또는 변경 등을 청구할 수 있다.'고 규정하고 있으나, 각 법은 이의신청(심사청구)제도와 재심사청구제도를 두고 있다.

(1) 이의신청(심사청구)

이의신청(심사청구)은 사회보장기관의 처분에 대하여 이의가 있거나 불복하는 경우에 그 처분 기관에 대하여 그 처분의 시정을 구할 수 있는 절차이다. 사회복지법제에서 이의신청제도 명칭은 이의신청 또는 심사청구라는 용어가 사용되고 있다.

이의신청제도는 처분을 한 사회보장기관이 그 내용을 가장 잘 알고 있기 때문에 자체 검토 및 시정할 수 있도록 함으로써 정확한 판단을 할 수 있고, 권리구제가 신속히 이루어지게 되어 궁극적으로 국민의 생존권을 보장하는 데 기여할 수 있다.

이의신청제도 형태를 '심사청구 - 재심사청구'로 하는 경우는 사회보험 관련법인 국민연금법, 고용보험법, 노인장기요양보험법, 산업재해보상보험법 등이다. 다만, 국민건강보험법은 '이의신청 - 심판청구' 형태이다. 공공부조 관련법과 사회서비스 관련법은 '이의신청' 명칭을 사용하고 있다.

대부분 이의신청에 대한 결정에 대해 재심사청구할 수 있도록 하고 있으나 기초연금법은 재심사청구제도가 없으며, 사회복지사업법 및 사회서비스 관련법 중 아동복지법, 청소년기본법, 청소년복지지원법 등은 이의신청제도가 규정되어 있지 않다. 또한 대부분 '이의신청위원회' 및 '재심사위원회'를 두어 심의를 거친 후 결정을 하고 있으나 국민기초생활보장법은 이러한 심의를 하고 있지 않다.

이들을 정리하면 〈표 6-2〉와 같다.

〈표 6-2〉 주요 사회복지법에 나타난 권리구제제도

구분	1차	2차
	명칭/제기 및 결정기관〈심사기구〉	명칭/제기 및 결정기관〈심사기구〉
사회보험법		
국민연금법	심사청구 – 국민연금공단〈국민연금심사위원회〉 – (징수)국민건강보험공단〈징수심사위원회〉	재심사청구 – 국민연금공단, 건강보험공단, 보건복지부〈국민연금재심사위원회〉
국민건강보험법	이의신청 – 국민건강보험공단〈이의신청위원회〉 – (요양급여)심사평가원〈이의신청위원회〉	심판청구 – 공단, 심사평가원, 건강보험분쟁조정위원회〈건강보험분쟁조정위원회〉
산업재해보상보험법	심사청구 – 소속 기관 거쳐 근로복지공단〈산업재해보상보험심사위원회〉	재심사청구 – 소속 기관 거쳐 산업재해보상보험재심사위원회〈산업재해보상보험재심사위원회〉
고용보험법	심사청구 – 근로복지공단 – (급여)직업안정기관의 장 거쳐 고용보험심사관	재심사청구 – 고용보험심사위원회
노인장기요양보험법	심사청구 – 국민건강보험공단〈장기요양심사위원회〉	재심사청구 – 장기요양재심사위원회
공공부조법		
국민기초생활보장법	이의신청 – 보장기관 거쳐 시 · 도지사	이의신청 – 시 · 도지사 거쳐 보건복지부장관
기초연금법	이의신청 – 시 · 도지사 · 시장 · 군수 · 구청장〈이의신청위원회〉	
의료급여법	이의신청 – 시장 · 군수 · 구청장 – (급여)급여비용심사기관	심판청구 – 건강보험분쟁조정위원회
장애인연금법	이의신청 – 시 · 도지사 · 시장 · 군수 · 구청장	
사회서비스법		
장애인복지법	이의신청 – 장애인복지실시기관	
노인복지법	이의신청 – 복지실시기관	
아동복지법 청소년기본법 청소년복지지원법	없음	

(2) 행정심판

행정심판은 행정상의 법률관계의 분쟁에 대해 심리·판정하는 절차로 국민은 행정청의 위법하거나 부당한 처분이나 부작위로 권리 또는 이익을 침해당한 경우, 행정심판을 통해 구제받을 수 있다. 행정심판청구는 처분이 있음을 알게 된 날부터 90일 이내에 청구하여야 한다.

행정심판법에서 처분(處分)은 행정청이 행하는 구체적 사실에 관한 법집행으로서의 공권력의 행사 또는 그 거부, 그 밖에 이에 준하는 행정작용을 말하며, 부작위(不作爲)는 행정청이 당사자의 신청에 대하여 상당한 기간 내에 일정한 처분을 하여야 할 법률상 의무가 있는데도 처분을 하지 아니하는 것을 말한다. 행정청에는 법령에 의하여 행정권한의 위임 또는 위탁을 받은 행정기관, 공공단체 및 그 기관 또는 사인이 포함된다. 행정심판의 종류로는 취소심판, 무효등확인심판, 의무이행심판이 있다.

(3) 행정소송

행정소송은 법원에서 행정상의 법률관계에 관한 분쟁에 대해 심리·판정하는 재판절차이다. 일반국민은 행정청의 위법한 처분, 그 밖에 공권력의 행사·불행사 등으로 권익을 침해당한 경우 행정소송을 통해서도 구제받을 수 있다. 행정소송의 제1심 관할법원은 피고의 소재지를 관할하는 행정법원이다(행정소송법 제9조).

행정소송에서 처분등(處分等)은 행정청이 행하는 구체적 사실에 관한 법집행으로서의 공권력의 행사 또는 그 거부와 그 밖에 이에 준하는 행정작용 및 행정심판에 대한 재결을 말한다. 부작위(不作爲)는 행정청이 당사자의 신청에 대하여 상당한 기간 내에 일정한 처분을 하여야 할 법률상 의무가 있음에도 불구하고 이를 하지 아니하는 것을 말한다. 행정청에는 법령에 의하여 행정권한의 위임 또는 위탁을 받은 행정기관, 공공단체 및 그 기관 또는 사인이 포함된다.

3) 법률구조

국민의 기본적 인권을 옹호하는 법률 분야의 사회복지제도로 '법률구조제도'가 있다. 사회적 약자들이 저렴한 비용으로 이용할 수 있는 법률구조 서비스도 경제적인 이유로 이용하기 힘든 국민들이 많아 이에 대한 보완책으로 여러 기관들이 협약을 체결하여 무료 법률구조사업이 시행되고 있다. 실제 사회복지 공공행정조직이나 민간기관에 근무하는 사회복지종사자들이 복지대상자들의 민사상, 형사상의 사건에 직면하여 직·간접적으로 조언과 도움을 구할 수 있는 법률구조제도를 통하여 법의 보호에서 소외된 국민의 권리를 옹호하고 보장할 수 있는 복지제도이다(황미경, 2020: 91-92).

Chapter 06

사회복지의 권리성 핵심내용 학습 사회복지사1급 기출문제 해설

출제 경향 분석

최근 3년간 출제경향을 볼 때, 교재 "제6장 사회복지의 권리성"에서는 총 3문제가 출제되었다. 헌법 제10조(행복추구권), 헌법 제34조(복지권), 헌법 제31조~36조(사회적 기본권)에 관한 문제이다.

01 헌법 제10조의 일부이다. ( )에 들어갈 내용으로 옳은 것은? [2024년도 제22회]

> 모든 국민은 인간으로서의 존엄과 가치를 가지며, ( )을 추구할 권리를 가진다.

① 자유권　② 생존권　③ 인간다운 생활
④ 행복　⑤ 인권

정답 ④

해설 헌법 제10조(국민의 권리와 의무)에는 "모든 국민은 인간으로서의 존엄과 가치를 가지며, (행복)을 추구할 권리를 가진다. 국가는 개인이 가지는 불가침의 기본적 인권을 확인하고 이를 보장할 의무를 진다."고 규정되어 있다. 헌법 규정의 복지권(제34조)과 혼동하지 않도록 해야 한다.

02 헌법 제34조 규정의 일부이다. ㄱ~ㄷ에 들어갈 내용으로 옳은 것은? [2023년도 제21회]

> • 국가는 (ㄱ)·(ㄴ)의 증진에 노력할 의무를 진다.
> • 신체장애자 및 질병·노령 기타의 사유로 생활능력이 없는 국민은 (ㄷ)이 정하는 바에 의하여 국가의 보호를 받는다.

① ㄱ: 사회보장, ㄴ: 사회복지, ㄷ: 법률
② ㄱ: 사회보장, ㄴ: 공공부조, ㄷ: 법률
③ ㄱ: 사회복지, ㄴ: 공공부조, ㄷ: 헌법
④ ㄱ: 사회복지, ㄴ: 사회복지서비스, ㄷ: 헌법
⑤ ㄱ: 공공부조, ㄴ: 사회복지서비스, ㄷ: 법률

정답 ①

해설 헌법 제34조 규정은 자주 출제되므로 필히 학습하여야 한다. 헌법 제34조의 각 조항은 다음과 같다.
① 모든 국민은 인간다운 생활을 할 권리를 가진다.
② 국가는 (사회보장 · 사회복지)의 증진에 노력할 의무를 진다.
③ 국가는 여자의 복지와 권익의 향상을 위하여 노력하여야 한다.
④ 국가는 노인과 청소년의 복지향상을 위한 정책을 실시할 의무를 진다.
⑤ 신체장애자 및 질병 · 노령 기타의 사유로 생활능력이 없는 국민은 (법률)이 정하는 바에 의하여 국가의 보호를 받는다.
⑥ 국가는 재해를 예방하고 그 위험으로부터 국민을 보호하기 위하여 노력하여야 한다.

03 헌법 규정의 사회적 기본권에 관한 설명으로 옳지 않은 것은? [2022년도 제20회]

① 국가는 근로자의 고용의 증진과 적정임금의 보장에 노력하여야 한다.
② 국가는 여자의 복지와 권익의 향상을 위하여 노력하여야 한다.
③ 국가는 모든 공무원인 근로자의 단결권 · 단체교섭권 및 단체행동권을 보장하여야 한다.
④ 국가는 평생교육을 진흥하여야 한다.
⑤ 국가는 모성의 보호를 위하여 노력하여야 한다.

정답 ③

해설 선택지 ③의 모든 공무원인 근로자가 오답이다. 공무원인 근로자는 '법률이 정하는 자'에 한하여 단결권 · 단체교섭권 및 단체행동권을 가진다. 헌법상 사회적 기본권에 관한 규정은 1) 교육권을 받을 권리(제31조), 2) 근로의 권리(제32조), 3) 노동3권(제33조), 4) 복지권(제34조), 5) 보건권(제36조)으로 세부내용은 다음과 같다.
1) 교육권을 받을 권리(제31조)
① 의무교육은 무상으로 한다.
② 국가는 평생교육을 진흥하여야 한다.
③ 모든 국민은 능력에 따라 균등하게 교육을 받을 권리를 가진다.
④ 교육의 자주성 · 전문성 · 정치적 중립성 및 대학의 자율성은 법률이 정하는 바에 의하여 보장된다.
⑤ 모든 국민은 그 보호하는 자녀에게 적어도 초등교육과 법률이 정하는 교육을 받게 할 의무를 진다.
⑥ 학교교육 및 평생교육을 포함한 교육제도와 그 운영, 교육재정 및 교원의 지위에 관한

기본적인 사항은 법률로 정한다.

2) 근로의 권리(제32조)

① 연소자의 근로는 특별한 보호를 받는다.

② 근로조건의 기준은 인간의 존엄성을 보장하도록 법률로 정한다.

③ 모든 국민은 근로의 권리를 가진다. 국가는 사회적 · 경제적 방법으로 근로자의 고용의 증진과 적정 임금의 보장에 노력하여야 하며, 법률이 정하는 바에 의하여 최저임금제를 시행하여야 한다.

④ 모든 국민은 근로의 의무를 진다. 국가는 근로의 의무의 내용과 조건을 민주주의원칙에 따라 법률로 정한다.

⑤ 여자의 근로는 특별한 보호를 받으며, 고용 · 임금 및 근로조건에 있어서 부당한 차별을 받지 아니한다.

⑥ 국가유공자 · 상이군경 및 전몰군경의 유가족은 법률이 정하는 바에 의하여 우선적으로 근로의 기회를 부여받는다.

3) 노동3권(제33조)

① 근로자는 근로조건의 향상을 위하여 자주적인 단결권 · 단체교섭권 및 단체행동권을 가진다.

② 공무원인 근로자는 법률이 정하는 자에 한하여 단결권 · 단체교섭권 · 단체행동권을 가진다.

③ 법률이 정하는 주요방위산업체에 종사하는 근로자의 단체행동권은 법률이 정하는 바에 의하여 이를 제한하거나 인정하지 아니할 수 있다.

4) 복지권(제34조, 인간다운 생활권: 제34조 제1항, 사회보장수급권: 제34조 제2항 · 제6항)

① 모든 국민은 인간다운 생활을 할 권리를 가진다. (인간다운 생활권)

② 국가는 사회보장 · 사회복지의 증진에 노력할 의무를 진다. (사회보장수급권)

③ 국가는 여자의 복지와 권익의 향상을 위하여 노력하여야 한다.

④ 국가는 노인과 청소년의 복지향상을 위한 정책을 실시할 의무를 진다.

⑤ 신체장애자 및 질병 · 노령 기타의 사유로 생활능력이 없는 국민은 법률이 정하는 바에 의하여 국가의 보호를 받는다.

⑥ 국가는 재해를 예방하고 그 위험으로부터 국민을 보호하기 위하여 노력하여야 한다. (사회보장수급권)

5) 보건권(제36조)

① 국가는 모성의 보호를 위하여 노력하여야 한다.

② 모든 국민은 보건에 관하여 국가의 보호를 받는다.

③ 혼인과 가족생활은 개인의 존엄과 양성의 평등을 기초로 성립되고 유지되어야 하며, 국가는 이를 보장한다.

Chapter
07

사회복지의 국제화

1. 사회복지의 국제화 원인
2. 사회복지에 관한 국제적 선언
3. 사회복지 관련 국제 조약 및 협약
4. 사회보장협정

Chapter

07 사회복지의 국제화

1. 사회복지의 국제화 원인

사회복지의 국제화 원인은 인간다운 생활보장의 보편화, 근로자의 국제적 이동, 국제적인 노동조합의 사회복지운동, 국제적 사회복지기준의 설정 등을 들 수 있다.

1) 인간다운 생활보장의 보편화

자본주의의 모순이라고 할 수 있는 불평등을 완화하기 위해서 등장한 사회권적 기본권은 국민이 '인간다운 생활'을 영위하기 위하여 국가에 대하여 적극적인 배려를 요구할 수 있는 권리라고 할 수 있다. 사회권적 기본권은 제1차 세계대전 후인 1919년 독일 바이마르헌법이 생존권을 처음으로 규정한 이후 제2차 세계대전을 겪으면서 인권보장의 중요성이 강조되어 1948년 국제연합총회는 세계인권선언을 채택하였다. 인간다운 생활보장은 권리로써 국제적으로 보편화되기 시작하였다. 이를 바탕으로 어느 나라든 사회복지제도를 도입할 때는 다른 나라의 제도와 법률을 참고하고 있는 것도 인간다운 생활보장의 보편화를 더욱 강화하고 있다고 볼 수 있다.

2) 근로자의 국제적 이동

현대 산업사회에서 각국이 산업발달에 차이를 보이고 이에 필요한 근로자의 부족을 외국에서 보충하게 되면서 근로자의 국제적 이동이 활발하게 되었다. 이주근로자들에게도 내국인과 동등한 사회복지정책을 적용하여 인간다운 생활을 보장하는 노력이 필요하게 되었다.

3) 노동자 대표의 국제기구 참여활동

글로벌기업의 출현과 근로자의 국제적 이동은 각국의 노동조합이 타국의 노동조합과 국제적 연대를 형성하여 사회복지에 관한 다양한 활동을 요구하고 있다. 사회복지의 대상이나 수급권자의 상당수가 노동조합원이기 때문이다.

4) 국제적 사회복지기준의 설정

사회복지 관련 국제기구들은 전 세계적으로 적용할 수 있는 국제적인 사회복지기준을 설정하여 각 국가들이 사회복지법을 제정, 실시할 기준으로 삼도록 권고하고 있다. 국제기구의 국제적 사회복지기준 설정은 복지후진국들에게는 향후 사회복지 발전 방향과 목표 설정의 가이드라인 역할을 한다.

2. 사회복지에 관한 국제적 선언

1) 사회복지 관련 국제기구의 활동

국제 사회복지 관련 기구들은 사회복지에 관해 국제적으로 연대하여 대처하기도 하고, 보편적인 사회보장기준을 제시함으로써 개별국가의 사회복지법 제정 및 개정에 영향을 미치고 있다.

국제연합(UN: United Nations, 1945년)은 총회에서 주요 선언이나 권고협약을 채택함으로써 사회복지분야뿐 아니라 여러 분야에 국제적인 기준을 설정하고 있다. 국제노동기구(ILO: International Labour Organization, 1919년)는 제2차 세계대전 후에는 UN의 경제사회이사회와 협력하여 근로조건뿐 아니라 사회복지에 대하여도 활발한 활동을 전개하고 있다.

세계보건기구(WHO: World Health Organization, 1948년)는 보건분야 외에도 장애인복지 등 사회복지와 관련해 활동하고 있다. 국제사회보장협회(ISSA: International Social Security Association, 1927년)는 ILO의 후원으로 설립된 각국의 사회보장 관계기관의 국제적 단체로서, 사회보장에 관하여 조사 · 연구를 행하고 국제적 경험교류의 기관으로서 활동하고 있다.

유럽협의회(CE: Council of Europe, 1949년)는 회원국들의 사회보장제도를 발전시키기 위해 1961년 유럽사회헌장(European Social Charter)을 채택하고, 사회보장의 권리를 기본적인 사회적 권리로 규정하고, 최소한 ILO의 사회보장 최저기준조약 수준으로 사회보장제도를 유지해야 한다고 선언하였다. 1964년 유럽사회보장법전(European Code on Social Security)을 제정하였다.

유럽경제공동체(EEC: European Economic Community, 1957년)는 1958년 해외이주근로자의 사회보장(Social Security for Migrant Workers)에 관한 규칙을 제정하였다.

국제사회복지협의회(ICSW: International Council of Social Welfare, 1928년)는 사회

복지에 관한 국제적 협의체로 사회보장을 개인이 그 자신의 능력이나 예견만으로는 그 자신이나 그의 가족을 보호할 수 없는 사회의 모든 우발적 사고에 대처하여 사회에 의하여 마련된 모든 보호조치라고 정의하였다.

경제협력개발기구(OECD: Organization for Economic Co-operation and Development, 1961년)는 고용, 노동, 사회적 문제, 교육, 식품, 통상, 경제정책, 개발협력 등과 같은 경제 · 사회분야 정책 전반에 걸쳐 수시 논의 및 협력을 추진하고 있다(이용재, 2023: 80).

2) 사회복지 관련 국제 선언

국제적 선언문들은 사회복지에 관해 언급하고 있다. 특히, 제2차 세계대전 후에는 전쟁으로 피폐해진 국가경제로부터 국민들의 생존권을 보편적으로 보장하기 위한 사회복지를 강조하고 있다.

(1) 인권선언(1793년, 프랑스 헌법)

프랑스 국민 의회가 1789년 8월 26일 선포한 '인간과 시민의 권리에 대한 선언'은 "인간은 나면서부터 자유로우며 평등한 권리를 지닌다."고 하여 인권은 물론 권력 분산, 사법권 독립, 언론 자유와 저항권, 조세 평등까지 인류가 누리는 보편적 가치의 거의 전부를 담고 있다.

이 선언의 17개 조항은 1791년 프랑스 헌법의 전문이 되었고, 이후 1793년 헌법('인권선언'으로 개명)의 전문으로 이어졌다. 이 인권선언 제21조는 "공공구호는 신성불가침의 책무이다. 사회는 빈곤한 시민들에게 노동의 기회를 제공하거나 노동할 수 없는 상태에 있는 사람들에게는 생존의 수단을 제공하여서 시민들의 생존을 보장해야 한다"고 규정함으로써 공공구호(public relief)는 국가의 신성한 책무라고 하여 공공부조수급권을 선언하였다.

(2) 아동의 권리에 관한 제네바 선언(1924년)

국제연맹(League of Nations, 1920년) 총회가 채택한 '아동의 권리에 관한 제네바 선언'은 전문에서 "모든 나라의 남녀와 인류가 아동에 대하여 최선의 것을 주어야 할 의무를 진다는 것을 인정하고, 인종 · 국적 또는 신념에 관한 어떠한 사유에도 관계없이 모든 아동에게 다음과 같은 사항을 보장할 것을 선언하고 또한 자기의 의무로서 수락한다"고 그 기본이념을 분명히 하였다. 그 보장사항에 대하여는 본문에서 아동의 정상적 발달보장, 요보호 아동의 보호, 위기 아동의 최우선 구제, 생활보장과 착취로부터의 보호, 인류에 이바지하는 아동 육성을 선언하였다.

(3) 대서양헌장(1941년)

미국의 루스벨트 대통령과 영국의 처칠 수상이 '대서양헌장'을 선언하고 '공포와 결핍으로부터의 자유(freedom from fear and want)'라는 슬로건을 제시하여, 서방국가들이 사회보장에 관한 권리를 국민의 기본권으로 인정하는 데 영향을 미쳤다.

(4) 필라델피아선언(1944년)

필라델피아선언은 국제노동기구(ILO) 필라델피아 총회에서 채택된 ILO의 목적에 관한 선언이다. 필라델피아선언은 사회보장원칙 및 전쟁에서 생기는 문제를 심의하여 결과적으로 소득보장에 관한 권고, 의료보호에 관한 권고, 군대 및 전시고용으로부터 풀려난 자에 대한 소득보장 및 의료에 관한 권고를 채택하였다.

(5) 세계인권선언(1948년)

국제연합 제3차 총회에서 채택된 세계인권선언은 모든 사람은 사회의 일원으로서 사회보장을 받을 권리를 갖는다고 선언하여(제22조) 사회보장의 보편성을 강조하였다. 또한 자신 및 그 가족의 건강과 안녕을 유지함에 충분한 생활수준을 보유할 권리를 가지며, 생활의 곤궁을 받을 때에 생활보장을 받을 권리를 가지며, 모성(母性)과 유약(幼弱)은 특별한 보호와 원조를 받을 권리가 있다고 천명하였다. 다만, 법적 강제성은 갖지 않았다.

(6) 아동권리선언(1959년)

국제연합에서 채택된 '아동권리선언'은 아동과 청소년의 권리신장에 획기적으로 기여한 국제문서이다. 국제연합헌장과 세계인권선언(1948년)의 원칙과 정신에 입각해서 작성되었다. 제네바 선언을 더 상세하고 넓은 관점에서 그 내용을 확대, 개선한 것이다. 기본 정신은 성장 도상에 있는 아동, 즉 사회적 약자의 입장에 있는 사람에 대하여, 그 인권의 보장과 실현을 가능하게 하기 위하여 특별한 조치와 배려를 해야 할 필요성을 선언하는 데 있다. 아동을 단순히 구제나 보호의 대상으로서 뿐만 아니라 인권이나 자유의 주체로서 파악하려고 하는 자세를 보인 점은 주목할 만하다.

(7) 사회보장헌장(1961년)

세계노동조합연맹(WFTD: World Federation of Trade Union)이 채택한 '사회보장헌장'은 전문에서 "사회보장은 모든 노동자의 기본적 권리를 구성하고 있다"고 천명하였다. 또한 사회적 보호는 법률에 의해 보장되는 정치적 · 경제적 차원의 인권의 표현이라고 하였다. 사회보장에 관해 근로자 무기여 원칙, 의료의 사회화 원칙, 완결성의 원칙, 포괄성의 원칙, 무차별 보장의 원칙 등 사회보장에 관한 기본 원칙을 선언하였다.

(8) 유럽사회보장법전(1964년)

유럽협의회(CE: Council of Europe)에서 사회보장에 관한 최고 기준에 해당하는 유럽적 수준의 사회보장조약을 성립시키고, 각국의 비준을 거쳐, 일반적으로 '유럽사회보장법전(European Code on Social Security)'이라 부른다.

(9) 정신지체인권리선언(1971년)

국제연합총회가 채택한 이 선언은 정신지체를 가진 장애인이 다른 사회구성원과 더불어 일반적인 사회생활을 영위하고, 이들에게도 사회정의와 평등의 규범이 관철되어야 한다는 권리사상의 표현이며, 이러한 제반 권리의 보장을 각국이 정책으로 전개하여야 한다는 방향성을 제시한 것이다.

(10) 장애인권리선언(1975년)

국제연합 제30차 총회에서 채택된 이 선언은 국제연합헌장과 세계인권선언의 정신에 입각하여 장애인이 다양한 활동분야에서 자신의 능력을 최대한 발휘할 수 있도록 도와주고, 가능한 한 정상적인 생활 속에서 자신의 이상을 실현할 수 있도록 촉진해야 한다는 취지를 담고 있다.

이 선언에서는 장애인을 후천적이든 관계없이, 신체적 · 정신적 능력의 불완전으로 인하여 개인 또는 사회적 일상생활에서 필요한 것을 혼자서는 완전하게 또는 부분적으로 확보할 수 없는 사람으로 규정하였다.

3. 사회복지 관련 국제 조약 및 협약

1) ILO의 국제 사회복지 조약

ILO는 국제노동협약을 통해 근로조건과 생활조건을 향상시키기 위해 각국의 사회보장 관련법과 제도를 검토한다. ILO는 1944년에 소득보장의 권고, 의료보장의 권고, 고용서비스의 권고를 사회보장법 체계의 3대 기본요소로 채택하였다. ILO에서 채택된 협약은 각국 인준 후 효력이 발생한다. 인준이 없더라도 각 국가에 중요한 영향을 미치고 있다.

(1) 사회보장 최저기준에 관한 조약(제102호 조약, 1952년)

ILO 제35차 총회에서 채택된 이 조약은 복지대상자의 범위, 급여내용, 급여수준 등에 있어서 최소한의 기준을 정하고 있다. 이때 채택된 사회보장 최저기준의 원칙은 대상의 보편성, 비용부담의 공평성, 급여수준의 적절성이다. 이 조약은 사회보장급여를 의료급여, 질병급여, 실업급여, 노령급여, 업무상재해급여, 가족급여, 출산급여, 폐질급여, 유족급여의 9개로 규정하였다.

이 조약은 전후 각국의 사회보장제도 발전의 일반적 추세에 부응한 것으로, 사회보장 자체를 전체로서 하나의 것으로 생각하면서도 내부적으로 각 급여와 사고 부문 간의 균형을 취하였으며, 각 부문별로 비준을 허용하였다.

(2) 사회보장의 내외국인 균등처우에 관한 조약(1962년)

ILO는 이 조약의 비준국은 사회보장의 적용범위 및 수급권에 있어서 자국의 영토 내에 있는 다른 모든 비준국 국민에 대하여 자국의 사회보장법규에 의하여 자국민에게 주어지는 것과 동등한 대우를 해줄 것을 규정하고 있다.

(3) 기타 사회보장 관련 조약

ILO가 채택한 조약으로는 출산보호조약(1952년), 업무재해조약(1964년), 질병 · 노령 · 유족급여조약(1967년), 의료 및 상병급여조약(1969년), 사회보장의 권리유지조약(1982년), 고용촉진 및 실업보호조약(1988년) 등이 있다.

2) 국제인권규약(A규약, B규약)(1966년)

1966년 국제연합 제21차 총회에서 인권의 국제적 보장을 위하여 채택된 조약이다. 경제적 · 사회적 · 문화적 권리에 관한 규약(A규약)과 시민적 · 정치적 권리에 관한 규약(B규약), 그리고 A규약과 B규약 각각의 부속 선택의정서로 이루어져 있다.

A규약은 1976년 1월, B규약 및 그 부속 선택의정서는 같은 해 3월에 각각 발효되었다. 우리나라는 1990년 4월에 가입하였다. 국제 인권규약은 조약으로써 체약국을 법적으로 구속한다. A · B규약 모두 제1조에 민족자결권과 자원에 대한 영구적 권리에 관해 규정하고 있는 점이 특징이다. A규약 선택의정서는 2008년에 유엔 인권이사회에서 채택되었다.

A규약은 경제적 · 사회적 · 문화적 권리에 관한 규약으로 생존권적 기본권을 대상으로 노동기본권 · 사회보장권 · 생활향상 · 교육권 등을 각 체약국이 그들의 입법조치로써 실현 달성할 것을 내용으로 하며, 이의 실시상황을 UN에 보고할 것을 의무화하였다. A규약은 제1조 자결권, 제6~8조 노동권, 제10~11조 사회보장수급권, 제12조 건강권, 제13조 교육권 등을 규정하고 있다. A규약 선택의정서는 권리침해에 대해 개인이 직접 감시기관에 통보하고, 협약 당사국들이 침해사례 정보 공유 및 조사절차 등을 규정하고 있다. 즉, 국내 법 체계에서 제대로 다루지 못하는 권리침해를 국제연합인권위원회에 제소하여 판결을 받을 수 있게 되었다.

B규약은 시민적 · 정치적 권리에 관한 규약으로 자유권적 기본권의 존재를 전제로 하여, 체약국이 이를 존중할 것을 의무화하였다. 주요 내용은 사형 · 고문 · 노예제도 폐지, 신체의 자유와 안전, 형사피의자의 무죄추정주의, 사상 · 양심 · 종교의 자유, 평화적 집회의 자유, 법 앞의 평등 등이다. 이 내용의 실시 확보를 위하여 인권심사위원회와 그리고 필요에 따라 특별조정위원회를 설치할 것과 선택의정서 참가국에 대해서는 개인이 인권심사위원회에 직접 청원할 수 있는 길을 열어놓았다.

3) 아동권리협약(1989년)

1989년 국제연합 총회는 국제연맹이 1924년에 채택한 '아동의 권리에 관한 제네바 선언'과 유엔이 1959년에 채택한 '아동권리선언'에서 선언을 협약으로 바꿔

'아동의 권리에 관한 국제협약(아동권리협약)'을 채택하였다. 우리나라는 1991년에 가입하였다.

아동권리협약은 아동을 단순한 보호대상이 아닌 존엄성과 권리를 가진 주체로 인정하여 이들의 생존, 발달, 보호에 관한 기본권리를 명시하였다. 아동에게 최선의 이익 및 차별금지를 이념으로 하여 18세 미만 아동에게 제한 없이 적용되고, 부모의 지도를 존중하도록 하고 있다.

아동권리협약으로 인정되는 아동의 권리는 생존의 권리, 발달의 권리, 보호의 권리, 참여의 권리를 들 수 있다. 생존의 권리는 적절한 생활수준을 누리고 의료서비스를 받을 수 있는 것이고, 발달의 권리는 교육, 놀이, 여가, 정보를 누리고, 문화 활동, 사상, 양심, 종교의 자유를 누리는 것이고, 보호의 권리는 각종 착취와 학대, 가족과의 인위적인 분리, 형법 등의 폐습으로부터 보호받는 것이고, 참여의 권리는 자신의 의사를 표현할 자유와 자기 생활에 영향을 주는 일에 대하여 말할 수 있어야 하며, 책임감 있는 어른이 되기 위해 아동 자신의 능력에 부응하여 적절한 사회활동에 참여할 기회를 가질 수 있어야 한다.

아동권리협약 당사국은 이러한 아동의 권리를 실현하기 위한 모든 적절한 입법적, 행정적 및 기타 조치를 취해야 하는 의무가 있다. 따라서 가입국 정부는 가입 후 2년 안에, 그 이후에는 5년마다 아동인권 상황에 대한 국가보고서를 국제연합에 제출하여야 한다.

4) 장애인권리협약(2006년)

1975년 장애인권리선언은 장애인권리협약으로 발전하였다. 2006년 국제연합 제61차 총회에서 장애인권리협약을 채택하여 장애인이 인권과 기본적인 자유를 완전하고 동등하게 누릴 수 있도록 보호하고, 장애인의 천부적인 존엄성에 대한 존중을 촉진하도록 하였다. 우리나라도 장애인권리협약에 2009년에 가입하였다.

주요 내용은 평등(차별금지), 여성장애인과 장애아동에 대한 보호, 접근성, 위험상황 및 인도적 차원의 위급상황으로부터의 자유, 자립생활 지원, 이동권 · 교육권 · 건강권, 근로, 정치, 문화생활 등의 보장, 정보 수집 및 모니터링 등이다.

당사국들은 최대한 이용 가능한 자원을 활용하여 장애인에 대한 차별을 없애고 평등을 보장하며, 기본적인 경제, 사회, 문화적 권리를 점진적으로 성취하여야 한다. 특히 여성장애인과 장애아동의 기본적인 자유의 완전한 향유를 위한 적절한 조치를 취해야 한다.

건물, 도로, 대중교통 및 기타 실내외 시설의 이용뿐만 아니라 정보, 의사소통 및 기타 서비스에 대한 접근성이 보장되어야 한다. 장애인은 법 앞에 인간으로서 인정받아야 하고, 당사국들은 그들의 법적 능력을 행사하는 데 필요한 조치들을 취해야 한다. 무력분쟁 등 위험상황 및 인도적 차원의 위급상황에서 장애인의 안전은 보장되어야 하며, 사회에서 착취 및 폭력과 학대로부터 자유로워야 한다.

당사국들은 장애인들이 지역사회에서 평등한 권리를 누리고 스스로 살아갈 수 있도록 효과적이고 적절한 대안을 마련하여 지원하여야 하며, 지역사회와의 통합을 촉진하여야 한다. 또한 장애인의 이동을 보장하고, 자유롭고 완전한 동의 아래 가정을 꾸리고 교육에 대한 장애인의 권리를 인정하며, 통합교육 및 평생교육을 보장한다. 장애인들이 최고로 달성할 수 있는 수준의 건강을 향유할 권리가 있다는 것을 인정하고 이에 상응하는 의료 및 건강관리 서비스를 제공한다.

개방적이고 접근 가능한 근로환경 및 고용조건을 제공하여 장애인들의 일할 권리를 보호하여야 한다. 당사국들은 장애인들이 동등한 정치적 권리들을 행사할 수 있도록 기회를 보장하며, 그들이 문화생활, 레크리에이션, 여가생활 등을 비장애인과 동등한 입장에서 참여할 수 있도록 보장한다. 당사국들은 본 협약에 영향을 미치는 정책을 만들고 시행 가능하게 하기 위하여 적절한 정보를 수집하며, 국내에 전담부서 및 독립기구를 통한 모니터링을 실시한다. 더 나아가 국제협력을 통하여 장애인 권익증진을 도모하고 각국 대표에 의해 구성되는 장애인 권리위원회를 설치한다.

4. 사회보장협정

1) 사회보장협정 의의

사회보장협정은 사회보장에 관해 상호주의에 입각하여 정부가 주로 입법부의 동의 없이 단독으로 외국정부와 맺는 약정 또는 정부 간의 협정을 말한다. 이는 국제법상 실질적 의의를 갖는 조약의 하나이다. 보통 양국 간 협정을 맺게 되나 유럽연합규정(EU Regulation)과 같이 다자간 협정을 맺는 경우도 있다.

사회보장협정은 협정 당사국 간 이동이 있는 국민에 대하여 상호주의에 입각하여 복지증진 노력, 사회보장보험료의 납부, 각국의 사회보장법령에 의하여 동등한 권리를 누리도록 보장할 것 등을 합의한 것이다.

2) 사회보장협정 목적

사회보장협정 목적은 협정당사국의 사회보장제도 간에 서로 다른 점을 상호 조정하여 협정당사국 간 이동이 있는 국민에게 혜택을 부여하는 것이다.

첫째, 이중가입 배제이다. 파견근로자와 같이 단기간 동안 협정상대국에서 근로하거나 자영업을 하는 사람들이 양국 중 한 국가의 사회보장제도에만 가입하도록 함으로써 이들의 재정적 부담을 덜어주기 위한 것이다. 특히, 협정대상국 간 연금보험료율의 차이가 크면 그 부담이 클 뿐 아니라, 대부분 반환일시금제도가 없어 본국으로 귀국 시 아무런 혜택을 받지 못해 커다란 손해를 볼 수 있다.

둘째, 가입기간 합산이다. 협정상대국으로 이민 가거나 장기체류하여 연금가입기간이 양국으로 분리되어 연금을 받지 못하는 사람들이 양국 가입기간을 합산하여 연금을 받을 수 있게 하기 위한 것이다.

셋째, 동등대우이다. 국가에 따라 적용범위에 있어서 다소 차이는 있으나 일반적으로 협정상대국 국민에 대해서는 연금수급권 취득, 급여지급 등 법령 적용에 있어 자국민과 동등한 대우를 해주도록 하는 것이다.

넷째, 급여송금보장이다. 협정당사국 간에는 연금급여를 해외로 자유롭게 송금할 수 있게 하기 위한 것이다.

3) 사회보장협정 형태

사회보장협정 형태는 협정의 적용범위에 따라 가입기간 합산협정과 보험료 면제협정으로 구분된다.

(1) 가입기간 합산협정(Totalization agreement)

연금 수급을 위한 최소 가입기간을 충족시키기 위해 양국 가입기간을 합산하는 내용을 규정한 사회보장협정 형태이다. 협정당사국에 장기 해외체류한 자가 양국에 연금 가입기간이 분산되어 각국의 연금수급 최소 가입기간을 충족시키지 못하는 경우 양국 가입기간을 합산하면 양국 모두에서 연금을 받을 수 있다. 일반적으로 파견근로자와 같이 단기간 협정당사국을 왕래하면서 근로 또는 자영하는 사람들은 단기 파견기간 동안 한 국가의 연금제도에만 가입할 수 있다.

(2) 보험료 면제협정(Exemption agreement)

양국 가입기간 합산규정은 제외하고 사회보험료 이중적용 방지만을 규정한 사회보장협정 형태이다. 일반적으로 파견근로자와 같이 단기간 협정당사국을 왕래하면서 근로 또는 자영하는 사람들은 단기 파견기간 동안 한 국가의 연금제도에만 연금보험료를 납부하고 다른 국가에서는 연금보험료 납부를 면제받는다. 이 경우 가입기간 합산, 급여 수급권 보호, 동등대우, 국민연금 반환일시금 지급 등 급여 관련 사항은 규정하지 않는 것이 일반적이다.

4) 우리나라 사회보장협정 체결 현황

사회보장협정의 적용을 받는 법령은 협정당사국의 사회보장법령 체계에 따라 다소 차이가 있다. 우리나라는 주로 국민연금법만을 대상으로 하고 있으나, 미국과는 산업재해보상보험법, 독일과는 고용보험법이 포함되어 있다. 그러나 산업재해보상보험 및 고용보험 등 다른 사회보험제도는 대부분 보험료 면제(이중 적용 방지)만 적용되고, 급여(가입기간 합산)는 적용되지 않고 있다.

〈표 7-1〉 국민연금 사회보장협정 체결국 현황(2024년)

구분	협정국가(발효일)
가입기간합산 + 보험료면제협정 (30개국)	캐나다('99.5.1.), 미국('01.4.1.), 독일('03.1.1.), 헝가리('07.3.1.), 프랑스('07.6.1.), 호주('08.10.1.), 체코('08.11.1.), 아일랜드('09.1.1.), 벨기에('09.7.1.), 폴란드 · 슬로바키아 · 불가리아('10.3.1.), 루마니아('10.7.1.), 오스트리아('10.10.1.), 덴마크('11.9.1.), 인도('11.11.1.), 스페인('13.4.1.), 튀르키예 · 스웨덴('15.6.1.), 브라질('15.11.1.), 핀란드('17.2.1.), 퀘벡('17.9.1.), 페루('19.1.1.), 룩셈부르크('19.9.1.), 슬로베니아('19.10.1.), 크로아티아('19.11.1.), 우루과이('21.11.1.), 베트남 · 필리핀('24.4.1.), 노르웨이('24.6.1.)
가입기간합산 (1개국)	뉴질랜드('22.3.1.)
보험료면제협정 (10개국)	이란('78.6.10.), 영국('00.8.1.), 중국('03.2.28.(잠정), '13.1.16.), 네덜란드('03.10.1.), 일본 · 이탈리아('05.4.1.), 우즈베키스탄('06.5.1.), 몽골('07.3.1.), 스위스('15.6.1.), 칠레('17.2.1.)

출처: 국민연금공단(https://www.nps.or.kr), 2024. 6.

〈표 7-2〉 국민연금 반환일시금 지급 국가 현황(2023.7)

<table>
<tr><th colspan="2">구분</th><th>대상국가</th></tr>
<tr><td colspan="2">국적에 상관없이
반환일시금이 지급되는
외국인의 체류자격</td><td>E-8(연수취업), E-9(비전문취업), H-2(방문취업)
※ 2019.12.24. 이후 신설된 체류자격인 E-8(계절근로)은 반환일시금 지급 대상 아님</td></tr>
<tr><td colspan="2">사회보장협정에 의한
대상국(22개국)</td><td>독일, 미국, 캐나다(퀘벡주 포함), 체코, 헝가리, 호주, 프랑스, 벨기에, 불가리아, 폴란드, 슬로바키아, 루마니아, 오스트리아, 인도, 튀르키예, 스위스, 브라질, 페루, 룩셈부르크, 슬로베니아, 크로아티아, 우루과이</td></tr>
<tr><td rowspan="3">상응성 인정에
의한 대상국
(26개국)</td><td>최소 가입기간
6개월 이상(1개국)</td><td>벨리즈</td></tr>
<tr><td>최소 가입기간
1년 이상(7개국)</td><td>그레나다, 요르단, 세인트빈센트그라나딘, 짐바브웨, 카메룬, 태국, 부탄</td></tr>
<tr><td>최소 가입기간
관계없이 인정
(18개국)</td><td>가나, 스리랑카, 버뮤다, 말레이시아, 엘살바도르, 인도네시아, 케냐, 카자흐스탄, 홍콩, 트리니다드토바고, 수단, 콜롬비아, 바누아투, 필리핀, 튀니지, 우간다, 캄보디아, 솔로몬군도</td></tr>
</table>

출처: 국민연금공단(https://www.nps.or.kr), 2024. 6.

Chapter 07

사회복지의 국제화 핵심내용 학습 사회복지사1급 기출문제 해설

출제 경향 분석

최근 3년간 출제경향을 볼 때, 교재 "제7장 사회복지의 국제화"에서는 출제된 문제가 없었다.

Chapter

08

사회복지법과 사회복지실천

1. 사회복지법과 사회복지실천의 관계
2. 사회복지실천의 가치
3. 사회복지법상 사회복지실천 가치
4. 사회복지실천 가치 실천가로서 사회복지사의 역할

Chapter
08 사회복지법과 사회복지실천

1. 사회복지법과 사회복지실천의 관계

사회복지법은 사회복지를 구현하기 위한 정책이나 구체적인 사업들을 법의 형태로 제도화한 것이다. 사회복지법은 사회복지전달체계를 통해 사회복지 현장에서 주로 사회복지사를 통해 사회복지 수요자에게 실행된다. 사회복지 현장에서의 사회복지실천은 사회복지법에 근거하게 되고, 사회복지법의 이념이나 목적은 사회복지 현장의 사회복지실천을 통해 달성되므로 사회복지법과 사회복지실천은 서로 밀접한 관계에 있다고 볼 수 있다.

사회복지가 생존권 보장 차원에서 발달하여 왔으며 인간다운 생활의 보장은 현실적으로 법적 권리가 마련되어야 그 실현이 가능하다. 국가는 사회복지와 관련한 활동을 법으로 정하여 사회복지를 권리로서 누릴 수 있게 하여야 한다. 각종 사회복지법에 사회복지의 주체, 대상, 내용, 절차, 재원, 권리구제 방법, 벌칙조항 등을 명확히 함으로써 현실에서의 사회복지실천이 가능하도록 하여야 한다.

사회복지법은 사회복지실천 현장에 깊숙이 침투되어 클라이언트의 삶과 연결되어 있다. 사회복지실천을 수행하는 사회복지사는 다양한 분야의 사회복지실천현장에서 클라이언트와 함께 사회복지법을 만난다. 따라서 사회복지사가 사회복지법 지식을 포함한 일반적인 법 지식을 충분히 갖추고 사회복지실천 현장에서 각종 클라이언트의 문제에 대처해 나간다면 사회복지실천의 효과성은 더 높아질 것이다(남기민, 2020: 75).

사회복지법 자체는 사회변화에 대해 능동적 대처가 미흡할 수 있다. 법은 사회 현실을 반영하는 것이 일반적이므로 사회복지 현장에서는 법과 현실의 괴리가 있게 마련이기 때문이다. 사회복지 현장에서 기존의 사회복지법 규정만으로는 사회복지 환경의 역동적 변화와 사회복지 수요자의 새로운 욕구와 문제를 포괄하지 못하는 한계가 존재할 수밖에 없다.

사회복지법을 포함한 일반적인 법 지식이 사회복지실천에 필요한 이유는 다음과 같이 요약된다(Stein, 2004: 15; 남기민 외, 2020: 76 재인용).

첫째, 사회복지프로그램의 개발과 수행 및 매일매일의 사회복지실천은 입법체계가 제정한 사회복지법에 의해 정당성이 인정되고 재정지원이 이루어지기 때문이다.

둘째, 경찰 및 법정과 같은 사법체계가 법을 해석하고 클라이언트의 권리에 영향을 미치기 때문이다.

셋째, 클라이언트 문제의 만족할 만한 해결은 사회복지사와 변호사 등의 법률전문직과의 협력적인 노력 없이는 가능하지 않기 때문이다.

넷째, 사회복지사는 클라이언트의 소송에 취약하고 따라서 전문적 책임을 보장하는 효과적인 사회복지실천이 이루어지려면 사회복지법을 포함한 일반적인 법 지식이 필요하다.

사회복지사가 사회복지실천 현장에서 사회복지법 지식을 포함한 일반적인 법 지식을 충분히 갖추고, 이를 바탕으로 사회복지실천적 자세를 가짐으로써 사회복지실천 활동을 해 나간다면 사회복지실천의 효과성은 더 높아질 것이고 보다 나은 사회복지 사회를 만들어 갈 수 있을 것이다.

다만, 사회복지실천 현장에서 법이 활용되는 데는 다음과 같은 한계가 있다(Brammer, 2010; 정진경, 2019: 186-187 재인용). 법은 사회복지실천을 위한 '경계'를 설정하는 것이며, 항상 명확하고 정확한 행동의 방향과 해답을 제공하지는 않는다. 특정 조항들은 다양한 해석의 여지가 있으며 모호할 수 있다. 법은 선제적이기보다는 상황이 발생하면 사후 대응적이어서 사회복지실천의 발전과 항상 보조를 맞추지 못할 수 있다. 예를 들면, 사회복지 법률 용어는 실천과정에서 사용되는 용어들을 제때에 반영하지 못할 수 있다. 법에는 운영에 필요한 체계의 마련이나 예산, 인력 등 의무조항이 명시되었으나 실제는 갖추어지지 않는 등 법과 현실의 괴리가 있다. 나아가 서로 다른 관계법에 기반하여 사회복지 분야에 관여하는 서로 다른 전문직이 갖는 특성으로 인해 실제 법의 운영에 많은 문제가 발생하기도 한다. 법 자체가 차별적으로 보일 수 있다. 법체계는 정교한 형식과 절차를 따라야 하는 등 관료적 기계처럼 보일 수 있다.

2. 사회복지실천의 가치

1) 가치의 개념

가치는 다수의 사회구성원들이 좋거나 바람직하다고 여기는 믿음 또는 신념을 말한다. 가치는 인간 행동, 세계관, 최적의 생활환경에 대해 생각하게 한다. 가치체계는 상대적 중요성에 따라 궁극적 가치, 차등적 가치, 수단적 가치로 구분된다. 궁극적 가치는 사회나 시대상황에 관계없이 불변하는 가치로 인간의 존엄성, 사회정의 등이 있다. 차등적 가치는 사회문화적 영향이나 개인의 경험에 따라 찬반이 가능하다. 낙태, 동성애 등에 대한 개인의 가치가 이에 속한다. 수단적 가치는 궁극적 가치를 달성하기 위한 수단이나 방법을 말하며, 행동지침이나 윤리로 나타난다. 한 예로 인간의 존엄성을 존중하는 수단으로 개인의 자기결정권이나 비밀 보장을 인정하는 가치를 들 수 있다. 가치는 지식, 기술과 더불어 사회복지실천의 3대 중심 축 중 하나로, 사회복지실천이 추구해야 하는 방향성을 제시한다.

2) 사회복지실천의 관점

전통적으로 사회복지실천에는 두 가지 관점이 있다(신명호, 2012: 74-76; 윤찬영, 2023: 150 재인용). 기능(function)으로서의 사회복지실천과 운동(cause)으로서의 사회복지실천이 있다. 기능으로서의 사회복지실천은 개인과 가정에 초점을 맞추고 어떤 사람의 욕구와 그가 맺고 있는 관계의 특성을 파악해서 그에 맞는 서비스를 제공하는 미시적 접근의 실천을 말한다. 반면, 운동으로서의 사회복지실천은 개인이 필요로 하는 서비스도 제공하지만, 그와 동시에 빈민을 둘러싸고 있는 환경의 문제를 특히 강조하면서 사회문제를 널리 알리고 입법운동도 벌이며 정치적 행동을 통해 사회 전체의 제도적 환경을 바꾸고자 하는 거시적 접근의 실천을 말한다.

3) 사회복지실천 가치

(1) 사회복지실천의 기본가치

모든 인간은 고유의 가치와 존엄성을 가지며, 그들의 삶의 문제를 다루고 잠재적인 능력을 개발하는 데 필요한 자원을 가질 가치가 있다. 이를 사회복지실천의 기본가치라고 한다. 그들에게 지속적 보호와 관심을 표명하면서 클라이언트를 있는 그대로 수용하여야 한다.

(2) 사회복지실천의 본질적 가치

사회복지실천의 본질적 가치는 인간 존엄성과 배분적인 사회정의에 대한 가치이다. 인간은 존엄한 존재라는 것을 전제로 하고 있다. 인간 존엄성 가치에서 클라이언트의 개별화, 자기결정권, 비밀 보장을 존중하는 수단적 가치와 직업적인 윤리가 도출되고, 배분적인 사회정의 가치에서 사회의 책임성과 참여가 도출된다. 배분적인 사회정의는 개인의 능력이나 노력에 따라 빈부의 차이가 가능함을 인정하면서 인간적인 삶을 영위하기 위해서는 최소한의 사회적 자원은 공평하게 분배해야 한다는 것이다.

(3) 사회복지실천의 핵심 가치

NASW(미국사회복지사협회) 윤리강령 전문(2017년 개정)은 사회복지 핵심 가치로 인간의 존엄성과 가치, 사회적 정의, 서비스, 인간관계의 중요성, 진실성, 능력을 들고 있다. 핵심 가치와 그에 따른 원칙은 인간 경험의 맥락과 복잡성 안에서 균형을 이루어야 한다고 강조하고 있다. 사회복지실천의 핵심 가치는 개인적으로는 각 개인이 처한 환경에 따라 상이하게 형성될 수 있으며, 사회적으로는 시대변화에 따라 다양하게 변화하면서 사회가 바람직하게 여기는 방향으로 일반화되고 정서적으로 공유하게 된다.

(4) 사회복지실천의 전문적 가치

사회복지실천에 있어서 사회복지 전문직으로서 갖추어야 할 가치관으로는 사람우선, 결과우선, 수단우선을 들 수 있다. 사람우선가치는 클라이언트를 하나의 개별화된 인간으로 보고 능력을 인정해 주며 그에 따라 권한을 인정해 주어야 한다는 것이다. 결과우선가치는 사회가 개인의 발전을 위해 사회참여 기회를 동등하게 제공해야 한다는 사회적 책임에 대한 믿음이다. 수단우선가치는 서비스를 수행하는 방법과 수단, 도구에서 인간에 대한 존엄과 자율성을 우선시하여야 한다는 것이다.

(5) 우리나라 사회복지사 윤리강령에서의 사회복지실천 가치

우리나라 사회복지사 윤리강령은 전문에서 사회복지사는 인본주의와 평등주의 사상에 기초하여 인간의 존엄성과 가치, 천부의 자유권과 생존권의 보장, 사회정의와 평등, 자유와 민주주의 가치실현에 앞장서야 함을 선언하고 있다. 또한 사회복지사는 개인의 주체성과 자기결정권을 보장하는 데 최선을 다하고 어떠한 여건에서도 개인이 부당하게 희생되는 일이 없도록 해야 함을 강조하고 있다.

우리나라 사회복지사 윤리강령은 구체적 사회복지실천 가치로 ① 인간의 존엄성과 이에서 파생된 차별대우 금지, ② 사회정의, ③ 전문성, ④ 클라이언트의 권익옹호, ⑤ 클라이언트의 자기결정권, ⑥ 클라이언트의 사생활 보호 및 비밀보장을 들고 있다.

3. 사회복지법상 사회복지실천 가치

1) 인간의 존엄성

모든 인간은 인간으로서의 존엄과 가치(dignity and worth)를 갖는다는 것은 사회복지실천의 가장 기본적인 가치이다. 이와 같은 가치는 인권존중의 사상에 기초한 것으로 모든 인간은 존엄성을 갖고 있기 때문에 존중받아야 된다는 것이다

(남기민, 2020: 78).

우리나라 헌법은 '모든 국민은 인간으로서의 존엄과 가치를 가지며 행복을 추구할 권리를 가진다'(제10조)고 선언하고 있으며 사회보장기본법도 '모든 국민이 다양한 사회적 위험으로부터 벗어나 행복하고 인간다운 생활을 향유할 수 있도록 자립을 지원'(제2조)함을 기본이념으로 제시하고 있다. 사회복지사업법 역시 '사회복지를 필요로 하는 사람에 대하여 인간의 존엄성과 인간다운 생활을 할 권리를 보장'(제1조)하고, 사회복지사업 시행에 있어서 사회복지를 제공하는 사람 및 복지업무에 종사하는 사람은 사회복지를 필요로 하는 사람의 인권을 보장하여야 함(제1조의2 제3항, 제5조)을 규정하고 있다. 사회보장급여의 이용 · 제공 및 수급권자 발굴에 관한 법률(사회보장급여법)은 '사회보장급여를 필요로 하는 사람의 인간다운 생활을 할 권리를 최대한 보장'(제1조)하는 것을 목적으로 한다.

사회복지실천은 모든 인간의 고유한 존엄성과 가치를 인정하고 존중하는 데에서 출발한다. 개인적 · 사회적 · 문화적 · 정치적 · 종교적 다양성을 고려하며 개인의 인권을 보호하고 존중한다.

2) 사회정의

사회정의(social justice)란 사회구성원들에게 정당한 몫을 부여하고 그에 대한 권리, 책임의식, 이익을 정당하게 부여하는 것으로 기회의 균등한 분배와 투명한 사회를 지향하는 것을 말한다. 사회정의는 어느 한 개인에게 희생을 부여하는 것을 반대하며, 그 희생 정도의 강약에 따른 차등을 부여하지 않는다(위키백과).

사회복지실천에서 사회정의는 사회적, 경제적, 환경적, 정치적 자원에 대한 평등한 접근과 공평한 분배가 이루어지고, 개인적 · 집단적 · 사회적 · 문화적 · 정치적 · 종교적 특성에 따른 개인이나 집단을 차별 · 억압하지 않아야 한다. 개인, 가족, 집단, 지역사회의 다양성은 존중되어야 하며 포용적이고 책임 있는 지역사회를 만들어 가야 한다. 특히, 부적절하고 억압적이며 불공정한 사회제도와 관행은 바뀌어야 한다.

사회보장기본법은 사회보장제도는 이 제도를 필요로 하는 모든 국민에게 적용하고, 사회보장제도의 급여 수준과 비용 부담 등에서 형평성을 유지하며, 사회보장제도의 정책 결정 및 시행 과정에 공익의 대표자 및 이해관계인 등을 참여시켜 이를 민주적으로 결정하고 시행(제25조)하며, 사회보장제도에 관하여 국민이 필요한 정보를 공개, 홍보(제33조), 상담하며(제35조), 사회보장 관련 권리나 의무를 해당 국민에게 설명하도록 하여(제34조) 사회복지에서 사회정의를 이루고자 하고 있다. 사회복지사업법은 '사회복지사업의 공정 · 투명 · 적정을 도모'(제1조)함을 목적으로 하고, '사회복지법인 및 사회복지시설은 공공성을 가지며 사회복지사업을 시행하는 데 있어서 공공성을 확보하여야 함(제1조의2 제2항)을 기본이념으로 하고 있다. 사회보장급여법은 '사회보장급여가 공정하고 효과적으로 제공'(제1조)되도록 하는 것을 목적으로 하며, 사회보장급여가 공정 · 투명 · 적정하게 제공(제4조 제3항)되어야 하며, 지역 간 사회보장 수준의 차이를 최소화하기 위하여 예산 배분, 사회보장급여의 제공 기관 등의 배치 등 지역사회보장의 균형발전(제45조)을 규정하고 있다.

클라이언트의 인권 보장과 평등은 사회복지실천에서 클라이언트의 성, 연령, 정신 · 신체적 장애, 경제적 지위, 정치적 신념, 종교, 인종, 국적, 결혼상태, 임신 또는 출산, 가족 형태 또는 가족 상황, 성적 지향, 젠더 정체성, 기타 개인적 선호 · 특징 · 조건 · 지위 등을 이유로 인한 차별대우 금지를 통해 구현된다.

사회복지사업법은 '서비스를 이용하는 사람에 대하여 인권침해를 예방하고 차별을 금지하며 인권을 옹호할 책임을 진다.'(제4조 제1항)고 규정하고, '복지업무에 종사하는 사람은 그 업무를 수행할 때에 사회복지를 필요로 하는 사람을 위하여 ...차별 없이 최대로 봉사해야 한다'(제5조)고 규정하여 사회복지실천에 있어 차별의 금지를 강조하고 있다. 장애인복지법도 '누구든지 장애를 이유로 정치 · 경제 · 사회 · 문화생활의 모든 영역에서 장애인을 차별을 받지 아니하고 ... 장애인을 차별하여서는 아니 된다.'(제8조 제1항)고 하여 장애인 차별을 금지하고 있다. 아동복지법은 '아동은 자신 또는 부모의 성별, 연령, 종교, 사회적 신분, 재산, 장애유무, 출생지역, 인종 등에 따른 어떠한 종류의 차별도 받지 아니하고 자라나야 한다.'(제2조 제1항)고 규정하고 있다.

3) 전문성

사회복지실천가의 전문성은 사회복지실천의 질을 높인다. 사회복지 지식과 기술을 익혀 전문성을 개발하는 데 최선을 다하여야 클라이언트에게 최상의 서비스를 제공할 수 있다. 전문성 개발을 위해 노력하되 이를 이유로 서비스 제공을 소홀히 해서는 안 된다. 사회복지사는 높은 수준의 실천을 유지하고 증진하기 위해 노력해야 한다(이순민, 2016: 55-56; 남기민, 2020: 80 재인용).

현대 사회에서 빠르게 변화하는 사회복지 관련 쟁점에 대응할 수 있도록 사회의 다양성, 차별, 억압 등을 이해하고, 새로운 실천기술이나 접근법에 대한 적절한 교육, 훈련, 연수, 자문, 슈퍼비전 등을 받으며, 사회복지실천에 필요한 정보통신 관련 지식과 기술을 습득하여 직무능력을 향상하여야 한다.

사회보장기본법은 '국민의 다양한 복지 욕구를 효율적으로 충족시키기 위하여 연계성과 전문성을 높여야 한다.'(제25조 제4항)고 하면서 더 구체적으로 '국가와 지방자치단체는 사회보장제도의 발전을 위하여 전문인력의 양성, 학술조사 및 연구, 국제교류 증진 등에 노력하여야 한다.'(제31조)고 규정하고 있는데, 이와 같은 규정은 사회복지사의 역량강화를 위한 조항으로 볼 수 있다. 사회복지사업법은 '사회복지의 전문성'(제1조)을 높이기 위해 사회복지 사무에 종사하는 공무원과 사회복지사업에 종사하는 사람의 자질 향상을 위하여 인권교육 등 필요한 지도와 훈련을 할 수 있게 하여(제10조 제1항) 전문성 향상을 구체화하고 사회복지사 자격증(제11조) 제도를 운영하여 전문가로서의 자긍심을 갖도록 하고 있다. 사회보장급여법은 시 · 도, 시 · 군 · 구, 읍 · 면 · 동 또는 사회보장사무 전담기구에 사회복지전담공무원을 둘 수 있도록(제43조 제1항)하여 사회복지행정의 전문성을 높이도록 하고 있다. 장애인복지법은 '의지 · 보조기 기사, 언어재활사, 장애인재활상담사, 한국수어 통역사, 점역(點譯) · 교정사 등 장애인복지 전문인력, 그 밖에 장애인복지에 관한 업무에 종사하는 자를 양성 · 훈련하는 데에 노력해야 한다.'(제71조 제1항)고 규정하여 장애인복지 전문인력을 양성토록 하고 있다. 전문인력 양성은 사회복지실천의 전문성을 향상하는 기초가 된다.

4) 클라이언트의 권익옹호

사회복지실천에서 클라이언트의 이익을 최우선의 가치로 삼아야 한다. 클라이언트의 권리는 존중되고 옹호되어야 한다. 사회복지실천은 클라이언트의 욕구로 인한 문제를 해결하는 데 도움을 주어 클라이언트의 욕구 해소라는 이익을 추구하는 행위이기 때문이다. 클라이언트의 이익을 최우선으로 하는 사회복지실천은 클라이언트의 삶의 질을 향상시키는 것과 밀접한 관련이 있다.

사회보장급여는 일신전속성을 가지므로 사회보장수급권을 양도하거나 담보로 제공하거나 압류할 수 없도록 하여 사회보장급여가 실제 생활에 사용될 수 있게 하고 있다. 사회보장기본법은 '사회보장수급권은 ... 다른 사람에게 양도하거나 담보로 제공할 수 없으며, 이를 압류할 수 없다.'(제12조)고 하여 사회보장수급권자를 보호하고 있다. 사회복지법에 따라 지급된 금품과 사회복지수급권에 대한 압류금지는 사회복지사업법(제48조), 사회보장급여법(제50조), 장애인복지법(제82조) 등에서 규정하고 있다.

아동복지법의 '아동의 최상의 이익을 위하여'(제2조 제3항 및 제15조 제1항) 규정과 입양특례법의 '입양은 아동의 이익이 최우선이 되도록 하여야 한다.'(제4조)는 규정은 클라이언트 이익 우선의 가치를 나타내고 있다. 장애인복지법은 '중증장애인이 필요한 보호 등을 평생 받을 수 있도록 알맞은 정책을 강구하여야 한다.'(제6조)와 '여성장애인의 권익을 보호하고 사회참여를 확대하기 위하여 기초학습과 직업교육 등 필요한 시책을 강구하여야 한다.'(제7조)고 규정하고 있다.

사회보장기본법은 위법 또는 부당한 처분을 받거나 필요한 처분을 받지 못함으로써 권리 또는 이익을 침해받은 국민은 행정심판을 청구하거나 행정소송을 제기하여 그 처분의 취소 또는 변경 등을 청구할 수 있도록 하는(제39조) 권리구제 사항을 규정하고 있다. 사회복지 관련법에서는 대부분 사회보장기관의 처분에 대해 이의신청, 심사청구, 행정심판, 행정소송 등 이의를 제기할 수 있는 제도를 두고 있다.

사회복지실천 과정에서 사회복지사는 개인적 이익 또는 부당한 이익을 위해 클라이언트와의 전문적 관계를 이용하여서는 안 된다. 실질적 잠재적인 이해관계의 상충이 발생할 경우 이를 클라이언트에게 고지하고 가능한 한 최대로 클라이언트의 이익을 보호하도록 해야 한다.

5) 클라이언트의 자기결정권

자기결정권은 모든 사람은 자신이 무엇을 요구하며 그것을 어떻게 충족할 것인가를 스스로 선택하고 결정을 내릴 수 있는 자유로운 권리를 갖고 있다는 가치이다. 인간이 천부적인 존엄성을 갖고 있다면 인간은 가능한 한 자신의 생활유형을 결정하여 자신이 원하는 존재가 되도록 허용되어야 한다(남기민, 2020: 78).

사회복지실천에 있어서 문제해결 주체는 사회복지사가 아니라 클라이언트이다. 사회복지사는 클라이언트를 대신하여 결정을 내리는 것이 아니라 클라이언트로 하여금 자신의 이익과 기회를 극대화할 수 있는 결정을 내리도록 도와주어야 한다.

사회복지사업법이 기본이념으로 규정한 '사회복지를 필요로 하는 사람은 누구든지 자신의 의사에 따라 서비스를 신청하고 제공받을 수 있다'(제1조의2 제1항)는 규정 및 '사회복지서비스를 제공하는 자는 필요한 정보를 제공하는 등 사회복지서비스를 이용하는 사람의 선택권을 보장하여야 한다.'(제1조의2 제4항)는 규정은 자기결정권의 가치를 규정한 것으로 볼 수 있다. 또한 장애인복지법은 '시설운영자는 시설이용자의 사생활 및 자기결정권의 보장을 위하여 노력하여야 한다.'(제60조의4 제3항)고 자기결정권을 규정하고 있다.

사회복지실천 과정에서 클라이언트의 자기결정을 존중하고, 클라이언트를 사회복지실천의 주체로 인식하여 클라이언트가 자기결정권을 최대한 행사할 수 있도록 도와야 한다.

6) 클라이언트의 사생활 보호 및 비밀 보장

사회복지실천에서 클라이언트의 사생활을 존중하고 보호하고 사회복지실천 과정에서 인지한 비밀을 보장하는 가치는 매우 중요하다. 사회복지실천을 계속 이어가기 위한 필요조건이다.

사회복지사는 서비스 제공이나 사회복지 평가연구에 필수적인 경우가 아닌 한 클라이언트의 사적 정보를 요청할 수 없으며, 일단 얻은 사적인 정보는 비밀이 보장된다. 사회복지사는 비밀 보장의 한계, 정보를 얻어야 하는 목적 및 활용에 대해 구체적으로 알려야 한다(이순민, 2016: 59-60; 남기민, 2020: 79 재인용). 그러나 클라이언트 자신과 타인에게 해를 입히거나 범죄행위와 관련된 경우에는 예외적으로 법적 절차와 범위에 따라 자료의 내용을 공개해야 한다.

사회보장기본법은 '사회보장 업무에 종사하거나 종사하였던 자는 사회보장 업무수행과 관련하여 알게 된 개인 · 법인 또는 단체의 정보를 관계 법령에서 정하는 바에 따라 보호하여야 한다.'(제38조 제1항)라고 규정하고 있다. 이와 같은 내용은 사회복지사업법(제47조), 사회보장급여법(제49조), 장애인복지법(제85조의2), 노인복지법(제39조의2) 등에서도 규정하고 있다.

4. 사회복지실천 가치 실천가로서 사회복지사의 역할

1) 입법체계에서의 역할

법은 사회현상을 반영하게 마련이다. 사회복지실천에서 클라이언트와 접점에 있는 사회복지사는 사회복지 현장을 가장 잘 알고 있다. 사회복지사들은 클라이언트의 삶을 가까이에서 보면서 법의 사각지대에서 고통 받는 사람들을 파악할 수 있다. 사회복지사는 사회복지법 제정 및 개정 등의 입법과정에 참여자로 활동하여야 한다. 사회복지사가 옹호해야 하는 클라이언트는 스스로 사회에서 목소리를 내기에 어려운 사람들이 많기 때문이다. 사회복지사는 사회복지 현장의 문제점 및 그 해결방법을 입법자에게 가장 잘 전달할 수 있다.

이러한 사회복지사는 사회복지법의 제정 및 개정 과정에서 입법청원자, 정보제공자, 조직·행동가, 로비스트, 입법감시자의 역할을 할 수 있다(정진경, 2019: 188). 이와 같은 거시적 실천가로서의 역할을 수행하기 위해서 사회복지사는 사회복지법뿐만 아니라 입법절차와 관련된 일반적인 법적 지식과 실천기술을 갖추는 것이 필요하다(남기민, 2020: 81).

2) 사법체계에서의 역할

사회복지사는 클라이언트와 함께하는 사회복지실천 과정에서 법적 문제로 인하여 경찰 및 법정과 같은 사법체계와 만나게 될 수도 있다. 사회복지사는 경찰조사나 법원 재판에서 소송의 원고, 전문가로서 증인 또는 의견 진술자, 증거 제공자, 보고서 제출자, 옹호자, 보호자 등으로 사법체계와 연계하는 역할을 수행한다.

사법체계 내에서 좀 더 구체적인 사회복지사의 역할을 살펴보면(정진경, 2019:

191-192), 사회복지사는 아동학대나 가정폭력의 가해자, 장애인 인권유린 시설의 장 등을 상대로 법원에 직접 사건을 소송하는 원고가 될 수 있다. 또한 변호사나 판사 등 법 전문가들은 증인으로서 사회복지사의 전문적 판단을 기대할 수 있으며 사회복지사는 법정에서 자료의 제공을 요청받으면 이를 제출해야 한다. 그 밖에 법원의 심리과정에서 사회복지사는 아동이나 장애인, 노인 클라이언트와 같은 약자들을 위한 옹호자 또는 보호자로서의 역할을 수행하기도 한다. 이와 같은 사법체계와 관련된 역할을 수행하기 위해 또한 사회복지사는 사회복지법을 포함한 일반적인 법 지식과 실천기술을 갖추는 것이 필요하다(남기민, 2020: 81-82).

3) 사회복지실천 현장에서의 역할

사회복지사의 사회복지실천 현장에서의 역할에 대하여는 사회복지사의 윤리강령에 잘 나타나 있다. 이 윤리강령은 1982년 1월 15일 제정된 이래 2023년 4월 11일 제5차 개정이 있었다. 전문, 윤리강령의 목적, 윤리강령의 가치와 원칙, 사회복지사의 윤리기준으로 구성되어 있다.

전문에서는 사회복지사는 인본주의 · 평등주의 사상에 기초하여, 모든 인간의 존엄성과 가치를 존중하고 천부의 자유권과 생존권의 보장 활동에 헌신하며, 특히 사회적 · 경제적 약자들의 편에 서서 사회정의와 평등 · 자유와 민주주의 가치를 실현하는 데 앞장서야 함을 선언하고 있다.

한국사회복지사 윤리강령은 사회복지 전문직의 가치와 윤리적 실천을 위한 기준을 안내하고, 윤리적 이해가 충돌할 때 고려해야 할 사항을 제시함을 목적으로 하고 있다.

사회복지사가 사회복지 전문직의 사명을 다하기 위한 핵심 가치는 인간 존엄성과 사회정의이다. 사회복지사가 인간 존엄성 가치를 구현하기 위한 윤리적 원칙으로는 인권 보호 · 존중, 클라이언트의 자율성 존중, 자기결정 지원, 역량 강화, 자신과 환경변화 지원, 개입과 참여 보장을 들 수 있다. 사회정의 가치를 구현하기 위한 윤리적 원칙으로는 개인적 · 집단적 · 사회적 · 문화적 · 정치적 · 종교적 차별 금지, 포용적 지역사회 구축, 사회의 다양한 구성원들과 협력, 사회연대 활동을 들 수 있다.

사회복지사의 윤리기준은 기본적 윤리기준 외에 클라이언트, 동료, 기관 및 사회에 대한 윤리기준을 제시하고 있다. 기본적으로는 사회복지사는 전문가로서 인간 존엄성을 존중하고, 사회정의를 실현하려고 노력하는 자세를 가져야 한다. 사회복지사는 사회복지 전문직에 부합하는 직무능력을 개발하고, 지식기반의 사회복지실천이 이루어질 수 있도록 전문성 개발을 위한 노력을 하여야 한다. 아울러, 품위와 자질 유지 및 자기 관리를 철저히 하여야 하며, 다양한 측면의 이해 충돌이 있는 경우 클라이언트의 이익을 우선으로 고려하여야 한다.

따라서 사회복지사는 클라이언트의 권익옹호, 자기결정권 존중, 사생활 보호 및 비밀 보장, 정확하고 충분한 정보 제공, 기록 · 정보 관리, 직업적 경계 유지, 서비스 종결의 적합성에 노력하여야 한다. 사회복지사는 존중과 신뢰를 기반으로 동료를 대하며, 서로 협력하고 협업하는 등 상호 간에 민주적인 직무 관계를 이루도록 노력해야 한다. 또한 사회복지사는 기관의 사명과 비전을 확인하고, 정책과 사업 목표를 달성하기 위해 적극적으로 참여함으로써 기관의 성장과 발전을 위해 노력해야 한다. 사회복지사는 자신이 일하는 지역사회를 이해하고, 클라이언트가 지역사회에서 서로 도우며 함께 살아가도록 지원해야 한다. 사회복지사는 인간과 자연이 서로 떨어져 살 수 없음을 깨닫고, 인간과 자연환경, 생명 등 생태에 미칠 영향을 생각하며 실천해야 한다.

Chapter 08

사회복지법과 사회복지실천 핵심내용 학습 사회복지사1급 기출문제 해설

출제 경향 분석

최근 3년간 출제경향을 볼 때, 교재 "제8장 사회복지법과 사회복지실천"에서는 출제된 문제가 없었다. 하지만 앞으로 1급 국가시험에서도 출제가 예상되는 분야이다. 사회복지법은 사회복지를 구현하기 위한 정책이나 구체적인 사업들을 법의 형태로 제도화한 것으로, 사회복지 전달체계를 통해 사회복지 현장에서 주로 사회복지사를 통해 사회복지 수요자에게 실행된다. 사회복지 현장에서의 사회복지실천은 사회복지법에 근거하게 되고, 사회복지법의 이념이나 목적은 사회복지 현장의 사회복지실천을 통해 달성되므로 사회복지법과 사회복지실천은 서로 밀접한 관계에 있다고 볼 수 있다. 따라서 시험대비뿐만 아니라, 사회복지 전문가인 현장 사회복지사들은 반드시 제8장의 내용을 잘 숙지하고 있어야 한다.

Chapter

09

사회복지 기본법(Ⅰ)

– 사회보장기본법

1. 사회복지법제적 의의
2. 개요
3. 사회보장 기본계획 및 사회보장위원회
4. 사회보장수급권
5. 사회보장제도 운영
6. 사회보장비용
7. 권리구제

Chapter

09 사회복지 기본법(Ⅰ)

– 사회보장기본법

1. 사회복지법제적 의의

1) 사회복지법제에서의 위치

사회복지법 체계는 통합된 법전 체계와 개별 법률 체계로 존재한다. 미국 사회보장법(Social Security Act)은 사회보험, 공공부조, 사회복지서비스 분야를 통합적으로 규정하고 있고, 영국은 국민보험, 공공부조, 사회복지서비스 등 분야별로 통합 규정하고 있다. 반면 독일, 프랑스 등 대륙국가들은 개별 법률 체계로 되어 있으면서 기본법적 규정을 추가하고 있다. 우리나라 사회복지법 체계는 개별 법률 체계로 대륙국가와 마찬가지로 기본법을 제정하였다.

사회보장기본법은 헌법과 사회복지 관련 개별법을 연결시켜 주는 사회복지의 기본법이다. 헌법은 '인간다운 생활을 할 권리'(제34조 제1항)와 '사회보장 · 사회복지의 증진'(제34조 제2항)같이 추상적인 형태로 표현되어 있는 바, 사회보장기본법은 이 헌법 정신을 구현하기 위해 사회보장제도에 관한 이념과 원칙, 권리와 의무관계, 용어의 정의 등 기본 사항을 규정하는 동시에 사회복지 관련 개별법들의 제·개정의 범위와 방향, 이념을 정해 주고 있다.

사회보장기본법은 사회보험, 공공부조, 사회서비스에 대한 법률의 기본법으로써 헌법의 하위규범이자 사회복지 관련 개별법들의 기본법으로서 사회복지법제적 위치를 갖는다. 사회보장기본법은 사회복지 관련 개별법과 동일한 위계에 속하기 때문에 법적 구속력은 가지지 않는다. 다만, 법의 성격상 사회복지 관련 개별법들은 사회보장기본법에 대하여 특별법에 해당하므로 법 적용 시 사회보장기본법에 우선 적용된다(특별법 우선의 원칙). 다만, '사회보장에 관한 다른 법률을 제정하거나 개정하는 경우'에는 사회보장기본법에 부합하도록 하여야 하므로(제4조) 사회보장기본법은 사회복지 관련 개별법들의 기본법적 지위임을 명확히 하고 있다.

사회복지 관련 개별법들의 기본법으로써 사회복지기본법이 아닌 사회보장기본법인가에 대하여는 법학에서 사회보장을 커다란 기본 개념으로 전제하고 사회복지는 그에 포함되는 하나의 영역으로서 주로 사회복지서비스를 지칭하는 경향이 있었다(윤찬영, 2017; 김영애, 2022: 189 재인용). 그리고 1963년 11월 사회보장에 관한 법률 제정 당시 헌법인 1962년 12월 제5차 개정 헌법이 '사회보장의 증진'(제30조) 이념을 제시하고 있어 그 하위규범으로서 이와의 용어 통일도 필요하였다고 볼 것이다.

2) 형성과정

(1) 사회보장에 관한 법률(1963. 11. 5.～1996. 6. 30.)

사회복지 관련 개별법들에 대한 통합·조정을 위한 기본법 또는 사회복지법전의 필요성이 대두되어 왔다. 우리나라는 사회복지 현장의 필요에 따라 개별 사회복지법을 제정해 오다가 1962년 12월 제5차 개정 헌법의 '인간다운 생활을 할 권리'와 '사회보장의 증진'(제30조) 이념을 구현하고자 사회복지법의 기본법으로 1963년 11월에 사회보장에 관한 법률을 제정·시행하였다.[1)] 우리나라에서 최초의 사회보장에 관한 기본적 성격의 법률이다.

그러나 이 사회보장에 관한 법률은 전문 7개조에 불과하고 1961년 5.16 군사 쿠데타 後 집권한 군사정권의 정당성 및 국민 지지를 이끌기 위한 형식적인 법으로 그 내용이 너무 빈약하여 기본법으로서의 역할을 하지 못하였다. 결국, 30여 년이 지난 1995년 12월에 사회보장기본법이 제정되고 1996년 7월 시행되었다. 이 법의 시행과 동시에 종전의 사회보장에 관한 법률은 폐지되었다.

(2) 사회보장기본법 제정(1995. 12. 30. 시행 1996. 7. 1.)

사회보장에 관한 법률이 제정된 이후 30여 년 동안 사회·경제적으로 커다란 발전과 변화가 있었지만 사회보장제도는 소위 '경제개발의 논리'에 의해 뒷전으로 밀린 가운데, 그때그때 필요한 범위 내에서 임시방편적이고 단속적으로 분립되어 실시되어 왔다(남기민, 2020: 149).

사회복지 관련법들이 산재해 있는 체제에서는 사회보장제도 간 연계성이 부족하여 제도 간 중복 및 관리 운영상 비효율성이 우려되나 종전의 사회보장에 관한 법률은 너무 형식적이어서 이를 통합·조정하는 데 한계가 있다. 따라서 시대적 변화에 맞는 사회보장의 기본법을 제정해야 할 필요성이 제기되었다. 사회보장기본법은 경제·사회 발전과 국민의 복지욕구에 부합하는 사회보장제도를 확립하고자 제정된 것이다.

(3) 사회보장기본법 전부개정(2012. 1. 26. 시행 2013. 1. 27.)

사회보장기본법 제정 이후 시행 과정에서 노출된 문제점 및 시대적 변화에 맞추어 전부개정이 이루어졌다. 전부개정은 국민의 보편적·생애주기적 특성에 맞게 소득과 사회서비스를 함께 보장하는 방향으로 사회정책과 경제정책을 통합적으로 제시하였다.

---

1) 사회보장에 관한 법률은 1961. 5. 16. 군사 쿠데타 후인 1963. 11. 5. 비상입법기구인 국가재건최고회의(의장 박정희)에서 의결·확정되었는데, 1963. 10. 15. 제5대 대통령 선거에서 박정희 후보 당선과 1963. 12. 17. 제3공화국 박정희 정부 출범 사이의 시기이다.

2. 개요

1) 목적

사회보장기본법의 목적은 사회보장에 관한 국민의 권리와 국가 및 지방자치단체의 책임을 정하고 사회보장정책의 수립 · 추진과 관련 제도에 관한 기본적인 사항을 규정함으로써 국민의 복지증진에 이바지하는 것이다(제1조).

2) 이념

사회보장기본법의 기본이념은 사회보장이 모든 국민이 다양한 사회적 위험으로부터 벗어나 행복하고 인간다운 생활을 향유할 수 있도록 자립을 지원하며, 사회참여 · 자아실현에 필요한 제도와 여건을 조성하여 사회통합과 행복한 복지사회를 실현하는 것이다(제2조).

3) 사회보장 관련 용어의 정의

'사회보장'은 출산, 양육, 실업, 노령, 장애, 질병, 빈곤 및 사망 등의 사회적 위험으로부터 모든 국민을 보호하고 국민 삶의 질을 향상시키는 데 필요한 소득 · 서비스를 보장하는 사회보험, 공공부조, 사회서비스를 말한다(제3조 제1호).

'사회보험'은 국민에게 발생하는 사회적 위험을 보험의 방식으로 대처함으로써 국민의 건강과 소득을 보장하는 제도를 말한다(제3조 제2호).

'공공부조'는 국가와 지방자치단체의 책임 하에 생활유지능력이 없거나 생활이 어려운 국민의 최저생활을 보장하고 자립을 지원하는 제도를 말한다(제3조 제3호).

'사회서비스'는 국가 · 지방자치단체 및 민간 부문의 도움이 필요한 모든 국민에게 복지, 보건의료, 교육, 고용, 주거, 문화, 환경 등의 분야에서 인간다운 생활을 보장하고 상담, 재활, 돌봄, 정보의 제공, 관련 시설의 이용, 역량개발, 사회참여 지원 등을 통하여 국민의 삶의 질이 향상되도록 지원하는 제도를 말한다(제3조 제4호).[2)]

'평생사회안전망'은 생애주기에 걸쳐 보편적으로 충족되어야 하는 기본욕구와 특정한 사회위험에 의하여 발생하는 특수욕구를 동시에 고려하여 소득서비스를 보장하는 맞춤형 사회보장제도를 말한다(제3조 제5호).

'사회보장 행정데이터'는 국가, 지방자치단체, 공공기관 및 법인이 법령에 따라 생성 또는 취득하여 관리하고 있는 자료 또는 정보로서 사회보장 정책 수행에 필요한 자료 또는 정보를 말한다(제3조 제6호).

4) 적용대상

사회보장기본법 적용대상은 사회보장제도를 필요로 하는 모든 국민이다(제25조 제1항). 대한민국 국내에 거주하는 모든 국민과 상호주의 원칙에 따르는 국내 거주 외국인이다. 사회보장협정이 있는 경우는 그에 따른다.

5) 사회보장의 주체와 책임

사회보장기본법은 복지다원주의(welfare pluralism) 및 복지혼합경제(mixed economy of social welfare)에 입각하여 사회보장의 주체를 규정하고 있다. 사회보장의 주된 주체는 국가 및 지방자치단체이지만 공공기관, 민간도 사회보장의 주체로서 역

2) 개정 사회보장기본법에서는 사회서비스를 기존의 사회복지서비스와 관련 복지제도를 합한 것으로 규정함으로써 사회서비스의 정의로 대단히 넓은 개념을 채택하고 있다. 기존의 사회보장기본법상 관련 복지제도의 정의에서 분야를 취하고, 사회복지서비스의 영역에서 서비스 내용을 취하여 이를 사회서비스의 정의로 결합시킨 것이라 할 수 있다(남찬섭, 2012a; 남기민, 2020: 151 재인용).

할을 할 수 있도록 적극적으로 조장하고 있다. 사회보장 중 사회보험은 국가를 주체로, 공공부조와 사회서비스는 국가와 지방자치단체를 주체로 하고 있다(제25조 제5항).

(1) 국가 및 지방자치단체의 책임

국가와 지방자치단체는 모든 국민의 인간다운 생활을 유지 · 증진(제5조 제1항), 사회보장에 관한 책임과 역할의 합리적 분담(제5조 제2항), 국가발전 수준에 부응하고 사회환경의 변화에 선제적으로 대응하며 지속 가능한 사회보장제도 확립 및 매년 이에 필요한 재원 조달(제5조 제3항) 책임을 지도록 하고 있다. 또한 국가와 지방자치단체는 가정이 건전하게 유지되고 그 기능이 향상되도록 노력하여야 하며(제6조 제1항), 사회보장제도를 시행할 때에 가정과 지역공동체의 자발적인 복지활동을 촉진하여야 한다(제6조 제2항).

국가는 사회보장제도의 안정적인 운영을 위하여 중장기 사회보장 재정추계를 격년으로 실시하고 이를 공표하여야 한다(제5조 제4항).

(2) 국민의 책임

사회복지는 국민에 대한 일방적 시혜가 아니므로 사회복지 대상자의 책임 내지는 협조가 필요하다. 사회보장기본법은 국가 및 지방자치단체의 책임을 강력하게 부여하면서도 국민의 책임도 함께 규정하고 있다.

모든 국민은 자신의 능력을 최대한 발휘하여 자립 · 자활할 수 있도록 노력하여야 한다(제7조 제1항). 또한 모든 국민은 경제적 · 사회적 · 문화적 · 정신적 · 신체적으로 보호가 필요하다고 인정되는 사람에게 지속적인 관심을 가지고 이들이 보다 나은 삶을 누릴 수 있는 사회환경 조성에 서로 협력하고 노력하여야 한다(제7조 제2항). 아울러 모든 국민은 관계 법령에서 정하는 바에 따라 사회보장급여에 필요한 비용의 부담, 정보의 제공 등 국가의 사회보장정책에 협력하여야 한다(제7조 제3항).

3. 사회보장 기본계획 및 사회보장위원회

1) 사회보장 기본계획 수립

사회보장 기본계획은 보건복지부가 주관하여 관계 중앙부처와 협의하여 5년마다 수립하여야 한다(제16조 제1항). 수립된 사회보장 기본계획은 사회보장위원회와 국무회의의 심의를 거쳐 확정된다(제16조 제3항). 사회보장 증진을 위하여 수립되는 사회보장 기본계획의 내용은 국내외 사회보장환경의 변화와 전망, 사회보장의 기본 목표 및 중장기 추진방향, 주요 추진과제 및 추진방법, 필요한 재원의 규모와 조달방안, 사회보장 관련 기금운용 방안, 사회보장전달체계, 사회보장정책의 추진에 필요한 사항 등이다(제16조 제2항).

사회보장 기본계획은 사회보장기본법이 사회복지 관련 개별법의 기본법이라는 성격상 다른 법령에 따라 수립되는 사회보장에 관한 계획에 우선하며 그 계획의 기본이 된다(제17조).

보건복지부 및 관계 중앙부처는 5년마다 수립되는 사회보장 기본계획에 따라 사회보장과 관련된 소관 주요 시책의 시행계획을 매년 수립 · 시행하여야 한다(제18조 제1항). 관계 중앙부처는 소관 시행계획 및 전년도의 추진실적을 매년 보건복지부에 제출하여야 하고(제18조 제2항), 보건복지부는 추진실적을 종합하여 성과를 평가하고, 그 결과를 사회보장위원회에 보고하여야 한다(제18조 제3항).

지방자치단체는 사회보장 기본계획과 연계되는 사회보장에 관한 지역계획을 수립하여야 한다(제19조).

2) 사회보장위원회

(1) 설치 및 구성

사회보장위원회는 사회보장에 관한 주요 시책을 심의 · 조정하는 국무총리 소속 위원회이다(제20조 제1항). 관계 중앙부처와 지방자치단체는 위원회의 심의 · 조정 사항을 반영하여 사회보장제도를 운영 또는 개선하여야 한다(제20조 제4항).

사회보장위원회는 위원장 1명, 부위원장 3명과 30명 이내의 위원으로 구성한다(제21조 제1항). 위원장은 국무총리가 되고 부위원장은 기획재정부장관, 교육부장관 및 보건복지부장관이 된다(제21조 제2항). 위원은 행정안전부장관, 고용노동부장관, 여성가족부장관, 국토교통부장관을 포함한 관계 중앙행정기관의 장과 근로자를 대표하는 사람, 사용자를 대표하는 사람, 사회보장에 관한 학식과 경험이 풍부한 사람, 변호사 자격이 있는 사람 중에서 대통령이 위촉하는 사람으로 한다(제21조 제3항).

(2) 직무

사회보장위원회의 임무는 사회보장 증진을 위한 기본계획, 사회보장 관련 주요 계획, 사회보장제도의 평가 및 개선, 사회보장제도의 신설 또는 변경에 따른 우선순위, 둘 이상의 중앙행정기관이 관련된 주요 사회보장정책, 사회보장급여 및 비용 부담, 국가와 지방자치단체의 역할 및 비용 분담, 사회보장의 재정추계 및 재원조달 방안, 사회보장전달체계 운영 및 개선, 사회보장통계, 사회보장정보의 보호 및 관리, 사회보장제도 신설 · 변경에 대한 조정신청 등을 심의 · 조정한다(제20조 제2항).

4. 사회보장수급권

1) 사회보장수급권자

사회보장수급권은 사회보장 관계 법령에서 정하는 바에 따라 사회보장급여를 받을 권리를 말한다(제9조). 이는 헌법 제34조 제1항의 "인간다운 생활을 할 권리"를 구체적으로 실현하기 위하여 국민이 가지는 사회보장 급여 및 서비스를 받을 권리라고 할 수 있다. 사회보장기본법에서 사회보장을 사회보험, 공공부조, 사회서비스로 구분하고 있으므로 사회보장수급권은 사회보험수급권, 공공부조수급권, 사회서비스수급권으로 구분할 수 있다.

모든 국민은 사회보장 관계 법령에서 정하는 바에 따라 사회보장수급권자가 될 수 있다(제9조). 국내에 거주하는 외국인의 경우 기본적으로는 상호주의 원칙에 따라 사회보장을 받을 권리를 인정하고 있다(제8조). 상호주의 원칙은 국제기구 가입이나 국가 간 사회보장협정으로 구체화되고 있다. 우리나라는 상호주의에 입각하여 국민연금 적용에 대하여 다수 국가와, 산업재해보상보험과 고용보험 적용에 대하여 일부 국가와 사회보장협정을 맺고 있다.

2) 사회보장급여의 수준

사회보장급여는 모든 국민이 건강하고 문화적인 생활을 유지할 수 있는 수준이어야 한다(제10조 제1항). 국가는 사회보장급여의 최저보장수준과 최저임금을 매년 공표하고 있으며(제10조 제2항), 이를 고려하여 사회보장급여의 수준을 결정하여야 한다(제10조 제3항).

3) 사회보장급여의 신청

사회보장급여의 지급에는 사회보장급여 수급권자가 관계 법령에 따른 신청을 하여야 하는 신청주의와 신청 없이 직권으로 수급자격 여부를 조사·결정하는 직권주의가 있다. 우리 사회보장기본법은 신청주의를 채택하고 있다. 사회보장수급권자 본인이 직접 신청하는 것이 원칙이지만 본인이 직접 신청하기 어려운 경우에는 대신신청 또는 직권신청을 병행하고 있다.

사회보장급여를 받으려는 사람은 관계 법령에서 정하는 바에 따라 국가나 지방자치단체에 신청하여야 하나, 관계 법령에서 따로 정하는 경우에는 국가나 지방자치단체가 신청을 대신할 수 있다(제11조 제1항).

4) 사회보장수급권의 보호, 제한 및 포기

사회보장수급권은 일신전속권[3]의 성질을 가지므로 사회보장급여가 제도 목적에 맞게 사용되어야 할 필요가 있다. 따라서 사회보장급여는 양도, 압류, 담보제공을 금지하고 있다. 사회보장기본법은 '사회보장수급권은 관계 법령에서 정하는 바에 따라 다른 사람에게 양도하거나 담보로 제공할 수 없으며, 이를 압류할 수 없다.'(제12조)고 규정하고 있다.

사회보장수급권은 관계 법령에서 따로 정하고 있는 경우 이외에는 제한되거나 정지될 수 없다(제13조 제1항). 사회보장수급권이 제한되거나 정지되더라도 제한 또는 정지하는 목적에 필요한 최소한의 범위에 그쳐야 한다(제13조 제2항).

사회보장기본법은 위와 같이 사회보장수급권을 두텁게 보호하고 있더라도 사회보장수급권자 본인의 의사에 따라 포기할 수 있게 하고 있다. '사회보장수급

3) 일신전속권(一身專屬權)은 권리가 특정 주체와의 사이에 특별히 긴밀한 관계에 있어서 그 권리의 성질상 다른 사람에게 귀속될 수 없는 권리나 그 주체만이 행사할 수 있는 권리를 말한다. 사회보장급여는 사회보장제도의 목적 달성을 위해 사회보장수급권자에게 직접 쓰여야 하므로 일신전속성을 가지고 있다.

권은 정당한 권한이 있는 기관에 서면으로 통지하여 포기할 수 있다.'(제14조 제1항)고 규정하고 있다. 다만, 사회보장수급권을 포기하는 것이 다른 사람에게 피해를 주거나 사회보장에 관한 관계 법령에 위반되는 경우에는 이를 포기할 수 없다(제14조 제3항). 사회보장수급권 포기를 '서면으로 통지한 경우에 한정'하거나 '취소'(제14조 제2항)할 수 있게 한 것은 사회보장수급권자의 경솔한 포기를 방지하기 위한 것이다.

사회보장기본법은 제3자의 불법행위로 인하여 사회보장수급권이 발생한 국민에 대하여 사회보장급여를 지급함으로써 사회보장급여의 신속성과 안전성을 보장하기 위하여 구상권 제도를 도입하였다. 불법행위자의 책임불이행 위험성과 배상 받는 기간이 길어져 실질적 생활보장이 어려울 수 있기 때문이다. 사회보장기본법은 '제3자의 불법행위로 피해를 입은 국민이 그로 인하여 사회보장수급권을 가지게 된 경우 사회보장제도를 운영하는 자는 그 불법행위의 책임이 있는 자에 대하여 관계 법령에서 정하는 바에 따라 구상권을 행사할 수 있다.'(제15조)고 규정하고 있다.

5. 사회보장제도 운영

1) 사회보장정책의 기본방향

사회복지기본법은 사회보장 관련 기본법으로서 사회보장 관련 개별법에 모두 적용될 수 있는 사회보장정책의 기본방향을 제시할 필요가 있다. 사회보장 관련 개별법을 제정하거나 개정하는 경우에는 사회보장기본법에 부합하여야 하기(제4조) 때문이다.

(1) 평생사회안전망의 구축과 운영 : 생애 삶의 질 유지 · 증진, 최저생활 보장

평생사회안전망은 생애주기에 걸쳐 보편적으로 충족되어야 하는 기본욕구와 특정한 사회위험에 의하여 발생하는 특수욕구를 동시에 고려하여 소득 · 서비스를 보장하는 맞춤형 사회보장제도를 말한다(제3조 제5호). 국가와 지방자치단체는 모든 국민이 생애 동안 삶의 질을 유지 · 증진할 수 있도록 평생사회안전망을 구축하여야 하며, 평생사회안전망을 구축 · 운영함에 있어 사회적 취약계층을 위한 공공부조를 마련하여 최저생활을 보장하여야 한다(제22조).

(2) 사회서비스 보장 : 삶의 질 향상

사회서비스는 국가 · 지방자치단체 및 민간 부문의 도움이 필요한 모든 국민에게 복지, 보건의료, 교육, 고용, 주거, 문화, 환경 등의 분야에서 인간다운 생활을 보장하고 상담, 재활, 돌봄, 정보의 제공, 관련 시설의 이용, 역량개발, 사회참여 지원 등을 통하여 국민의 삶의 질이 향상되도록 지원하는 제도를 말한다(제3조 제4호). 국가와 지방자치단체는 모든 국민의 인간다운 생활과 자립, 사회참여, 자아실현 등을 지원하여 삶의 질이 향상될 수 있도록 사회서비스에 관한 시책을 마련하여야 하며, 사회서비스 보장과 소득보장이 효과적으로 연계되도록 하여야 한다(제23조).

(3) 소득보장 : 인간다운 생활

국가와 지방자치단체는 다양한 사회적 위험 하에서도 모든 국민들이 인간다운 생활을 할 수 있도록 소득을 보장하는 제도를 마련하여야 하며, 공공부문과 민간부문의 소득보장제도가 효과적으로 연계되도록 하여야 한다(제24조).

2) 사회보장제도 운영

(1) 운영원칙

사회보장기본법이 제시한 사회보장제도의 운영에 관한 기본 원칙은 보편성, 형평성, 민주성, 연계성, 전문성, 책임성이다.

첫째, 사회보장제도는 모든 국민에게 보편적으로 적용되어야 한다(제25조 제1항). 둘째, 사회보장제도의 급여수준과 비용부담 등은 형평성을 유지하여야 한다(제25조 제2항). 셋째, 사회보장제도의 정책 결정 및 시행과정에 공익의 대표자 및 이해관계인 등이 참여하여 민주적으로 결정하고 시행되어야 한다(제25조 제3항). 넷째, 사회보장제도를 운영할 때에는 국민의 다양한 복지욕구를 효율적으로 충족시키기 위하여 연계성과 전문성을 높여야 한다(제25조 제4항). 다섯째, 사회보장 시행의 책임은 사회보험은 국가가, 공공부조와 사회서비스는 국가와 지방자치단체가 부담하는 것을 원칙으로 한다. 다만, 국가와 지방자치단체의 재정 형편 등을 고려하여 이를 협의 · 조정할 수 있다(제25조 제5항).

(2) 협의 및 조정

국가와 지방자치단체는 사회보장제도를 신설하거나 변경할 경우 기존 제도와의 관계, 사회보장전달체계에 미치는 영향, 재원의 규모 · 조달방안을 포함한 재정에 미치는 영향 및 지역별 특성 등을 사전에 충분히 검토하고 상호 협력하여 사회보장급여가 중복 또는 누락되지 아니하도록 하여야 하며(제26조 제1항), 신설 또는 변경의 타당성, 기존 제도와의 관계, 사회보장전달체계에 미치는 영향, 지역복지 활성화에 미치는 영향 및 운영방안 등에 대하여는 보건복지부장관과 협의하여야 한다(제26조 제2항). 만약 이 협의가 이루어지지 아니할 경우 위원회에 조정을 신청할 수 있으며, 위원회는 그 신청에 따라 이를 조정한다(제26조 제4항). 더 나아가 보건복지부장관은 사회보장급여 관련 업무에 공통적으로 적용되는 기준을 마련할 수 있다(제26조 제5항).

(3) 민간의 참여

사회복지사업은 국가와 지방자치단체만으로는 수행할 수 없으므로 사회보장에 대한 민간부문의 참여를 유도하여야 한다. 이를 위한 정책을 개발 · 시행하고 그 여건을 조성하여야 한다(제27조 제1항). 사회보장에 대한 민간부문의 참여가 필요한 사업으로는 자원봉사, 기부 등 나눔의 활성화를 위한 지원사업, 사회보장정책의 시행에 있어 민간부문과의 상호협력체계 구축을 위한 지원사업 등(제27조 제2항)을 들 수 있다. 사회보장에 대한 민간부문의 참여를 유도하기 위하여 국가와 지방자치단체가 개인, 법인 또는 단체가 사회보장에 참여하는 데에 드는 경비의 전부 또는 일부를 지원하거나 그 업무를 수행하기 위하여 필요한 지원을 할 수 있도록 하고 있다(제27조 제3항).

(4) 사회보장전달체계

사회보장전달체계는 사회보장 서비스가 서비스를 받는 수요자(서비스대상자 또는 소비자 포함)에게 제공되는 구조와 프로세스를 나타내는 시스템이나 체계를 말한다. 사회보장전달체계는 사회보장의 목적 달성, 수요자의 니즈 충족, 지역사회의 삶의 질 향상에 중요한 역할을 한다.

따라서 국가와 지방자치단체는 모든 국민이 쉽게 이용할 수 있고 사회보장급여가 적시에 제공되도록 지역적 · 기능적으로 균형 잡힌 사회보장전달체계를 구축하여야 하며(제29조 제1항), 사회보장전달체계의 효율적 운영에 필요한 조직, 인력, 예산 등을 갖추어야 하며(제29조 제2항), 공공부문과 민간부문의 사회보장전달체계가 효율적으로 연계되도록 노력하여야 한다(제29조 제3항).

(5) 사회보장급여의 관리

국가와 지방자치단체는 국민의 사회보장수급권의 보장 및 재정의 효율적 운용을 위하여 사회보장급여의 사각지대 발굴, 사회보장급여의 부정 · 오류 관리, 사회보장급여의 과오지급액의 환수, 사회보장수급권자 권리구제 등 관리에 관한 사회보장급여의 관리체계를 구축 · 운영하여야 한다(제30조 제1항). 특히, 사회서비스의 품질기준 마련, 평가 및 개선 등의 업무를 수행하기 위하여 필요한 전담기구를 설치할 수 있다(제30조 제2항).

(6) 전문인력의 양성 등

국가와 지방자치단체는 사회보장제도의 발전을 위하여 전문인력의 양성, 학술 조사 및 연구, 국제 교류의 증진 등에 노력하여야 한다(제31조).

(7) 사회보장통계

국가와 지방자치단체는 효과적인 사회보장정책의 수립 · 시행을 위하여 사회보장통계를 작성 · 관리하여야 한다(제32조 제1항). 관계 중앙행정기관의 장과 지방자치단체의 장은 소관 사회보장통계를 보건복지부장관에게 제출하여야 하고(제32조 제2항), 보건복지부장관은 제출된 사회보장통계를 종합하여 사회보장위원회에 제출하여야 한다(제32조 제3항).

(8) 사회보장정보의 관리

① 사회보장정보시스템의 구축 · 운영 등

사회보장정보시스템은 중앙행정기관과 지방자치단체에서 시행하는 사회보장 수급권자 선정 및 급여관리 등에 관한 정보를 통합 · 연계하여 처리 · 기록 및 관리하는 시스템이다(제37조 제2항). 사회보장업무를 전자적으로 관리하여 국민편익의 증진과 사회보장업무의 효율성 향상을 목적으로 한다(제37조 제1항).

사회보장정보시스템의 구축 · 운영을 총괄하는 보건복지부장관은 관계 중앙행정기관, 지방자치단체 및 관련 기관 · 단체에 사회보장정보시스템의 운영에 필요한 정보의 제공을 요청하고 제공받은 목적의 범위에서 보유 · 이용할 수 있다(제37조 제5항). 보건복지부장관은 사회보장정보시스템 구축 · 운영의 전 과정에서 개인정보 보호를 위하여 필요한 시책을 마련하여야 한다(제37조 제4항).

② 개인정보 등의 보호

사회보장업무에 종사하거나 종사하였던 자는 사회보장업무 수행과 관련하여 알게 된 개인·법인 또는 단체의 정보를 보호하여야 한다(제38조 제1항). 국가와 지방자치단체, 공공기관, 법인·단체, 개인이 조사하거나 제공받은 개인·법인 또는 단체의 정보는 법적 근거 없이 보유, 이용, 제공되어서는 아니 된다(제38조 제2항).

(9) 정보의 공개, 설명, 상담, 통지

국가와 지방자치단체는 사회보장제도에 관하여 국민이 필요한 정보를 관계 법령에서 정하는 바에 따라 공개하고, 이를 홍보하여야 한다(제33조). 국가와 지방자치단체는 사회보장 관계 법령에서 규정한 권리나 의무를 해당 국민에게 설명하도록 노력하여야 하며(제34조), 사회보장 관계 법령에서 정하는 바에 따라 사회보장에 관한 상담에 응하여야 한다(제35조). 또 국가와 지방자치단체는 사회보장 관계 법령에서 정하는 바에 따라 사회보장에 관한 사항을 해당 국민에게 알려야 한다(제36조).

6. 사회보장비용

사회보장비용의 부담은 각각의 사회보장제도의 목적에 따라 국가, 지방자치단체 및 민간 부문 간에 합리적으로 조정되어야 한다(제28조 제1항). 구체적으로는 사회보험에 드는 비용은 사용자, 피용자 및 자영업자가 부담하는 것을 원칙으로 하되, 관계 법령에서 정하는 바에 따라 국가가 그 비용의 일부를 부담할 수 있다(제28조 제2항). 공공부조 및 관계 법령에서 정하는 일정 소득수준 이하의 국민에 대한 사회서비스에 드는 비용의 전부 또는 일부는 국가와 지방자치단체가 부담한다(제28조 제3항). 부담능력이 있는 국민에 대한 사회서비스에 드는 비용은 그 수익자가 부담함을 원칙으로 하되, 관계 법령에서 정하는 바에 따라 국가와 지방자치단체가 그 비용의 일부를 부담할 수 있다(제28조 제1항).

7. 권리구제

사회보장기본법은 '위법 또는 부당한 처분을 받거나 필요한 처분을 받지 못함으로써 권리 또는 이익을 침해받은 국민은 행정심판법에 따른 행정심판을 청구하거나 행정소송법에 따른 행정소송을 제기하여 그 처분의 취소 또는 변경 등을 청구할 수 있다.'(제39조)고 규정하고 있다. 그러나 행정소송은 시간과 비용이 많이 들게 되므로 행정심판법은 간이절차로서 행정심판을 거쳐 권리나 이익을 구제받을 수 있게 하여 시간과 비용을 덜게 하고 있다. 대부분의 사회보장 관련 개별법에서는 사회보장기관의 처분에 대하여 이의가 있는 경우에는 처분기관 스스로 다시 판단할 수 있는 기회를 부여하는 이의신청 절차나 심사청구 절차를 두고 있다. 이 중 행정심판에 준한다는 규정을 두고 있는 경우에는 그 이의신청이나 심사청구 절차는 행정심판을 대신한다.

Chapter 09

사회복지 기본법(Ⅰ) - 사회보장기본법 핵심내용 학습 사회복지사1급 기출문제 해설

출제 경향 분석

최근 3년간 출제경향을 볼 때, 교재 "제9장 사회보장기본법"에서는 총 10문제가 출제되었다. 사회보장기본법은 매년 3~4문제가 출제되고 있는 중요한 법률이다.

01 사회보장기본법상 사회보장에 관한 국민의 권리에 대한 설명으로 옳지 않은 것을 모두 고른 것은? [2024년도 제22회]

> ㄱ. 지방자치단체는 최저보장수준과 최저임금을 매년 공표하여야 한다.
> ㄴ. 사회보장수급권은 구두로 통지하여 포기할 수 있다.
> ㄷ. 사회보장수급권이 제한되는 경우에는 제한하는 목적에 필요한 최소한의 범위에 그쳐야 한다.
> ㄹ. 사회보장수급권을 포기하는 것이 다른 사람에게 피해를 주게 되는 경우 사회보장수급권을 포기할 수 없다.

① ㄱ, ㄴ ② ㄴ, ㄹ ③ ㄱ, ㄷ, ㄹ
④ ㄴ, ㄷ, ㄹ ⑤ ㄱ, ㄴ, ㄷ, ㄹ

정답 ①

해설 제시문 'ㄱ'은 사실과 다르다. 사회보장기본법 제10조에 따르면, 국가는 관계 법령에서 정하는 바에 따라 최저보장수준과 최저임금을 매년 공표하여야 한다. 지방자치단체가 아닌 국가가 이를 공표하는 것이 정확한 내용이다.
제시문 'ㄴ'도 사실과 다르다. 사회보장기본법 제14조에 따르면, 사회보장수급권은 정당한 권한이 있는 기관에 서면으로 통지하여 이를 포기할 수 있다. 구두로 통지하여 포기하는 것이 아니라 서면으로 통지하여 포기하는 것이 정확한 내용이다.
제시문 'ㄷ'은 사회보장기본법 제13조에, 'ㄹ'은 사회보장기본법 제14조에 규정되어 있다.
참고로 사회보장기본법상 "사회보장"이란 출산, 양육, 실업, 노령, 장애, 질병, 빈곤 및 사망 등의 사회적 위험으로부터 모든 국민을 보호하고 국민 삶의 질을 향상시키는 데 필요한 소득 · 서비스를 보장하는 사회보험 + 공공부조 + 사회서비스를 말한다고 규정하고 있다(제3조).

1) "사회보험"이란 국민에게 발생하는 사회적 위험을 보험의 방식으로 대처함으로써 국민의 건강과 소득을 보장하는 제도를 말한다.
2) "공공부조"(公共扶助)란 국가와 지방자치단체의 책임 하에 생활 유지 능력이 없거나 생활이 어려운 국민의 최저생활을 보장하고 자립을 지원하는 제도를 말한다.
3) "사회서비스"란 국가·지방자치단체 및 민간부문의 도움이 필요한 모든 국민에게 복지, 보건의료, 교육, 고용, 주거, 문화, 환경 등의 분야에서 인간다운 생활을 보장하고 상담, 재활, 돌봄, 정보의 제공, 관련 시설의 이용, 역량 개발, 사회참여 지원 등을 통하여 국민의 삶의 질이 향상되도록 지원하는 제도를 말한다.

02 사회보장기본법상 사회보장제도의 운영에 관한 설명으로 옳은 것은?[2024년도 제22회]

① 사회보험은 국가와 지방자치단체의 책임으로 시행한다.
② 국가는 사회보장 관계 법령에서 정하는 바에 따라 사회보장에 관한 상담에 응하여야 한다.
③ 일정 소득 수준 이하의 국민에 대한 사회서비스에 드는 비용은 수익자 부담을 원칙으로 한다.
④ 통계청장은 제출된 사회보장통계를 종합하여 사회보장위원회에 제출하여야 한다.
⑤ 지방자치단체의 장은 사회보장제도를 신설할 경우 보건복지부장관과 합의하여야 한다.

정답 ②, ⑤

해설 한국산업인력공단이 발표한 정답에는 ②번만 정답으로 되어 있다. 하지만 법제처의 법령해석 사례를 보면 ⑤번도 옳은 내용이다.

① 사회보험은 (국가)의 책임으로 시행하고, 공공부조와 사회서비스는 국가와 지방자치단체의 책임으로 시행하는 것을 원칙으로 한다. 다만, 국가와 지방자치단체의 재정 형편 등을 고려하여 이를 협의·조정할 수 있다(사회보장기본법 제25조 제5항).
② 국가와 지방자치단체는 사회보장 관계 법령에서 정하는 바에 따라 사회보장에 관한 상담에 응하여야 한다(사회보장기본법 제35조).
③ 일정 소득 수준 이하의 국민에 대한 사회서비스에 드는 (비용의 전부 또는 일부는 국가와 지방자치단체가 부담)한다(사회보장기본법 제28조).
④ 관계 중앙행정기관의 장과 지방자치단체의 장은 소관 사회보장통계를 대통령령으로 정하는 바에 따라 보건복지부장관에게 제출하여야 한다. (보건복지부장관)은 제출된 사회보장통계를 종합하여 위원회에 제출하여야 한다(사회보장기본법 제32조 제2항·제3항).
⑤ 지방자치단체의 장은 사회보장제도를 신설할 경우 보건복지부장관과 합의하여야 한다는 내용도 옳은 것이다. '협의'는 둘 이상의 사람이 서로 협력하여 의논하는 것을 의미하며, '합의'는 논의를 거쳐 서로 의견이 일치하는 상태를 의미한다. 즉, '협의'는 과정이고, '합의'는 그 결과라고 볼 수 있다. 하지만 법 규정의 취지를 종합해 볼 때 다음의 법제처의 법령해석 사례와 같이, 사회보장기본법 제26조 제2항에 따라 지방자치단체의 장은 사회보장제도를 신설하거나 변경하기 위하여 보건복지부장관과 협의하는 경우의 "협의"는 단순히 의견을 듣

거나 자문에 응하는 것이 아니라, 보건복지부장관의 "합의 또는 동의"를 의미한다. 즉, 사회보장제도의 신설이나 변경에 대한 결정은 보건복지부장관의 동의나 합의가 있어야 한다. 따라서 지방자치단체의 장이 사회보장제도를 신설하려면 보건복지부장관과 합의하여야 한다는 것도 옳은 말이다.

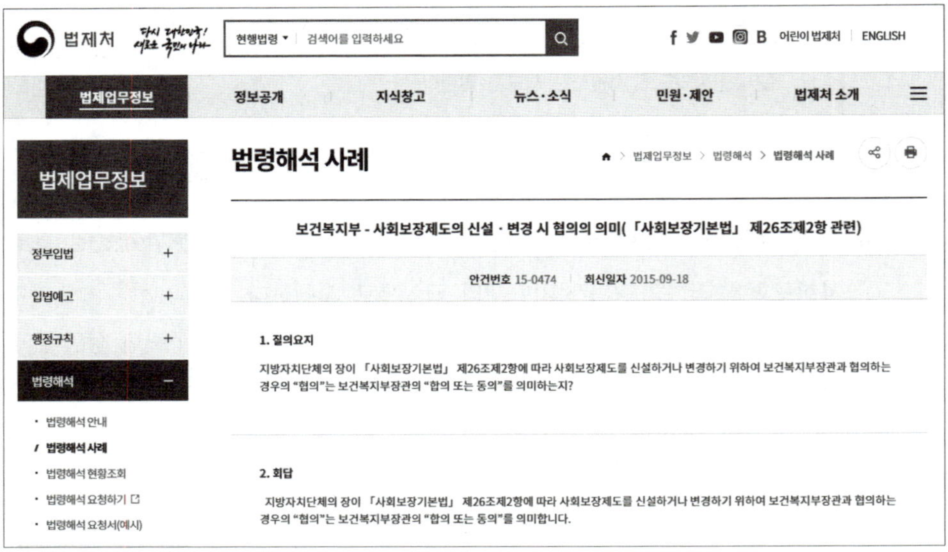

03 사회보장기본법의 내용으로 옳지 않은 것은? [2024년도 제22회]

① 사회보장위원회의 위원 임기는 3년으로 한다.
② 국가와 지방자치단체는 평생사회안전망을 구축하여야 한다.
③ 사회보장 기본계획에는 사회보장 관련 기금 운용방안이 포함되어야 한다.
④ 사회보장제도를 운영하는 자는 불법행위의 책임이 있는 자에 대하여 구상권을 행사할 수 있다.
⑤ 사회보장에 관한 다른 법률을 개정하는 경우에는 이 법에 부합되도록 하여야 한다.

정답 ①

해설 ① 사회보장위원회 위원은 대통령령으로 정하는 관계 중앙행정기관의 장과 근로자를 대표하는 사람, 사용자를 대표하는 사람, 사회보장에 관한 학식과 경험이 풍부한 사람, 변호사 자격이 있는 사람 중에서 대통령이 위촉하는 사람으로 한다. 임기는 (2년)이다. 다만, 공무원의 임기는 재임기간으로 한다. 보궐위원의 임기는 전임자 임기의 남은 기간으로 한다(사회보장기본법 제21조).
② 국가와 지방자치단체는 모든 국민이 생애 동안 삶의 질을 유지 · 증진할 수 있도록 평생사회

안전망을 구축하여야 한다(사회보장기본법 제22조).

③ 보건복지부장관은 관계 중앙행정기관의 장과 협의하여 사회보장에 관한 기본계획을 5년마다 수립하여야 한다. 이 기본계획에는 '국내외 사회보장환경의 변화와 전망, 사회보장의 기본목표 및 중장기 추진방향, 주요 추진과제 및 추진방법, 필요한 재원의 규모와 조달방안, 사회보장 관련 기금 운용방안, 사회보장전달체계, 그 밖에 사회보장정책의 추진에 필요한 사항' 등이 포함되어야 한다(사회보장기본법 제16조).

④ 제3자의 불법행위로 피해를 입은 국민이 그로 인하여 사회보장수급권을 가지게 된 경우 사회보장제도를 운영하는 자는 그 불법행위의 책임이 있는 자에 대하여 관계 법령에서 정하는 바에 따라 구상권을 행사할 수 있다(사회보장기본법 제15조).

⑤ 사회보장에 관한 다른 법률을 제정하거나 개정하는 경우에는 이 법에 부합되도록 하여야 한다(사회보장기본법 제4조).

04 사회보장기본법상 국가와 지방자치단체의 사회보장 운영원칙에 관한 설명으로 옳지 않은 것은? [2023년도 제21회]

① 사회보험은 지방자치단체의 책임으로 시행하는 것을 원칙으로 한다.

② 공공부조와 사회서비스는 국가와 지방자치단체의 책임으로 시행하는 것을 원칙으로 한다.

③ 사회보장제도의 급여수준과 비용부담 등에서 형평성을 유지하여야 한다.

④ 사회보장제도를 필요로 하는 모든 국민에게 적용하여야 한다.

⑤ 국민의 다양한 복지욕구를 효율적으로 충족시키기 위하여 연계성과 전문성을 높여야 한다.

정답 ①

해설 사회보장기본법상 사회보장 운영원칙으로 사회보험은 (국가)의 책임으로 시행하고, 공공부조와 사회서비스는 국가와 지방자치단체의 책임으로 시행하는 것을 원칙으로 한다. 사회보장 운영원칙(제25조)의 각 조항은 다음과 같다.

① 국가와 지방자치단체가 사회보장제도를 운영할 때에는 이 제도를 필요로 하는 모든 국민에게 적용하여야 한다.

② 국가와 지방자치단체는 사회보장제도의 급여 수준과 비용부담 등에서 형평성을 유지하여야 한다.

③ 국가와 지방자치단체는 사회보장제도의 정책 결정 및 시행 과정에 공익의 대표자 및 이해관계인 등을 참여시켜 이를 민주적으로 결정하고 시행하여야 한다.

④ 국가와 지방자치단체가 사회보장제도를 운영할 때에는 국민의 다양한 복지 욕구를 효율적으로 충족시키기 위하여 연계성과 전문성을 높여야 한다.

⑤ 사회보험은 (국가)의 책임으로 시행하고, 공공부조와 사회서비스는 국가와 지방자치단체의 책임으로 시행하는 것을 원칙으로 한다. 다만, 국가와 지방자치단체의 재정 형편 등을 고려하여 이를 협의 · 조정할 수 있다.

05 사회보장기본법상 사회보장수급권에 관한 설명으로 옳지 않은 것은?[2023년도 제21회]

① 사회보장급여를 받으려는 사람은 국가나 지방자치단체에 신청하는 것을 원칙으로 하고 있다.
② 사회보장수급권은 다른 사람에게 양도하거나 담보로 제공할 수 없다.
③ 사회보장수급권은 원칙적으로 제한되거나 정지될 수 없다.
④ 사회보장수급권은 구두로 통지하여 포기할 수 있다.
⑤ 사회보장수급권의 포기는 취소할 수 있다.

정답 ④

해설 사회보장기본법상 사회보장수급권(제11조~제14조)의 원칙에 관한 내용은 중요하여 해마다 출제되고 있다. 사회보장수급권 관련 규정은 다음과 같다.
① 사회보장급여를 받으려는 사람은 국가나 지방자치단체에 신청하여야 한다(제11조).
② 사회보장수급권은 다른 사람에게 양도하거나 담보로 제공할 수 없으며, 이를 압류할 수 없다(제12조).
③ 사회보장수급권은 제한되거나 정지될 수 없다. 다만, 관계 법령에서 따로 정하고 있는 경우에는 제한되거나 정지될 수 있다. 사회보장수급권이 제한되거나 정지되는 경우에는 최소한의 범위에 그쳐야 한다(제13조).
④ 사회보장수급권은 (서면으로) 통지하여 포기할 수 있다(제14조).
⑤ 사회보장수급권의 포기는 취소할 수 있다(제14조). → 다만, 사회보장수급권을 포기하는 것이 다른 사람에게 피해를 주거나 사회보장에 관한 관계 법령에 위반되는 경우에는 사회보장수급권을 포기할 수 없다.

06 사회보장기본법상 사회보장위원회에 관한 설명으로 옳은 것은? [2023년도 제21회]

① 대통령 소속의 위원회이다.
② 위원장 1명, 부위원장 2명과 행정안전부장관, 고용노동부장관을 포함한 40명 이내의 위원으로 구성한다.
③ 위원의 임기는 3년으로 하되, 공무원인 위원의 임기는 그 재임기간으로 한다.
④ 고용노동부에 사무국을 둔다.
⑤ 관계 중앙행정기관의 장은 위원회의 심의 · 조정 사항을 반영하여 사회보장제도를 운영 또는 개선하여야 한다.

정답 ⑤

해설 사회보장기본법상 사회보장위원회(제20조~제21조)에 관한 내용이 최근에 자주 출제되고 있다. 사회보장위원회의 관련 규정은 다음과 같다.
① (국무총리) 소속의 위원회이다(제20조). → 사회보장에 관한 주요 시책을 심의 · 조정하기 위하여 국무총리 소속으로 사회보장위원회를 둔다.
② 위원장 1명, 부위원장 3명과 행정안전부장관, 고용노동부장관을 포함한 (30명) 이내의 위원

으로 구성한다(제21조). → 위원회는 위원장 1명, 부위원장 3명과 행정안전부장관, 고용노동부장관, 여성가족부장관, 국토교통부장관을 포함한 30명 이내의 위원으로 구성한다. 위원장은 국무총리가 되고 부위원장은 기획재정부장관, 교육부장관 및 보건복지부장관이 된다.
③ 위원의 임기는 (2년)으로 하되, 공무원인 위원의 임기는 그 재임기간으로 한다(제21조).
④ (보건복지부)에 사무국을 둔다(제21조).
⑤ 관계 중앙행정기관의 장은 위원회의 심의 · 조정 사항을 반영하여 사회보장제도를 운영 또는 개선하여야 한다(제20조).

07 국민기초생활 보장법상 보장기관에 관한 설명으로 옳은 것은? [2023년도 제21회]

① 교육급여 및 의료급여는 시 · 도교육감이 실시한다.
② 생계급여는 수급자의 거주지를 관할하는 시 · 도지사와 시장 · 군수 · 구청장이 실시한다.
③ 보장기관은 위기개입상담원을 배치하여야 한다.
④ 생활보장위원회는 자문기구이다.
⑤ 소관 중앙행정기관의 장은 5년마다 기초생활보장 시행계획을 수립하여야 한다.

정답 ②

해설 국민기초생활 보장법상 보장기관이란 급여를 행하는 국가 또는 지방자치단체를 말한다.
이 문제 선택지의 급여에 따른 보장기관과 역할은 다음과 같다.
① 교육급여는 교육부장관의 소관으로 하고, 의료급여는 거주하는 지역을 관할하는 시장 · 군수 · 구청장이 실시한다.
가. 보건복지부장관 소관: 의료급여, 해산급여, 장제급여, 자활급여
나. 교육부장관 소관: 교육급여
다. 국토교통부장관 소관: 주거급여
③ 보장기관은 (사회복지전담공무원)을 배치하여야 한다(국민기초생활 보장법 제19조).
④ 생활보장위원회는 (심의 · 의결)기구이다(국민기초생활 보장법 제20조).
가. 시 · 도 및 시 · 군 · 구에 각각 '생활보장위원회'를 둔다.
나. 보건복지부에 두는 생활보장위원회를 '중앙생활보장위원회'라고 한다.
⑤ 소관 중앙행정기관의 장은 3년마다 기초생활보장 기본계획을 수립하여야 한다(국민기초생활 보장법 제20조의2).

08 **사회보장기본법상 사회보장제도의 운영원칙에 관한 사항이다. ( )에 들어갈 내용으로 옳은 것은?** [2022년도 제20회]

> 사회보험은 (ㄱ)의 책임으로 시행하고, 공공부조와 사회서비스는 (ㄴ)의 책임으로 시행하는 것을 원칙으로 한다.

① ㄱ: 국가 ㄴ: 국가
② ㄱ: 지방자치단체 ㄴ: 지방자치단체
③ ㄱ: 국가와 지방자치단체 ㄴ: 국가
④ ㄱ: 국가 ㄴ: 국가와 지방자치단체
⑤ ㄱ: 국가와 지방자치단체 ㄴ: 국가와 지방자치단체

정답 ④

해설 사회보장기본법에 규정되어 있는 사회보장제도의 운영원칙(제25조)은 다음과 같다.
① 국가와 지방자치단체가 사회보장제도를 운영할 때에는 이 제도를 필요로 하는 모든 국민에게 적용하여야 한다.
② 국가와 지방자치단체는 사회보장제도의 급여 수준과 비용 부담 등에서 형평성을 유지하여야 한다.
③ 국가와 지방자치단체는 사회보장제도의 정책 결정 및 시행 과정에 공익의 대표자 및 이해관계인 등을 참여시켜 이를 민주적으로 결정하고 시행하여야 한다.
④ 국가와 지방자치단체가 사회보장제도를 운영할 때에는 국민의 다양한 복지 욕구를 효율적으로 충족시키기 위하여 연계성과 전문성을 높여야 한다.
⑤ 사회보험은 (국가)의 책임으로 시행하고, 공공부조와 사회서비스는 (국가와 지방자치단체)의 책임으로 시행하는 것을 원칙으로 한다.

09 **사회보장기본법상 국가와 지방자치단체에 관한 설명으로 옳지 않은 것은?** [2022년도 제20회]

① 국가와 지방자치단체는 모든 국민의 인간다운 생활을 유지·증진하는 책임을 가진다.
② 국가와 지방자치단체는 사회보장에 관한 책임과 역할을 합리적으로 분담하여야 한다.
③ 국가와 지방자치단체는 사회보장제도의 안정적인 운영을 위하여 중장기 사회보장 재정추계를 매년 실시하고 이를 공표하여야 한다.
④ 국가와 지방자치단체는 지속가능한 사회보장제도를 확립하고 매년 이에 필요한 재원을 조달하여야 한다.

⑤ 국가와 지방자치단체는 가정이 건전하게 유지되고 그 기능이 향상되도록 노력하여야 한다.

정답 ③

해설 사회보장기본법은 국가와 지방자치단체의 사회보장에 대한 책임과 역할을 명시하고 있다. 이 문제는 제5조 및 제6조와 관련된 내용이다.

– 국가와 지방자치단체의 책임(사회보장기본법 제5조)

① 국가와 지방자치단체는 모든 국민의 인간다운 생활을 유지·증진하는 책임을 가진다.
② 국가와 지방자치단체는 사회보장에 관한 책임과 역할을 합리적으로 분담하여야 한다.
③ 국가와 지방자치단체는 국가 발전수준에 부응하고 사회환경의 변화에 선제적으로 대응하며 지속가능한 사회보장제도를 확립하고 매년 이에 필요한 재원을 조달하여야 한다.
④ 국가는 사회보장제도의 안정적인 운영을 위하여 중장기 사회보장 재정추계를 (격년)으로 실시하고 이를 공표하여야 한다.

– 국가 등과 가정(사회보장기본법 제6조)

① 국가와 지방자치단체는 가정이 건전하게 유지되고 그 기능이 향상되도록 노력하여야 한다.
② 국가와 지방자치단체는 사회보장제도를 시행할 때에 가정과 지역공동체의 자발적인 복지활동을 촉진하여야 한다.

10 사회보장기본법상 사회보장위원회 위원으로 포함되어야 하는 중앙행정기관의 장을 모두 고른 것은? [2022년도 제20회]

ㄱ. 행정안전부장관 ㄴ. 고용노동부장관 ㄷ. 기획재정부장관 ㄹ. 국토교통부장관

① ㄱ, ㄴ, ㄷ ② ㄱ, ㄴ, ㄹ ③ ㄱ, ㄷ, ㄹ
④ ㄴ, ㄷ, ㄹ ⑤ ㄱ, ㄴ, ㄷ, ㄹ

정답 ⑤

해설 사회보장기본법 제21조(사회보장위원회의 구성 등)에 규정된 조항은 다음과 같다.

① 위원회는 위원장 1명, 부위원장 3명과 (행정안전부장관, 고용노동부장관, 여성가족부장관, 국토교통부장관)을 포함한 30명 이내의 위원으로 구성한다.
② 위원장은 국무총리가 되고 부위원장은 (기획재정부장관, 교육부장관 및 보건복지부장관)이 된다.
③ 위원회의 위원은 다음 각 호의 어느 하나에 해당하는 사람으로 한다.
  1. 대통령령으로 정하는 관계 중앙행정기관의 장
  2. 다음 각 목의 사람 중에서 대통령이 위촉하는 사람
    가. 근로자를 대표하는 사람
    나. 사용자를 대표하는 사람
    다. 사회보장에 관한 학식과 경험이 풍부한 사람
    라. 변호사 자격이 있는 사람
④ 위원의 임기는 2년으로 한다. 다만, 공무원인 위원의 임기는 그 재임 기간으로 하고, 제3항 제2호 각 목의 위원이 기관·단체의 대표자 자격으로 위촉된 경우에는 그 임기는 대표의

지위를 유지하는 기간으로 한다.

⑤ 보궐위원의 임기는 전임자 임기의 남은 기간으로 한다.

⑥ 위원회를 효율적으로 운영하고 위원회의 심의 · 조정 사항을 전문적으로 검토하기 위하여 위원회에 실무위원회를 두며, 실무위원회에 분야별 전문위원회를 둘 수 있다.

⑦ 실무위원회에서 의결한 사항은 위원장에게 보고하고 위원회의 심의를 거쳐야 한다. 다만, 대통령령으로 정하는 경미한 사항에 대하여는 실무위원회의 의결로써 위원회의 의결을 갈음할 수 있다.

⑧ 위원회의 사무를 효율적으로 처리하기 위하여 보건복지부에 사무국을 둔다.

⑨ 이 법에서 규정한 사항 외에 위원회, 실무위원회, 분야별 전문위원회, 사무국의 구성 · 조직 및 운영 등에 필요한 사항은 대통령령으로 정한다.

Chapter

10

사회복지 기본법(Ⅱ)

– 사회보장급여의 이용 · 제공 및 수급권자 발굴에 관한 법률(약칭 : 사회보장급여법)

1. 사회복지법제적 의의
2. 개요
3. 사회보장급여
4. 사회보장정보
5. 사회보장 지역계획 및 운영
6. 사회보장수급권 보장

Chapter

10 사회복지 기본법(Ⅱ)
– 사회보장급여의 이용 · 제공 및 수급권자 발굴에 관한 법률(약칭 : 사회보장급여법)

1. 사회복지법제적 의의

1) 사회복지법제에서의 위치

사회보장기본법은 사회보험, 공공부조, 사회서비스에 대한 법률의 기본법으로써 헌법의 하위규범이자 사회복지 관련 개별법들의 기본법으로서 지위를 갖고 있다. 사회복지 관련 개별법들의 기본법은 이외에도 사회보장급여의 이용 · 제공 및 수급권자 발굴에 관한 법률(약칭: 사회보장급여법)과 사회복지사업법이 있다. 사회보장급여법이 '사회보장급여의 이용 및 제공에 필요한 기준, 방법, 절차와 지원대상자의 발굴 및 지원 등에 관하여는 다른 법률에 특별한 규정이 있는 경우를 제외하고는 이 법에 따른다.'(제3조)고 규정하고 있고, 사회복지사업법은 사회복지사업의 내용 및 절차 등에 관하여 사회서비스 관련 개별법(제2조 제1호)에 특별한 규정이 있는 경우를 제외하고는 이 법에서 정하는 바에 따르고, 이 개별법을 개정하는 경우에는 이 법에 부합하도록 하여야 한다(제3조)고 규정하고 있는 점에서 사회보장 개별법에 대한 기본법으로서 기능을 하고 있다.

그러나 사회보장급여법과 사회복지사업법은 사회보장기본법을 보완하는 기능을 가진 기본법이라고 할 수 있다. 사회보장의 급여 분야는 사회보장급여법이, 사회보장의 서비스 분야는 사회복지사업법이 담당하고 있다. 즉, 사회보장급여법은 사회보장기본법에 따른 사회보장급여의 이용 및 제공에 관한 기준과 절차 등 기본적 사항을 규정하고 있고(제1조), 사회복지사업법은 사회복지사업의 적용 범위를 공공부조와 사회서비스에 한정하고 있다(제2조 제1호).

2) 형성과정

1995년 12월 30일 제정되고 1996년 7월 1일 시행된 사회보장기본법은 그 시행과정에서 노출된 문제점을 보완하고 시대적 변화에 맞추어 2012년 1월 26일 전부개정(2013. 1. 27. 시행)이 이루어져 국민의 보편적 · 생애주기적 특성에 맞게 소득과 사회서비스를 함께 보장하는 방향으로 사회정책과 경제정책을 통합적으로 제시하였다.

그러나 사회보장기본법이 세부적인 실행방안과 절차가 미비하여 복지전달체계가 중앙행정기관별 · 지방자치단체별로 분절 운영되어 서비스의 효율적 연계가 어렵고, 복지혜택이 중복되거나 제공되지 못하는 복지사각지대가 문제가 있어 왔다. 2014년 2월 26일 송파 세 모녀가 생활고로 동반 자살하는 사건이 발생하자 복지사각지대 해소 여론이 비등하였다.

이에 사회보장급여 절차 및 방법 등에 관한 사항을 구체적으로 규정하고, 소외계층을 발굴하여 복지사각지대를 해소하기 위한 방안을 제도적으로 보완할 필요성이 커졌다. 사회보장급여법이 2014년 12월 30일 제정되고 2015년 7월 1일 시행되었다.

2. 개요

1) 목적

사회보장급여법의 목적은 사회보장기본법에 따른 사회보장급여의 이용 및 제공에 관한 기준과 절차 등 기본적 사항을 규정하고 지원을 받지 못하는 지원대상자를 발굴하여 지원함으로써 사회보장급여를 필요로 하는 사람의 인간다운 생활을 할 권리를 최대한 보장하고, 사회보장급여가 공정하고 효과적으로 제공되도록 하며, 사회보장제도가 지역사회에서 통합적으로 시행될 수 있도록 그 기반을 구축하는 것이다(제1조).

2) 기본 원칙

① 사회보장급여가 필요한 사람은 누구든지 자신의 의사에 따라 사회보장급여를 신청할 수 있으며, 보장기관은 이에 필요한 안내와 상담 등의 지원을 충분히 제공하여야 한다. ② 보장기관은 지원이 필요한 국민이 급여대상에서 누락되지 아니하도록 지원대상자를 적극 발굴하여 이들이 필요로 하는 사회보장급여를 적절하게 제공받을 수 있도록 노력하여야 한다. ③ 보장기관은 국민의 다양한 복지욕구를 충족시키고 생애주기별 필요에 맞는 사회보장급여가 공정·투명·적정하게 제공될 수 있도록 노력하여야 한다. ④ 보장기관은 사회보장급여와 사회복지법인, 사회복지시설 등 사회보장 관련 민간 법인·단체·시설이 제공하는 복지혜택 또는 서비스를 효과적으로 연계하여 제공할 수 있도록 노력하여야 한다. ⑤ 보장기관은 국민이 사회보장급여를 편리하게 이용할 수 있도록 사회보장 정책 및 관련 제도를 수립·시행하기 위하여 노력하여야 한다. ⑥ 보장기관은 지역의 사회보장 수준이 균등하게 실현될 수 있도록 노력하여야 한다

(제4조).

3) 개념

'사회보장급여'란 보장기관(사회보장급여를 제공하는 국가기관과 지방자치단체)이 사회보장급여로 제공하는 현금, 현물, 서비스 및 그 이용권을 말한다.

'수급권자'란 사회보장급여를 제공받을 권리를 가진 사람을 말하며, '수급자'란 사회보장급여를 받고 있는 사람을 말한다.

'지원대상자'란 사회보장급여를 필요로 하는 사람을 말한다.

'보장기관'이란 관계 법령 등에 따라 사회보장급여를 제공하는 국가기관과 지방자치단체를 말한다(제2조).

3. 사회보장급여

1) 사회보장급여의 신청

사회보장급여 수급권자 또는 지원대상자는 주소지 관할 보장기관에 사회보장급여를 신청할 수 있다. 예외로 지원대상의 친족, 민법에 따른 후견인, 청소년 기본법에 따른 청소년상담사 · 청소년지도사, 지원대상자를 사실상 보호하고 있는 자 및 관련 기관 · 단체의 장 등도 신청할 수 있다. 보장기관의 업무담당자는 지원대상자가 누락되지 아니하도록 하기 위하여 지원대상자의 동의를 받아 관할 지역에 거주하는 지원대상자에 대한 사회보장급여의 제공을 직권으로 신청할 수 있다(제5조).

2) 사회보장 수급자격 조사

보장기관의 장은 사회보장급여의 신청을 받으면 ① 지원대상자의 사회보장 요구와 관련된 사항, ② 지원대상자의 건강상태, 가구구성 등 생활실태에 관한 사항, ③ 그 밖에 지원대상자에게 필요하다고 인정되는 사회보장급여에 관한 사항을 조사하여야 한다(제6조).

지원대상자와 그 부양의무자(배우자와 1촌의 직계혈족 및 그 배우자)에 대하여 사회보장급여의 수급자격 확인을 위한 자료 또는 정보를 제공받아 조사하고 처리할 수 있다. 자료의 확보가 곤란한 경우 신청인 또는 지원대상자와 그 부양의무자에게 필요한 자료의 제출을 요구할 수 있다. 보장기관의 장은 조사를 실시하기 위하여 관련 전산망 또는 자료를 이용하고자 하는 경우에는 관계 중앙행정기관, 법원행정처, 지방자치단체, 관련 기관 및 단체에 협조를 요청할 수 있다(제7조).

3) 사회보장급여 결정

보장기관의 장이 사회보장 요구 및 수급자격 조사를 실시한 경우에는 사회보장급여의 제공 여부 및 제공유형을 결정한다. 필요한 경우 지원대상자와 그 친족, 그 밖에 관계인의 의견을 들을 수 있다. 이때 사회보장급여는 지원대상자가 현재 제공받고 있는 사회보장급여와 보장내용이 중복되지 않아야 한다. 보장기관의 장은 결정된 사회보장급여의 제공 여부와 그 유형 및 변경사항 신고의무 등을 서면(전자문서 포함) 또는 구두로 신청인에게 통지하여야 한다(제9조).

4) 지원대상자 발굴

(1) 위기가구의 발굴

보장기관의 장은 누락된 지원대상자가 적절한 사회보장급여를 제공받을 수 있도록 지원이 필요한 위기가구를 발굴하기 위하여 노력하여야 한다(제9조의2 제1항). 위기가구는 관계 기관 · 법인 · 단체 · 시설의 장에게 공유 받은 정보와 자료 또는 정보의 처리 결과 보장기관의 장이 위기상황에 처하여 있다고 판단한 사람의 가구, 자살자 또는 자살시도자가 발생한 가구로서 자살자가 주소득자였던 가구, 자살자의 유족으로서 자살을 시도할 우려가 있다고 판단되는 사람이 속한 가구, 다시 자살을 시도할 우려가 있다고 판단되는 자살시도자가 속한 가구, 그 밖에 가구 구성원의 자살 또는 자살시도로 경제적 어려움에 처해 있거나 정상적인 경제활동이 곤란하다고 인정되는 가구를 말한다(시행령 제6조의2). 보장기관의 장은 발굴한 위기가구의 구성원이 필요로 하는 적절한 사회보장급여를 제공받을 수 있도록 지원하여야 한다(제9조의2 제2항).

(2) 지원대상자 발굴 홍보, 협조 등

보장기관의 장은 지원대상자를 발굴하기 위하여 사회보장급여의 내용 및 제공규모, 수급자가 되기 위한 요건과 절차, 사회보장급여수급을 위하여 필요한 정보에 대한 자료 또는 정보의 제공과 홍보에 노력하여야 한다(제10조 제1항).

또한 관할 지역에 거주하는 지원대상자를 발굴하기 위하여 사회복지법인 및 사회복지시설, 국민연금공단, 국민건강보험공단, 보건소, 초 · 중 · 고교, 경찰서, 소방대, 도시가스사업자, 수도사업자, 한국가스공사, 한국전력공사 등의 장에게 소관업무의 수행과 관련하여 취득한 정보의 공유, 지원대상자의 거주지 등 현장조사 시 소속 직원의 동행 등 필요한 사항에 대한 협조를 요청할 수 있다(제11조 제1항).

보건복지부장관은 보장기관이 자료 또는 정보의 제공과 홍보 업무를 효율적으로 수행할 수 있도록 지원하기 위하여 사회보장정보시스템을 통하여 가구정보 등의 자료 또는 정보를 처리할 수 있으며, 관계 중앙행정기관, 지방자치단체 및 관계 기관·법인·단체·시설의 장에게 자료 또는 정보의 제공을 요청할 수 있다. 사회보장의 사각지대 해소를 위하여 보장기관의 장에게 제공할 수 있으며, 보장기관의 장은 지원대상자의 동의를 받아 법인·단체·시설의 장이 이를 활용할 수 있도록 지원할 수 있다(제12조).

이 경우 가구정보 대상은 단전·단수·단가스 가구, 담당교원이 위기상황에 처하여 있다고 판단한 학생, 국민건강보험료 3개월 이상 체납자, 국민기초생활보장 또는 긴급복지지원 신청 또는 지원 중 탈락가구, 사회복지시설 입소 탈락자나 퇴소자 중 위기상황에 처하여 있다고 판단한 사람, 연체자(대출금·신용카드대금·통신요금 등), 공공주택 임대료 3개월 이상 체납 임차인, 공동주택관리비 3개월 이상 체납 입주자 등이다(제12조).

(3) 발굴조사의 실시 및 실태점검

보장기관의 장은 지원대상자에 대한 발굴조사를 분기마다 정기적으로 실시하여야 한다. 보건복지부장관은 지원대상자 발굴체계의 운영 실태를 매년 정기적으로 점검하고 개선방안을 마련하여야 한다(제12조의2).

(4) 지원대상자 발견 시 신고의무

누구든지 출산, 양육, 실업, 노령, 장애, 질병, 빈곤 및 사망 등의 사회적 위험으로 인하여 사회보장급여를 필요로 하는 지원대상자를 발견하였을 때에는 보장기관에 알려야 한다. 지원대상자 신고의무자는 사회적 위험으로 인하여 사망 또는 중대한 정신적·신체적 장애를 입을 위기에 처한 지원대상자를 직무상 발견한 경우 지체 없이 보장기관에 알리고, 지원대상자가 신속하게 지원을 받을 수 있게 하여야 한다. 신고의무자는 사회복지시설의 장과 그 종사자, 장애인활동지원기관의 장 및 그 종사자와 활동지원인력, 의료인과 의료기관의 장, 의료기사, 응급구조사, 구조대 및 구급대의 대원, 경찰공무원, 자치경찰공무원, 정신건강보건센터의 장과 그 종사자, 어린이집의 원장 등 보육교직원, 유아교육 교직원 및 강사 등, 초·중·고 교직원, 전문상담교사 등 및 산학겸임교사 등, 학원 운영자·강사·직원 및 교습소의 교습자·직원, 성폭력피해상담소의 장과 그 종사자 및 성폭력피해자보호시설의 장과 그 종사자, 성매매방지 및 피해자 지원시설의 장과 그 종사자 및 성매매피해상담소의 장과 그 종사자, 가정폭력 관련 상담소의 장과 그 종사자 및 가정폭력피해자 보호시설의 장과 그 종사자, 건강가정지원센터의 장과 그 종사자, 장기요양기관의 장과 그 종사자, 보건소의 방문간호업무 종사자, 다문화가족지원센터의 장과 그 종사자, 행정리의 이장 및 통의 통장, 공동주택관리주체 등이다(제13조 제1항).

(5) 민관협력

보장기관과 관계 기관·법인·단체·시설은 지역사회 내 사회보장이 필요한 지원대상자를 발굴하고, 가정과 지역공동체의 자발적인 협조가 이루어질 수 있도록 노력하여야 한다. 시장·군수·구청장은 지원대상자의 발굴 및 지역사회 보호체계의 구축을 위하여 필요한 경우 지역사회보장협의체에 관계 기관·법인·단체·시설의 장 및 그 밖에 사각지대 발굴과 관련한 기관·법인·단체·시설의 장 등을 포함시켜 운영할 수 있다(제14조).

5) 수급권자 등의 지원

(1) 지원계획 수립 및 시행

보장기관의 장은 사회보장급여의 제공을 결정한 때에는 필요한 경우 수급권자별 사회보장급여 제공계획을 수립하여야 한다. 이 경우 수급권자 또는 그 친족이나 그 밖의 관계인의 의견을 고려하여야 한다. 수급권자별 사회보장급여 제공계획에는 사회보장급여의 유형·방법·수량 및 제공기간, 사회보장급여를 제공할 기관 및 단체, 동일한 수급권자에 대하여 사회보장급여를 제공할 보장기관 또는 관계기관 · 법인 · 단체 · 시설이 둘 이상인 경우 상호 간 연계방법, 사회보장 관련 민간 법인 · 단체 · 시설이 제공하는 복지혜택과 연계가 필요한 경우 그 연계방법이 포함되어 있어야 한다.

보장기관의 장은 지원계획에 따라 사회보장급여가 제공될 수 있도록 노력하여야 하며, 필요한 경우 사회보장급여 제공결과를 정기적으로 평가하고 그 결과에 따라 지원계획을 변경할 수 있다(제15조).

(2) 수급권자 등에 대한 상담 · 안내 · 의뢰 등

보장기관의 업무담당자는 수급권자 또는 지원대상자가 필요한 사회보장급여를 편리하게 이용할 수 있도록 사회보장급여의 명칭, 수급권자의 선정기준, 보장내용 및 신청방법 등에 관한 사항을 상담하고 안내하여야 하며, 이를 위하여 사회보장정보시스템에서 지원하는 정보를 최대한 활용하여야 한다. 보장기관의 업무담당자는 수급권자 등이 필요로 하는 사회보장급여의 이용이 다른 보장기관의 권한에 속한다고 판단되는 경우 신청인 또는 수급권자 등에게 상담 · 의뢰한 사항과 해당 보장기관을 안내하고, 필요한 경우 해당 보장기관 또는 관계 기관 · 법인 · 단체 · 시설에 사회보장급여 또는 복지혜택 · 서비스의 제공을 의뢰하여야 한다.

보건복지부장관은 보장기관의 업무담당자의 상담 · 안내 · 의뢰가 사회보장정보시스템을 통하여 효율적으로 이루어질 수 있도록 하여야 한다.

보장기관의 장은 수급권자 등에게 사회보장급여의 이용 및 제공에 필요한 사항을 종합적으로 상담 · 안내 · 의뢰하는 등의 업무를 수행하기 위하여 전화상담센터 등을 설치 · 운영할 수 있다(제16조).

(3) 수급권자의 보호자에 대한 지원

보장기관의 장은 급여제공이 결정된 수급권자를 자신의 가정에서 돌보는 사람의 부담을 줄이기 위하여 상담을 실시하거나 금전적 지원 등을 할 수 있다(제18조).

6) 사회보장급여의 사후관리

(1) 사회보장급여의 적정성 확인조사

보장기관의 장은 수급자에 대한 사회보장급여의 적정성을 확인하기 위하여 인적사항 및 가족관계 확인, 소득 · 재산 · 근로능력 및 취업상태, 사회보장급여 수급이력 사항에 대한 정보를 조사할 수 있다(제19조 제1항).

(2) 사회보장급여 부정수급 실태조사

보건복지부장관은 속임수 등의 부정한 방법으로 사회보장급여를 받거나 타인으로 하여금 사회보장급여를 받게 한 경우에 대하여 보장기관이 효과적인 대책을 세울 수 있도록 그 발생 현황, 피해사례 등에 관한 실태조사를 3년마다 실시하고, 그 결과를 공개하여야 한다(제19조의2 제1항).

(3) 수급자의 변동신고

주기적으로 또는 기간을 정하여 사회보장급여를 제공받는 수급자는 거주지, 세대원, 인적사항 및 가족관계, 소득 · 재산 · 근로능력 및 취업상태, 사회보장급여 수급이력 사항이 변동되었을 때에는 지체 없이 관할 보장기관의 장에게 신고하여야 한다(제20조).

(4) 사회보장급여의 변경 · 중지

보장기관의 장은 사회보장급여의 적정성 확인조사 및 수급자의 변동신고에 따라 수급자 및 그 부양의무자의 인적사항, 가족관계, 소득 · 재산상태, 근로능력 등에 변동이 있는 경우에는 직권 또는 수급자나 그 친족, 그 밖의 관계인의 신청에 따라 수급자에 대한 사회보장급여의 종류 · 지급방법 등을 변경할 수 있다(제21조 제1항).

(5) 사회보장급여의 환수

수급자가 수급자의 변동신고를 고의로 회피하거나 속임수 등의 부정한 방법으로 사회보장급여를 받거나 타인으로 하여금 사회보장급여를 받게 한 경우에는 사회보장급여를 제공한 보장기관의 장은 그 사회보장급여의 전부 또는 일부를 그 사회보장급여를 받거나 받게 한 자로부터 환수할 수 있다(제22조 제1항).

4. 사회보장정보

1) 사회보장정보시스템 운영

(1) 사회보장정보의 처리 등

보건복지부장관은 보장기관이 수급권자의 선정 및 급여관리 등에 관한 업무를 효율적으로 수행할 수 있도록 사회보장정보시스템을 통하여 사회보장급여의 제공 · 관리 및 사회보장정보시스템 구축 · 운영에 필요한 자료 또는 사회보장정보를 처리할 수 있다. 보건복지부장관은 사회보장정보를 처리하기 위하여 관계 중앙행정기관, 지방자치단체, 관계기관 · 법인 · 단체 · 시설의 장에게 필요한 자료 또는 정보를 요청할 수 있다(제23조).

(2) 사회보장정보시스템의 이용

보장기관의 장은 사회보장급여 신청 · 조사 · 결정, 지원대상자 발굴, 수급자 등 지원, 사후관리 등 업무를 효율적으로 수행하기 위하여 사회보장정보시스템을 이용하거나 관할 업무시스템과 사회보장정보시스템을 연계하여 이용할 수 있다. 이 경우 보장기관의 장은 사회보장정보시스템을 이용하여 처리하고자 하는 자료 또는 정보와 그 범위, 처리목적방식, 해당 자료 또는 정보의 보유기관 등을 특정하여 보건복지부장관과 협의하여야 한다. 보건복지부장관은 사회보장의 사각지대를 해소하기 위하여 사회보장정보시스템을 통하여 처리된 정보를 보장기관의 장에게 제공할 수 있으며, 보장기관의 장은 필요한 경우 지원대상자의 동의를 받아 법인 · 단체 · 시설의 장이 활용할 수 있도록 지원할 수 있다(제24조).

(3) 대국민 포털 구축 등

보건복지부장관은 사회보장급여가 필요한 국민에게 사회보장 관련 자료 또는 정보의 검색, 조회 등 온라인 서비스를 제공하는 인터넷 기반의 대국민 포털을 구축 · 관리하고 그 활용을 촉진하여야 한다(제25조 제1항).

(4) 사회보장정보의 정확성 유지

정보보유기관의 장은 사회보장정보의 정확성을 유지하기 위하여 노력하여야 한다. 보건복지부장관은 사회보장정보를 주기적으로 갱신하여야 하며, 그 정보에 오류가 있다고 판단되는 경우에는 원천 자료 또는 정보를 제공한 정보보유기관의 장에게 해당 자료 또는 정보의 수정 또는 보완을 요구할 수 있다(제26조).

(5) 사회보장정보의 표준화

보건복지부장관은 사회보장정보의 공동 활용을 통하여 국민이 사회보장급여의 이용을 편리하게 할 수 있도록 사회보장정보와 관련된 각종 기준, 절차, 방법, 서식 등을 표준화하여 보장기관의 장에게 제시할 수 있다(제27조).

(6) 사회보장정보 등의 협의 · 조정

보장기관의 장 또는 관계 중앙행정기관의 장이 사회보장정보의 처리, 사회보장정보시스템의 이용, 사회보장정보의 표준화, 업무의 위임 · 위탁 등에 관하여 의견이 있는 경우에는 보건복지부장관과 협의하고, 협의가 이루어지지 아니할 경우 사회보장위원회가 이를 조정한다(제28조 제1항).

(7) 사회보장정보원

사회보장정보시스템의 운영 · 지원을 위하여 법인으로 한국사회보장정보원을 설립한다. 한국사회보장정보원은 사회보장정보시스템의 구축 및 유지 · 기능개선 · 관리 · 교육 · 상담 등 운영, 사회보장정보의 처리, 사회보장급여의 수급과 관련된 법령 등에 따른 신청, 접수, 조사, 결정, 환수 등 업무의 전자적 처리지원, 사회서비스이용권의 이용 · 지급 및 정산 등에 필요한 정보시스템의 운영, 사회서비스이용권을 통하여 사회서비스를 제공하는 사업의 관리, 사회보장 관련 민간 법인 · 단체 · 시설에 대한 전자화 지원, 사회보장제도의 운영에 필요한 정책정보 및 통계정보의 생산 · 분석 · 제공과 사회보장정책 지원을 위한 조사 · 연구, 대국민 포털 운영, 보건복지부장관, 국가 또는 지방자치단체로부터 위탁받은 업무 등을 수행한다(제29조).

2) 사회보장정보의 보호

(1) 사회보장정보의 보호대책 수립 · 시행

보건복지부장관은 사회보장정보시스템의 사회보장정보를 안전하게 보호하기 위하여 물리적 · 기술적 대책을 포함한 보호대책을 수립 · 시행하여야 한다(제30조 제1항).

(2) 사회보장정보 침해행위 등의 금지

누구든지 사회보장정보를 처리할 때 사회보장정보를 위조 · 변경 · 훼손 · 말소 · 유출하거나 프로그램 공개 · 유포 · 사용, 사회보장정보시스템 위조 · 변경 · 훼손 · 이용, 권한이 없거나 허용된 권한을 초과하여 사회보장정보 처리, 업무 외의 목적으로 사회보장정보 열람 · 조회하는 행위를 하여서는 아니 된다(제31조).

(3) 사회보장정보시스템의 복구조치

한국사회보장정보원의 장 및 사회보장정보시스템을 이용하는 보장기관의 장은 사회보장정보시스템에 침해행위가 발생한 때에는 사회보장정보시스템의 피해복구 및 보호에 필요한 조치를 신속히 취하고 보건복지부장관에게 즉시 통보하여야 한다(제32조 제1항).

(4) 사회보장정보 등에 대한 침해행위의 시정요구

보건복지부장관은 사회보장정보 또는 사회보장정보시스템에 대한 침해행위가 발생하였다고 판단할 상당한 근거가 있고 이를 방치할 경우 회복하기 어려운 피해가 발생할 우려가 있다고 인정되면 침해행위를 한 자에 대하여 사회보장정보 또는 사회보장정보시스템 침해행위의 중지, 정보처리의 일시적인 정지, 사회보장정보의 보호 및 침해행위 방지를 위하여 필요한 조치를 요구할 수 있다(제33조).

(5) 사회보장정보의 파기

보장기관의 장 및 한국사회보장정보원의 장은 사회보장정보를 5년이 지나면 파기하여야 한다(제34조).

5. 사회보장 지역계획 및 운영

1) 지역사회보장계획

(1) 지역사회보장에 관한 계획의 수립

시 · 도지사 및 시장 · 군수 · 구청장은 지역사회보장계획을 4년마다 수립하고, 매년 지역사회보장계획에 따라 연차별 시행계획을 수립하여야 한다. 이 경우 사회보장기본계획과 연계되도록 하여야 한다. 시장 · 군수 · 구청장은 해당 시 · 군 · 구의 지역사회보장계획을 지역주민 등 이해관계인의 의견을 들은 후 수립하고, 지역사회보장협의체의 심의와 해당 시 · 군 · 구 의회의 보고를 거쳐 시 · 도지사에게 제출하여야 한다. 시 · 도지사는 제출받은 시 · 군 · 구의 지역사회보장계획을 지원하는 내용 등을 포함한 시 · 도 지역사회보장계획을 수립하여, 시 · 도사회보장위원회의 심의와 해당 시 · 도 의회의 보고를 거쳐 보건복지부장관에게 제출하여야 한다. 이 경우 보건복지부장관은 제출된 계획을 사회보장위원회에 보고하여야 한다(제35조).

보장기관의 장은 지역사회보장계획의 수립 및 지원 등을 위하여 지역 내 사회보장 관련 실태와 지역주민의 사회보장에 관한 인식 등에 관하여 필요한 지역사회보장조사를 실시할 수 있으며, 시 · 도지사 및 시장 · 군수 · 구청장은 지역사회보장계획 수립 시 지역사회보장조사 결과를 반영할 수 있다(제35조).

(2) 지역사회보장계획의 시행

시 · 도지사 또는 시장 · 군수 · 구청장은 지역사회보장계획을 시행하여야 하며, 지역사회보장계획을 시행할 때 필요하다고 인정하는 경우에는 사회보장 관련 민간 법인 · 단체 · 시설에 인력, 기술, 재정 등의 지원을 할 수 있다(제37조).

(3) 지역사회보장계획의 변경

시 · 도지사 또는 시장 · 군수 · 구청장은 사회보장의 환경 변화, 사회보장기본계획의 변경 등이 있는 경우에는 지역사회보장계획을 변경할 수 있다(제38조).

(4) 지역사회보장계획 시행결과의 평가

보건복지부장관은 시 · 도 지역사회보장계획의 시행결과를, 시 · 도지사는 시 · 군 · 구 지역사회보장계획의 시행결과를 평가할 수 있다. 시 · 도지사는 평가를 시행한 경우 그 결과를 보건복지부장관에게 제출하여야 한다. 보건복지부장관은 이를 종합 검토하여 사회보장위원회에 보고하여야 한다(제39조).

2) 지역사회보장 운영체계

(1) 시 · 도사회보장위원회

시 · 도지사는 시 · 도의 사회보장 증진을 위하여 시 · 도사회보장위원회를 둔다. 시 · 도사회보장위원회는 시 · 도의 지역사회보장계획 수립 · 시행 및 평가, 시 · 도의 지역사회보장조사 및 지역사회보장지표, 시 · 도의 사회보장급여 제공, 시 · 도의 사회보장 추진과 관련한 중요 사항에 대하여 심의 · 자문한다(제40조).

시 · 도사회보장위원회는 사회보장 전문가, 사회보장 관련 기관 및 단체의 대표자, 사회보장을 필요로 하는 사람의 이익 등 대표자, 지역사회보장협의체 대표자, 비영리민간단체에서 추천한 사람, 사회복지공동모금지회에서 추천한 사람, 사회보장 업무 담당 공무원 중 시 · 도지사가 임명 또는 위촉한 사람으로 구성한다(제40조).

(2) 지역사회보장협의체

시장 · 군수 · 구청장은 지역의 사회보장을 증진하고, 사회보장과 관련된 서비스를 제공하는 관계 기관 · 법인 · 단체 · 시설과 연계 · 협력을 강화하기 위하여 해당 시 · 군 · 구에 지역사회보장협의체를 둔다. 지역사회보장협의체는 시 · 군 · 구의 지역사회보장계획 수립 · 시행 · 평가, 지역사회보장조사 및 지역사회보장지표, 사회보장급여 제공, 사회보장 추진, 읍 · 면 · 동 단위 지역사회보장협의체의 구성 및 운영 등에 대하여 심의 · 자문한다.

지역사회보장협의체의 위원은 사회보장 전문가, 사회보장 기관 · 법인 · 단체 · 시설의 대표자, 비영리민간단체에서 추천한 사람, 읍 · 면 · 동 단위 지역사회보장협의체의 위원장, 사회보장 업무 담당 공무원 중 시장 · 군수 · 구청장이 임명 또는 위촉한다.

지역사회보장협의체의 업무를 효율적으로 수행하기 위하여 지역사회보장협의체에 실무협의체를 둔다.

시장 · 군수 · 구청장은 읍 · 면 · 동 단위로 읍 · 면 · 동의 사회보장 관련 업무의 원활한 수행을 위하여 해당 읍 · 면 · 동에 읍 · 면 · 동 단위 지역사회보장협의체를 둔다(제41조).

(3) 사회보장사무 전담기구

시장 · 군수 · 구청장은 사회보장에 관한 업무를 효율적으로 수행하기 위하여 관련 조직, 인력, 관계 기관 간 협력체계 등을 마련하여야 하며, 필요한 경우에는 사회보장사무 전담기구를 별도로 설치할 수 있다. 사회보장사무 전담기구는 사회보장정보시스템을 활용하여 수급권자에게 필요한 정보를 종합 안내하고, 사회보장급여에 대한 신청 등이 편리하게 이루어질 수 있도록 운영되어야 한다(제42조).

(4) 통합사례관리

보건복지부장관, 시 · 도지사 및 시장 · 군수 · 구청장은 지원대상자의 사회보장 수준을 높이기 위하여 지원대상자의 다양하고 복합적인 특성에 따른 상담과 지도, 사회보장에 대한 욕구조사, 서비스 제공 계획의 수립을 실시하고, 그 계획에 따라 지원대상자에게 보건 · 복지 · 고용 · 교육 등에 대한 사회보장급여 및 민간 법인 · 단체 · 시설 등이 제공하는 서비스를 종합적으로 연계 · 제공하는 통합사례관리를 실시할 수 있다. 통합사례관리를 실시하기 위하여 필요한 경우에는 시 · 군 · 구에 통합사례관리사를 둘 수 있다(제42조의2).

(5) 사회복지전담공무원

사회복지사업에 관한 업무를 담당하게 하기 위하여 시 · 도, 시 · 군 · 구, 읍 · 면 · 동 또는 사회보장사무 전담기구에 사회복지전담공무원을 둘 수 있다. 사회복지전담공무원은 사회복지사의 자격을 가진 사람으로 한다. 사회복지전담공무원은 사회보장급여에 관한 업무 중 취약계층에 대한 상담과 지도, 생활실태의 조사 등 사회복지에 관한 전문적 업무를 담당한다(제43조).

3) 지역사회보장 균형발전

중앙행정기관의 장 및 시 · 도지사는 시 · 도 및 시 · 군 · 구 간 사회보장 수준의 차이를 최소화하기 위하여 예산배분, 사회보장급여의 제공기관 등의 배치 등에 필요한 조치를 하여야 한다(제45조). 보건복지부장관은 시 · 도 및 시 · 군 · 구의 사회보장 추진현황 분석, 지역사회보장계획의 평가, 지역 간 사회보장의 균형발전 지원 등의 업무를 효과적으로 수행하기 위하여 지역사회보장균형발전지원센터를 설치 · 운영할 수 있다(제46조 제1항).

4) 지방자치단체 지원

중앙행정기관의 장은 시 · 도지사 및 시장 · 군수 · 구청장에게 사회보장사업의 수행에 필요한 비용을 지원할 수 있으며, 이 경우 평가결과를 반영할 수 있다(제47조).

5) 사회보장 특별지원구역 운영

중앙행정기관의 장 또는 시·도지사는 임대주택법에 따른 영구임대주택단지, 저소득층 밀집 거주지, 그 밖에 보건, 복지, 고용, 주거, 문화 등 특정 분야의 서비스가 취약한 지역을 사회보장 특별지원구역으로 선정하여 지원할 수 있다. 이 경우 중앙행정기관의 장 또는 시·도지사는 사회보장 특별지원구역을 선정할 때 관계 행정기관의 장과 협의하여야 한다(제48조 제1항).

6. 사회보장수급권 보장

1) 비밀유지의무

사회보장급여의 신청, 조사, 결정, 확인조사, 환수 등 급여의 제공 및 관리 등에 관한 업무 및 사회보장정보의 처리 등에 관한 업무에 종사하거나 종사하였던 사람은 직무상 알게 된 비밀을 다른 사람에게 누설하거나 직무상 목적 외의 용도로 이용하여서는 아니 된다(제49조).

2) 압류금지

사회보장급여로 지급된 금품과 이를 받을 권리는 압류하지 못한다(제50조).

3) 이의신청

사회보장급여법에 따른 처분에 이의가 있는 수급권자 등은 그 처분을 받은 날로부터 90일 이내에 처분을 결정한 보장기관의 장에게 이의신청을 할 수 있다. 다만, 정당한 사유로 인하여 그 기간 내에 이의신청을 할 수 없음을 증명한 때에는 그 사유가 소멸한 때부터 60일 이내에 이의신청을 할 수 있다.

보장기관의 장은 이의신청을 받은 날부터 10일 이내에 그 이의신청에 대하여 결정하고 그 결과를 신청인에게 지체 없이 통지하여야 한다. 다만, 부득이한 사유로 정하여진 기간 이내에 결정할 수 없을 때에는 그 기간의 만료일 다음 날부터 기산하여 10일 이내의 범위에서 연장할 수 있으며, 연장 사유를 신청인에게 통지하여야 한다(제17조).

Chapter 10

사회복지 기본법(Ⅱ) - 사회보장급여의 이용·제공 및 수급권자 발굴에 관한 법률 (약칭 : 사회보장급여법)

핵심내용 학습 사회복지사1급 기출문제 해설

출제 경향 분석

최근 3년간 출제경향을 볼 때, 교재 "제10장 사회보장급여의 이용 · 제공 및 수급권자 발굴에 관한 법률(약칭 : 사회보장급여법)"에서는 총 5문제가 출제되었다. 매년 2문제 정도가 출제되고 있는 중요한 법률이다.

01 사회보장급여의 이용 · 제공 및 수급권자 발굴에 관한 법률의 내용으로 옳지 않은 것은? [2024년도 제22회]

① 보장기관은 지역의 사회보장 수준이 균등하게 실현될 수 있도록 노력하여야 한다.

② 청소년기본법에 따른 청소년상담사는 지원대상자의 사회보장급여를 신청할 수 있다.

③ 보장기관의 장은 위기가구를 발굴하기 위하여 노력하여야 한다.

④ 정부는 한국사회보장정보원의 설립 · 운영에 필요한 비용을 출연할 수 없다.

⑤ 특별자치시 지역사회보장계획은 사회보장급여 담당 인력의 양성 및 전문성 제고 방안을 포함하여야 한다.

정답 ④

해설 각 항의 내용이 규정된 조문은 다음과 같다.

① 보장기관은 지역의 사회보장 수준이 균등하게 실현될 수 있도록 노력하여야 한다(사회보장급여법 제4조 제6항).

② 청소년기본법에 따른 청소년상담사는 지원대상자의 사회보장급여를 신청할 수 있다(사회보장급여법 제5조 제1항).

③ 보장기관의 장은 위기가구를 발굴하기 위하여 노력하여야 한다(사회보장급여법 제9조의2).

④ 정부는 사회보장급여의 이용 및 제공이 원활히 이루어질 수 있도록 한국사회보장정보원의 설립 · 운영에 필요한 비용을 출연하거나 지원할 수 (있다)(사회보장급여법 제29조 제4항).

⑤ 특별자치시가 지역사회보장계획(사회보장급여법 제36조 제3항)을 수립할 때는 사회보장급여 담당 인력의 양성 및 전문성 제고 방안을 포함하여야 한다. 이 내용은 '지역사회보장계획의 내용 및 시행, 평가'에 규정되어 있다. 이에 따라, 특별자치시 지역사회보장계획에는 제1항 각 호의 사항, 사회보장급여가 효과적으로 이용 및 제공될 수 있는 기반 구축 방안, 사회보장급여 담당 인력의 양성 및 전문성 제고 방안, 그 밖에 지역사회보장 추진에 필요한 사항 등이 포함되어야 한다.

02 **사회보장급여의 이용 · 제공 및 수급권자 발굴에 관한 법률상 지원대상자의 발굴에 관한 설명으로 옳은 것은?** [2024년도 제22회]

① "지원대상자"란 사회보장급여를 제공받을 권리를 가진 사람을 말한다.

② 사회복지시설의 장은 사회보장급여의 제공을 직권으로 신청할 수 있다.

③ 국민건강보험공단 이사장은 보험료를 7개월 이상 체납한 사람의 가구정보를 사회보장정보시스템을 통하여 처리할 수 있다.

④ 시 · 도지사는 지원대상자에 대한 발굴조사를 1년마다 정기적으로 실시하여야 한다.

⑤ 보장기관의 장은 지원대상자를 발굴하기 위하여 사회보장급여의 제공규모에 대한 정보의 제공과 홍보에 노력하여야 한다.

정답 ⑤

해설 각 항의 내용이 규정된 조문은 다음과 같다.

① "지원대상자"란 (사회보장급여를 필요로 하는 사람)을 말한다(사회보장급여법 제2조). "수급권자"란 사회보장급여를 제공받을 권리를 가진 사람을 말한다(사회보장급여법 제2조).

② 보장기관의 장이 지정한 법인 · 단체 · 시설 · 기관 등은 사회보장급여 신청권자의 요청에 따라 제1항에 따른 신청을 지원할 수 있다. (보장기관의 업무담당자)는 지원대상자가 누락되지 아니하도록 하기 위하여 관할 지역에 거주하는 지원대상자에 대한 사회보장급여의 제공을 직권으로 신청할 수 있다(사회보장급여법 제5조).

③ 보건복지부장관은 보장기관이 제10조에 따른 업무를 효율적으로 수행할 수 있도록 지원하기 위하여 「사회보장기본법」 제37조에 따른 사회보장정보시스템을 통하여 「국민건강보험법」 제69조에 따른 보험료를 (3개월) 이상 체납한 사람의 가구정보를 처리할 수 있다(사회보장급여법 제12조 제1항).

④ 보장기관의 장은 지원대상자에 대한 발굴조사를 (분기마다) 정기적으로 실시하여야 한다(사회보장급여법 제12조의2 제1항).

⑤ 보장기관의 장은 지원대상자를 발굴하기 위하여 사회보장급여의 제공규모에 대한 정보의 제공과 홍보에 노력하여야 한다(사회보장급여법 제10조).

03 사회보장급여의 이용 · 제공 및 수급권자의 발굴에 관한 법률의 내용으로 옳은 것은?

[2023년도 제21회]

① 시장 · 군수 · 구청장은 중앙생활보장위원회를 둔다.

② 보건복지부장관은 사회보장급여 부정수급 실태조사를 3년마다 실시하고 그 결과를 공개하여야 한다.

③ "수급권자"란 사회보장급여를 제공하는 국가기관과 지방자치단체를 말한다.

④ 보장기관의 업무담당자는 지원대상자가 심신미약 등 대통령령으로 정하는 경우에 해당하면 지원대상자의 동의하에서만 직권으로 사회보장급여의 제공을 신청할 수 있다.

⑤ 보장기관의 장은 지원대상자 발굴체계의 운영 실태를 3년마다 점검하고 개선 방안을 마련하여야 한다.

정답 ②

해설 사회보장급여의 이용 · 제공 및 수급권자 발굴에 관한 법률은 특히 중요하기 때문에 그 내용을 꼭 이해하고 있어야 한다.

① 생활보장사업의 기획 · 조사 · 실시 등에 관한 사항을 심의 · 의결하기 위하여 보건복지부와 시 · 도 및 시 · 군 · 구(자치구를 말한다. 이하 같다)에 각각 생활보장위원회를 둔다. (보건복지부에 두는 중앙생활보장위원회)는 위원장을 포함하여 16명 이내의 위원으로 구성하고 위원장은 보건복지부장관으로 한다. 시 · 도 및 시 · 군 · 구 생활보장위원회의 위원장은 해당 시 · 도지사 또는 시장 · 군수 · 구청장으로 한다(국민기초생활 보장법 제20조 제1항, 제3항).

② 보건복지부장관은 사회보장급여 부정수급 실태조사를 3년마다 실시하고 그 결과를 공개하여야 한다(사회보장급여법 제19조의2).

③ "수급권자"란 (사회보장급여를 제공받을 권리를 가진 사람)을 말한다(사회보장급여법 제2조). → "보장기관"이란 사회보장급여를 제공하는 국가기관과 지방자치단체를 말한다(사회보장급여법 제2조).

④ 보장기관의 업무담당자는 지원대상자가 심신미약 또는 심신상실 등 대통령령으로 정하는 경우에 해당하면 (지원대상자의 동의 없이 직권으로) 사회보장급여의 제공을 신청할 수 있다(사회보장급여법 제5조).

⑤ 보건복지부장관은 지원대상자 발굴체계의 운영 실태를 (매년) 정기적으로 점검하고 개선방안을 마련하여야 한다(사회보장급여법 제12조의2).

04 **사회보장급여의 이용 · 제공 및 수급권자 발굴에 관한 법률의 내용으로 옳지 않은 것은?** [2022년도 제20회]

① 보장기관의 장은「긴급복지지원법」제7조의2에 따른 발굴조사를 실시한 경우를 제외하고 지원대상자에 대한 발굴조사를 1년마다 정기적으로 실시하여야 한다.

② 보장기관은 지역의 사회보장 수준이 균등하게 실현될 수 있도록 노력하여야 한다.

③ 누구든지 사회적 위험으로 인하여 사회보장급여를 필요로 하는 지원대상자를 발견하였을 때에는 보장기관에 알려야 한다.

④ 이의신청은 그 처분을 받은 날로부터 90일 이내에 처분을 결정한 보장기관의 장에게 할 수 있다.

⑤ 사회서비스 제공기관의 운영자는 위기가구의 발굴 지원업무 수행을 위해 사회서비스정보시스템을 이용할 수 있다.

정답 ①

해설 국가 및 지방자치단체는 즉, 보장기관의 장은 지원대상자에 대한 발굴조사를 (분기마다) 정기적으로 실시하여야 한다. 다음은 선택지 제시문과 관련된 규정 내용이다.

① 보장기관의 장은 지원대상자에 대한 발굴조사를 (분기마다) 정기적으로 실시하여야 한다. 다만,「긴급복지지원법」제7조의2에 따라 발굴조사를 실시한 경우에는 그러하지 아니하다(사회보장급여법 제12조의2 제1항).

② 보장기관은 지역의 사회보장 수준이 균등하게 실현될 수 있도록 노력하여야 한다(사회보장급여법 제4조 제6항).

③ 누구든지 사회적 위험으로 인하여 사회보장급여를 필요로 하는 지원대상자를 발견하였을 때에는 보장기관에 알려야 한다(사회보장급여 제13조 제1항).

④ 사회보장급여 처분에 이의가 있는 수급권자 등은 그 처분을 받은 날로부터 90일 이내에 처분을 결정한 보장기관의 장에게 이의신청을 할 수 있다. 다만, 정당한 사유로 인하여 그 기간 내에 이의신청을 할 수 없음을 증명한 때에는 그 사유가 소멸한 때부터 60일 이내에 이의신청을 할 수 있다(사회보장급여법 제17조).

⑤ 사회서비스 제공기관의 운영자는 위기가구의 발굴 지원 업무를 수행하기 위하여 사회서비스정보시스템을 이용할 수 있다(사회보장급여 제24조의2 제2항).

05 **사회보장급여의 이용 · 제공 및 수급권자 발굴에 관한 법률상 수급자격 확인을 위해 지원대상자와 그 부양의무자에 대하여 조사할 수 있는 사항을 모두 고른 것은?**

[2022년도 제20회]

ㄱ. 인적사항 및 가족관계 확인에 관한 사항
ㄴ. 소득, 재산, 근로능력 및 취업상태에 관한 사항
ㄷ. 사회보장급여 수급이력에 관한 사항
ㄹ. 수급권자를 선정하기 위하여 보장기관의 장이 필요하다고 인정하는 사항

① ㄱ, ㄴ　② ㄷ, ㄹ　③ ㄱ, ㄴ, ㄷ
④ ㄴ, ㄷ, ㄹ　⑤ ㄱ, ㄴ, ㄷ, ㄹ

정답 ⑤

해설 사회보장급여의 이용 · 제공 및 수급권자 발굴에 관한 법률(사회보장급여법)상 수급자격 확인을 위해 지원대상자와 그 부양의무자의 조사 사항은 다음과 같다(제7조). 이 조항에 따르면, 보장기관의 장은 사회보장급여의 신청을 받으면 지원대상자와 그 부양의무자(배우자와 1촌의 직계혈족 및 그 배우자를 말한다)에 대하여 사회보장급여의 수급자격 확인을 위하여 다음과 같은 사항을 조사하고 처리할 수 있다.

① 인적사항 및 가족관계 확인에 관한 사항
② 소득, 재산, 근로능력 및 취업상태에 관한 사항
③ 사회보장급여 수급이력에 관한 사항
④ 수급권자를 선정하기 위하여 보장기관의 장이 필요하다고 인정하는 사항

Chapter

11

사회복지 기본법(Ⅲ)

– 사회복지사업법

1. 사회복지법제적 의의
2. 개요
3. 국가 및 지방자치단체의 책임
4. 사회복지법인
5. 사회복지시설
6. 재가복지서비스
7. 법정단체
8. 사회복지사 제도
9. 사회복지사업의 재원
10. 수급권 보호

Chapter

11 사회복지 기본법(Ⅲ)

– 사회복지사업법

1. 사회복지법제적 의의

1) 사회복지법제에서의 위치

사회복지 관련 기본법으로는 사회보장기본법, 사회보장급여법, 사회복지사업법이 있다. 사회복지사업법과 사회보장급여법은 사회보장기본법을 보완하는 기능을 가진다. 사회복지사업법은 사회복지사업의 적용 범위를 공공부조와 사회서비스에 한정하고 있다(제2조 제1호, 시행령 제1조의2). 사회복지사업법은 사회복지사업과 관련된 개별법에 대해서는 기본법이자 일반법적 지위에 있다.

사회복지사업법이 사회복지사업의 내용 및 절차 등에 관하여 사회복지사업 대상 법률(제2조 제1호)에 특별한 규정이 있는 경우를 제외하고는 사회복지사업법에 의하고, 사회복지사업 대상 법률을 개정하는 경우에는 사회복지사업법에 부합하도록 하여야 한다(제3조)고 규정하여 기본법적 지위를 명확히 하고 있다.

사회복지사업법에서의 사회복지사업 대상 법률은 한정적 열거주의 형식으로 정립하고 있기 때문에 사회보장기본법상 사회서비스 개념에 들어가는 통념상의 사회복지사업이라 하더라도 열거되지 아니한 법의 사업은 적용되지 아니한다. 따라서 사회복지사업의 정의가 사회복지사업의 종류이며 사회복지사업법의 적용범위가 된다.

2) 형성과정

우리나라 사회복지사업은 윤락행위 등 방지법(1961. 11. 9.), 생활보호법(1961. 12. 30.), 아동복리법(1961. 12. 30.) 등 개별 입법으로 이루어지 짐에 따라 각 분야에 걸친 공통적인 기본사항을 체계적으로 정비하고 조직화하여 사회복지사업을 보다 효과 있게 실현할 필요성이 제기되면서 이를 위한 법적 근거가 필요하게 되었다. 사회복지사업법은 1970년 1월 1일 신규 제정되고 1970년 4월 2일 시행되었다.

그러나 1970년 제정된 사회복지사업법은 사회복지서비스를 제공하는 민간단체에 대한 효율적인 관리와 감독의 필요성 및 1960년대 외원단체의 철수에 따른 사회복지사업의 재정을 민간단체의 공동모금을 통해 충당하기 위한 보다 직접적인 배경에 의해 제정되었다는 것이 지배적이다(심재진, 2011; 정진경, 2019: 253 재인용).

제정 당시 사회복지사업법은 사회복지사업을 생활보호법, 아동보호법, 윤락행위 등 방지법에 의한 보호사업 · 복지사업 · 선도사업 · 복지시설의 운영 등 구호가 필요한 사업 중심의 제한적 사업으로 정의하여 대부분 사회복지법인과 사회복지시설에 대해 규정하였다. 이후 사회복지사업의 범위를 확대하고 사회복지사업에 대한 공공성을 확보하고, 사회복지와 서비스를 필요로 하는 사람의 선택권과 인권 보장 등을 확대하는 방향으로 20여 차례에 걸친 개정이 이루어졌다.

주요 개정은 1992년 12월 8일 전부개정으로 사회복지전담공무원제도 신설 및 시 · 군 · 구에 복지사무전담기구 설치, 1997년 8월 22일 전문개정으로 사회복지사 1급 국가시험 도입, 2003년 7월 30일 일부개정으로 재가복지 신설, 2011년 9

월 개봉된 영화 '도가니'의 영향에 의한 2012년 1월 26일 일부개정으로 시설이용자의 인권보호와 사회복지법인 및 시설 운영의 투명성 강화, 2014년 12월 30일 사회보장급여법 제정에 따라 지역사회복지계획, 지역사회복지위원회, 지역사회보장협의체 사항을 사회보장급여법으로 이관, 2018년 12월 11일 일부개정으로 정신건강, 의료, 학교사회복지사의 별도 자격 신설 등이다.

2. 개요

1) 목적

사회복지사업법의 목적은 사회복지사업에 관한 기본적 사항을 규정하여 사회복지를 필요로 하는 사람의 존엄성과 인간다운 생활을 할 권리를 보장하고, 사회복지의 전문성을 높이며, 사회복지사업의 공정·투명·적정을 도모하고, 지역사회복지의 체계를 구축하고 사회복지서비스의 질을 높여 사회복지를 증진하는 것이다(제1조).

2) 사회복지사업법의 기본이념

① 사회복지를 필요로 하는 사람은 누구든지 자신의 의사에 따라 서비스를 신청하고 제공받을 수 있다.

② 사회복지법인 및 사회복지시설은 공공성을 가지며 사회복지사업을 시행하는 데 있어서 공공성을 확보하여야 한다.

③ 사회복지사업을 시행하는 데 있어서 사회복지를 제공하는 자는 사회복지

를 필요로 하는 사람의 인권을 보장하여야 한다.

④ 사회복지서비스를 제공하는 자는 필요한 정보를 제공하는 등 사회복지서비스를 이용하는 사람의 선택권을 보장하여야 한다(1조의2).

3) 개념

'사회복지사업'이란 사회복지사업대상 법률에 따른 보호 · 선도 또는 복지에 관한 사업과 사회복지상담, 직업지원, 무료 숙박, 지역사회복지, 의료복지, 재가복지, 사회복지관 운영, 정신질환자 및 한센병력자의 사회복귀에 관한 사업 등 각종 복지사업과 이와 관련된 자원봉사활동 및 복지시설의 운영 또는 지원을 목적으로 하는 사업을 말한다. 사회복지사업대상 법률은 공공부조법(5개)으로 국민기초생활보장법, 기초연금법, 의료급여법, 긴급복지지원법, 장애인연금법이며, 사회서비스법(26개)으로 아동복지법, 노인복지법, 장애인복지법, 한부모가족지원법, 영유아보육법, 성매매방지 및 피해자보호 등에 관한 법률, 정신건강증진 및 정신질환자 복지서비스 지원에 관한 법률, 성폭력방지 및 피해자보호 등에 관한 법률, 입양특례법, 일제하 일본군위안부 피해자에 대한 생활안정지원 및 기념사업 등에 관한 법률, 사회복지공동모금회법, 장애인 · 노인 · 임산부 등의 편의증진 보장에 관한 법률, 가정폭력방지 및 피해자보호 등에 관한 법률, 농어촌주민의 보건복지증진을 위한 특별법, 식품 등 기부 활성화에 관한 법률, 다문화가족지원법, 장애인활동 지원에 관한 법률, 노숙인 등의 복지 및 자립지원에 관한 법률, 보호관찰 등에 관한 법률, 장애아동 복지지원법, 발달장애인 권리보장 및 지원에 관한 법률, 청소년복지 지원법, 건강가정기본법, 북한이탈주민의 보호 및 정착지원에 관한 법률, 자살예방 및 생명존중문화 조성을 위한 법률, 장애인 · 노인 등을 위한 보조기기 지원 및 활용촉진에 관한 법률이다(제2조 제1호, 시행령 제1조의2).

'지역사회복지'란 주민의 복지증진과 삶의 질 향상을 위하여 지역사회 차원에서 전개하는 사회복지를 말한다.

'사회복지법인'이란 사회복지사업을 할 목적으로 설립된 법인을 말한다.

'사회복지시설'이란 사회복지사업을 할 목적으로 설치된 시설을 말한다.

'사회복지관'이란 지역사회를 기반으로 일정한 시설과 전문인력을 갖추고 지역주민의 참여와 협력을 통하여 지역사회의 복지문제를 예방하고 해결하기 위하여 종합적인 복지서비스를 제공하는 시설을 말한다.

'사회복지서비스'란 국가 · 지방자치단체 및 민간부문의 도움을 필요로 하는 모든 국민에게 사회보장기본법상 사회서비스 중 사회복지사업을 통한 서비스를 제공하여 삶의 질이 향상되도록 제도적으로 지원하는 것을 말한다.

'보건의료서비스'란 국민의 건강을 보호 · 증진하기 위하여 보건의료인이 하는 모든 활동을 말한다(제2조).

3. 국가 및 지방자치단체의 책임

1) 복지와 인권의 증진

국가와 지방자치단체는 사회복지서비스를 증진하고, 서비스를 이용하는 사람에 대하여 인권침해 예방, 차별 금지, 인권 옹호 책임을 진다. 사회복지서비스와 보건의료서비스를 함께 필요로 하는 사람들에게 이들 서비스가 연계되어 제공되도록 하고, 사회복지를 필요로 하는 사람의 인권이 충분히 존중되는 방식으로 사회복지서비스를 제공하고 사회복지와 관련된 인권교육을 강화하여야 한다(제4조).

복지업무에 종사하는 사람은 그 업무를 수행할 때에 사회복지를 필요로 하는 사람을 위하여 인권을 존중하고 차별 없이 최대로 봉사하여야 한다(제5조).

2) 사회복지서비스 제공의 원칙

사회복지서비스를 필요로 하는 사람에 대한 사회복지서비스 제공은 현물로 제공하는 것이 원칙이다. 예외적으로 사회복지서비스 이용권이 지급된다. 국가와 지방자치단체는 사회복지서비스의 품질향상과 원활한 제공을 위하여 필요한 시책을 마련하여야 한다. 사회복지서비스의 품질을 관리하기 위하여 사회복지서비스를 제공하는 기관·법인·시설·단체의 서비스 환경, 서비스 제공 인력의 전문성 등을 평가할 수 있다(제5조의2).

3) 시설설치 방해금지

누구든지 정당한 이유 없이 사회복지시설의 설치를 방해하여서는 아니 된다. 특히 시장·군수·구청장은 정당한 이유 없이 사회복지시설의 설치를 지연시키거나 제한하는 조치를 하여서는 아니 된다(제6조).

4) 사회복지업무의 전자화

보건복지부장관은 사회복지법인 및 사회복지시설의 종사자, 거주자 및 이용자에 관한 자료 등 운영에 필요한 정보의 효율적 처리와 기록·관리 업무의 전자화를 위하여 정보시스템을 구축·운영할 수 있다. 이에 필요한 자료를 수집·관리·보유할 수 있으며 관련 기관 및 단체에 필요한 자료의 제공을 요청할 수 있다. 정보시스템을 효율적으로 운영하기 위하여 사회보장기본법에 따른 전담기구에 그 운영에 관한 업무를 위탁할 수 있다.

지방자치단체의 장은 사회복지사업을 수행할 때 관할 복지행정시스템과 정보시스템을 전자적으로 연계하여 활용하여야 한다. 또한 사회복지법인의 대표이사와 사회복지시설의 장은 국가와 지방자치단체가 실시하는 사회복지업무의 전자화 시책에 협력하여야 한다(제6조의2).

5) 자원봉사활동의 지원육성

국가와 지방자치단체는 사회복지 자원봉사활동을 지원 · 육성하기 위하여 자원봉사활동의 홍보 및 교육, 프로그램의 개발 · 보급, 자원봉사활동 중의 재해에 대비한 시책의 개발 등을 실시하여야 하되, 효율적 수행을 위하여 사회복지법인, 기타 비영리 법인 · 단체에 이를 위탁할 수 있다(제9조).

6) 지도훈련

보건복지부장관은 이 법이나 그 밖의 사회복지 관련 법률의 시행에 관한 사무에 종사하는 공무원과 사회복지사업에 종사하는 사람의 자질 향상을 위하여 인권교육 등 필요한 지도와 훈련을 할 수 있다(제10조).

7) 사회복지의 날 운영

국가는 국민의 사회복지에 대한 이해를 증진하고 사회복지사업 종사자의 활동을 장려하기 위하여 매년 9월 7일을 사회복지의 날로 하고, 사회복지의 날부터 1주간을 사회복지주간으로 한다(제15조의2).

8) 포상

정부는 사회복지사업에 관하여 공로가 현저하거나 모범이 되는 자에 대하여 포상할 수 있다(제50조).

4. 사회복지법인

1) 사회복지법인의 설립

사회복지법인을 설립하려는 자는 시·도지사의 허가를 받아 법인의 주된 사무소의 소재지에서 설립등기를 하여야 한다(제16조). 법인설립에 허가주의를 도입하였다. 사회복지법인은 사법인이면서 비영리 공익법인이며, 재단법인의 성격을 동시에 지닌다고 볼 수 있다. 공익을 위해 비영리 사업이나 학술, 종교, 자선, 기예, 사교, 기타 영리가 아닌 사업을 목적으로 하고 있다.

사회복지법인의 근본 규정이 되는 정관을 작성하는데 정관에 포함되어야 할 사항은 목적, 명칭, 주된 사무소의 소재지, 사업의 종류, 자산 및 회계, 임원의 임면(任免) 등, 회의, 수익(收益)목적 사업, 정관의 변경, 존립시기와 해산 사유, 남은 재산의 처리방법, 공고 및 공고방법 등이다(제17조).

사회복지법인은 사회복지사업법의 적용을 받는다. 다만, 사회복지법인에 관하여 이 법에 규정된 것을 제외하고는 민법과 공익법인의 설립·운영에 관한 법률을 준용한다(동법 제32조). 이 법에 의한 사회복지법인이 아닌 자는 사회복지법인이라는 용어를 사용하지 못한다(제31조).

2) 사회복지법인의 임원

사회복지법인은 임원으로 대표이사를 포함한 이사 7명 이상과 감사 2인 이상을 두어야 한다. 법인은 이사 정수의 3분의 1(소수점 이하는 버린다) 이상을 시·도 사회보장위원회나 시·군·구 지역사회보장협의체가 3배수로 추천한 사람 중에서 선임하여야 한다. 임원의 임기는 이사 3년, 감사 2년으로 하되 연임할 수 있다. 이사회 구성은 출연자 등의 특별한 관계에 있는 자가 이사 현원의 5분의

1을 초과할 수 없고, 외국인 이사는 현원의 2분의 1 미만이어야 한다. 법인이 임원을 임명하고 지체 없이 이를 시 · 도지사에게 보고하여야 한다. 감사는 이사와 출연자 등의 특별한 관계에 있는 자가 아니어야 하며, 그중 1인은 법률과 회계에 관한 지식과 경험이 있는 자 중에서 선임하여야 한다. 다만, 세입평균 30억원 이상의 법인은 시 · 도지사의 추천을 받아 감사로 선임하여야 한다(제18조).

다만, 임원 결격사유가 있으면 임원으로 선임될 수도 없고, 또 임원이 이에 해당하는 경우에는 임원자격을 상실하게 된다. 임원결격사유가 있는 사람은 미성년자(19세 미만), 피성년후견인 또는 피한정후견인, 파산선고를 받고 복권되지 아니한 사람, 법원 판결로 자격 상실 · 정지된 사람, 금고 이상의 실형을 선고받고 그 집행이 종료 또는 면제된 날부터 3년이 지나지 아니한 사람, 금고 이상의 형의 집행유예기간 중에 있는 사람, 사회복지사업 또는 그 직무와 관련하여 아동복지법, 보조금 관리에 관한 법률, 지방재정법, 영유아보육법, 장애아동복지지원법 또는 형법(유기, 학대, 횡령, 배임)의 죄를 범하거나 사회복지사업법을 위반한 사람, 성폭력범죄 또는 아동 · 청소년대상 성범죄를 저지른 사람, 아동학대 관련 범죄를 저지른 사람, 사회복지법인 · 시설에서 해임된 날부터 5년이 지나지 아니한 사람, 사회복지법인의 임원이었던 사람으로서 그 설립허가가 취소된 날부터 5년이 지나지 아니한 사람, 사회복지시설 폐쇄명령을 받고 3년이 지나지 아니한 사람, 사회복지분야의 6급 이상 공무원으로 재직하다 퇴직한 지 3년이 경과하지 아니한 사람 중에서 퇴직 전 5년 동안 소속하였던 기초자치단체가 관할하는 법인의 임원이 되고자 하는 사람 등이다(제19조).

이사 또는 감사 중에 결원이 생긴 때에는 2개월 이내에 보충하여야 한다(제20조). 이사는 법인이 설치한 사회복지시설의 장을 제외한 당해 시설의 직원을 겸할 수 없다. 감사는 법인의 이사, 법인이 설치한 사회복지시설의 장 또는 그 직원을 겸할 수 없다(제21조).

시 · 도지사는 임원이 시 · 도지사의 명령을 정당한 이유 없이 이행하지 아니한 때, 회계부정이나 인권침해 등 현저한 불법행위, 기타 부당행위 등이 발견되었을 때, 법인의 업무에 관하여 시·도지사에게 보고할 사항에 대하여 고의로 보고를 지연하거나 허위보고를 한 때, 이 법 또는 이 법에 의한 명령을 위반한 때에는 법인에 대하여 그 임원의 해임을 명할 수 있다(제22조). 또한 조사나 감사가 진행 중인 경우 및 해임명령 기간 중인 경우에는 해당 임원의 직무집행을 정지시킬 수 있다(제22조의2).

3) 사회복지법인의 재산

법인은 사회복지사업의 운영에 필요한 재산을 소유하여야 한다. 재산은 기본재산과 보통재산으로 구분하며, 기본재산은 그 목록과 가액을 정관에 기재하여야 한다. 기본재산은 ① 부동산, ② 정관에서 기본재산으로 정한 재산, ③ 이사회의 결의로 기본재산에 편입된 재산이며(시행규칙 제12조), 보통재산은 기본재산에 속하지 아니하는 그 밖의 재산이다. 기본재산은 목적사업용 재산과 수익용 재산으로 구분하되, 시설의 설치·운영을 목적으로 하지 아니하고 사회복지사업을 지원하는 것을 목적으로 하는 법인은 이를 구분하지 아니할 수 있다(제23조).

법인은 기본재산에 관하여 매도·증여·교환·임대·담보제공 또는 용도변경하고자 할 때, 장기차입금의 총액이 기본재산 총액에서 차입당시의 부채총액을 공제한 금액의 100분의 5에 상당하는 금액 이상을 1년 이상 장기 차입하고자 할 때에는 시·도지사의 허가를 받아야 한다(제23조, 시행규칙 제15조).

법인이 매수·기부체납·후원 등의 방법으로 재산을 취득한 때에는 지체 없이 이를 법인의 재산으로 편입 조치하여야 한다. 이 경우 법인은 그 취득사유, 취득재산의 종류, 수량 및 가액을 매년 시·도지사에게 보고하여야 한다(제24조).

4) 수익사업 및 후원금

법인은 목적사업의 경비에 충당하기 위하여 필요한 때에는 법인의 설립목적 수행에 지장이 없는 범위 안에서 수익사업을 할 수 있다. 법인은 수익사업으로부터 생긴 수익을 법인 또는 그가 설치한 사회복지시설의 운영 외의 목적에 사용할 수 없고, 수익사업에 관한 회계는 법인의 다른 회계와 구분하여 회계처리하여야 한다(제28조).

5) 법인의 설립허가 취소

시 · 도지사는 사회복지법인이 설립허가 조건 위반, 목적 달성 불가능, 목적사업 외의 사업, 설립허가 받은 후 6개월 이내에 목적사업 시작하지 아니하거나 1년 이상 사업실적이 없음, 반복적 · 집단적 성폭력범죄 · 학대관련범죄 발생, 중대하고 반복적인 회계부정 · 불법행위 발생, 임원정수 위반, 추천 위반하여 이사 선임, 임원의 해임명령 불이행, 법적 명령 · 정관 위반에 해당할 때에는 기간을 정하여 시정명령을 하거나 설립허가를 취소할 수 있다. 다만, 거짓이나 그 밖의 부정한 방법으로 설립허가를 받았을 때, 법인 설립 후 기본재산을 출연하지 아니한 때에는 설립허가를 취소하여야 한다. 취소를 하고자 할 때에는 청문을 하여야 한다(제26조).

6) 해산법인의 재산처리

해산한 법인의 잔여재산은 정관이 정하는 바에 의하여 국가 또는 지방자치단체에 귀속된다. 국가 또는 지방자치단체에 귀속된 재산은 사회복지사업에 사용하거나 유사한 목적을 가진 법인에게 무상으로 대여하거나 무상으로 사용 · 수익하게 할 수 있다. 다만, 해산한 법인의 이사 본인 및 그와 특별한 관계에 있는 자가 이사로 있는 법인에 대하여는 그러하지 아니하다(제27조).

5. 사회복지시설

1) 사회복지시설의 설치

국가나 지방자치단체는 사회복지시설을 설치 · 운영할 수 있다. 국가 또는 지방자치단체 외의 자가 시설을 설치 · 운영하려는 경우에는 시장 · 군수 · 구청장에게 신고하여야 한다. 시설을 설치 · 운영하는 자는 재무 · 회계기준에 따라 시설을 투명하게 운영하여야 한다(제34조). 사회복지시설의 설치 · 운영신고서는 정관, 재산목록, 사업계획서 및 예산서, 시설의 평면도와 건물의 배치도를 첨부하여야 한다(시행규칙 제20조).

국가나 지방자치단체가 설치한 시설은 필요한 경우 사회복지법인이나 비영리법인에 위탁하여 운영하게 할 수 있다(제34조 제5항, 제6항). 이 경우 공개모집에 따라 수탁자선정심의위원회 심의를 거쳐 수탁하는 법인을 선정해야 한다(시행규칙 제21조).

사회복지시설을 설치 · 운영하려는 경우에는 지역특성과 시설분포의 실태를 고려하여 시설을 통합하여 하나의 시설로 설치 · 운영하거나 하나의 시설에서 둘 이상의 사회복지사업을 통합하여 수행할 수 있다(제34조의2).

사회복지시설의 수용인원은 300인을 초과할 수 없다(제41조). 그러나 노인복지법에서는 양로시설, 노인복지주택, 노인요양시설은 300인을 초과할 수 있도록 예외규정을 두고 있다(시행령 제19조).

2) 사회복지관의 설치

사회복지관은 지역복지증진을 위하여 지역사회의 특성과 지역주민의 복지욕구를 고려한 서비스 제공, 국가·지방자치단체 및 민간 부문의 사회복지서비스를 연계·제공하는 사례관리, 지역사회 복지공동체 활성화를 위한 복지자원 관리, 주민교육 및 조직화, 지역사회에서 요청하는 사업을 실시할 수 있다(제34조의5).

사회복지관은 모든 지역주민을 대상으로 사회복지서비스를 실시하되, 국민기초생활수급자 및 차상위계층, 장애인, 노인, 한부모가족 및 다문화가족, 직업 및 취업 알선이 필요한 사람, 보호와 교육이 필요한 유아·아동 및 청소년, 사회복지관의 사회복지서비스를 우선 제공할 필요가 있다고 인정되는 사람 등 지역주민에게 우선 제공하여야 한다(제34조의5).

3) 보험가입 의무

사회복지시설의 운영자는 화재 또는 화재 외의 안전사고로 인한 손해배상책임을 이행하기 위하여 손해보험회사의 책임보험에 가입하거나 한국사회복지공제회의 책임공제에 가입하여야 한다. 국가나 지방자치단체는 예산의 범위에서 책임보험 또는 책임공제의 가입에 드는 비용의 전부 또는 일부를 보조할 수 있다(제34조의3).

4) 사회복지시설의 운영

사회복지시설의 장이 될 수 없는 자는 미성년자, 피성년후견인 또는 피한정후견인, 파산선고를 받은 자로서 복권되지 아니한 자, 법원의 판결에 따라 자격이 상실 또는 정지된 자, 금고 이상의 실형의 선고를 받고 그 집행이 종료되거나 집행이 면제된 날부터 3년이 경과되지 아니한 자, 금고 이상의 형의 집행유예

선고를 받고 그 유예기간 중에 있는 자, 사회복지법인의 임원으로 있다가 동법에 의해 해임된 경우 해임된 후 5년이 경과하지 않은 사람, 사회복지 분야의 6급 이상 공무원으로 재직하다 퇴직한 지 3년이 경과하지 아니한 사람 중에서 퇴직 전 5년 동안 소속하였던 기초자치단체가 관할하는 시설의 장이 되고자 하는 사람이다. 시설의 장은 상근하여야 한다(제35조).

사회복지법인과 사회복지시설을 설치 · 운영하는 자는 시설에 근무할 종사자를 채용할 수 있다(제35조의2).

사회복지시설의 장은 법인의 정관, 법인설립허가증 사본, 사회복지시설신고증, 시설거주자 및 퇴소자의 명부, 시설거주자 및 퇴소자의 상담기록부, 시설의 운영계획서 및 예산 · 결산서, 후원금품대장, 시설의 건축물관리대장, 시설의 장과 종사자의 명부를 시설 내에 비치하여야 한다(제37조).

사회복지시설의 운영위원회는 시설의 운영에 관하여 시설운영 계획의 수립 · 평가, 사회복지 프로그램의 개발 · 평가, 시설종사자의 근무환경 개선, 시설거주자의 생활환경 개선 및 고충처리, 시설 종사자와 거주자의 인권보호 및 권익증진, 시설과 지역사회와의 협력에 관한 사항 등을 심의한다(제36조).

운영위원회의 위원은 위원장 및 시설의 장을 포함하여 5인 이상 15인 이하의 위원으로 구성한다. 위원의 임기는 3년으로 한다. 운영위원은 시장 · 군수 · 구청장이 시설의 장, 시설거주자 · 보호자의 대표, 시설종사자의 대표, 소속 사회복지 업무 담당 공무원, 후원자 대표 또는 지역주민, 공익단체에서 추천한 사람, 시설의 운영 또는 사회복지에 관하여 전문적인 지식과 경험이 풍부한 사람 중에서 임명 또는 위촉한다(제36조, 시행규칙 제24조). 운영위원회는 법인이사회와 별도로 전문가 또는 현실적으로 시설운영에 참여하고 있는 사람들로 구성하여 시설운영에 있어서 시설장의 독단을 막도록 했다.

5) 시설의 서비스 최저기준 및 평가

보건복지부장관은 시설에서 제공하는 서비스의 최저기준을 마련하여야 한다. 또 시설운영자는 이 서비스 최저기준 이상으로 서비스 수준을 유지하여야 한다(제43조).

보건복지부장관과 시 · 도지사는 시설을 3년마다 1회 이상 평가하고, 그 결과를 공표하거나 시설의 감독 · 지원 등에 반영할 수 있다(제43조의2 제1항, 시행규칙 제27조의2).

6) 시설의 안전점검

시설의 장은 시설에 대하여 정기 및 임시 안전점검을 실시하여야 하며, 그 결과를 시장 · 군수 · 구청장에게 제출하여야 한다. 시설의 안전점검 결과를 제출받은 시장 · 군수 · 구청장은 필요한 경우 시설의 운영자로 하여금 시설의 보완 또는 개 · 보수를 요구할 수 있다. 국가 또는 지방자치단체는 예산의 범위 안에서 안전점검, 시설의 보완 및 시설의 개 · 보수에 소요되는 비용의 전부 또는 일부를 보조할 수 있다(제34조의4).

7) 시설의 개선 · 재개 · 폐지신고 등

시설의 운영자는 그 운영을 일정 기간 중단하거나 다시 시작하거나 시설을 폐지하려는 경우에는 시장 · 군수 · 구청장에게 신고하여야 한다. 시장 · 군수 · 구청장은 시설 운영이 중단되거나 시설이 폐지되는 경우에는 시설 거주자의 권익을 보호하는 조치를 하고 신고를 수리하여야 한다(제38조). 보건복지부장관, 시 · 도지사 또는 시장 · 군수 · 구청장은 시설의 개선, 사업의 정지, 시설의 장의 교체를 명하거나 시설의 폐쇄를 명할 수 있다(제40조).

6. 재가복지서비스

사회복지의 탈시설화 경향에 따라 사회복지시설에 수용되어 장기적인 보호를 필요로 하기보다는 가정에서 보호하거나 서비스를 제공받는 것을 선호하는 추세에서 재가복지서비스의 필요성이 높아지고 있다.

재가복지서비스는 가정봉사서비스와 주간·단기 보호서비스가 있다. 가정봉사서비스는 가사 및 개인활동을 지원하거나 정서활동을 지원하는 서비스를 말하며, 주간·단기 보호서비스는 주간·단기 보호시설에서 급식 및 치료 등 일상생활의 편의를 낮 동안 또는 단기간 동안 제공하거나 가족에 대한 교육 및 상담을 지원하는 서비스를 말한다. 시장·군수·구청장은 보호대상자에게 사회복지서비스를 제공하는 경우 시설 입소에 우선하여 재가복지서비스를 제공하도록 하여야 한다(제41조의2).

이를 위하여 국가나 지방자치단체는 재가복지서비스를 필요로 하는 가정 또는 시설에서 보호대상자가 일상생활을 하기 위하여 필요한 각종 편의를 제공하는 가정봉사원을 양성하도록 노력하여야 한다(제41조의4).

7. 법정단체

1) 한국사회복지사협회

한국사회복지사협회의 설립 목적은 사회복지에 관한 전문지식과 기술을 개발·보급하고, 사회복지사의 자질 향상을 위한 교육훈련을 실시하며, 사회복지사의 복지를 증진하는 것이다. 한국사회복지사협회는 법인으로 하되, 민법 중 사단법인에 관한 규정을 준용한다(제46조).

한국사회복지사협회의 업무로는 사회복지사에 대한 전문지식 및 기술의 개발 · 보급, 사회복지사의 전문성 향상을 위한 교육훈련, 사회복지사제도에 대한 조사연구 · 학술대회 개최 및 홍보 · 출판사업, 국제사회복지사단체와의 교류협력, 보건복지부장관이 위탁하는 사회복지사업에 관한 업무 등이다(시행령 제22조). 보건복지부장관이 위탁하는 사회복지사업에는 사회복지사 1급의 자격시험 관리 업무와 사회복지사 자격증의 교부 업무 및 신고에 관한 업무를 들 수 있다(시행령 제4조, 시행규칙 제4조).

2) 한국사회복지협의회

한국사회복지협의회 설립 목적은 사회복지에 관한 조사 · 연구와 각종 복지사업을 조성하고, 각종 사회복지사업과 활동을 조직적으로 협의 · 조정하며 사회복지에 대한 국민의 참여를 촉진시킴으로써 우리나라의 사회복지증진과 발전이다. 한국사회복지협의회는 사회복지법인이다. 한국사회복지협의회 중앙협의회와 시 · 도 사회복지협의회를 두며, 필요한 경우에는 시 · 군 · 구 사회복지협의회를 둘 수 있다(제33조 제1항).

한국사회복지협의회의 업무로는 사회복지에 관한 조사 · 연구 및 정책 건의, 사회복지 관련 기관 · 단체 간의 연계 · 협력 · 조정, 사회복지 소외계층 발굴 및 민간사회복지자원과의 연계 · 협력, 사회복지사업의 조성 등을 들 수 있다.

8. 사회복지사 제도

보건복지부장관은 사회복지에 관한 전문지식과 기술을 가진 사람에게 사회복지사 자격증을 발급할 수 있다. 사회복지사의 등급은 1급 · 2급으로 하되, 정신건강 · 의료 · 학교 영역에 대해서는 영역별로 정신건강사회복지사 · 의료사회복지사 · 학교사회복지사의 자격을 부여할 수 있다. 사회복지사 1급 자격은 국가시험에 합격한 사람에게 부여하고, 정신건강사회복지사 · 의료사회복지사 · 학교사회복지사의 자격은 1급 사회복지사의 자격이 있는 사람 중에서 수련기관에서 수련을 받은 사람에게 부여한다(제11조). 사회복지사가 아니면 사회복지사 또는 이와 유사한 명칭을 사용하지 못한다(제11조의4).

사회복지법인 및 사회복지시설을 설치 · 운영하는 자는 사회복지사를 그 종사자로 채용하고, 시 · 도지사 또는 시장 · 군수 · 구청장에게 사회복지사의 임면에 관한 사항을 보고하여야 한다. 다만, 노인여가복지시설, 점자도서관과 점자도서 및 녹음서 출판시설, 어린이집, 성매매피해자 등을 위한 지원시설 및 성매매피해상담소, 정신요양시설 및 정신재활시설, 성폭력피해상담소는 그러하지 아니하다(제13조, 시행령 제6조 제2항).

보건복지부장관은 사회복지사의 자질 향상을 위하여 필요하다고 인정하면 사회복지사에게 교육을 받도록 명할 수 있다. 다만, 사회복지법인 또는 사회복지시설에 종사하는 사회복지사는 정기적으로 인권에 관한 내용이 포함된 보수교육을 받아야 한다(제13조 제2항).

보건복지부장관은 사회복지사가 거짓 · 부정한 방법으로 자격 취득, 사회복지사 결격사유 해당, 자격증 대여 · 양도 또는 위조 · 변조한 경우 그 자격을 취소하여야 하며, 다른 사람에게 손해, 자격정지 처분 3회 이상, 자격정지 처분 기간에 자격증을 사용한 경우 그 자격을 취소하거나 1년의 범위에서 정지시킬 수 있다(제11조의3). 자격이 취소된 사람은 취소된 날부터 2년 이내에 자격증을 재교부 받지 못한다.

9. 사회복지사업의 재원

사회복지사업의 재원은 지원금, 보조금, 비용징수, 후원금 등으로 조달된다. 국가가 지방자치단체에게 사회복지사업의 수행에 필요한 비용을 지원할 수 있다(제42조의3). 이 지원금은 지방자치단체가 실시한 사회복지사업의 평가점수가 높거나 현저히 향상, 복지행정 발전 및 주민의 복지증진 기여를 기준으로 하여 매년 지급한다(시행규칙 제26조의3).

국가나 지방자치단체가 사회복지사업을 하는 사회복지법인, 사회복지 비영리법인, 사회복지시설을 설치 · 운영하는 개인에게 보조금을 지급한다. 보조금을 거짓 · 부정한 방법으로 받았을 때, 사업 목적 외의 용도에 사용하였을 때, 이 법 또는 이 법에 따른 명령을 위반하였을 때에는 이미 지급한 보조금의 전부 또는 일부의 반환 받아야 한다(제42조, 시행령 제20조).

지방자치단체의 장이나 그 밖에 시설을 운영하는 자가 사회복지사업법에 따른 복지조치에 필요한 비용을 부담한 경우 그 혜택을 받은 본인 또는 그 부양의무자로부터 비용의 전부 또는 일부를 징수한다(제44조). 다만, 국민기초생활보장 수급자에게는 그 비용을 징수하지 아니한다(시행령 제21조).

사회복지법인의 대표이사와 시설의 장은 후원금, 즉 아무런 대가 없이 무상으로 받은 금품이나 그 밖의 자산의 수입 · 지출 내용을 공개하여야 하며 그 관리에 명확성이 확보되도록 하여야 한다(제45조).

10. 수급권 보호

사회복지사업 또는 사회복지업무에 종사하였거나 종사하고 있는 사람은 그 업무수행의 과정에서 알게 된 다른 사람의 비밀을 누설하여서는 아니 된다(제47조). 사회복지사업으로 지급된 금품과 이를 받을 권리는 압류하지 못한다(제48조). 보건복지부장관 또는 시·도지사 또는 시장·군수·구청장은 수급자의 보호를 위하여 사회복지사업 운영자에 대한 소관업무에 관하여 지도·감독을 하며, 업무 보고 또는 관계 서류의 제출을 명하거나, 소속 공무원으로 하여금 법인의 사무소 또는 시설에 출입하여 검사 또는 질문하게 할 수 있다(제51조).

Chapter 11

사회복지 기본법(Ⅲ) - 사회복지사업법 핵심내용 학습 사회복지사1급 기출문제 해설

출제 경향 분석

최근 3년간 출제경향을 볼 때, 교재 "제11장 사회복지사업법"에서는 총 11문제가 출제되었다. 매년 3문제 정도가 출제되는 중요한 법률이다.

01 사회복지사업법상 사회복지법인(이하 '법인'으로 한다)에 관한 설명으로 옳지 않은 것은? [2024년도 제22회]

① 정관에는 회의에 관한 사항이 포함되어야 한다.
② 법인은 사회복지사업의 운영에 필요한 재산을 소유하여야 한다.
③ 감사 중에 결원이 생겼을 때 3개월 이내에 보충하여야 한다.
④ 법인은 임원을 임면하는 경우에 지체 없이 시·도지사에게 보고하여야 한다.
⑤ 법인이 목적사업 외의 사업을 하였을 때 설립허가가 취소될 수 있다.

정답 ③

해설 각 항의 내용이 규정된 조문은 다음과 같다.

① 법인의 정관에 관한 내용은 사회복지사업법 제17조에 규정되어 있다.

제17조(정관) ① 법인의 정관에는 다음 각 호의 사항이 포함되어야 한다.

1. 목적
2. 명칭
3. 주된 사무소의 소재지
4. 사업의 종류
5. 자산 및 회계에 관한 사항
6. 임원의 임면(任免) 등에 관한 사항
7. 회의에 관한 사항
8. 수익(收益)을 목적으로 하는 사업이 있는 경우 그에 관한 사항
9. 정관의 변경에 관한 사항
10. 존립시기와 해산 사유를 정한 경우에는 그 시기와 사유 및 남은 재산의 처리방법
11. 공고 및 공고방법에 관한 사항

② 법인은 사회복지사업의 운영에 필요한 재산을 소유하여야 한다(사회복지사업법 제23조).
③ 감사 중에 결원이 생겼을 때 (2개월) 이내에 보충하여야 한다(사회복지사업법 제20조).
④ 법인은 임원을 임면하는 경우에 지체 없이 시 · 도지사에게 보고하여야 한다(사회복지사업법 제18조 제6항 및 사회복지사업법 시행규칙 제10조).
⑤ 법인이 목적사업 외의 사업을 하였을 때 설립허가가 취소될 수 있다(사회복지사업법 제26조).

02 사회복지사업법상 사회복지시설(이하 '시설'이라 한다)에 관한 설명으로 옳지 않은 것은? [2024년도 제22회]

① 사회복지관은 직업 및 취업 알선이 필요한 지역주민에게 사회복지서비스를 우선 제공하여야 한다.
② 지방자치단체는 시설의 책임보험 가입에 드는 비용의 전부를 보조할 수 없다.
③ 국가는 시설을 운영할 수 있다.
④ 시설 종사자의 근무환경 개선에 관한 사항은 운영위원회에서 심의한다.
⑤ 회계부정이 발견되었을 때 보건복지부장관은 시설의 폐쇄를 명할 수 있다.

정답 ②

해설 각 항의 내용이 규정된 조문은 다음과 같다.
① 사회복지관은 직업 및 취업 알선이 필요한 지역주민에게 사회복지서비스를 우선 제공하여야 한다(사회복지사업법 제34조의5).
② 국가나 지방자치단체는 예산의 범위에서 책임보험 또는 책임공제의 가입에 드는 비용의 전부 또는 일부를 보조할 수 (있다)(사회복지사업법 제34조의3).
③ 국가는 시설을 운영할 수 있다(사회복지사업법 제34조).
④ 시설 종사자의 근무환경 개선에 관한 사항은 운영위원회에서 심의한다(사회복지사업법 제36조).
⑤ 회계부정이 발견되었을 때 보건복지부장관은 시설의 폐쇄를 명할 수 있다(사회복지사업법 제40조).

03 사회복지사업법의 내용으로 옳은 것은? [2024년도 제22회]

① 사회복지서비스는 현금과 현물로 제공하는 것을 원칙으로 한다.
② 국가는 사회복지 자원봉사활동을 지원 · 육성하기 위하여 자원봉사활동의 홍보 및 교육을 실시하여야 한다.
③ 사회복지에 관한 조사 · 연구 및 정책 건의를 위하여 한국사회복지사협회를 둔다.
④ 사회복지사 자격증을 다른 사람에게 빌려주거나 빌린 사람은 10년 이하의 징역 또는 1억원 이하의 벌금에 처한다.

⑤ 시 · 도지사는 사회복지에 관한 전문지식과 기술을 가진 사람에게 사회복지사 자격증을 발급할 수 있다.

정답 ②

해설 각 항의 내용이 규정된 조문은 다음과 같다.
① 사회복지서비스를 필요로 하는 사람에 대한 사회복지서비스 제공은 (현물)로 제공하는 것을 원칙으로 한다(사회복지사업법 제5조의2).
② 국가는 사회복지 자원봉사활동을 지원 · 육성하기 위하여 자원봉사활동의 홍보 및 교육을 실시하여야 한다(사회복지사업법 제9조).
③ 사회복지에 관한 (전문지식과 기술을 개발 · 보급하고, 사회복지사의 자질 향상을 위한 교육훈련을 실시하며, 사회복지사의 복지증진을 도모하기 위하여) 한국사회복지사협회를 설립한다(사회복지사업법 제46조).
④ 보건복지부장관은 사회복지사가 거짓이나 그 밖의 부정한 방법으로 자격을 취득한 경우 또는 자격증을 대여 · 양도 또는 위조 · 변조한 경우에는 (그 자격을 취소하여야) 한다(사회복지사업법 제11조의3).
⑤ (보건복지부장관)은 사회복지에 관한 전문지식과 기술을 가진 사람에게 사회복지사 자격증을 발급할 수 있다(사회복지사업법 제11조 제1항).

04 사회복지사업법상 사회복지서비스 제공의 원칙에 관한 설명으로 옳지 않은 것은?

[2023년도 제21회]

① 사회복지서비스는 현물로 제공하는 것이 원칙이다.
② 지방자치단체는 사회복지서비스의 품질향상을 위하여 필요한 시책을 마련하여야 한다.
③ 지방자치단체는 사회복지시설의 서비스 환경 등을 평가할 수 있다.
④ 시장 · 군수 · 구청장은 보호대상자에게 사회복지서비스 이용권을 지급할 수 있다.
⑤ 보건복지부장관은 사회복지서비스 품질 평가를 위한 전문기관을 직접 설치 · 운영해야 하며, 관계기관 등에 위탁하여서는 아니 된다.

정답 ⑤

해설 보건복지부장관은 사회복지서비스 품질 평가를 위하여 평가 전문기관을 설치 · 운영하거나, 평가의 전부 또는 일부를 관계 기관 또는 단체에 위탁할 수 있다.
이 외에 사회복지사업법상 사회복지서비스 제공의 원칙(제5조의2)은 다음과 같다.
① 사회복지서비스는 현물(現物)로 제공하는 것을 원칙으로 한다.
② 국가와 지방자치단체는 사회복지서비스의 품질향상을 위하여 필요한 시책을 마련하여야 한다.
③ 국가와 지방자치단체는 사회복지시설의 서비스 환경, 서비스 제공 인력의 전문성 등을 평가할 수 있다.
④ 시장 · 군수 · 구청장은 보호대상자에게 사회복지서비스 이용권을 지급할 수 있다.

05 사회복지사업법상 사회복지사에 관한 설명으로 옳지 않은 것은? [2023년도 제21회]

① 사회복지사의 등급은 1급 · 2급으로 한다.
② 보건복지부장관은 정신건강사회복지사 · 의료사회복지사 · 학교사회복지사의 자격을 부여할 수 있다.
③ 보건복지부장관은 사회복지사가 거짓이나 그 밖의 부정한 방법으로 자격을 취득한 경우 그 자격을 1년의 범위에서 정지할 수 있다.
④ 사회복지법인에 종사하는 사회복지사는 정기적으로 보수교육을 받아야 한다.
⑤ 자신의 사회복지사 자격증은 타인에게 빌려주어서는 아니 된다.

정답 ③

해설 사회복지사업법상 사회복지사 관련 조항은 다음과 같다.
① 사회복지사의 등급은 1급 · 2급으로 한다(제11조).
② 보건복지부장관은 정신건강사회복지사 · 의료사회복지사 · 학교사회복지사의 자격을 부여할 수 있다(제11조).
③ 보건복지부장관은 사회복지사가 거짓이나 그 밖의 부정한 방법으로 자격을 취득한 경우 그 자격을 (취소하여야 한다)(제11조의3).
④ 사회복지법인에 종사하는 사회복지사는 정기적으로 보수교육을 받아야 한다(제13조).
⑤ 사회복지사 자격증을 발급받은 사람은 다른 사람에게 그 자격증을 빌려주어서는 아니 되고, 누구든지 그 자격증을 빌려서는 아니 된다(제11조 제6항).

06 사회복지사업법상 사회복지시설에 관한 설명으로 옳은 것은? [2023년도 제21회]

① 사회복지시설 운영위원회는 심의 · 의결기구이다.
② 사회복지시설은 손해배상책임의 면책사업자이다.
③ 사회복지시설의 장은 비상근으로 근무할 수 있다.
④ 사회복지시설은 둘 이상의 사회복지사업을 통합하여 수행할 수 있다.
⑤ 지방자치단체는 사회복지시설을 설치 · 운영하여서는 아니 된다.

정답 ④

해설 사회복지사업법상 사회복지시설에 관한 규정은 다음과 같다.
① 사회복지시설 운영위원회는 (심의기구)이다. 즉, 시설의 장은 시설의 운영에 관한 사항을 심의하기 위하여 시설에 운영위원회를 두어야 한다(제36조).
② 사회복지시설은 손해배상책임을 이행하여야 한다. 즉, 시설의 운영자는 손해배상책임을 이행하기 위하여 손해보험 회사의 책임보험에 가입하거나 「사회복지사 등의 처우 및 지위 향상을 위한 법률」에 따른 한국사회복지공제회의 책임공제에 가입하여야 한다(제34조의3).
③ 사회복지시설의 장은 (상근)으로 근무할 수 있다. 즉, 시설의 장은 상근(常勤)하여야 한다(제35조).
④ 사회복지시설은 둘 이상의 사회복지사업을 통합하여 수행할 수 있다. 즉, 법률에 따른 시설을 통합하여 하나의 시설로 설치 · 운영하거나 하나의 시설에서 둘 이상의 사회복지사업을

통합하여 수행할 수 있다(제34조의2).

⑤ 지방자치단체는 사회복지시설을 (설치 · 운영할 수 있다). 즉, 국가나 지방자치단체는 사회복지시설을 설치 · 운영할 수 있다(제34조).

07 사회복지사업법령상 보건복지부장관이 시설에서 제공하는 서비스의 최저기준을 마련하지 않아도 되는 시설은? [2023년도 제21회]

① 사회복지관 ② 자원봉사센터

③ 아동양육시설 ④ 장애인 지역사회재활시설

⑤ 부자가족복지시설

정답 ②

해설 사회복지시설은 사회복지사업법 제43조의2(시설의 평가) 및 시행규칙 제27조의2(시설의 평가)의 법 규정에 따라 평가를 실시함으로써, 사회복지시설의 운영 효율화 및 서비스의 질을 제고함으로써 사회복지시설 이용자 · 생활자에 대한 사회복지서비스의 질 향상을 도모하고 있다. 사회복지사업법상 보건복지부장관 및 시 · 도지사는 3년마다 사회복지시설을 정기평가를 해야 한다. 사회복지시설을 정기평가 시 시설 이용자의 인권, 시설의 환경, 시설의 운영, 시설의 안전관리, 시설의 인력관리, 지역사회 연계, 서비스의 과정 및 결과 등을 평가기준으로 한다. 또한 보건복지부장관은 시설에서 제공하는 서비스의 최저기준을 마련하여야 하며, 시설 운영자는 서비스 최저기준 이상으로 서비스 수준을 유지하여야 한다. 자원봉사센터는 사회복지시설이 아니기 때문에 시설에서 제공하는 서비스의 최저기준을 마련하지 않아도 되는 시설이다.

08 다음과 같은 역할을 하는 사회복지시설은? [2023년도 제21회]

- 아동의 안전한 보호
- 안전하고 균형 있는 급식 및 간식의 제공
- 등 · 하교 전후, 야간 또는 긴급상황 발생 시 돌봄서비스 제공
- 체험활동 등 교육 · 문화 · 예술 · 체육 프로그램의 연계 · 제공
- 돌봄 상담, 관련 정보의 제공 및 서비스의 연계

① 장애인 지역사회재활시설 ② 다함께돌봄센터

③ 아동보호전문기관 ④ 지역장애아동지원센터

⑤ 노인공동생활가정

정답 ②

해설 아동복지법 제44조의2(다함께돌봄센터)는 초등학교의 정규교육 이외의 시간 동안 돌봄서비스(방과 후 돌봄서비스)를 다음과 같이 실시한다.

① 아동의 안전한 보호
② 안전하고 균형 있는 급식 및 간식의 제공
③ 등 · 하교 전후, 야간 또는 긴급상황 발생 시 돌봄서비스 제공
④ 체험활동 등 교육 · 문화 · 예술 · 체육 프로그램의 연계 · 제공
⑤ 돌봄 상담, 관련 정보의 제공 및 서비스의 연계
⑥ 보건복지부령으로 정하는 방과 후 돌봄서비스의 제공

09 사회복지사업법의 내용으로 옳지 않은 것은? [2022년도 제20회]

① 보건복지부장관은 사회복지사가 거짓으로 자격을 취득한 경우 그 자격을 취소하여야 한다.
② 사회복지법인을 설립하려는 자는 대통령령으로 정하는 바에 따라 시 · 도지사의 허가를 받아야 한다.
③ 사회복지법인이 설립 후 기본재산을 출연하지 아니한 때 시 · 도지사는 시정명령을 내릴 수 있다.
④ 누구든지 정당한 이유 없이 사회복지시설의 설치를 방해하여서는 아니 된다.
⑤ 사회복지를 필요로 하는 사람은 누구든지 자신의 의사에 따라 서비스를 신청하고 제공받을 수 있다.

정답 ③

해설 사회복지사업법 제26조에는 '설립허가 취소 등'에 관한 내용을 담고 있다. 이 조항에 따르면, 시 · 도지사는 법인이 특정한 사항에 해당할 때에는 기간을 정하여 시정명령을 하거나 설립허가를 취소할 수 있다. 특히 제1호 또는 제7호에 해당할 때에는 설립허가를 취소하여야 한다. 이 조항은 사회복지사업법의 중요한 부분으로 사회복지사업의 투명성과 공정성을 유지하는 데 중요한 역할을 한다.

설립허가 취소 등(사회복지사업법 제26조)

① 시 · 도지사는 법인이 다음 각 호의 어느 하나에 해당할 때에는 기간을 정하여 시정명령을 하거나 설립허가를 취소할 수 있다. 다만, 제1호 또는 제7호에 해당할 때에는 설립허가를 취소하여야 한다.

1. 거짓이나 그 밖의 부정한 방법으로 설립허가를 받았을 때
2. 설립허가 조건을 위반하였을 때
3. 목적 달성이 불가능하게 되었을 때
4. 목적사업 외의 사업을 하였을 때
5. 정당한 사유 없이 설립허가를 받은 날부터 6개월 이내에 목적사업을 시작하지 아니하거나 1년 이상 사업실적이 없을 때
6. 법인이 운영하는 시설에서 반복적 또는 집단적 성폭력범죄 및 학대관련범죄가 발생한 때

6의2. 법인이 운영하는 시설에서 중대하고 반복적인 회계부정이나 불법행위가 발생한 때

7. 법인 설립 후 기본재산을 출연하지 아니한 때
8. 제18조제1항의 임원정수를 위반한 때
9. 제18조제2항을 위반하여 이사를 선임한 때
10. 제22조에 따른 임원의 해임명령을 이행하지 아니한 때
11. 그 밖에 이 법 또는 이 법에 따른 명령이나 정관을 위반하였을 때

10 사회복지사업법상 사회복지시설에 관한 설명으로 옳은 것은? [2022년도 제20회]

① 지방자치단체가 시설을 설치 · 운영하려는 경우에는 보건복지부에 신고하여야 한다.

② 사회복지법인의 대표는 시설에 대하여 정기 및 수시 안전점검을 실시하여야 한다.

③ 시설을 설치 · 운영하는 자는 시설에 근무할 종사자를 채용할 수 있다.

④ 시설의 장은 시설의 운영에 관한 사항을 의결하기 위하여 시설에 운영위원회를 두어야 한다.

⑤ 지방자치단체는 시설의 책임보험 가입에 드는 비용의 전부를 보조하여야 한다.

정답 ③

해설 사회복지사업법 제35조의2(종사자) 제①항에 "사회복지법인과 사회복지시설을 설치 · 운영하는 자는 시설에 근무할 종사자를 채용할 수 있다."고 규정되어 있다. 이 문항은 사회복지사업법상 사회복지시설의 운영에 관한 것으로 선택지의 오답을 체크하면 다음과 같다.

① 국가나 지방자치단체는 사회복지시설을 (설치 · 운영할 수 있다). 다만, 국가 또는 지방자치단체 외의 자가 시설을 설치 · 운영하려는 경우에는 시장 · 군수 · 구청장에게 신고하여야 한다(제34조).

② (시설의 장은) 시설에 대하여 정기 및 수시 안전점검을 실시하여야 한다(제34조의4).

④ 시설의 장은 시설의 운영에 관한 사항을 (심의)하기 위하여 시설에 운영위원회를 둔다(제36조).

⑤ 지방자치단체는 시설의 책임보험 가입에 드는 비용의 (전부 또는 일부를) 보조할 수 있다(제34조의3).

11 사회복지사업법상 사회복지법인에 관한 설명으로 옳지 않은 것은? [2022년도 제20회]

① 법인이 설치한 사회복지시설의 장과 직원은 그 법인의 이사를 겸할 수 없다.

② 파산선고를 받고 복권되지 아니한 사람은 임원이 될 수 없다.

③ 법인은 대표이사를 포함한 이사 7명 이상과 감사 2명 이상을 두어야 한다.

④ 이사회는 안건, 표결수 등을 기재한 회의록을 작성하여야 한다.

⑤ 해산한 법인의 남은 재산은 정관으로 정하는 바에 따라 국가 또는 지방자치단체에 귀속된다.

정답 ①

해설 사회복지사업법상 사회복지법인 이사는 법인이 설치한 사회복지시설의 장은 가능하지만 직원은 할 수 없다. 나머지 선택지의 제시문은 모두 옳은 내용이다. 이 외에도 사회복지사업법상 사회복지법인에 관한 주요 내용은 다음과 같다.

① 법인이 설치한 사회복지시설의 장은 그 법인의 이사를 겸할 수 (있다).

② 사회복지법인 설립 허가는 시 · 도지사이다.

③ 사회복지사업법상 사회복지법인에서 이사는 법인이 설치한 시설장만 할 수 있다.
④ 이사는 법인이 설치한 사회복지시설의 장을 제외한 그 시설의 직원을 겸할 수 없다.
⑤ 주된 사무소가 서로 다른 시 · 도에 소재한 법인이 합병할 경우 보건복지부장관의 허가를 받아야 한다.

Chapter

12

사회보험 관련 사회복지법(Ⅰ)

– 소득보장

1. 국민연금법
2. 고용보험법
3. 산업재해보상보험법

Chapter

12 사회보험 관련 사회복지법(Ⅰ)

– 소득보장

사회보험은 국민에게 발생하는 사회적 위험을 보험의 방식으로 대처함으로써 국민의 건강과 소득을 보장하는 제도를 말한다(사회보장기본법 제3조 제2호). 사회보험은 국민의 질병, 장애, 노령, 실업, 사망 등 사회적 위험을 보험방식으로 분산시키기 위해 강제 가입시키고 소득재분배를 통해 국민의 생활안정을 위한 제도이다. 사회보험의 기본원리로는 최저생활보장(부양성), 보편주의(보편성), 소득재분배, 비용부담을 들 수 있다(김재호 외, 2019: 78-79).

우리나라 사회보험법제를 내용에 따라 소득보장제도(공적연금, 고용보험, 산업재해보상보험)와 건강보장제도(건강보험, 노인장기요양보험)로 구분할 수 있다.

공적연금에는 국민연금, 공무원연금, 사립학교교직원연금, 군인연금, 별정우체국직원연금이 있다. 다만, 사회보험원리 중 소득재분배 기능이 국민연금은 1988년 시행 시부터, 공무원연금, 사립학교교직원연금, 별정우체국직원연금은 2016년부터 시행되고 있으므로 사회보험으로 볼 수 있으나 군인연금의 경우 소득비례연금으로 소득재분배 기능이 없어 사회보험으로 보기 어렵다.

우리나라 사회보험제도 운영에 있어서는 관장부처를 달리하고 있다. 건강보장제도인 건강보험과 노인장기요양보험은 보건복지부가 관장하고 있지만, 소득보장제도인 공적연금 관장은 각 부처로 분산되어 있다. 국민연금은 보건복지부,

공무원연금은 행정안전부, 사립학교교직원연금은 교육부, 군인연금은 국방부, 별정우체국직원연금은 과학기술정보통신부가 관장하고 있으며, 고용보험과 산업재해보상보험은 고용노동부가 관장하고 있다.

〈표 12-1〉 우리나라 사회보험제도 구분

구분	소득보장							건강보장	
제도	국민연금	직역연금				고용보험	산업재해보상보험	건강보험	노인장기요양보험
		공무원연금	사립학교교직원연금	군인연금	별정우체국직원연금				
실시연도	1988년	1960년	1975년	1963년	1982년	1995년	1964년	1977년	2008년
관장기관	보건복지부	행정안전부	교육부	국방부	과학기술정보통신부	고용노동부	고용노동부	보건복지부	보건복지부
집행기관	국민연금공단	공무원연금공단	사학연금공단	군인연금과 국군재정관리단	별정우체국연금관리단	고용센터	근로복지공단	국민건강보험공단	국민건강보험공단

1. 국민연금법

1) 사회복지법제적 의의

(1) 사회복지법제에서의 위치

우리나라 공적연금제도는 직역별로 시작되어서 직역 이외의 전 국민으로 확대되었다. 1960년 공무원연금, 1963년 군인연금, 1975년 사립학교교직원연금, 1982년 별정우체국직원연금이 시행된 후 이들 직역 근로자를 제외한 전 국민을 대상으로 1988년 국민연금이 시행되었다.

국민연금법은 사회복지 관련 기본법인 사회보장기본법과 사회보장급여법의 특별법으로써 기능하고 있으나 사회복지 관련 기본법의 하나인 사회복지사업법의 적용을 받지는 않는다. 국민연금법은 사회복지사업을 다루는 법률(사회복지사업법 제2조 제1호)에 포함되어 있지 않기 때문이다.

(2) 형성과정

국민복지연금법이 1973년 12월 24일 제정되어 1974년 1월 1일부터 시행될 예정이었으나 당시 유류파동으로 인한 사회·경제적 여건 악화로 시행이 연기되다가 1986년 12월 31일 전문개정을 통해 1988년 1월 1일 시행되었다. 국민연금법은 1995년 7월 1일 농어민과 농촌지역 자영자로 확대 적용되고, 1999년 4월 1일 도시지역 거주자와 도시지역 자영자까지 확대 적용되어 전국민연금이 실시되었다.

2) 개요

(1) 목적

국민연금법은 국민의 노령, 장애 또는 사망에 대하여 연금급여를 실시함으로써 국민의 생활 안정과 복지 증진에 이바지하는 것을 목적으로 한다(제1조).

(2) 개념

'근로자'란 직업의 종류가 무엇이든 사업장에서 노무를 제공하고 그 대가로 임금을 받아 생활하는 자를 말한다. '사용자'란 해당 근로자가 소속되어 있는 사업장의 사업주를 말한다. '소득'이란 일정한 기간 근로를 제공하여 얻은 수입에서 비과세소득을 제외한 금액 또는 사업 및 자산을 운영하여 얻는 수입에서 필요경비를 제외한 금액을 말한다. '평균소득월액'이란 매년 사업장가입자 및 지역가입자 전원의 기준소득월액을 평균한 금액을 말한다. '기준소득월액'이란 연금보험료와 급여를 산정하기 위하여 국민연금가입자의 소득월액을 기준으로 하여 정하는 금액을 말한다(제3조).

(3) 특성

국민연금제도 특징으로는 첫째, 사회보험방식으로 운영되고 있다. 전 국민 강제가입의 근거이기도 하다. 또한 기여, 즉 보험료 납부와 급여 간에 인과관계가 존재한다. 기여가 없으면 급여도 없다. 둘째, 소득재분배로 사회통합에 기여한다. 국민연금은 세대 내 재분배와 세대 간 재분배 기능이 있다. 세대 내 재분배는 균등부분(A값[1])과 소득비례부분(B값[2])으로 연금액을 산정하여 고 급여자로부터 저 급여자로 소득이 재분배되고 있다. 세대 간 재분배는 소득이 있는 세대가 은퇴하여 연금을 받고 있는 세대를 부양하는 구조를 취하고 있다는 것이다. 셋째, 연금액의 실질가치를 보장하고 있다. 연금액 산정 시에는 임금상승률을 반영하고, 연금을 받기 시작하면 매년 소비자물가상승률을 반영하고 있다. 넷째, 국가가 급여 지급을 보장한다. 국가(보건복지부)가 관장(제2조)하는 정책으로 국가는 연금급여가 안정적 · 지속적으로 지급되도록 필요한 시책을 수립 · 시행하여야 할 책임이 있다(제3조의2).

3) 국민연금 주요 내용

(1) 공통

① 국민연금재정계산제도

국민연금 급여 수준과 연금보험료는 국민연금 재정이 장기적으로 균형을 유지할 수 있도록 조정되도록 5년마다 국민연금 재정 수지를 계산하고 있다. 정부는 국민연금의 재정 전망과 연금보험료의 조정 및 국민연금기금의 운용 계획 등이 포함된 국민연금 운영 전반에 관한 계획을 수립하여 국무회의의 심의를 거쳐 대통령의 승인을 받아야 하며, 승인받은 계획을 해당 연도 10월 말까지 국회에 제출하여 소관 상임위원회에 보고하고, 공시하여야 한다(제4조).

1) 연금수급 전 3년간의 전체 사업장가입자 및 지역가입자의 평균소득월액의 평균액
2) 가입자 개인의 가입기간 중 매년 기준소득월액을 연도별 재평가율(임금상승률과 비슷)에 의해 현재가치로 환산 · 합산한 금액의 평균액

② 국민연금심의위원회

국민연금사업에 관한 사항을 심의하기 위하여 보건복지부에 국민연금심의위원회를 둔다. 심의사항은 국민연금제도 및 재정 계산, 급여, 연금보험료, 국민연금기금에 관한 사항 등이다. 국민연금심의위원회 위원장은 보건복지부차관이 되고, 부위원장은 공익을 대표하는 위원 중에서 호선하며, 위원은 보건복지부장관이 사용자 · 근로자 · 지역가입자 · 수급자 · 공익 대표를 지명하거나 위촉한다(제5조).

(2) 가입관리 및 보험료 징수

국민연금 가입대상은 국내에 거주하는 국민으로서 18세 이상 60세 미만인 자이다. 다만, 조기노령연금수급권자 및 직역별 연금법을 적용받는 공무원, 군인, 교직원 및 별정우체국 직원은 제외한다.

국민연금가입자는 사업장가입자, 지역가입자, 임의가입자 및 임의계속가입자로 구분된다. 사업장가입자는 근로자 1인 이상인 사업장에 고용된 근로자 및 사용자이다. 지역가입자는 사업장가입자가 아닌 자로서 18세 이상 60세 미만인 자이다. 다만, 지역가입자 가입대상 제외자는 직역연금 가입자 · 국민연금 가입자 · 노령연금 수급권자의 소득이 없는 배우자, 18세 이상 27세 미만인 학생이거나 군 복무 등으로 소득이 없는 자, 국민기초생활보장 생계급여 수급자 또는 의료급여 수급자, 1년 이상 행방불명된 자이다. 임의가입자는 사업장가입자 및 지역가입자 외의 자로서 가입의무가 없음에도 신청에 의하여 가입한 자이다. 임의계속가입자는 60세 이상인 자가 신청에 의하여 가입한 자이다(제3조, 제7조, 제8조, 제9조, 제10조, 제13조).

국민연금 가입기간은 월 단위로 계산하되, 가입자의 자격을 취득한 날이 속하는 달의 다음 달부터 자격을 상실한 날의 전날이 속하는 달까지로 한다. 가입기간을 계산할 때 연금보험료를 내지 아니한 기간은 가입기간에 산입하지 아니한다(제17조). 가입자의 가입 종류가 변동되면 그 가입자의 가입기간은 각 종류별

가입기간을 합산한 기간으로 한다(제20조). 가입기간 추가 산입(크레딧)은 군 복무기간 6개월(제18조), 자녀 2명 12개월, 3명 30개월, 4명 48개월, 5명 이상 50개월(제19조), 구직급여 받는 기간 중 1년 이내(제19조의2)이다.

연금보험료는 국민연금사업에 필요한 비용으로서 가입자가 기준소득월액의 9%에 해당하는 금액을 납부한다. 다만, 사업장가입자의 경우에는 사용자가 가입자 기여금(4.5%)을 원천공제하여 사용자 부담금(4.5%)을 합계하여 납부한다(제88조).

(3) 급여관리

① 급여종류 및 산정

국민연금 급여의 종류로는 노령연금, 장애연금, 유족연금, 반환일시금이 있다(제49조). 연금액은 기본연금액과 부양가족연금액을 기초로 산정한다(제50조). 기본연금액은 모든 연금액 산정의 기초가 되며, 그 산정식은 다음과 같다(제51조).

> 기본연금액 = 비례상수 × (A + B) × (1 + 0.05n / 12)
> - 비례상수[3] : 연금의 소득대체율에 따른 상수
> - A : 연금수급 전 3년간의 사업장가입자 및 지역가입자의 평균소득월액의 평균액
> - B : 가입자 개인의 가입기간 중 기준소득월액의 평균액
> - n : 20년 초과 가입년수

부양가족연금액은 수급권자에 의하여 생계를 유지하고 있는 배우자는 연 15만원, 19세 미만이거나 장애상태에 있는 자녀는 연 10만원, 60세 이상이거나 장애등급 2급 이상인 부모는 연 10만원을 지급한다. 이 금액은 매년 전국소비자물가변동률을 반영한 금액을 지급한다(제52조).

3) 가입구간별 소득대체율 변화에 따른 비례상수 변화 내역

가입기간	1988~1998년	1999~2007년	2008년	2009~2027년	〈2024년〉	2028년 이후
소득대체율	70%	60%	50%	49.5%~(매년0.5%씩 감소)	〈42%〉	40%
비례상수	2.4	1.8	1.5	1.485~(매년 0.015씩 감소)	〈1.26〉	1.2

② 노령연금 및 분할연금

가입기간이 10년 이상인 가입자 또는 가입자였던 자에 대하여는 60세[4]가 된 때부터 그가 생존하는 동안 노령연금을 지급한다. 노령연금은 조기 수령 또는 수령을 연기할 수 있다. 조기노령연금은 가입기간이 10년 이상인 가입자 또는 가입자였던 자가 A값 이상의 소득이 있는 업무에 종사하지 아니하고, 노령연금 수급개시연령 5년 전부터 기간 중 본인이 신청하는 때부터 연 6% 감액된 연금을 생존하는 동안 지급받게 된다(제61조, 제63조). 노령연금지급연기는 노령연금 수급권자가 노령연금 지급의 연기를 신청하는 경우에는 수급개시연령부터 5년까지의 기간에 대하여 그 연금의 전부 또는 일부의 지급을 연기할 수 있다. 이 경우 연기된 기간 동안은 매년 연 7.2% 가산된 연금액을 생존하는 동안 지급받게 된다(제62조).

분할연금은 가입자인 배우자의 가입기간 중의 혼인 기간이 5년 이상인 자는 생존하는 동안 배우자였던 자의 노령연금을 분할한 일정한 금액의 연금을 받을 수 있는 것을 말한다. 분할연금 수급요건은 배우자와 이혼하였을 것, 배우자였던 사람이 노령연금 수급권자일 것, 60세가 되었을 것이다. 분할연금액은 배우자였던 자의 노령연금액 중 혼인기간에 해당하는 연금액을 균등하게 또는 민법상 재산분할에 따라 나눈 금액으로 한다(제64조, 제64조의2).

③ 장애연금

가입자 또는 가입자였던 자가 질병이나 부상으로 신체상 또는 정신상의 장애가 있고 그 초진일 당시 연령이 18세 이상이고 노령연금의 지급 연령 미만이면서 초진일 요건을 충족하는 경우에는 장애결정 기준일부터 그 장애가 계속되는 기간 동안 장애 정도에 따라 장애연금을 지급한다. 장애 정도에 관한 장애등급

---

4) 노령연금 수급개시연령은 2013년부터 5년마다 1세가 상향되어 2033년 이후에는 65세가 된다(1998.12.31. 개정 국민연금 부칙 제3조). 따라서 1953년~1956년생은 61세, 1957년~1960년생은 62세, 1961년~1964년생은 63세, 1965년~1968년생은 64세, 1969년 이후 출생자부터는 65세가 수급개시연령이 된다.

은 1급, 2급, 3급 및 4급으로 구분하며(제67조), 장애연금은 기본연금액에 대하여 1급은 100%, 2급은 80%, 3급은 60% 비율로 연금으로 지급하며, 4급에 대하여는 2.5배를 일시보상금으로 지급한다(제68조).

④ 유족연금 및 사망일시금

노령연금 수급권자, 가입기간이 10년 이상인 가입자 또는 가입자였던 자, 장애등급이 2급 이상인 장애연금 수급권자가 사망하면 그 유족에게 유족연금을 지급한다(제72조). 유족연금을 지급받을 수 있는 유족은 사망한 가입자 또는 가입자였던 자에 의하여 생계를 유지하고 있던 배우자, 자녀(25세 미만), 부모(배우자의 부모 포함, 60세 이상), 손자녀(19세 미만), 조부모(배우자의 조부모 포함, 60세 이상)의 순위에 따라 최우선 순위자에게만 지급한다. 이 경우 자녀, 부모, 손자녀, 조부모의 경우 해당 연령을 충족하지 못하더라도 장애등급 1급 또는 2급이거나 장애인복지법상 정도가 심한 장애에 해당하면 요건을 충족하게 된다(제73조).

유족연금액은 기본연금액에 대하여 가입기간이 10년 미만이면 40%, 10년 이상 20년 미만이면 50%, 20년 이상이면 60%에 해당하는 금액이다(제74조).

유족연금의 수급권자인 배우자에 대하여는 수급권이 발생한 때부터 3년 동안 유족연금을 지급한 후 55세가 될 때까지 지급을 정지한다. 다만, 55세 이전이라도 수급권자가 장애등급 1급 또는 2급이거나 장애인복지법상 정도가 심한 장애상태인 경우, 25세 미만인 자녀 또는 장애등급 1급 또는 2급이거나 장애인복지법상 정도가 심한 장애상태인 자녀의 생계를 유지한 경우, A값 이상의 소득이 있는 업무에 종사하지 아니하는 경우에는 지급을 정지하지 아니한다(제76조).

유족연금 수급권자가 사망한 때, 재혼한 때, 파양된 때, 자녀인 수급권자가 25세가 된 때, 손자녀인 수급권자가 19세가 된 때에는 유족연금 수급권은 소멸한다. 또한, 부모·손자녀·조부모인 유족연금 수급권은 가입자 또는 가입자였던 사람이 사망할 당시에 그의 태아가 출생하여 수급권을 갖게 되면 소멸한다(제75조).

사망일시금은 가입자 또는 가입자였던 사람, 노령연금 수급권자, 장애등급이

3급 이상인 장애연금 수급권자가 사망하였으나 유족연금 수급권자인 유족의 범위에 해당하는 유족이 없으면 그 배우자 · 자녀 · 부모 · 손자녀 · 조부모 · 형제자매 또는 4촌 이내 방계혈족에게 지급하는 급여이다(제80조 제1항).

사망일시금액은 가입자 또는 가입자였던 사람의 반환일시금에 상당하는 금액이다. 다만, 그의 최종 기준소득월액을 연도별 재평가율에 따라 현재가치로 환산한 금액과 그의 B값 중에서 많은 금액의 4배를 초과하지 못한다(제80조 제1항). 또한 사망한 노령연금 또는 장애연금 수급권자가 사망할 때까지 지급받은 연금액 또는 자녀 · 손자녀인 유족연금 수급권자가 유족연금수급권이 소멸할 때까지 지급받은 유족연금액이 사망일시금액보다 적은 경우에는 그 차액에 해당하는 금액을 지급한다(제80조 제2항, 제81조).

⑤ 반환일시금

반환일시금은 가입자 또는 가입자였던 자가 가입기간이 10년 미만으로 60세가 된 때, 국적을 상실하거나 국외로 이주한 때, 사망한 때에 지급된다. 다만, 가입자 또는 가입자였던 자에게 유족연금이 지급되는 경우에는 지급되지 아니한다.

반환일시금액은 가입자 또는 가입자였던 자가 납부한 연금보험료(사업장가입자 또는 사업장가입자였던 자의 경우에는 사용자의 부담금 포함)에 연금보험료를 낸 날이 속하는 달의 다음 달부터 반환일시금 지급사유가 발생한 날이 속하는 달까지의 기간에 대하여 해당 기간의 3년 만기 정기예금 이자율을 곱하여 산정한다. 사망을 사유로 반환일시금 수급권이 발생한 경우 반환일시금을 받을 수 있는 유족의 범위와 우선순위 등에 관하여는 유족연금의 경우와 동일하다(제77조).

(4) 국민연금기금 관리

국민연금기금은 국민연금사업에 필요한 재원을 원활하게 확보하고, 국민연금급여에 충당하기 위한 책임준비금을 말한다. 국민연금기금은 연금보험료, 기금운용 수익금, 적립금, 국민연금공단의 수입지출 결산상의 잉여금을 재원으로 조성한다(제101조). 국민연금기금은 보건복지부장관이 관리 · 운용하며, 국민연금공단에 위탁하고 있다. 국민연금기금은 안정성과 수익성을 원칙으로 하여 운용되어야 한다(제102조).

국민연금기금운용위원회는 기금운용지침, 기금 예탁 이자율의 협의, 기금운용계획 · 내용 · 사용에 관한 사항을 심의 · 의결하기 위하여 보건복지부에 설치한다. 위원회는 위원장인 보건복지부장관, 당연직 위원인 기획재정부차관 · 농림축산식품부차관 · 산업통상자원부차관 · 고용노동부차관과 공단 이사장 및 위원장이 위촉하는 사용자 · 근로자 · 지역가입자 대표 및 관계 전문가 등 위원으로 구성한다(제103조).

(5) 운영체계 : 국민연금공단

국민연금공단은 보건복지부장관의 위탁을 받아 국민연금 사업을 효율적으로 수행하기 위하여 설립되었다(제24조). 국민연금공단은 가입자 관리, 연금보험료 부과, 급여의 결정 및 지급, 자금 대여 · 복지시설의 설치 · 운영 등 복지사업, 노후준비서비스 사업, 국민연금제도 · 재정계산 · 기금운용 조사연구, 국민연금기금 운용 전문인력 양성, 국민연금 국제협력, 기타 위탁받은 사항 등 업무를 수행한다. 위탁받은 업무로는 기초연금 상담 · 접수, 장애심사, 장애인활동지원, 국민기초생활보장 신청자 근로능력평가 등이 있다.

국민연금공단은 법인이며(제26조), 국민연금법에서 정한 것 외에는 민법 중 재단법인에 관한 규정을 준용한다(제48조). 임원으로는 이사장 1명, 상임이사 4명 이내, 이사 9명, 감사 1명을 두되, 이사에는 사용자 · 근로자 · 지역가입자 · 수급자 대표 각 1명 이상과 당연직 이사로서 보건복지부에서 국민연금 업무를 담당하는 3급 국가공무원 또는 고위공무원단에 속하는 일반직 공무원 1명이 포함되어 있다. 이사장은 보건복지부장관의 제청으로 대통령이 임면하고, 상임이사 · 이사(당연직 이사 제외) 및 감사는 이사장의 제청으로 보건복지부장관이 임면한다(제30조).

4) 권리구제

가입자의 자격, 기준소득월액, 연금보험료, 징수금과 급여에 관한 국민연금공단 또는 건강보험공단의 처분에 이의가 있는 자는 심사청구를 할 수 있다(제108조). 심사청구 사항을 심사하기 위하여 공단에 국민연금심사위원회를 두고, 건강보험공단에 징수심사위원회를 둔다(제109조). 심사청구에 대한 결정에 불복하는 자는 보건복지부에 설치된 국민연금재심사위원회에 재심사를 청구할 수 있다(제110조). 재심사위원회의 재심사와 재결에 관한 절차는 행정심판법을 준용하며, 재심사위원회의 재심사는 행정소송법 제18조를 적용할 때 행정심판법에 따른 행정심판으로 본다(제112조).

2. 고용보험법

1) 사회복지법제적 의의

(1) 사회복지법제에서의 위치

사회보험법제를 내용에 따라 소득보장제도와 건강보장제도로 구분할 수 있으며, 소득보장제도에서는 국민연금은 노후소득보장을, 고용보험은 실직 시 소득보장을, 산업재해보상보험은 산업재해 사고 시 소득보장하는 것을 각 제도의 목적으로 하고 있다.

고용보험법은 사회복지 관련 기본법인 사회보장기본법과 사회보장급여법의 특별법으로써 기능하고 있으나 사회복지 관련 기본법의 하나인 사회복지사업법의 적용을 받지는 않는다. 고용보험법은 사회복지사업을 다루는 법률(사회복지사업법 제2조 제1호)에 포함되어 있지 않기 때문이다. 또한 고용보험법은 고용정책에 관하여는 고용정책기본법의 특별법으로 기능한다. 고용정책기본법은 '고용정책에 관한 다른 법률을 제정하거나 개정하는 경우에는 이 법의 목적과 기본원칙에 맞도록 하여야 한다.'(제4조)고 규정하고 있다.

(2) 형성과정

고용보험법은 1993년 12월 27일 제정되어 1995년 7월 1일부터 시행되었다. 1997년 12월 IMF 외환위기 이후 고용불안과 실업률이 급증하면서 고용보험 확대가 요구되었다. 이에 1998년 9월 17일 일부개정으로 근로자를 고용하는 모든 사업에 적용하는 것으로 1998년 10월 1일 시행되었다. 고용노동부가 주관하는 고용보험 및 산업재해보상보험 운영의 효율성을 높이고자 고용보험 및 산업재해보상보험의 보험료징수 등에 관한 법률(고용산재보험료징수법)이 2003년 12월 31일 제정되고 2005년 1월 1일 시행되어 고용보험과 산업재해보상보험의 보험관계의 성립 · 소멸, 보험료의 납부 · 징수 등에 관하여 필요한 사항을 규정하고 있다.

2) 개요

(1) 목적

고용보험법의 목적은 고용보험의 시행을 통하여 실업의 예방, 고용의 촉진, 근로자의 직업능력의 개발 · 향상, 국가의 직업지도 · 직업소개 기능 강화, 실업급여 실시함으로써, 근로자의 생활의 안정과 구직활동을 촉진하는 것이다(제1조).

(2) 개념

'피보험자'는 보험에 가입된 근로자, 예술인, 노무제공자, 자영업자를 말한다. '이직'은 피보험자와 사업주 간의 고용관계가 종료하게 되는 것을 말한다. '실업'

은 근로의 의사 및 능력이 있음에도 불구하고 취업하지 못한 상태에 있는 것을 말한다. '실업의 인정'은 직업안정기관의 장이 수급자격자가 실업한 상태에서 적극적으로 직업을 구하기 위하여 노력하고 있다고 인정하는 것을 말한다. '보수'는 근로소득에서 비과세 근로소득을 뺀 금액을 말한다. '일용근로자'는 1개월 미만 동안 고용되는 사람을 말한다(제2조).

(3) 특성

고용보험은 실직자의 생계를 보호하는 사후적 · 소극적 사회보장제도인 실업보험사업과 실직자의 재취업, 실업예방, 고용안정, 노동시장의 구조개편, 직업능력개발을 강화하기 위한 사전적 · 적극적 노동시장정책인 고용안정사업 및 직업능력개발사업을 연계하여 통합적으로 실시하고자 한다.

3) 고용보험 주요 내용

(1) 공통

고용보험은 노동부장관이 관장한다(제3조). 고용보험위원회는 고용보험법 및 고용산재보험료징수법(보험에 관한 사항만 해당)의 시행에 관한 주요 사항을 심의하기 위하여 고용노동부에 둔다. 위원회는 보험제도 및 보험사업의 개선, 보험료율의 결정, 보험사업의 평가, 기금운용 계획의 수립 및 기금의 운용 결과에 관한 사항을 심의한다(제7조).

(2) 가입관리 및 보험료 징수

고용보험법은 근로자를 사용하는 모든 사업 또는 사업장에 적용한다(제8조). 다만, 산업별 특성 및 규모 등을 고려하여 해당 사업에서 1개월간 소정근로시간이 60시간 미만이거나 1주간의 소정근로시간이 15시간 미만인 근로자, 공무원, 사립학교교직원 연금 가입자, 별정우체국직원연금 가입자에 대해서는 적용하지 아니한다. 또한, 65세 전부터 피보험 자격을 유지하던 사람이 65세 이후에 계속하여 고용된 경우는 적용하되, 65세 이후에 고용되거나 자영업을 개시한 사람에게는 적용하지 아니한다(제10조).

고용보험료는 고용보험사업에 드는 비용을 충당하기 위하여 징수하며, 고용보험료율은 사업에 따라 다르다. 실업급여 보험료율은 보수총액의 1.8%로 사업주와 근로자가 반반 부담한다. 고용안정 및 직업능력개발 보험료는 사업주가 부담하며, 업종 및 사업장 규모에 따라 다르다. 예술인 · 노무제공자는 1.6%로 사업주와 근로자가 반반 부담한다(고용산재보험료징수법 제13조).

실업급여의 보험료는 고용보험사업 외에 국민연금 보험료 지원, 육아휴직 급여의 지급, 육아기 근로시간 단축 급여의 지급, 출산전후휴가 급여 등 및 출산전후 급여 등의 지급에 드는 비용에 충당할 수 있다(제6조).

(3) 고용보험사업

고용보험사업은 고용안정 · 직업능력개발 사업, 실업급여, 육아휴직 급여 및 출산전후휴가 급여 등으로 구분된다.

고용안정 · 직업능력개발 사업은 고용보험 피보험자 및 피보험자였던 사람, 그 밖에 취업할 의사를 가진 사람에 대한 실업의 예방, 취업의 촉진, 고용기회의 확대, 직업능력개발 · 향상의 기회 제공 및 지원, 그 밖에 고용안정과 사업주에 대한 인력 확보를 지원하는 것이다(제19조).

실업급여는 구직급여와 취업촉진 수당으로 구분한다. 취업촉진 수당에는 조기재취업 수당, 직업능력개발 수당, 광역 구직활동비, 이주비가 있다(제37조).

구직급여는 이직한 근로자인 피보험자가 이직일 이전 18개월 동안의 피보험 단위기간이 합산하여 180일 이상이고, 근로의 의사와 능력이 있음에도 불구하고 취업하지 못한 상태에 있으며, 이직사유가 중대한 귀책사유로 해고 또는 자기 사정으로 이직하는 등 수급자격의 제한 사유에 해당하지 아니하고, 재취업을 위한 노력을 적극적으로 하는 경우에 지급한다(제40조). 구직급여 지급액은 이직

전 평균임금[5]의 60%에 소정급여일수[6]를 곱한 금액이다(제46조 및 제50조).

취업촉진 수당에는 조기재취업 수당, 직업능력개발 수당, 광역 구직활동비, 이주비가 있다. 조기재취업 수당은 수급자격자가 안정된 직업에 재취직하거나 스스로 영리를 목적으로 하는 사업을 영위하는 경우로서 일정 기준에 해당하면 지급한다(제64조). 직업능력개발 수당은 수급자격자가 직업능력개발 훈련 등을 받는 경우에 그 기간에 대하여 지급한다(제65조). 광역 구직활동비는 수급자격자가 직업안정기관의 소개에 따라 광범위한 지역에 걸쳐 구직 활동을 하는 경우로서 일정 기준에 따라 지급할 수 있다(제66조). 이주비는 수급자격자가 취업하거나 직업안정기관의 장이 지시한 직업능력개발 훈련 등을 받기 위하여 그 주거를 이전하는 경우로서 일정 기준에 따라 지급할 수 있다(제67조).

육아휴직 급여는 육아휴직을 30일 이상 부여받은 피보험자 중 육아휴직을 시작한 날 이전에 피보험 단위기간이 합산 180일 이상인 피보험자에게 지급된다(제70조).

육아기 근로시간 단축 급여는 육아기 근로시간 단축을 30일 이상 실시한 피보험자 중 육아기 근로시간 단축을 시작한 날 이전에 피보험 단위기간이 합산하여 180일 이상인 피보험자에게 지급된다(제73조의2).

출산전후휴가 급여는 피보험자가 출산전후휴가 또는 유산·사산휴가를 받은 경우와 배우자 출산휴가를 받은 경우로서 휴가가 끝난 날 이전에 피보험 단위기간이 합산하여 180일 이상인 경우, 휴가를 시작한 날 이후 1개월부터 휴가가 끝난 날 이후 12개월 이내에 신청하면 지급된다(제75조).

---

5) '평균임금'은 이를 산정하여야 할 사유가 발생한 날 이전 3개월 동안에 그 근로자에게 지급된 임금의 총액을 그 기간의 총일수로 나눈 금액을 말한다. 근로자가 취업한 후 3개월 미만인 경우도 이에 준한다(근로기준법 제2조 제1항 제6호).

6) 구직급여의 소정급여일수

연령 및 가입기간	1년 미만	1년 이상 3년 미만	3년 이상 5년 미만	5년 이상 10년 미만	10년 이상
50세 미만	120일	150일	180일	210일	240일
50세 이상 및 장애인	120일	180일	210일	240일	270일

(4) 고용보험기금 관리

고용보험기금은 보험사업에 필요한 재원에 충당하기 위하여 설치하며, 보험료와 징수금 · 적립금 · 기금운용 수익금과 그 밖의 수입으로 조성한다(제78조). 기금은 고용노동부장관이 금융기관 또는 재정자금에의 예탁, 유가증권의 매입, 부동산의 취득 및 처분 등 방법으로 관리 · 운용한다(제79조).

고용보험기금은 실업급여의 지급, 고용안정 · 직업능력개발 사업에 필요한 경비, 육아휴직 급여 및 출산전후휴가 급여 등의 지급에 주로 쓰이지만, 실업크레딧의 국민연금 보험료의 지원에도 쓰인다(제80조).

(5) 운영체계 : 고용노동부

고용보험은 고용노동부장관이 관장한다(제3조). 고용보험사업은 고용노동부 본부조직과 지방고용노동청, 지방지청 및 고용센터에서 직접 운영한다.

4) 권리구제

실업급여를 받을 권리는 양도 또는 압류하거나 담보로 제공할 수 없다(제38조). 실업급여로서 지급된 금품에 대하여는 국가나 지방자치단체의 공과금을 부과하지 아니한다(제38조의2).

3. 산업재해보상보험법

1) 사회복지법제적 의의

(1) 사회복지법제에서의 위치

산업재해보상보험법은 사회복지 관련 기본법인 사회보장기본법과 사회보장급여법의 특별법으로써 기능하고 있으나 사회복지 관련 기본법의 하나인 사회복지사업법의 적용을 받지는 않는다. 산업재해보상보험법은 사회복지사업을 다루는 법률(사회복지사업법 제2조 제1호)에 포함되어 있지 않기 때문이다.

(2) 형성과정

산업재해보상보험법은 우리나라에서 1963년 11월 5일 제정되어 1964년 1일 1일 시행된 최초의 사회보험법이다. 이전에는 사업장에서 사고로 부상을 당하거나 사망하면 사업주가 민법의 불법행위에 의한 손해배상을 하게 됨으로써 사업장의 존폐에 영향을 미쳐 안정적 사업운영이 어려웠었다. 이를 사회보험으로 편입하였기 때문에 다른 사회보험제도와 달리 보험료를 사업주가 전액 부담한다.

2) 개요

(1) 목적

산업재해보상보험법의 목적은 산업재해보상보험 사업을 시행하여 근로자의 업무상의 재해를 신속하고 공정하게 보상하며, 재해근로자의 재활 및 사회 복귀를 촉진하기 위하여 이에 필요한 보험시설을 설치·운영하고, 재해 예방과 그 밖에 근로자의 복지 증진을 위한 사업을 시행하여 근로자를 보호하는 것이다(제1조).

(2) 개념

'업무상의 재해'는 업무상의 사유에 따른 근로자의 부상 · 질병 · 장해 또는 사망을 말한다. '근로자'는 직업의 종류와 관계없이 임금을 목적으로 사업이나 사업장에 근로를 제공하는 사람을 말한다. '임금'은 사용자가 근로의 대가로 근로자에게 임금, 봉급, 그 밖에 어떠한 명칭으로든지 지급하는 모든 금품을 말한다. '평균임금'은 이를 산정하여야 할 사유가 발생한 날 이전 3개월 동안에 그 근로자에게 지급된 임금의 총액을 그 기간의 총일수로 나눈 금액을 말한다. '통상임금'은 근로자에게 정기적이고 일률적으로 소정근로 또는 총 근로에 대하여 지급하기로 정한 시간급 금액, 일급 금액, 주급 금액, 월급 금액 또는 도급 금액을 말한다. '유족'은 사망한 사람의 배우자(사실상 혼인 관계에 있는 사람 포함) · 자녀 · 부모 · 손자녀 · 조부모 또는 형제자매를 말한다. '치유'는 부상 또는 질병이 완치되거나 치료의 효과를 더 이상 기대할 수 없고 그 증상이 고정된 상태에 이르게 된 것을 말한다. '장해'는 부상 또는 질병이 치유되었으나 정신적 또는 육체적 훼손으로 인하여 노동능력이 상실되거나 감소된 상태를 말한다. '중증요양상태'는 업무상의 부상 또는 질병에 따른 정신적 또는 육체적 훼손으로 노동능력이 상실되거나 감소된 상태로서 그 부상 또는 질병이 치유되지 아니한 상태를 말한다. '진폐'는 분진을 흡입하여 폐에 생기는 섬유증식성 변화를 주된 증상으로 하는 질병을 말한다. '출퇴근'은 취업과 관련하여 주거와 취업장소 사이의 이동 또는 한 취업장소에서 다른 취업장소로의 이동을 말한다.

(3) 특성

산업재해보상보험은 근로자의 업무상의 재해에 대하여 사용자에게는 고의 · 과실의 유무를 불문하는 무과실책임주의를 적용하고 있으며, 보험료는 원칙적으로 사업주가 전액 부담한다.

3) 산업재해보상보험 주요 내용

(1) 가입관리 및 보험료 징수

산업재해보상보험법은 근로자를 사용하는 모든 사업 또는 사업장에 적용한다(제6조). 다만, 위험률 · 규모 · 장소 등을 고려하여 공무원재해보상법 · 군인재해보상법에 따라 재해보상이 되는 사업, 선원법 · 어선원 및 어선 재해보상보험법 · 사립학교교직원 연금법에 따라 재해보상이 되는 사업, 가구 내 고용활동, 농업 · 임업(벌목업 제외) · 어업 · 수렵업 중 법인이 아닌 자의 사업으로서 상시근로자 수가 5명 미만인 사업에 대하여는 적용하지 아니한다(제6조, 시행령 제2조).

산업재해보상보험사업에 드는 비용에 충당하기 위하여 매년 6월 30일 현재, 과거 3년간의 보수총액에 대한 보험급여 총액의 비율을 기초로 재해 발생의 위험성에 따라 분류된 업종별 보험료율을 세분화하여 적용한다.

(2) 급여관리

산업재해보상보험급여의 종류로는 요양급여, 휴업급여, 장해급여, 간병급여, 유족급여, 상병보상연금, 장례비, 직업재활급여가 있다. 다만, 진폐에 따른 보험급여의 종류는 요양급여, 간병급여, 장례비, 직업재활급여, 진폐보상연금 및 진폐유족연금이 있고, 건강손상자녀에 대한 보험급여의 종류는 요양급여, 장해급여, 간병급여, 장례비, 직업재활급여가 있다(제36조).

이들 급여는 업무상 사고 · 질병 · 출퇴근을 사유로 부상 · 질병 · 장해 · 사망이 발생하고 업무와 재해 사이에 인과관계가 있어야 업무상의 재해로 인정된다(제37조).[7]

7) 판례는 산업재해보상보험의 책임주의 성격과 더불어 사회보험적 성격을 강조하여 업무상 재해의 인정범위를 확대하여 왔다(대법원 2009. 3. 26. 선고 2009두164)(장승혁, 산업재해 판례의 동향과 전망, 한국사회보장법학회, 2024년 봄 공동학술대회, 2024: 13, 35).

(3) 산업재해보상보험 및 예방기금 관리

산업재해보상보험 및 예방기금은 산업재해보상보험사업, 산업재해 예방 사업에 필요한 재원을 확보하고, 보험급여에 충당한다(제95조). 기금은 보험료, 기금운용 수익금, 적립금, 기금의 결산상 잉여금, 정부 또는 정부 아닌 자의 출연금 및 기부금, 차입금, 그 밖의 수입금을 재원으로 하여 조성한다. 기금은 고용노동부장관이 관리 · 운용한다.

(4) 운영체계 : 근로복지공단

근로복지공단은 고용노동부장관의 위탁을 받아 보험가입자와 수급권자에 관한 기록의 관리 · 유지, 보험료와 그 밖의 징수금의 징수, 보험급여의 결정과 지급, 보험급여 결정 등에 관한 심사 청구의 심리 · 결정, 산업재해보상보험 시설의 설치 · 운영, 업무상 재해를 입은 근로자 등의 진료 · 요양 및 재활, 재활보조기구의 연구개발 · 검정 및 보급, 보험급여 결정 및 지급을 위한 업무상 질병 관련 연구, 근로자 등의 건강을 유지 · 증진하기 위하여 필요한 건강진단 등 예방사업, 근로자의 복지 증진을 위한 사업 등을 수행한다(제10조, 제11조). 공단은 법인으로 한다.

4) 권리구제

공단의 결정 등(이하 "보험급여 결정 등"이라 한다)에 불복하는 자는 공단에 심사청구를 할 수 있다(제103조). 공단은 심사청구서를 받은 날부터 60일 이내에 산업재해보상보험심사위원회의 심의를 거쳐 심사청구에 대한 결정을 하여야 한다(제105조).

Chapter 12

사회보험 관련 사회복지법(Ⅰ) - 소득보장 핵심내용 학습 사회복지사1급 기출문제 해설

출제 경향 분석

최근 3년간 출제경향을 볼 때, 교재 "제12장 사회보험 관련 사회복지법(Ⅰ) – 소득보장"에서는 총 9문제가 출제되었다. 국민연금법 3문제, 고용보험법 3문제, 산업재해보상보험법 3문제로 사회보험 중 소득보장 관련 3개의 법률이 매년 1문제 이상 출제되고 있다.

01 국민연금법의 내용으로 옳은 것은? [2024년도 제22회]

① 가입자의 가입 종류가 변동되면 그 가입자의 가입기간은 각 종류별 가입기간을 합산한 기간으로 한다.

② 국민연금사업은 기획재정부장관이 맡아 주관한다.

③ "수급권자"란 이 법에 따른 급여를 받을 권리를 말한다.

④ 국내에 거주하는 국민으로서 18세 이상 65세 미만인 자는 국민연금 가입 대상이 된다.

⑤ 국민연금법을 적용할 때 배우자에는 사실상의 혼인관계에 있는 자는 포함되지 않는다.

정답 ①

해설 선택지의 내용과 관련된 규정은 다음과 같다.

① 가입자의 자격을 상실한 후 다시 그 자격을 취득한 자에 대하여는 전후(前後)의 가입기간을 합산한다. 가입자의 가입 종류가 변동되면 그 가입자의 가입기간은 각 종류별 가입기간을 합산한 기간으로 한다(국민연금법 제20조).

② 이 법에 따른 국민연금사업은 (보건복지부장관)이 맡아 주관한다(국민연금법 제2조).

③ "(수급권)"이란 이 법에 따른 급여를 받을 권리를 말한다(국민연금법 제3조).

④ 국내에 거주하는 국민으로서 18세 이상 (60세) 미만인 자는 국민연금 가입 대상이 된다. 다만, 「공무원연금법」, 「군인연금법」, 「사립학교교직원 연금법」 및 「별정우체국법」을 적용받는 공무원, 군인, 교직원 및 별정우체국 직원, 그 밖에 대통령령으로 정하는 자는 제외한다(국민연금법 제6조).

⑤ 이 법을 적용할 때 배우자, 남편 또는 아내에는 사실상의 혼인관계에 있는 자를 포함한다(국민연금법 제3조 제2항).

※ 국민연금법상 배우자의 범위는 법률상의 배우자뿐만 아니라 사실상의 혼인관계에 있는 자도 포함된다. 이는 국민연금뿐만 아니라 산재보험 등 특수연금과 관련하여 배우자의 범위를 결정할 때도 적용된다. 그러나 사실혼 배우자는 법률혼처럼 혼인관계증명서와 같은 명백한 서류로 입증될 수 있는 것이 아니기 때문에, 사실혼 관계를 증명하는 서면을 관련 기관에 제출해야 한다. 만약 관련 기관이 사실혼 관계를 인정해 주지 않는다면, 사실혼관계존재확인의 소라는 소송절차를 통해 확인을 받은 뒤 판결문을 관련 기관에 제출해야 한다.

02 고용보험법의 내용으로 옳은 것은? [2024년도 제22회]

① "실업의 인정"이란 근로의 의사와 능력이 있음에도 불구하고 취업하지 못한 상태에 있는 것을 말한다.

② "일용근로자"란 3개월 미만 동안 고용되는 사람을 말한다.

③ 지방자치단체는 매년 보험사업에 드는 비용의 일부를 일반회계에서 부담하여야 한다.

④ 고용보험기금은 고용노동부장관이 관리 · 운용한다.

⑤ 실업급여를 받을 권리는 양도 또는 압류하거나 담보로 제공할 수 있다.

정답 ④

해설 선택지와 관련된 규정은 다음과 같다.

① "실업의 인정"이란 (직업안정기관의 장이 수급자격자가 실업한 상태에서 적극적으로 직업을 구하기 위하여 노력하고 있다고 인정하는 것을) 말한다(고용보험법 제2조).

※ "(실업)"이란 근로의 의사와 능력이 있음에도 불구하고 취업하지 못한 상태에 있는 것을 말한다(고용보험법 제2조).

② "일용근로자"란 (1개월) 미만 동안 고용되는 사람을 말한다(고용보험법 제2조).

③ (국가)는 매년 보험사업에 드는 비용의 일부를 일반회계에서 부담하여야 한다(고용보험법 제5조).

④ 고용보험기금은 고용노동부장관이 관리 · 운용한다(고용보험법 제79조).

⑤ 실업급여를 받을 권리는 양도 또는 압류하거나 담보로 제공할 수 (없다)(고용보험법 제38조).

03 고용보험법상 실업급여의 종류로 취업촉진 수당에 해당하는 것을 모두 고른 것은?

[2024년도 제22회]

> ㄱ. 이주비 ㄴ. 광역 구직활동비 ㄷ. 직업능력개발 수당 ㄹ. 조기재취업 수당

① ㄱ, ㄴ, ㄷ ② ㄱ, ㄴ, ㄹ ③ ㄱ, ㄷ, ㄹ
④ ㄴ, ㄷ, ㄹ ⑤ ㄱ, ㄴ, ㄷ, ㄹ

정답 ⑤

해설 **실업급여의 종류(고용보험법 제37조)**
① 실업급여는 구직급여와 취업촉진 수당으로 구분한다.
② 취업촉진 수당의 종류는 다음 각 호와 같다.
1. 조기(早期)재취업 수당
2. 직업능력개발 수당
3. 광역 구직활동비
4. 이주비

04 고용보험법령상 중대한 귀책사유로 해고된 피보험자로서 구직급여 수급자격의 제한 사유에 해당되는 것을 모두 고른 것은?

[2023년도 제21회]

> ㄱ. 「형법」을 위반하여 금고 이상의 형을 선고받은 경우
> ㄴ. 정당한 사유 없이 근로계약을 위반하여 장기간 무단결근한 경우
> ㄷ. 사업기밀을 경쟁관계에 있는 사업자에게 제공한 경우

① ㄱ ② ㄷ ③ ㄱ, ㄴ
④ ㄴ, ㄷ ⑤ ㄱ, ㄴ, ㄷ

정답 ⑤

해설 고용보험법상 이직 사유에 따른 수급자격의 제한(법 제58조, 시행규칙 제101조)에 규정되어 있다. 중대한 귀책사유(歸責事由)로 해고된 피보험자로서 구직급여 수급자격의 제한사유에 해당되는 경우는 다음과 같다.
이직 사유에 따른 수급자격의 제한(고용보험법 제58조)
① 「형법」을 위반하여 금고 이상의 형을 선고받은 경우
② 정당한 사유 없이 근로계약 또는 취업규칙 등을 위반하여 장기간 무단 결근한 경우
③ 사업에 막대한 지장을 초래하거나 재산상 손해를 끼친 경우로서 고용보험법 시행규칙 제101조 제1항에 규정된 다음의 경우이다.
1. 납품업체로부터 금품이나 향응을 받고 불량품을 납품받아 생산에 차질을 가져온 경우
2. 사업의 기밀이나 그 밖의 정보를 경쟁관계에 있는 다른 사업자 등에게 제공한 경우
3. 거짓 사실을 날조·유포하거나 불법 집단행동을 주도하여 사업에 막대한 지장을 초래하

거나 재산상 손해를 끼친 경우
4. 직책을 이용하여 공금을 착복 · 장기유용 · 횡령하거나 배임한 경우
5. 제품이나 원료 등을 절취하거나 불법 반출한 경우
6. 인사 · 경리 · 회계담당 직원이 근로자의 근무상황 실적을 조작하거나 거짓 서류 등을 작성하여 사업에 막대한 지장을 초래하거나 재산상 손해를 끼친 경우
7. 사업장의 기물을 고의로 파손하여 사업에 막대한 지장을 초래하거나 재산상 손해를 끼친 경우
8. 영업용 차량을 사업주의 위임이나 동의 없이 다른 사람에게 대리운전하게 하여 교통사고를 일으킨 경우

05 **산업재해보상보험법령상 유족급여에 관한 설명으로 옳지 않은 것은?**[2023년도 제21회]

① 근로자가 업무상의 사유로 사망한 경우 유족에게 지급한다.
② 유족보상연금 수급권자가 2명 이상 있을 때 그중 1명을 대표자로 선임할 수 있다.
③ 근로자와 「주민등록법」상 세대를 같이 하고 동거하던 유족으로서 근로자의 소득으로 생계의 상당 부분을 유지하고 있던 사람은 유족에 해당한다.
④ 근로자의 소득으로 생계의 전부를 유지하고 있던 유족으로서 학업으로 주민등록을 달리하였거나 동거하지 않았던 사람은 유족에 해당되지 않는다.
⑤ 유족보상연금 수급 권리는 배우자 · 자녀 · 부모 · 손자녀 · 조부모 및 형제자매의 순서로 한다.

정답 ④

해설 산업재해보상보험법상 유족급여의 규정은 다음과 같다.
① 산업재해보상보험법 제62조(유족급여): 유족급여는 근로자가 업무상의 사유로 사망한 경우에 유족에게 지급한다.
② 동법 시행령 제60조(유족보상연금 청구에 관한 대표자 선임 등): 유족보상연금 수급권자가 2명 이상 있을 때에는 그중 1명을 대표자로 선임할 수 있다.
③ 동법 시행령 제61조(생계를 같이 하는 유족의 범위): 근로자와 「주민등록법」상 세대를 같이 하고 동거하던 유족으로서 근로자의 소득으로 생계의 전부 또는 상당 부분을 유지하고 있던 사람은 유족에 해당한다.
④ 동법 시행령 제61조(생계를 같이 하는 유족의 범위): 근로자의 소득으로 생계의 전부를 유지하고 있던 유족으로서 학업 · 취업 · 요양, 주거상의 형편으로 주민등록을 달리하였거나 동거하지 않았던 사람은 유족에 (해당한다).
⑤ 산업재해보상보험법 제63조(유족보상연금 수급자격자의 범위): 유족보상연금을 받을 권리는 배우자 · 자녀 · 부모 · 손자녀 · 조부모 및 형제자매의 순서로 한다.

06 **의족 파손에 따른 요양급여 청구사건 대법원 판례(2012두20991)의 내용으로 옳지 않은 것은?** [2023년도 제21회]

> (개요) 의족을 착용하고 아파트 경비원으로 근무하던 갑이 제설작업 중 넘어져 의족이 파손되는 등의 재해를 입고 요양급여를 신청하였으나, 근로복지공단이 '의족 파손'은 요양급여 기준에 해당하지 않는다는 이유로 요양불승인처분을 한 사안에 대하여 요양불승인처분 취소

① 업무상 재해로 인한 부상의 대상인 신체를 반드시 생래적 신체에 한정할 필요는 없다.

② 의족 파손을 업무상 재해로 보지 않을 경우 장애인 근로자에 대한 보상과 재활에 상당한 공백을 초래한다.

③ 신체 탈부착 여부를 기준으로 요양급여 대상을 가르는 것이 합리적이라 할 수 없다.

④ 의족 파손을 업무상 재해에서 제외한다면, 사업자들로 하여금 의족 착용 장애인들의 고용을 소극적으로 만들 우려가 있다.

⑤ 업무상의 사유로 근로자가 장착한 의족이 파손된 경우는 「산업재해보상보험법」 상요양급여의 대상인 근로자의 부상에 포함되지 않는다.

정답 ⑤

해설 대법원 2012두20991 요양불승인처분취소(대법원 선고/2014.7.10.) 청구사건이다. 이 '의족 파손에 따른 요양급여 청구사건의 대법원 판례' 내용은 다음과 같다.

① 업무상 재해로 인한 부상의 대상인 신체를 반드시 생래적 신체에 한정할 필요는 없다.
② 의족 파손을 업무상 재해로 보지 않을 경우 장애인 근로자에 대한 보상과 재활에 상당한 공백을 초래한다.
③ 신체 탈부착 여부를 기준으로 요양급여 대상을 가르는 것이 합리적이라 할 수 없다.
④ 의족 파손을 업무상 재해에서 제외한다면, 사업자들로 하여금 의족 착용 장애인들의 고용을 소극적으로 만들 우려가 있다.
⑤ 업무상의 사유로 근로자가 장착한 의족이 파손된 경우는 「산업재해보상보험법」 상 요양급여의 대상인 근로자의 부상에 포함된다.

07 국민연금법상 급여의 종류에 해당하는 것을 모두 고른 것은? [2022년도 제20회]

ㄱ. 노령연금	ㄴ. 장애인연금	ㄷ. 장해급여	ㄹ. 장애연금	ㅁ. 반환일시금

① ㄱ, ㄴ, ㄹ ② ㄱ, ㄴ, ㅁ ③ ㄱ, ㄷ, ㅁ
④ ㄱ, ㄹ, ㅁ ⑤ ㄴ, ㄷ, ㄹ

정답 ④

해설 국민연금법에 따르면, 국민연금의 급여 종류는 다음과 같다(제49조).

① 노령연금(분할연금 포함): 가입 기간이 10년 이상이면서 지급연령 이후부터 평생 동안 매월 지급받을 수 있는 국민연금의 기초가 되는 급여
② 장애연금: 질병이나 부상의 초진일 당시 일정한 가입 기간이 있고 완치된 후에도 신체상 또는 정신상의 장애가 남아 장애 연금 지급 대상이 되는 경우 장애 정도에 따라 지급하는 급여
③ 유족연금: 일정한 가입 기간에 있는 자 또는 연금을 지급받던 사람이 사망할 경우 그에 의해 생계를 유지하던 유족에게 급여를 지급하여 안정된 삶을 살아갈 수 있도록 하기 위한 급여
④ 반환일시금: 60세 도달, 사망, 국적상실, 국외이주 사유로 국민연금에 더 이상 국민연금 가입자 자격을 유지할 수 없고 연금수급요건을 채우지 못한 경우, 그동안 납부한 보험료에 이자를 더해 일시금으로 지급하는 급여
⑤ 사망일시금: 가입자 또는 가입자였던 사람이 사망하였으나 국민연금법 제73조에 의한 유족이 없어 유족연금 또는 반환일시금을 지급받을 수 없는 경우 더 넓은 범위의 유족에게 지급하는 장제부조적 · 보상적 성격의 급여

이러한 급여들은 나이가 들거나 장애 또는 사망으로 인해 소득이 감소할 경우 일정한 급여를 지급하여 소득을 보장하는 사회보험의 일환으로 제공된다.

08 산업재해보상보험법의 내용으로 옳지 않은 것은? [2022년도 제20회]

① "업무상의 재해"란 업무상의 사유에 따른 근로자의 부상 · 질병 · 장해 또는 사망을 말한다.
② 보험급여에는 간병급여, 상병보상연금, 실업급여 등이 있다.
③ 근로복지공단은 법인으로 한다.
④ "출퇴근"이란 취업과 관련하여 주거와 취업장소 사이의 이동 또는 한 취업장소에서 다른 취업장소로의 이동을 말한다.
⑤ 요양급여는 근로자가 업무상의 사유로 부상을 당하거나 질병에 걸린 경우에 그 근로자에게 지급한다.

정답 ②

해설 산업재해보상보험법상 급여의 종류는 (요양급여, 휴업급여, 장해급여, 간병급여, 유족급여, 상병보상연금, 장의비, 직업재활급여) 등이 있다(제36조).

① 요양급여: 업무상 부상이나 질병으로 치료를 받는 경우에 지급되는 급여
② 휴업급여: 업무상 부상이나 질병으로 일을 할 수 없는 경우에 지급되는 급여
③ 장해급여: 업무상 부상이나 질병으로 신체기능이 손상된 경우에 지급되는 급여
④ 간병급여: 업무상 부상이나 질병으로 간병이 필요한 경우에 지급되는 급여
⑤ 유족급여: 업무상 부상이나 질병으로 사망한 경우에 유족에게 지급되는 급여
⑥ 상병보상연금: 업무상 부상이나 질병으로 사망한 경우에 유족에게 지급되는 연금
⑦ 장례비: 업무상 부상이나 질병으로 사망한 경우에 지급되는 장례비
⑧ 직업재활급여: 장해급여자가 취업이나 복귀를 위해 직업훈련 등을 받는 경우에 지급되는 급여

09 고용보험법의 내용으로 옳은 것은? [2022년도 제20회]

① 고용보험기금은 기획재정부장관이 관리 · 운용한다.
② 국가는 매년 보험사업에 드는 비용의 일부를 일반회계에서 부담하여야 한다.
③ 취업촉진 수당의 종류로는 구직급여, 직업능력개발 수당 등이 있다.
④ "실업"이란 근로의 의사와 능력이 없어 취업하지 못한 상태에 있는 것을 말한다.
⑤ "일용근로자"란 6개월 미만 동안 고용되는 사람을 말한다.

정답 ②

해설 고용보험법의 규정 내용으로 오답을 체크하면 다음과 같다.

① 고용보험기금은 (고용노동부장관)이 관리 · 운용한다.
③ 취업촉진 수당의 종류는 (이주비, 광역 구직활동비, 직업능력개발 수당, 조기재취업 수당) 등이 있다.
④ "실업"이란 근로의 의사와 능력이 (있음에도 불구하고) 취업하지 못한 상태에 있는 것을 말한다.
⑤ "일용근로자"란 (1개월 미만) 동안 고용되는 사람을 말한다.

Chapter

13

사회보험 관련 사회복지법(Ⅱ)

– 건강보장

1. 국민건강보험법
2. 노인장기요양보험법

Chapter

13 사회보험 관련 사회복지법(Ⅱ)

– 건강보장

사회보험법제를 내용에 따라 소득보장제도(국민연금, 고용보험, 산업재해보상보험)와 건강보장제도(건강보험, 노인장기요양보험)로 구분할 수 있다.

1. 국민건강보험법

1) 사회복지법제적 의의

(1) 사회복지법제에서의 위치

국민건강보험법은 사회복지 관련 기본법인 사회보장기본법과 사회보장급여법의 특별법으로써 기능하고 있으나 사회복지 관련 기본법의 하나인 사회복지사업법의 적용을 받지는 않는다. 국민건강보험법은 사회복지사업을 다루는 법률(사회복지사업법 제2조 제1호)에 포함되어 있지 않기 때문이다.

건강보험은 건강악화로 인한 의료비 증가 등 사회적 위험을 사회보험방식으로 위험재분배를 하면서 소득재분배도 추구하고 있는 사회보장제도이다.

(2) 형성과정

건강보험은 적용대상 확대와 적용대상 통합의 과정을 거쳐 진행되었다. 적용대상 확대는 의료보험법이 1963년 12월 16일 제정되고 1964년 3월 17일 시행되어 근로자 300인 이상 사업장에 대하여 임의가입형태(제8조)로 적용되었다. 이후 1970년 8월 7일 근로자는 조합방식으로 당연적용되고, 자영자는 조합방식으로 임의적용되었다. 공무원 및 사립학교교직원 의료보험법이 1977년 12월 31일 제정되어 1979년 1월 1일부터는 공무원 및 사립학교교직원도 당연적용되었다. 자영자 의료보험은 1988년 1월 1일 농어촌 지역으로 확대 적용되고, 1989년 7월 1일에는 도시지역으로 확대되어 전국민의료보험 시대가 열렸다.

적용대상 통합은 국민의료보험법이 1997년 12월 31일 제정되고 1998년 10월 1일 시행되면서 공무원 및 사립학교교직원 의료보험 및 지역의료보험이 통합되는 제1차 의료보험 통합이 이루어졌다. 국민건강보험법이 1999년 2월 8일 제정되고 2000년 1월 1일 시행되면서 공무원 및 사립학교교직원 의료보험 및 지역의료보험에 직장의료보험이 추가로 통합되는 제2차 의료보험 통합이 이루어졌고, 2003년 7월 1일에는 보험재정까지 통합이 이루어져 의료보험 통합이 완성되었다.

〈표 13-1〉 국민건강보험제도 발전과정

법명	제정/시행	피용자	자영자
의료보험법	1963.12.16. /1964.3.17.	300인 이상 사업장 임의적용(제18조)	
	1970.8.7. /1970.8.7.	근로자 조합방식 당연적용(제14조) – 의료보험조합중앙연합회 설치(제29조)	자영자 조합방식 임의적용 (제16조)
공무원 및 사립학교교직원 의료보험법	1977.12.31. /1978.7.1.	공무원 · 사립학교교직원 당연적용 – 공 · 교의료보험관리공단 (1978.8.11. 설립, 1979.1.1. 업무개시)	

법명	제정/시행	피용자	자영자
의료보험법	1987.12.4. /1988.1.1.		농어촌지역 당연적용(제6조) (1988.1.1.) 도시지역 당연적용(제6조) (1989.7.1.)
국민 의료보험법	1997.12.31. /1998.10.1.	〈1차 의료보험 통합〉 공무원 및 사립학교교직원 의료보험 및 지역의료보험 통합 – 국민의료보험관리공단 설립	
국민 건강보험법	1999.2.8. /2000.1.1.	〈2차 의료보험 통합〉 공무원 및 사립학교교직원 의료보험 및 지역 · 직장의료보험 통합 – 국민건강보험공단 및 건강보험심사평가원 설립(2000.7.1.)	
	2002.1.19. /2002.1.19.	직장가입자와 지역가입자의 보험재정 통합(2003.7.1.)	
	2009.5.21. /2011.1.1.	사회보험징수 통합(건강보험 · 국민연금 · 고용보험 · 산재보험)(2011.1.1.)	

출처: 건강보험심사평가원(https://www.hira.or.kr/), 제도안내-국민건강보험제도, 2024

2) 개요

(1) 목적

국민건강보험법 목적은 국민의 질병 · 부상에 대한 예방 · 진단 · 치료 · 재활과 출산 · 사망 및 건강증진에 대하여 보험급여를 실시함으로써 국민보건을 향상시키고 사회보장을 증진시키는 것이다(제1조).

(2) 개념

'근로자'는 직업의 종류와 관계없이 근로의 대가로 보수를 받아 생활하는 사람(법인의 이사와 임원 포함)으로서 공무원 및 교직원을 제외한 사람을 말한다. '사용자'는 근로자가 소속되어 있는 사업장의 사업주, 공무원이 소속되어 있는 기관의 장, 교직원이 소속되어 있는 사립학교를 설립 · 운영하는 자를 말한다. '사업장'은 사업소나 사무소를 말한다. '공무원'은 국가나 지방자치단체에서 상시 공무에 종사하는 사람을 말한다. '교직원'은 사립학교나 사립학교의 경영기관에서 근무하는 교원과 직원을 말한다(제3조).

(3) 특성

건강보험제도 특징으로는 첫째, 사회보험방식으로 운영되고 있다. 전 국민 강제가입의 근거이기도 하다. 또한 기여, 즉 보험료 납부와 급여 간에 인과관계가 존재한다. 기여가 없으면 급여도 없다. 둘째, 차등부과(형평부과)하고 있다. 사회보험은 사회적 연대를 기초로 하므로 소득 수준 등 부담능력에 따라 보험료가 차등부과된다. 셋째, 균등수혜이다. 보험료 부담수준과 관계없이 의료적 필요에 따라 보험급여가 이루어진다. 넷째, 단기보험이다. 1년 단위 회계연도로 운영된다. 다섯째, 국가책임이다. 사회보장은 헌법 제34조 제2항에 규정된 국가의 의무이자 법적 책임을 지고 있다.

건강보험공단은 사회보험 보험료 징수를 위탁받아 또는 통합하여 수행하고 있다. 건강보험법은 공단의 업무로 '국민연금법, 고용보험 및 산업재해보상보험의 보험료징수 등에 관한 법률, 임금채권보장법, 석면피해구제법 등 징수위탁근거법에 따라 위탁받은 업무'를 들고 있다(제14조 제1항 제11호). 그 위탁규정은 국민연금법 제88조, 고용산재보험료징수법 제16조의2이다. 노인장기요양보험료의 징수는 건강보험료와 통합하여 징수한다(노인장기요양보험법 제8조).

3) 건강보험 주요 내용

(1) 공통

건강보험정책에 관한 사항을 심의·의결하기 위하여 보건복지부장관 소속으로 건강보험정책심의위원회를 둔다. 심의사항은 국민건강보험종합계획 및 시행계획에 관한 사항, 요양급여의 기준, 요양급여비용, 직장가입자의 보험료율, 지역가입자의 보험료부과점수당 금액, 보험료 부과 관련 제도 개선, 요양급여 각 항목에 대한 상대가치점수, 약제·치료재료별 요양급여비용의 상한, 부가급여에 관한 사항 등이다(제4조).

건강보험정책심의위원회는 위원장은 보건복지부차관이 되고, 부위원장 1명을 포함하여 25명의 위원으로 구성한다. 위원은 근로자 · 사용자단체(각 2명), 시민 · 소비자 · 농어업인 · 자영업자단체(각 1명), 의료계 · 약업계 대표 단체(8명), 중앙행정기관 소속 공무원 (2명), 국민건강보험공단의 이사장 및 건강보험심사평가원의 원장(각 1명), 건강보험에 관한 학식과 경험이 풍부한 전문가(4명)를 보건복지부장관이 임명 또는 위촉한다. 위원의 임기는 3년으로 한다(제4조).

(2) 가입관리 및 보험료 징수

국내에 거주하는 국민은 건강보험의 가입자 또는 피부양자가 된다. 다만, 의료급여수급권자, 유공자 등 의료보호대상자는 제외한다. 그러나 유공자 등 의료보호대상자라 하더라도 건강보험의 적용을 보험자에게 신청한 사람은 가입자 또는 피부양자가 된다(제5조).

국민건강보험 가입자는 직장가입자와 지역가입자로 구분한다. 모든 사업장의 근로자 및 사용자와 공무원 및 교직원은 직장가입자가 된다. 다만, 고용 기간이 1개월 미만인 일용근로자, 현역병, 전환복무된 사람 및 군간부후보생, 선거에 당선되어 취임하는 공무원으로서 매월 보수 또는 보수에 준하는 급료를 받지 아니하는 사람, 비상근 근로자 또는 1개월 동안의 소정 근로시간이 60시간 미만인 단시간근로자, 비상근 교직원 또는 1개월 동안의 소정근로시간이 60시간 미만인 시간제공무원 및 교직원, 소재지가 일정하지 아니한 사업장의 근로자 및 사용자, 근로자가 없거나 단시간 근로자만을 고용하고 있는 사업장의 사업주는 제외한다. 지역가입자는 직장가입자와 그 피부양자를 제외한 가입자를 말한다(제6조).

직장가입자의 피부양자는 직장가입자의 배우자, 직계존속(배우자의 직계존속 포함), 직계비속(배우자의 직계비속 포함)과 그 배우자, 형제 · 자매 중 직장가입자에게 주로 생계를 의존하는 사람으로서 소득 및 재산이 일정 기준 이하에 해당하는 사람을 말한다(제5조).

국민건강보험 보험료는 건강보험사업에 드는 비용에 충당하기 위하여 보험료의 납부의무자로부터 징수한다. 국민건강보험료 부과체계는 직장가입자와 지역가입자로 이원화되어 있다. 직장가입자의 보험료액은 보수월액보험료와 소득월액보험료에 따라 산정한 금액으로 한다. 지역가입자의 보험료액은 세대 단위로 산정하며, 보험료 부과점수에 보험료부과점수당 금액을 곱한 금액으로 한다(제69조).

직장가입자의 보수월액보험료는 보수월액에 건강보험료율을 곱하여 산정한 금액이다. 여기서 보수월액은 동일사업장에서 당해 연도에 지급받은 보수총액을 근무월수로 나눈 금액을 의미한다. 직장가입자의 보험료율은 8%의 범위에서 국민건강보험심의위원회의 의결을 거쳐 대통령령으로 정한다(제73조). 근로자와 사용자가 1/2씩 부담한다.

직장가입자의 소득월액보험료는 보수월액의 산정에 포함된 보수를 제외한 직장가입자의 보수외 소득이 연간 2,000만원을 초과하는 직장가입자는 소득월액보험료 부과 대상으로 보수외 소득에서 2,000만원을 공제한 나머지 금액을 12로 나누어 소득평가율을 곱해 산정한 금액에 건강보험료율을 곱하여 산정한 소득월액보험료를 부과한다(제73조). 소득평가율은 이자 · 배당 · 사업 · 기타소득은 100%, 근로 · 연금소득은 50%이다. 소득월액보험료는 직장가입자 본인이 부담한다.

지역가입자의 건강보험료는 보험료 부과점수에 점수당 금액을 곱하여 산정하여 세대 단위로 부과한다(제73조). 보험료 부과점수는 지역가입자가 속한 세대의 보험료 부담능력을 표시하는 점수로서, 소득 · 재산 · 자동차에 부과하는 점수를 합하여 산정한다(시행령 제42조). 지역가입자의 보험료 부과점수당 금액은 심의위원회의 의결을 거쳐 대통령령으로 정한다(제73조). 지역가입자 건강보험료는 해당 세대가 전부 부담한다.

직장가입자의 소득월액보험료액과 지역가입자 월별 보험료액에는 상한 및 하한이 있다(제69조).

(3) 급여관리

① 급여종류 및 산정

건강보험 급여는 가입자 및 피부양자의 질병과 부상에 대한 예방, 진단, 치료, 재활, 출산, 사망 및 건강증진에 대하여 서비스를 제공하는 것이다. 건강보험 급여는 현물급여와 현금급여로 구분한다. 우리나라 건강보험제도는 현물급여를 원칙으로 하고 있다. 현물급여는 가입자 및 피보험자에게 요양기관을 통하여 직접 의료서비스를 제공하는 것으로 요양급여와 건강검진이 있다. 현금급여는 건강보험 급여로 현금을 지급하는 것으로 요양비, 장애인 보조기기 급여, 부가급여가 있다. 부가급여로는 임신·출산 진료비가 있다.

② 요양급여

요양급여는 가입자와 피부양자의 질병, 부상, 출산 등에 대하여 요양기관으로부터 진찰·검사, 약제·치료재료의 지급, 처치·수술 및 그 밖의 치료, 예방·재활, 입원, 간호, 이송 등 의료서비스를 제공받는 것이다. 요양급여를 받은 자는 요양급여 비용의 일부를 본인이 부담한다. 입원의 경우 요양급여비용총액의 20%, 식대총액의 50%, 외래의 경우 요양기관 종별 및 소재지에 따라 차등 부담한다.

업무나 일상생활에 지장이 없는 질환에 대한 치료 등은 요양급여대상에서 제외되는 비대상급여가 된다(제41조). 이 경우 요양기관의 관행수가(일반수가)로 진료를 받는 자가 전액 부담해야 한다(건강보험요양급여규칙 제9조 제1항).

요양급여를 결정함에 있어 경제성 또는 치료효과성 등이 불확실하여 그 검증을 위하여 추가적인 근거가 필요하거나, 경제성이 낮아도 가입자와 피부양자의 건강회복에 잠재적 이득이 있는 경우에는 예비적인 요양급여로 선별급여를 실시할 수 있다(제41조의4).

가입자 또는 피부양자가 질병이나 부상으로 거동이 불편한 경우에는 가입자 또는 피부양자를 직접 방문하여 요양급여를 실시할 수 있다(제41조의5). 또한 가입자나 피부양자가 긴급하거나 부득이한 사유로 준요양기관에서 질병 · 부상 · 출산 등에 대하여 요양을 받거나 요양기관이 아닌 장소에서 출산한 경우에는 그 요양급여에 상당하는 금액을 가입자나 피부양자에게 요양비로 지급한다(제49조).

요양급여비용은 공단의 이사장과 의약계를 대표하는 사람들의 계약으로 정한다. 이 경우 계약기간은 1년으로 한다(제45조).

③ 건강검진

건강검진은 가입자와 피부양자에 대하여 질병의 조기 발견과 그에 따른 요양급여를 하기 위하여 실시한다. 일반건강검진은 직장가입자, 세대주인 지역가입자, 20세 이상인 지역가입자 및 20세 이상인 피부양자를 대상으로 하며, 암검진은 암의 종류별 검진주기와 연령 기준 등에 해당하는 사람을 대상으로 하며, 영유아건강검진은 6세 미만의 가입자 및 피부양자를 대상으로 하며, 학교 밖 청소년건강검진은 9세 이상 18세 이하 학교 밖 청소년을 대상으로 한다. 건강검진의 검진항목은 성별, 연령 등의 특성 및 생애 주기에 맞게 설계되어 있다(제52조).

④ 부가급여

부가급여는 요양급여 외에 실시하는 임신 · 출산(유산 및 사산 포함) 진료비, 장제비, 상병수당, 그 밖의 급여를 말한다(제50조). 임신 · 출산 진료비 지원 대상은 임신 · 출산한 가입자 또는 피부양자와 출산한 가입자 또는 피부양자가 사망한 경우 2세 미만 영유아의 법정대리인이다. 이들에게는 진료비 및 약제 · 치료재료 구입비용을 결제할 수 있는 임신 · 출산 진료비 이용권을 발급하여 사용할 수 있게 한다(시행령 제23조).

기타 장애인 보조기기 급여가 장애인복지법에 따라 등록한 장애인인 가입자 및 피부양자에게는 장애인 보조기기에 대하여 보험급여가 지급된다(제51조).

(4) 운영체계 : 국민건강보험공단, 건강보험심사평가원

① 국민건강보험공단

건강보험사업은 보건복지부장관이 주관하며(제2조), 건강보험의 보험자는 국민건강보험공단이다(제13조). 공단은 법인으로 한다(제15조). 공단의 업무는 가입자 및 피부양자의 자격 관리, 보험료와 징수금의 부과·징수, 보험급여의 관리, 가입자 및 피부양자의 질병의 조기발견·예방사업, 보험급여 비용의 지급, 자산의 관리·운영 및 증식사업, 의료시설의 운영, 건강보험 교육훈련 및 홍보, 건강보험 조사연구 및 국제협력, 사회보험보험료 징수 수탁업무 등이다(제14조). 특히 공단의 자산의 관리·운영 및 증식사업은 안정성과 수익성을 고려하여 수행하여야 한다.

공단의 임원은 이사장 1명, 이사 14명 및 감사 1명으로 구성한다. 이사장, 이사 중 5명 및 감사는 상임으로 한다. 이사장은 임원추천위원회가 복수로 추천한 사람 중에서 보건복지부장관의 제청으로 대통령이 임명한다. 상임이사는 추천절차를 거쳐 이사장이 임명한다. 비상임이사는 노동조합·사용자단체·시민단체·소비자단체·농어업인단체 및 노인단체가 추천하는 각 1명, 기획재정부장관, 보건복지부장관 및 인사혁신처장이 각 1명씩을 지명하는 방법으로 추천하는 관계 공무원 3명을(시행령 제10조) 보건복지부장관이 임명한다(제20조). 이사장의 임기는 3년, 이사와 감사의 임기는 각각 2년이다(제20조). 공단이 사회보험 보험료 징수업무를 수탁하여 수행하는 관계로 상임이사 중 징수이사를 선임한다(제21조).

② 건강보험심사평가원

건강보험심사평가원은 요양급여비용을 심사하고 요양급여의 적정성을 평가하기 위하여 설립되었다(제62조). 건강보험심사평가원은 법인으로 한다(제64조). 건강보험심사평가원은 요양급여비용의 심사, 요양급여의 적정성 평가, 심사기준 및 평가기준의 개발, 조사연구 및 국제협력, 요양급여비용의 심사청구 관련 소프트웨어의 개발 · 공급 · 검사 등 전산 관리, 요양급여의 적정성 평가 결과의 공개, 요양비 심사, 환자 분류체계 및 요양급여 관련 질병 · 부상 분류체계의 개발 · 관리, 업무 관련 교육 · 홍보, 위탁받은 업무(제63조, 시행령 제28조).

심사평가원의 임원은 원장, 이사 15명 및 감사 1명으로 구성한다. 원장, 이사 중 4명 및 감사는 상임으로 한다(제65조). 원장은 임원추천위원회가 복수로 추천한 사람 중에서 보건복지부장관의 제청으로 대통령이 임명한다. 상임이사는 추천 절차를 거쳐 원장이 임명한다. 비상임이사는 공단이 추천하는 1명, 의약관계단체가 추천하는 5명, 노동조합 · 사용자단체 · 소비자단체 및 농어업인단체가 추천하는 각 1명, 보건복지부장관이 지명하는 방법으로 추천하는 관계 공무원 1명을 보건복지부장관이 임명한다(제65조, 시행령 제29조). 원장의 임기는 3년, 이사와 감사의 임기는 각각 2년이다(제65조).

진료심사평가위원회는 심사평가원의 업무를 효율적으로 수행하기 위하여 심사평가원에 설치한다. 심사위원회는 위원장을 포함하여 90명 이내의 상근 심사위원과 1천명 이내의 비상근 심사위원으로 구성하며, 진료과목별 분과위원회를 두고 있다(제66조).

4) 권리구제

가입자 및 피부양자의 자격, 보험료 등, 보험급여, 보험급여 비용에 관한 건강보험공단의 처분에 이의가 있는 자는 처분이 있음을 안 날부터 90일 이내에 문서로 건강보험공단에 이의신청을 할 수 있다. 다만, 요양급여비용 및 요양급여의 적정성 평가 등에 관한 건강보험심사평가원의 처분에 이의가 있는 건강보험공단, 요양기관 또는 그 밖의 자는 처분이 있음을 안 날부터 90일 이내에 문서로 건강보험심사평가원에 이의신청을 할 수 있다(제87조).

위 이의신청에 대한 결정에 불복하는 자는 결정이 있음을 안 날부터 90일 이내에 문서로 건강보험분쟁조정위원회에 심판청구를 할 수 있다. 심판청구서 제출은 처분을 한 건강보험공단 또는 건강보험심사평가원에 제출하거나 건강보험분쟁조정위원회에 제출하면 된다(제88조).

건강보험분쟁조정위원회는 심판청구를 심리 · 의결하기 위하여 보건복지부에 둔다. 건강보험분쟁조정위원회는 위원장을 포함하여 60명 이내의 위원으로 구성하고, 위원장을 제외한 위원 중 1명은 당연직위원으로 한다. 이 경우 공무원이 아닌 위원이 전체 위원의 과반수가 되도록 하여야 한다(제89조).

건강보험공단 또는 건강보험심사평가원의 처분에 이의가 있는 자와 이의신청 또는 심판청구에 대한 결정에 불복하는 자는 행정소송을 제기할 수 있다(제90조). 즉, 처분에 이의가 있는 경우 이의신청 절차를 거치지 않고 바로 심판청구를 제기하거나, 이의신청이나 심판청구 없이 바로 행정소송을 제기할 수 있는 것이다. 이는 직접 처분을 한 당사자에게 다시 살펴볼 수 있는 기회를 제공함으로써 비용과 시간을 절약하여 가입자 또는 수급자를 보호하고자 하는 것이다.

2. 노인장기요양보험법

1) 사회복지법제적 의의

(1) 사회복지법제에서의 위치

노인장기요양보험법은 사회복지 관련 기본법인 사회보장기본법과 사회보장급여법의 특별법으로써 기능하고 있으나 사회복지 관련 기본법의 하나인 사회복지사업법의 적용을 받지는 않는다. 노인장기요양보험법은 사회복지사업을 다루는 법률(사회복지사업법 제2조 제1호)에 포함되어 있지 않기 때문이다.

(2) 형성과정

우리나라는 급격한 고령화에 따라 치매 · 중풍 등 일상생활이 어려운 노인들의 수가 날로 증가하고 있으나, 핵가족화 · 여성의 사회참여 증가 등으로 장기요양이 필요한 노인을 가정에서 돌보는 것이 어렵고 그 가정의 비용부담이 과중하여 노인장기요양 문제는 우리 사회가 시급히 해결해야 할 심각한 사회적 문제로 대두되고 있었다.

2001년 김대중 대통령은 광복절 경축사에서 노인요양보장제도 도입을 제시하였고, 2002년 대통령선거 당시 후보 공약에 포함되었다. 이후 '공적노인요양보장추진기획단'(2003. 3.~2004. 2.) 및 '공적노인요양보장제도실행위원회'(2004. 3.~2005. 2.)의 '공적노인요양보장제도 실시모형 최종보고서'가 보고되었다.

노인장기요양보험법의 입법과정에서 노인장기요양보험의 적용대상을 65세 이상 노인에 한정할 것인지, 65세 미만의 비노인성질환을 가진 장애인도 포함할 것인지에 대한 논의가 있었다. 정부는 위 실시모형을 바탕으로 2006년 2월 17일 노인수발보험법안을 제출하여 노인을 대상으로 하고자 하였으며, 이후 의원입법으로 국민장기요양보험법안 등 5개의 의원 법안이 제출되어 65세 미만의 비노인성질환을 가진 장애인까지 포함하고자 하였다. 그러나 논의결과 65세 이상 노인을 대상으로 하는 것[1]으로 결론이 나서 노인장기요양보험법이 제정되었다. 노인장기요양보험법은 2007년 4월 27일 제정되어 2008년 7월 1일부터 시행되었다.

1) 2007년 2월 22일 제265회 국회(정기회) 제2차 보건복지위원회에서 노인만을 대상으로 한 노인장기요양보험법안을 위원회 대안으로 제안하고 가결되었다. 다만, 부대결의를 통해 정부(보건복지부장관)는 2010년 6월 30일(장기요양급여가 개시된 날부터 2년 이내)까지 65세 미만의 비노인성질환을 가진 장애인에 대해 장애인 활동보조인 지원 및 노인장기요양인정의 신청자격에 포함할 것인지 여부를 담은 장애인복지대책을 국회에 보고하도록 하였다.

2) 개요

(1) 목적

노인장기요양보험의 목적은 고령이나 노인성 질병 등의 사유로 일상생활을 혼자서 수행하기 어려운 노인 등에게 신체활동 또는 가사활동 지원 등의 장기요양급여를 제공하여 노후의 건강증진 및 생활안정을 도모하고 그 가족의 부담을 덜어줌으로써 국민의 삶의 질을 향상하는 것이다(제1조).

(2) 개념

'노인 등'은 65세 이상의 노인 또는 65세 미만의 자로서 치매 · 뇌혈관성질환 등 노인성 질병을 가진 자이다. '장기요양급여'는 6개월 이상 동안 혼자서 일상생활을 수행하기 어렵다고 인정되는 자에게 신체활동 · 가사활동의 지원 또는 간병 등의 서비스나 이에 갈음하여 지급하는 현금 등이다. '장기요양사업'은 장기요양보험료, 국가 및 지방자치단체의 부담금 등을 재원으로 하여 노인 등에게 장기요양급여를 제공하는 사업이다. '장기요양기관'은 지정기관으로서 장기요양급여를 제공하는 기관이다. '장기요양요원'은 장기요양기관에 소속되어 노인 등의 신체활동 또는 가사활동 지원 등의 업무를 수행하는 자이다(제2조).

(3) 특성

첫째, 건강보험제도와 별도 운영한다. 노인 등에 대한 새로운 제도도입에 용이하며, 건강보험 재정에 구속되지 않아 장기요양급여 운영, 장기요양제도의 특성을 살릴 수 있다.

둘째, 사회보험방식을 근간으로 하면서 일부는 공적부조방식을 가미한 형태로 설계 · 운영되고 있다. 보험료를 징수하면서 국가 및 지방자치단체 지원을 받고 있다. 즉, 장기요양보험료 예상수입액의 20%와 공적부조의 적용을 받는 의료급여수급권자의 장기요양급여비용을 지원받고 있다.

셋째, 보험자 및 관리운영기관을 일원화한다. 기존의 국민건강보험공단을 관리운영기관으로 하고 있다.

넷째, 노인중심의 급여제도이다. 65세 이상의 노인 또는 65세 미만의 자로서 치매 · 뇌혈관성질환 등 노인성 질병을 가진 자 중 6개월 이상 혼자서 일상생활을 수행하기 어렵다고 인정되는 자를 그 수급대상자로 하고 있다.

3) 노인장기요양보험 주요 내용

(1) 공통

노인장기요양보험사업은 보건복지부장관이 관장한다. 이 사업의 보험자는 국민건강보험공단으로 한다(제7조).

노인장기요양위원회는 장기요양보험료율, 가족요양비, 특례요양비 및 요양병원간병비의 지급기준, 재가 및 시설 급여비용, 의사소견서 · 방문간호지시서 발급비용의 기준, 보험급여 월 한도액의 결정 등 사항을 심의하기 위하여 보건복지부장관 소속으로 둔다(제45조, 시행령 제16조). 노인장기요양위원회는 위원장 1인, 부위원장 1인을 포함한 16인 이상 22인 이하의 위원으로 구성한다. 위원장은 보건복지부차관이 되고, 위원은 근로자 · 사용자 · 시민 · 노인 · 농어업인 · 자영자단체 대표자, 장기요양기관 또는 의료계 대표자, 관계 중앙행정기관의 고위공무원단 소속 공무원, 장기요양에 관한 학계 또는 연구계 대표자, 공단 이사장이 추천하는 자 중에서 보건복지부장관이 임명 또는 위촉한 자로 한다. 위원의 임기는 3년으로 한다(제46조).

(2) 가입관리 및 보험료 징수

노인장기요양보험 가입자는 국민건강보험 가입자로 한다.

노인장기요양보험료는 장기요양사업에 사용되는 비용에 충당하기 위하여 징수한다. 건강보험료와 통합하여 징수한다. 다만, 장기요양보험료와 건강보험료를 각각의 독립회계로 관리하여야 한다(제8조).

노인장기요양보험료는 국민건강보험 보험료액에서 경감 또는 면제되는 비용을 공제한 금액에 건강보험료율 대비 장기요양보험료율의 비율을 곱하여 산정한 금액으로 한다. 노인장기요양보험료율은 노인장기요양위원회의 심의를 거쳐 대통령령으로 정한다(제9조).

(3) 노인장기요양 인정

노인장기요양 인정의 신청자격은 65세 이상의 노인 또는 65세 미만의 자로서 치매 · 뇌혈관성질환 등 노인성 질병을 가진 자로서 장기요양보험가입자 또는 그 피부양자, 의료급여수급권자이어야 한다(제12조). 장기요양인정의 신청 및 접수한 때에는 2명 이상의 소속 직원이 신청인의 심신상태, 신청인에게 필요한 장기요양급여의 종류 및 내용 등을 조사한다(제14조).

등급판정위원회는 제출된 조사 자료를 토대로 등급판정기준에 따라 신청인이 신청서를 제출한 날부터 30일 이내에 장기요양등급판정을 완료하여야 한다(제16조). 그리고 지체 없이 장기요양등급, 장기요양급여의 종류 및 내용, 장기요양급여에 관한 사항이 포함된 장기요양인정서를 작성하여 수급자에게 송부하여야 한다(제17조). 장기요양인정의 유효기간은 최소 1년 이상으로 한다(제19조). 또한, 장기요양급여를 받고 있는 수급자는 장기요양등급, 장기요양급여의 종류 또는 내용을 변경하여 장기요양급여를 받고자 하는 경우 공단에 변경신청을 하여야 한다(제21조).

(4) 노인장기요양보험 급여

① 노인장기요양급여 제공의 기본원칙

첫째, 노인 등이 자신의 의사와 능력에 따라 최대한 자립적으로 일상생활을 수행할 수 있도록 제공한다. 둘째, 노인 등의 심신상태 · 생활환경과 노인 등 및 그 가족의 욕구 · 선택을 종합적으로 고려하여 필요한 범위 안에서 이를 적정하게 제공한다. 셋째, 노인 등이 가족과 함께 생활하면서 가정에서 장기요양을 받는 재가급여를 우선적으로 제공한다. 넷째, 노인 등의 심신상태나 건강 등이 악화되지 아니하도록 의료서비스와 연계하여 이를 제공한다(제3조).

② 노인장기요양급여의 종류

장기요양급여의 종류로는 재가급여, 시설급여, 특별현금급여가 있다.

재가급여는 방문요양, 방문목욕, 방문간호, 주·야간보호, 단기보호, 기타 재가급여가 있다. 장기요양요원이 방문하는 경우로 방문요양은 수급자의 가정 등을 방문하여 신체활동 및 가사활동 등을 지원하며, 방문목욕은 목욕설비를 갖춘 장비를 이용하여 수급자의 가정 등을 방문하여 목욕을 제공하며, 방문간호는 간호사 등이 의사, 한의사 또는 치과의사의 지시서에 따라 수급자의 가정 등을 방문하여 간호, 진료의 보조, 요양에 관한 상담 또는 구강위생 등을 제공하고, 기타재가급여는 수급자의 일상생활·신체활동 지원 및 인지기능의 유지·향상에 필요한 용구를 제공하거나 가정을 방문하여 재활에 관한 지원 등을 제공한다(제23조).

반면, 수급자를 장기요양기관에 보호하는 경우로 주·야간보호는 수급자를 하루 중 일정한 시간 동안 보호하여 신체활동 지원 및 심신기능의 유지·향상을 위한 교육·훈련 등을 제공하며, 단기보호는 수급자를 일정 기간 동안 신체활동 지원 및 심신기능의 유지·향상을 위한 교육·훈련 등을 제공한다.

시설급여는 장기요양기관에 장기간 입소한 수급자에게 신체활동 지원 및 심신기능의 유지·향상을 위한 교육·훈련 등을 제공한다.

특별현금급여는 가족요양비, 특례요양비, 요양병원간병비가 있다. 가족요양비는 도서·벽지 등 거주 또는 천재지변 등으로 장기요양기관이 제공하는 장기요양급여를 이용하기가 어렵거나, 가족 등으로부터 장기요양을 받아야 하는 경우에는 해당 수급자에게 가족요양비를 지급한다(제24조). 특례요양비는 수급자가 장기요양기관이 아닌 노인요양시설 등의 기관 또는 시설에서 재가급여 또는 시설급여에 상당한 장기요양급여를 받은 경우 해당 장기요양급여비용의 일부를 해당 수급자에게 특례요양비로 지급한다(제25조). 요양병원간병비는 수급자가 요양병원에 입원한 때에 장기요양에 사용되는 비용의 일부를 지급한다(제26조).

③ 수급권의 보호

장기요양급여를 받을 권리는 양도 또는 압류하거나 담보로 제공할 수 없다. 특별현금급여수급계좌의 예금에 관한 채권은 압류할 수 없다(제66조).

(5) 운영체계 : 국민건강보험공단

노인장기요양사업의 관리운영기관은 건강보험공단이다(제48조). 건강보험공단은 장기요양보험가입자 및 그 피부양자와 의료급여수급권자의 자격관리, 장기요양보험료의 부과 · 징수, 신청인 조사, 등급판정위원회의 운영 및 장기요양등급 판정, 장기요양급여의 관리 및 평가, 정보제공 · 안내 · 상담 등 장기요양급여 관련 이용지원, 재가 및 시설 급여비용의 심사 및 지급과 특별현금급여의 지급 · 확인, 조사 · 연구 및 홍보, 노인성질환예방사업, 부당이득금의 부과 · 징수 등, 장기요양기관의 설치 및 운영 등 업무를 관장한다(제48조).

국민건강보험공단은 장기요양사업 조직 등을 건강보험사업 조직 등과 구분하여 따로 두어야 한다(제49조). 따라서 장기요양사업의 회계도 독립회계를 설치 · 운영하여야 한다(제50조).

등급판정위원회는 장기요양인정 및 장기요양등급판정 등을 심의하기 위하여 공단에 둔다. 등급판정위원회는 시 · 도, 시 · 군 · 구 단위로 설치한다. 등급판정위원회는 위원장 1인을 포함하여 15인의 위원으로 구성한다. 위원은 의료인, 사회복지사, 소속 공무원, 법학 또는 장기요양에 관한 학식과 경험이 풍부한 자 중에서 공단 이사장이 위촉한다. 위원의 임기는 3년으로 한다(제52조).

4) 권리구제

장기요양인정 · 장기요양등급 · 장기요양급여 · 부당이득 · 장기요양급여비용 · 장기요양보험료 등에 관한 공단의 처분에 이의가 있는 자는 그 처분이 있음을 안 날부터 90일 이내에 문서로 공단에 심사청구를 할 수 있다. 심사청구 사항을 심사하기 위하여 공단에 장기요양심사위원회를 둔다(제55조).

심사청구에 대한 결정에 불복하는 사람은 그 결정통지를 받은 날부터 90일 이내에 장기요양재심사위원회에 재심사를 청구할 수 있다. 재심사위원회는 보건복지부장관 소속으로 두고, 위원장 1인을 포함한 20인 이내의 위원으로 구성한다(제56조). 재심사위원회의 재심사를 거친 경우에는 행정심판을 청구할 수 없다(제56조의2).

공단의 처분에 이의가 있는 자와 심사청구 또는 재심사청구에 대한 결정에 불복하는 자는 행정소송을 제기할 수 있다(제57조).

Chapter 13

사회보험 관련 사회복지법(Ⅱ) - 건강보장 핵심내용 학습 사회복지사1급 기출문제 해설

출제 경향 분석

최근 3년간 출제경향을 볼 때, 교재 "제13장 사회보험 관련 사회복지법(II) – 건강보장"에서는 총 5문제가 출제되었다. 국민건강보험법 2문제, 노인장기요양보험법 3문제로 사회보험 중 건강보장 관련 2개의 법률이 최근에는 매년 2문제 이상 출제되고 있다.

01 국민건강보험법의 내용으로 옳지 않은 것은? [2024년도 제22회]

① 의료급여법에 따라 의료급여를 받는 사람은 건강보험의 가입자가 될 수 없다.
② 보건복지부장관은 국민건강보험종합계획에 따라 연도별 시행계획에 따른 추진실적을 매년 평가하여야 한다.
③ 건강보험 가입자는 국내에 거주하지 아니하게 된 날에 그 자격을 잃는다.
④ 건강보험정책에 관한 사항을 심의 · 의결하기 위하여 보건복지부장관 소속으로 건강보험정책심의위원회를 둔다.
⑤ 건강보험 지역가입자는 직장가입자와 그 피부양자를 제외한 가입자를 말한다.

정답 ③

해설 문제의 선택지와 관련된 국민건강보험법의 규정은 다음과 같다.

① 의료급여법에 따라 의료급여를 받는 사람은 건강보험의 가입자가 될 수 없다(국민건강보험법 제5조).
② 보건복지부장관은 국민건강보험종합계획에 따라 연도별 시행계획에 따른 추진실적을 매년 평가하여야 한다(국민건강보험법 제3조의2).
③ 국민건강보험법 제10조에서 건강보험 가입자는 국내에 거주하지 아니하게 된 (다음 날)에 그 자격을 잃는다고 규정하고 있다. 자격의 상실 시기는 1) 사망한 날의 다음 날, 2) 국적을 잃은 날의 다음 날, 3) 국내에 거주하지 아니하게 된 날의 다음 날, 4) 직장가입자의 피부양자가 된 날, 5) 수급권자가 된 날, 6) 건강보험을 적용받고 있던 사람이 유공자 등 의료보호대상자가 되어 건강보험의 적용배제신청을 한 날이다. 자격을 잃은 경우 직장가입자의 사용자와 지역가입자의 세대주는 그 명세를 보건복지부령으로 정하는 바에 따라 자격을 잃은 날

부터 14일 이내에 보험자에게 신고하여야 한다.

④ 건강보험정책에 관한 사항을 심의 · 의결하기 위하여 보건복지부장관 소속으로 건강보험정책심의위원회를 둔다(국민건강보험법 제4조).

⑤ 건강보험 지역가입자는 직장가입자와 그 피부양자를 제외한 가입자를 말한다(국민건강보험법 제6조).

02 노인장기요양보험법의 내용으로 옳지 않은 것은? [2024년도 제22회]

① "노인 등"이란 65세 이상의 노인 또는 65세 미만의 자로서 치매 · 뇌혈관성질환 등 대통령령으로 정하는 노인성 질병을 가진 자를 말한다.

② 장기요양급여는 노인 등이 가족과 함께 생활하면서 가정에서 장기요양을 받는 재가급여를 우선적으로 제공하여야 한다.

③ 장기요양보험사업은 보건복지부장관이 관장한다.

④ 장기요양급여를 받고 있는 수급자는 장기요양등급의 내용을 변경하여 장기요양급여를 받고자 하는 경우 국민건강보험공단에 변경신청을 하여야 한다.

⑤ 재가급여에는 방문요양, 방문목욕, 특별현금급여가 포함된다.

정답 ⑤

해설 문제 선택지에 대한 노인장기요양보험법의 규정은 다음과 같다.

① "노인 등"이란 65세 이상의 노인 또는 65세 미만의 자로서 치매 · 뇌혈관성질환 등 대통령령으로 정하는 노인성 질병을 가진 자를 말한다(노인장기요양보험법 제2조 제1호).

② 장기요양급여는 노인 등이 가족과 함께 생활하면서 가정에서 장기요양을 받는 재가급여를 우선적으로 제공하여야 한다(노인장기요양보험법 제3조 제3항).

③ 장기요양보험사업은 보건복지부장관이 관장한다(노인장기요양보험법 제7조 제1항).

④ 장기요양급여를 받고 있는 수급자는 장기요양등급의 내용을 변경하여 장기요양급여를 받고자 하는 경우 국민건강보험공단에 변경신청을 하여야 한다(노인장기요양보험법 제21조 제1항).

⑤ 재가급여에는 방문요양, 방문목욕, (방문간호, 주 · 야간보호, 단기보호, 기타재가급여)가 있다(노인장기요양보험법 제23조).

03 다음의 역할을 하는 노인장기요양보험법상 기구는? [2023년도 제21회]

- 장기요양요원의 권리 침해에 관한 상담 및 지원
- 장기요양요원의 역량강화를 위한 교육지원
- 장기요양요원에 대한 건강검진 등 건강관리를 위한 사업

① 장기요양위원회
② 등급판정위원회
③ 장기요양심사위원회
④ 장기요양요원지원센터
⑤ 공표심의위원회

정답 ④

해설 노인장기요양보험법상 장기요양요원지원센터의 설치는 제47조의2에 규정되어 있다. 장기요양요원지원센터는 다음과 같은 업무를 수행한다.
① 장기요양요원의 권리 침해에 관한 상담 및 지원
② 장기요양요원의 역량강화를 위한 교육지원
③ 장기요양요원에 대한 건강검진 등 건강관리를 위한 사업
④ 그 밖에 장기요양요원의 업무 등에 필요하여 대통령령으로 정하는 사항
또한, 장기요양요원지원센터의 설치 · 운영 등에 필요한 사항은 보건복지부령으로 정하는 바에 따라 해당 지방자치단체의 조례로 정하게 된다.

04 국민건강보험법상 건강보험심사평가원의 업무에 해당하는 것은? [2022년도 제20회]

① 요양급여의 적정성 평가
② 가입자의 자격 관리
③ 보험급여의 관리
④ 보험급여 비용의 지급
⑤ 보험료의 부과 · 징수

정답 ①

해설 국민건강보험법상 선택지 ②, ③, ④, ⑤는 국민건강보험공단의 업무에 해당한다. 국민건강보험법상 건강보험심사평가원의 업무(제63조)는 다음과 같다.
① 요양급여비용의 심사
② 요양급여의 적정성 평가
③ 심사기준 및 평가기준의 개발
④ 업무와 관련된 조사연구 및 국제협력
⑤ 다른 법률에 따라 지급되는 급여비용의 심사 또는 의료의 적정성 평가에 관하여 위탁받은 업무
⑥ 건강보험과 관련하여 보건복지부장관이 필요하다고 인정한 업무

05 **노인장기요양보험법의 내용으로 옳은 것은?** [2022년도 제20회]

① 장기요양보험사업은 보건복지부장관이 관장한다.
② “장기요양급여”란 장기요양등급판정 결과에 따라 1개월 이상 동안 혼자서 일상생활을 수행하기 어렵다고 인정되는 자에게 신체활동 · 가사활동의 지원 또는 간병 등의 서비스를 말한다.
③ 장기요양기관은 수급자에게 재가급여 또는 시설급여를 제공한 경우 시 · 도지사에게 장기요양급여비용을 청구하여야 한다.
④ “노인 등”이란 60세 이상의 노인 또는 60세 미만의 자로서 치매 · 뇌혈관성질환 등 대통령으로 정하는 노인성 질병을 가진 자를 말한다.
⑤ 재가급여에는 방문요양, 방문목욕, 특별현금급여가 있다.

정답 ①

해설 노인장기요양보험법의 규정 내용으로 오답을 체크하면 다음과 같다.
② “장기요양급여”란 장기요양등급판정 결과에 따라 (6개월 이상 동안) 혼자서 일상생활을 수행하기 어렵다고 인정되는 자에게 신체활동 · 가사활동의 지원 또는 간병 등의 서비스를 말한다(제2조).
③ 장기요양기관은 수급자에게 재가급여 또는 시설급여를 제공한 경우 (국민건강보험공단에) 장기요양 급여비용을 청구하여야 한다(제38조).
④ “노인 등”이란 (65세) 이상의 노인 또는 (65세) 미만의 자로서 치매 · 뇌혈관성질환 등 대통령령으로 정하는 노인성 질병을 가진 자를 말한다(제2조).
⑤ 재가급여에는 (방문요양, 방문목욕, 방문간호, 주 · 야간보호, 단기보호) 등이 있다(제23조).

Chapter
14

공공부조 관련 사회복지법

1. 국민기초생활보장법
2. 의료급여법
3. 긴급복지지원법
4. 기초연금법
5. 장애인연금법

Chapter

14 공공부조 관련 사회복지법

공공부조란 국가와 지방자치단체의 책임 하에 생활 유지 능력이 없거나 생활이 어려운 국민의 최저생활을 보장하고 자립을 지원하는 제도를 말한다(사회보장기본법 제3조 제2호). 공공부조는 수급자에 대한 자산조사로 최저소득 이하의 대상자에게만 선택적으로 행해지는 선택적 프로그램이며, 조세를 재원으로 한다. 공공부조는 사회적 취약계층에 대한 최종적인 소득보장제도이다.

공공부조의 기본 원리는 첫째, 국가책임의 원리이다. 이는 공공부조를 통하여 생활이 어려운 국민의 생존권을 실현하는 것을 국가의 책임으로 한다. 둘째, 생존권 보장의 원리이다. 이는 모든 국민은 누구나 생활이 어려운 때에는 국가에 대하여 보호를 청구할 권리가 있고 국가는 국민의 이러한 요구를 들어줄 의무가 있다. 셋째, 최저생활보장의 원리이다. 이는 공공부조의 보호수준은 건강하고 문화적인 생활수준을 유지할 수 있는 최저한도의 생활이 보장되어야 한다. 넷째, 무차별 평등의 원리이다. 이는 급부내용에 있어서 수급자의 인종, 성별, 종교 및 사회적 신분에 차별 없이 평등하게 보호를 받을 권리가 있다. 다섯째, 보충성의 원리이다. 이는 수급자가 가지고 있고 이용할 수 있는 자산·능력 및 그 밖의 모든 것을 최대한 활용하고 그렇게 하고도 최저생활을 유지할 수 없을 때 최종적으로 그 부족분을 보충하여 준다. 여섯째, 자립조장의 원리이다. 이는 수급자의 잠재능력을 개발 · 육성하여 자력으로 사회생활에 적응하게 한다(박송규, 2003: 222-226; 남기민 외, 2020: 299-300 재인용).

우리나라 공공부조 관련 사회복지법제는 1960년대 어려운 시기에 잔여적 복지 중심이었으나 2000년대에 들어 경제가 나아지면서 보편적 복지가 추가되기 시작하였다. 1961년 갱생보호법, 군사원호보상법, 생활보호법, 1962년 재해구호법, 국가유공자 및 월남귀순자 특별원호법이 제정되었으며 구빈이 중심이었다. 1977년 의료보호법 제정으로 공공부조는 의료보호 영역으로 확대되었다. 1984년 국가유공자 예우 등에 관한 법률 및 1993년 일제하 일본군 위안부에 대한 생활안정지원법은 예우의 영역으로 확대되었다. 1999년에는 생활보호법을 폐지하고 국민기초생활보장법을 제정하였으며, 2001년에는 의료보호법을 전문개정하여 명칭을 의료급여법으로 변경하였다. 2005년에는 긴급복지지원법을 제정하였다. 2007년 기초노령연금법을 제정하였고(2014년 기초연금법으로 대체), 2010년 장애인연금법이 제정되면서 보편성을 확대하였다고 볼 수 있다.

이와 같은 공공부조 관련 사회복지법은 1995년 사회보장기본법을 기본법으로 하면서 1970년 사회복지사업법 및 2014년 사회보장급여법을 일반법으로 하는 법제를 구성하고 있다.

1. 국민기초생활보장법

1) 국민기초생활보장법의 개관

(1) 형성과정

현재의 국민기초생활보장법은 1961년 12월 30일 제정되고 1962년 1월 1일 시행된 생활보호법에서 비롯된다. 생활보호법은 노령, 질병 기타 근로능력의 상실로 인하여 생활유지의 능력이 없는 자 등 생활무능력자에게 단순 생계지원 중심으로 시행되어 왔다. 1997년 말 시작된 IMF 외환위기 체제에서 경제불황과 대량 실업사태는 저소득층 지원제도로서의 생활보호법의 한계를 확인하였다. 이에 국가가 적극적으로 대응할 수 있는 공공부조제도의 개선 요구 여론이 확산되면서 시민단체, 정당, 학계의 노력이 이어졌다. 이러한 노력으로 1999년 9월 7일 국민기초생활보장법이 제정되었고, 2000년 10월 1일 시행되었다. 동시에 생활보호법은 폐지되었다.

(2) 목적

국민기초생활보장제도의 목적은 생활이 어려운 사람에게 필요한 급여를 실시하여 최저생활을 보장하고 자활을 돕는 것이다(제1조).

(3) 특성

국민기초생활보장제도는 기존의 생활보호법을 대체하는 것으로, 국가재량에 의한 자선적 생활보호급여에서 법적인 보장을 받는 권리성 급여로 전환하는 의미를 가지고 있다. 종전에는 근로능력이 있는 자에게는 생계비를 지원하지 않았으나 근로능력의 유무에 관계없이 국가의 보호를 필요로 하는 빈곤선 이하의 국민은 최저생활을 보장받게 되었다. 더 나아가 근로능력이 있는 국민에게는 체계적인 자활지원서비스를 제공하여 일할 수 있게 함으로써 자립할 수 있도록 지원한다.

2) 수급권자 선정

수급권자는 국민기초생활보장법에 따른 급여를 받을 수 있는 자격을 가진 사람을 말한다(제2조). 수급권자가 되려면 가구 단위로 소득인정액 기준과 부양의무자 기준을 동시에 충족하여야 한다. 다만, 수급권자에 해당하지 아니하여도 생활이 어려운 사람으로서 일정 기간 동안 이 법에서 정하는 급여의 전부 또는 일부가 필요하다고 보건복지부장관 또는 소관 중앙행정기관의 장이 정하는 사람은 수급권자로 본다(제14조의2).

(1) 소득인정액 기준

소득인정액 기준은 가구의 소득인정액이 기준 중위소득[1]의 급여별 비율 이하이어야 한다. 소득인정액은 보장기관이 급여의 결정 및 실시 등에 사용하기 위하여 산출한 개별가구의 소득평가액과 재산의 소득환산액을 합산한 금액을 말한다(제2조). 개별가구의 소득평가액은 근로 · 사업 · 재산 · 이전소득을 합한 개별가구의 실제 소득에서 장애 · 질병 · 양육 등 가구 특성에 따른 지출요인, 근로를 유인하기 위한 요인, 그 밖에 추가적인 지출요인에 해당하는 금액을 감하여 산정한다(제6조의3). 재산의 소득환산액은 개별가구의 재산가액에서 기본재산액[2] 및 부채를 공제한 금액에 소득환산율을 곱하여 산정한다. 이 경우 소득으로 환산하는 재산의 범위는 일반재산, 금융재산, 자동차를 말한다(제6조의3).

1) 기준 중위소득은 보건복지부장관이 급여의 기준 등에 활용하기 위하여 중앙생활보장위원회의 심의 · 의결을 거쳐 고시하는 국민 가구소득의 중위값을 말한다(제2조).
2) 기초생활의 유지에 필요하다고 보건복지부장관이 정하여 고시하는 재산액을 말한다.

(2) 부양의무자 기준

부양의무자 기준은 부양의무자가 없거나 부양의무자가 있어도 부양능력이 없거나 부양을 받을 수 없어야 한다. 부양의무자는 수급권자를 부양할 책임이 있는 사람으로서 수급권자의 1촌의 직계혈족(부모, 아들, 딸) 및 그 배우자(며느리, 사위, 계부, 계모)를 말한다. 다만, 사망한 1촌의 직계혈족의 배우자는 부양의무자 범위에서 제외된다(배우자가 사망한 며느리, 사위, 계부, 계모)(법 제2조).

부양능력이 없는 경우는 기준 중위소득 수준을 고려한 일정 소득 · 재산 기준 미만인 경우, 직계존속 또는 중증장애인인 직계비속을 자신의 주거에서 부양하는 경우, 그 밖에 질병, 교육, 가구 특성 등으로 부양능력이 없는 경우이다. 부양을 받을 수 없는 경우는 부양의무자가 병역 징집 · 소집, 해외이주, 교도소 · 구치소 · 치료감호시설 등 수용 중, 실종선고 절차가 진행 중, 보장시설에서 수급 중, 가출 · 행방불명, 부양 기피 · 거부 등의 경우이다(제8조의2).

3) 급여내용

(1) 급여일반

급여의 기본원칙은 수급자가 자신의 생활의 유지 · 향상을 위하여 그의 소득, 재산, 근로능력 등을 활용하여 최대한 노력하는 것을 전제로 이를 보충 · 발전시키는 것이다. 따라서 부양의무자의 부양과 다른 법령에 따른 보호는 이 법에 따른 급여에 우선한다(제3조).

급여의 기준은 급여가 건강하고 문화적인 최저생활을 유지할 수 있도록 수급자의 연령, 가구 규모, 거주지역, 그 밖의 생활여건 등을 고려하여 급여의 종류별로 정한다. 보장기관은 급여를 개별가구 단위로 실시하되, 장애의 정도가 심한 장애인에 대하여는 개인 단위로 실시할 수 있다. 또한 지방자치단체인 보장기관은 급여의 범위 및 수준을 초과하여 급여를 실시할 수 있다(제4조).

최저보장수준은 국민의 소득 · 지출 수준과 수급권자의 가구 유형 등 생활실태, 물가상승률 등을 고려하여 급여 종류별로 공표하는 금액이나 보장수준이다(제2조). 보건복지부장관 또는 소관 중앙행정기관의 장은 매년 8월 1일까지 중앙생활보장위원회의 심의 · 의결을 거쳐 다음 연도의 급여의 종류별 수급자 선정기준 및 최저보장수준을 결정 · 공표하여야 한다(제6조).

(2) 급여의 종류

기초생활보장 급여의 종류로는 생계급여, 주거급여, 의료급여, 교육급여, 해산급여, 장제급여, 자활급여가 있다. 이들 급여는 수급자의 필요에 따라 전부 또는 일부가 지급된다. 차상위계층[3]에 속하는 사람에 대한 급여는 보장기관이 차상위자의 가구별 생활여건을 고려하여 예산의 범위에서 주거급여, 의료급여, 교육급여, 장제급여, 자활급여의 전부 또는 일부를 실시할 수 있다(제7조).

① 생계급여

생계급여는 수급자에게 의복, 음식물 및 연료비와 그 밖에 일상생활에 기본적으로 필요한 금품을 지급하여 그 생계를 유지하게 하는 것으로 한다. 생계급여 선정기준은 기준 중위소득의 100분의 30 이상으로 한다. 생계급여 최저보장수준은 생계급여와 소득인정액을 포함하여 생계급여 선정기준 이상이 되도록 하여야 한다(제8조). 생계급여는 수급자의 소득인정액 등을 고려하여 차등지급할 수 있다(제9조, 제10조).

② 주거급여

주거급여는 수급자에게 주거 안정에 필요한 임차료, 수선유지비, 그 밖의 수급품을 지급하는 것으로 한다(제11조). 주거급여 선정기준은 기준 중위소득의 100분의 43 이상으로 한다(주거급여법 제5조). 주거급여의 보장기관은 수급권자 또는 수급자의 거주지를 관할하는 시 · 도지사와 시장 · 군수 · 구청장이다(주거급

3) 차상위계층은 수급권자에 해당하지 아니하는 계층으로서 소득인정액이 기준 중위소득의 100분의 50 이하인 계층을 말한다(제2조).

여법 제5조).

③ 의료급여

의료급여는 수급자에게 건강한 생활을 유지하는 데 필요한 각종 검사 및 치료 등을 지급하는 것으로 한다. 의료급여 선정기준은 기준 중위소득의 100분의 40 이상으로 한다(제12조의3). 의료급여의 보장기관은 수급권자의 거주지를 관할하는 시·도지사와 시장·군수·구청장이다(의료급여법 제5조). 의료급여의 내용은 진찰·검사, 약제·치료재료의 지급, 처치·수술과 그 밖의 치료, 예방·재활, 입원, 간호, 이송과 그 밖의 의료목적 달성을 위한 조치이다(의료급여법 제7조).

④ 교육급여

교육급여는 수급자에게 입학금, 수업료, 학용품비, 그 밖의 수급품을 지급하는 것으로 한다. 교육급여는 교육부장관의 소관으로 한다. 교육급여 선정기준은 기준 중위소득의 100분의 50 이상으로 한다(제12조). 교육급여 수급권자를 선정하는 경우에는 교육급여와 초·중등교육법의 교육비 지원과의 연계·통합을 위하여 소득인정액이 교육급여 선정기준 이하인 사람을 수급권자로 본다(제12조의 2).

⑤ 해산급여

해산급여는 생계급여, 주거급여, 의료급여 중 하나 이상의 급여를 받는 수급자에게 조산, 분만 전과 분만 후에 필요한 조치와 보호를 실시하는 것으로 한다. 해산급여는 보장기관이 지정하는 의료기관에 위탁하여 실시할 수 있다. 해산급여에 필요한 수급품은 수급자나 그 세대주 또는 세대주에 준하는 사람에게 지급한다(제13조).

⑥ 장제급여

장제급여는 생계급여, 주거급여, 의료급여 중 하나 이상의 급여를 받는 수급자가 사망한 경우 사체의 검안·운반·화장·매장, 그 밖의 장제조치를 하는 것으로 한다. 장제급여는 실제로 장제를 실시하는 사람에게 장제에 필요한 비용을 지급하는 것으로 한다(제14조).

⑦ 자활급여

자활급여는 수급자의 자활을 돕기 위하여 자활에 필요한 금품 지급 · 대여, 근로능력 향상 · 기능습득 지원, 시설 · 장비 대여, 자산형성 지원, 취업알선 등 정보의 제공, 자활을 위한 근로기회의 제공, 창업교육, 기능훈련 및 기술 · 경영 지도 등 창업지원을 하는 것으로 한다.

자활급여는 관련 공공기관 · 비영리법인 · 시설, 금융회사 등, 수급자 · 차상위자를 인턴사원으로 채용하는 사업자, 자활급여 수행능력이 있다고 인정하는 기관에 위탁하여 실시할 수 있다. 이 경우 그에 드는 비용은 보장기관이 부담한다(제15조, 시행령 제21조의3). 수급자 및 차상위자의 자활촉진에 필요한 사업을 수행하기 위하여 한국자활복지개발원을 설립한다(제15조의2).

4) 운영체계

국민기초생활보장 급여의 보장기관은 기초생활보장 급여를 실시하는 국가 또는 지방자치단체이다(제2조). 구체적으로는 수급권자 또는 수급자의 거주지를 관할하는 시 · 도지사와 시장 · 군수 · 구청장을 말한다(제19조).

생활보장사업의 기획 · 조사 · 실시 등에 관한 사항을 심의 · 의결하기 위하여 생활보장위원회를 둔다. 보건복지부에는 중앙생활보장위원회를, 시 · 도 및 시 · 군 · 구에는 각각 생활보장위원회를 둔다(제20조).

보장시설은 급여를 실시하는 사회복지시설로서 장애인 거주시설, 노인주거복지시설 및 노인의료복지시설, 아동복지시설 및 통합 시설, 정신요양시설 및 정신재활시설, 노숙인재활시설 및 노숙인요양시설, 가정폭력피해자 보호시설, 성매매피해자 등을 위한 지원시설, 성폭력피해자보호시설, 한부모가족복지시설,

결핵 및 한센병요양시설 등이다(제32조).

5) 보장비용

보장비용은 기초생활보장제도 실시에 따른 비용을 말한다. 보장비용은 보장업무에 드는 인건비와 사무비, 생활보장위원회의 운영에 드는 비용, 급여 실시 비용, 보장업무에 드는 비용을 말한다(제42조).

보장비용의 부담에 대하여는 국가 또는 시·도는 직접 수행하는 보장업무에 드는 비용, 보장시설에 입소·위탁하여 하는 급여의 실시 비용을 부담한다. 시·군·구는 시·군·구가 수행하는 보장업무에 드는 비용 중 인건비와 사무비, 생활보장위원회의 운영비용을 부담한다.

다만, 시·군·구가 수행하는 보장업무에 드는 비용 중 급여 실시 비용, 보장업무 비용은 시·군·구의 재정 여건, 사회보장비 지출 등을 고려하여 국가, 시·도 및 시·군·구가 차등하여 분담한다. 시·군·구 보장비용의 총액 중 국가는 100분의 40 이상 100분의 90 이하를 부담하고, 시·도는 국가부담분을 뺀 금액 중 100분의 30 이상 100분의 70 이하를 부담하고, 시·군·구는 국가와 시·도가 부담하는 금액을 뺀 금액을 부담한다.

수급자에게 부양능력을 가진 부양의무자가 있음이 확인된 경우에는 보장비용을 지급한 보장기관은 생활보장위원회의 심의·의결을 거쳐 그 비용의 전부 또는 일부를 그 부양의무자로부터 부양의무의 범위에서 징수할 수 있다. 징수에 응하지 아니하는 경우에는 국세 또는 지방세 체납처분의 예에 따라 징수한다(제46조).

6) 권리보호

수급자에 대한 급여는 정당한 사유 없이 수급자에게 불리하게 변경할 수 없다

(제34조). 수급자에게 지급된 수급품, 지정된 급여수급계좌의 예금에 관한 채권과 이를 받을 권리는 압류할 수 없다(제35조). 수급자는 급여를 받을 권리를 타인에게 양도할 수 없다(제36조).

수급자나 급여 또는 급여 변경을 신청한 사람은 시장 · 군수 · 구청장(교육급여인 경우 시 · 도교육감)의 처분에 대하여 이의가 있는 경우에는 그 결정의 통지를 받은 날부터 90일 이내에 해당 보장기관을 거쳐 시 · 도지사(시 · 도교육감)에게 서면 또는 구두로 이의를 신청할 수 있다(제38조). 이의신청에 대한 처분에 대하여 이의가 있는 사람은 그 처분 등의 통지를 받은 날부터 90일 이내에 시 · 도지사를 거쳐 보건복지부장관에게 서면 또는 구두로 이의를 신청할 수 있다(제40조).

2. 의료급여법

1) 의료급여법의 개관

(1) 형성과정

우리나라 의료보호법제는 1961년 12월 30일 제정되고 1962년 1월 1일 시행된 생활보호법이 제5조에 의료보호에 관한 규정을 둠으로써 시작되었다. 그러나 생활보호법에 근거한 의료보호제도가 생활보호대상자를 중심으로 주로 국 · 공립의료기관에서 무료진료를 실시하는 수준이었고, 의료의 내용이 빈약하여 의료보장으로서의 실효를 거둘 수 없었다. 따라서 의료보호에 관한 규정을 생활보호법에서 분리하여 의료보호의 내용 및 그 방법 등을 명확히 규정할 필요성이 대두되었다. 의료보호법이 1977년 12월 31일 제정 · 시행되었다.

국민기초생활보장법이 1997년 9월 7일 제정되고 2000년 10월 1일 시행되면서

의료보호를 의료급여로 변경하였기 때문에 이를 반영할 필요가 생겼다. 이에 2001년 5월 24일 종전의 의료보호법을 의료급여법으로 법제명 변경 및 전문개정하여 2001년 10월 1일 시행되었다.

(2) 목적

의료급여법의 목적은 생활이 어려운 사람에게 의료급여를 함으로써 국민보건의 향상과 사회복지를 증진하는 것이다(제1조).

2) 적용대상

의료급여 수급권자의 범위는 국민기초생활 보장 의료급여 수급자, 재해구호 이재민, 의사상자, 국내에 입양된 18세 미만의 아동, 독립유공자 · 국가유공자 · 보훈보상대상자와 그 가족, 국가무형문화재의 보유자(명예보유자 포함)와 그 가족, 북한이탈주민과 그 가족, 5 · 18민주화운동 관련자 보상금 등을 받은 사람과 그 가족, 노숙인, 난민인정자, 그 밖에 생활유지 능력이 없거나 생활이 어려운 사람 등으로서 보건복지부장관이 의료급여가 필요하다고 인정한 사람이다(제3조).

다만, 수급권자가 업무 또는 공무로 생긴 질병 · 부상 · 재해로 다른 법령에 따른 급여나 보상(報償) · 보상(補償)을 받게 되는 경우에는 의료급여를 하지 아니하며, 다른 법령에 따라 국가나 지방자치단체 등으로부터 의료급여에 상당하는 급여 또는 비용을 받게 되는 경우에는 그 한도에서 의료급여를 하지 아니한다(제4조).

수급권자는 1종수급권자와 2종수급권자로 구분한다. 1종수급권자는 18세 미만인 사람, 65세 이상인 사람, 중증장애인, 근로능력이 없다고 판정한 사람, 세대 구성원을 양육 · 간병하는 사람, 임신 중에 있거나 분만 후 6개월 미만의 여자, 병역의무를 이행중인 사람만으로 구성된 세대의 구성원, 보장시설에서 급여를 받고 있는 사람, 결핵질환, 희귀난치성질환 또는 중증질환을 가진 사람, 이재민, 노숙인, 무연고자로 한다. 2종수급권자는 1종수급권자에 해당하지 않는 의료급여 수급권자이다(시행령 제3조).

3) 의료급여 내용

의료급여의 내용은 진찰 · 검사, 약제 · 치료재료의 지급, 처치 · 수술과 그 밖의 치료, 예방 · 재활, 입원, 간호, 이송과 그 밖의 의료목적 달성을 위한 조치이다(제7조).

시장 · 군수 · 구청장은 수급권자에 대하여 질병의 조기발견과 그에 따른 의료급여를 하기 위하여 건강검진을 할 수 있다(제14조). 장애인인 수급권자에게 장애인 · 노인 등을 위한 보조기기에 대하여 급여를 실시할 수 있다. 임신한 수급권자가 임신기간 중 의료급여기관에서 받는 진료에 드는 비용(출산비용 포함)에 대하여 추가급여를 실시할 수 있다(제13조).

의료급여대상은 수급권자의 질병 · 부상 · 출산 등에 대한 진찰 · 검사, 치료재료의 지급, 처치 · 수술과 그 밖의 치료, 예방 · 재활, 입원, 간호, 이송과 그 밖의 의료목적 달성을 위한 조치이다. 비급여대상을 제외한 일체의 것으로 볼 수 있다. 약제재료의 지급은 요양급여대상으로 결정 또는 조정되어 고시된 것에 한한다(시행규칙 제8조).

수급권자가 긴급하거나, 부득이한 사유로 의료급여기관과 같은 기능을 수행하는 기관에서 질병 · 부상 · 출산 등에 대하여 의료급여를 받거나, 의료급여기관이 아닌 장소에서 출산을 하였을 때에는 그 의료급여에 상당하는 금액을 수급권자에게 요양비로 지급한다(제12조).

4) 운영체계

의료급여 보장기관은 수급권자의 거주지를 관할하는 시 · 도지사와 시장 · 군수 · 구청장이다(제5조).

의료급여사업의 실시에 관한 사항을 심의하기 위하여 의료급여심의위원회를 둔다. 보건복지부에는 중앙의료급여심의위원회를, 시 · 도 및 시 · 군 · 구에는 각각 의료급여심의위원회를 둔다. 중앙의료급여심의위원회는 의료급여사업의 기본방향 및 대책 수립에 관한 사항, 의료급여의 기준 및 수가에 관한 사항 등을 심의한다(제6조).

의료급여는 의료급여기관에서 실시한다. 의료급여기관은 수급권자에 대한 진료 · 조제 또는 투약 등을 담당하는 의료기관 및 약국 등으로(제2조), 의료법에 따라 개설된 의료기관, 보건소 · 보건의료원 및 보건지소, 보건진료소, 약국 및 한국희귀 · 필수의약품센터 등이다(제9조).

의료급여기관은 제1차와 제2차 의료급여기관으로 구분한다. 제1차 의료급여기관은 의원 · 치과의원 · 한의원 또는 조산원(의료법 제33조 제3항), 보건소 · 보건의료원 및 보건지소, 보건진료소, 약국 및 한국희귀 · 필수의약품센터이다(제9조). 제2차 의료급여기관은 종합병원 · 병원 · 치과병원 · 한방병원 · 요양병원 · 정신병원이며(의료법 제33조 제4항), 제3차 의료급여기관은 제2차 의료급여기관 중에서 보건복지부장관이 지정하는 의료기관으로 상급병원을 말한다(제9조).

5) 보장비용

급여비용은 전부 또는 일부를 의료급여기금에서 부담하되, 의료급여기금에서 일부를 부담하는 경우 그 나머지 비용은 본인이 부담한다(제10조). 의료기금은 급여비용의 재원에 충당하기 위하여 시 · 도에 설치하며, 기금은 국고보조금, 지방자치단체의 출연금, 대지급금, 부당이득금, 과징금, 기금의 결산상 잉여금 및 그 밖의 수입금의 재원으로 조성한다(제25조).

6) 권리보호

의료급여를 받을 권리는 양도하거나 압류할 수 없다. 요양비 등 수급계좌에 입금된 요양비 등은 압류할 수 없다(제18조).

수급권자의 자격, 의료급여 및 급여비용에 대한 시장·군수·구청장의 처분에 이의가 있는 자는 시장·군수·구청장에게 이의신청을 할 수 있다. 한편, 급여비용의 심사·조정, 의료급여의 적정성 평가 및 급여 대상 여부의 확인에 관한 급여비용심사기관의 처분에 이의가 있는 보장기관, 의료급여기관 또는 수급권자는 급여비용심사기관에 이의신청을 할 수 있다. 이들 이의신청은 처분이 있음을 안 날부터 90일 이내에 문서(전자문서 포함)로 하여야 한다(제30조).

급여비용심사기관의 이의신청에 대한 결정에 불복이 있는 자는 결정이 있음을 안 날부터 90일 이내에 건강보험분쟁조정위원회에 심판청구를 할 수 있다. 심판청구서는 처분을 행한 급여비용심사기관이나 건강보험분쟁조정위원회에 제출하여야 한다(제30조의2).

3. 긴급복지지원법

1) 긴급복지지원법의 개관

(1) 형성과정

경제 양극화 및 이혼 증가 등 사회변화 속에서 소득상실, 질병과 같이 갑작스러운 위기상황이 발생한 경우 누구든지 손쉽게 도움을 청하고 필요한 지원을 받을 수 있는 제도의 필요성이 대두되었다.

긴급복지지원법은 2005년 12월 23일 제정되고 2006년 3월 24일 시행되었으며,

당시에는 5년 한시법이었으나, 2009년 5월 28일 일부개정 · 시행으로 한시법 규정이 삭제되면서 영속법이 되었다.

(2) 목적

긴급복지지원법의 목적은 생계곤란 등의 위기상황에 처하여 도움이 필요한 사람을 신속하게 지원함으로써 이들이 위기상황에서 벗어나 건강하고 인간다운 생활을 하게 하는 것이다(제1조).

(3) 기본원칙

긴급복지지원은 위기상황에 처한 사람에게 일시적으로 신속하게 지원하는 것을 기본원칙으로 한다. 다른 법률에 따라 이 법에 따른 지원 내용과 동일한 내용의 구호 · 보호 또는 지원을 받고 있는 경우에는 이 법에 따른 지원을 하지 아니한다(제3조).

2) 긴급지원대상자

긴급지원대상자는 위기상황에 처한 사람으로서 이 법에 따른 지원이 긴급하게 필요한 사람으로 한다(제5조). 국내에 체류하고 있는 외국인 중 대한민국 국민과 혼인 중인 사람, 대한민국 국민인 배우자와 이혼하거나 그 배우자가 사망한 사람으로서 대한민국 국적을 가진 직계존비속을 돌보고 있는 사람, 난민으로 인정된 사람, 본인의 귀책사유 없이 화재, 범죄, 천재지변으로 피해를 입은 사람 등도 긴급지원대상자가 된다(제5조의2, 시행령 제1조의2).

긴급복지지원제도에서 가장 중요한 것은 위기상황에 처한 사람을 신속히 발굴하여 지원하여야 하는 것이다. 국가 및 지방자치단체는 위기상황에 처한 사람에 대한 발굴조사를 정기 연 1회 이상 및 수시로 실시하여야 한다(제7조의2). 지원요청 또는 신고를 받거나 위기상황에 처한 사람을 찾아낸 경우에는 지체 없이 현장 상황을 확인하여야 한다. 신속히 지원할 필요가 있다고 판단되는 경우 우선 필요한 지원을 한다(제7조의2).

3) 급여내용

긴급지원의 종류로는 직접지원과 연계지원이 있다. 직접지원은 금전 또는 현물 등을 지원하는 것으로 생계지원, 의료지원, 주거지원(임시거소 제공 또는 비용 지원), 사회복지시설 이용지원, 교육지원, 연료비나 그 밖에 위기상황의 극복에 필요한 비용을 지원한다. 생계지원과 주거지원은 기준 중위소득의 100분의 40을 각각 한도로 한다. 연계지원은 민간기관·단체와의 연계 등의 지원을 하는 것으로 대한적십자사, 사회복지공동모금회 등의 사회복지기관·단체와의 연계지원, 상담·정보제공 등을 지원한다(제9조).

긴급지원의 기간은 생계지원은 3개월간 실시한다. 주거지원, 사회복지시설 이용지원, 연료비 등 지원은 1개월간의 생계유지 등에 필요한 지원으로 하며, 위기상황이 계속될 경우에는 1개월씩 두 번의 범위에서 기간을 연장할 수 있다. 의료지원은 위기상황의 원인이 되는 질병 또는 부상을 검사·치료하기 위한 범위에서 한 번 실시하며, 교육지원도 한 번 실시한다(제10조).

4) 운영체계

긴급지원기관은 긴급지원대상자의 거주지를 관할하는 시장·군수·구청장이다(제6조). 시·군·구에 긴급지원심의위원회를 두어 긴급지원에 관한 사항을 심의·의결한다(제12조). 시장·군수·구청장은 지원을 받았거나 받고 있는 긴급지원대상자에 대하여 긴급지원이 적정한지를 사후조사하여야 하고(제13조), 긴급지원심의위원회는 시장·군수·구청장이 한 사후조사 결과를 참고하여 긴급지원의 적정성을 심사한다(제14조).

5) 보장비용

국가 및 지방자치단체는 긴급지원 업무를 수행하기 위하여 필요한 비용을 분담하여야 한다(제17조).

6) 권리보호

긴급지원 결정이나 긴급지원 중단에 따른 반환명령에 이의가 있는 사람은 그 처분을 고지받은 날부터 30일 이내에 해당 시장 · 군수 · 구청장을 거쳐 시 · 도지사에게 서면으로 이의신청할 수 있다(제16조). 긴급지원대상자에게 지급되는 금전 또는 현물은 압류할 수 없다. 긴급지원수급계좌의 긴급지원금과 이에 관한 채권은 압류할 수 없다. 긴급지원대상자는 긴급지원된 금전 또는 현물을 생계유지 등의 목적 외의 다른 용도로 사용하기 위하여 양도하거나 담보로 제공할 수 없다(제18조).

4. 기초연금법

1) 기초연금법의 개관

(1) 형성과정

기초연금제도는 노령수당까지 거슬러 올라간다. 노인복지법(1981. 6. 5. 제정)이 1989년 12월 30일 전문개정 · 시행되고 그 시행령이 1991년 2월 21일 전문개정되면서 노령수당이 시작되어 1998년 6월까지 65세 이상 노인 대상으로 평균약 7%의 해당자들에게 매달 1만원 정도가 지급되었다. 노인복지법이 1997년 8월 22일 전부개정되어 노령수당은 경로연금[4]으로 대체되어 1998년 7월부터 2007년 12월까지 운영되었다.

기초노령연금법 제정(2007. 4. 25., 시행 2008. 1. 1.)으로 종전의 경로연금이 기초노령연금[5]으로 대체되어 2014년 6월까지 운영되었다. 기초연금법은 2014년 5월 20일 제정, 2014년 7월 1일 시행되어 2014년 7월부터는 종전의 기초노령연금이 기초연금으로 대체되었다.

(2) 목적

기초연금법의 목적은 노인에게 기초연금을 지급하여 안정적인 소득기반을 제공함으로써 노인의 생활안정을 지원하고 복지를 증진하는 것이다(제1조).

(3) 특성

기초연금은 무기여 노후소득보장제도이다. 노령수당에서 기초연금에 이르기까지 그 적용대상을 제한하고 있어 기초연금이 완전한 보편적 공공부조라고는 보기 어려울 것이다. 그 적용대상을 살펴보면 노인복지법에 의한 노령수당 대상은 '일정소득 이하'인 자, 경로연금 대상은 '생활보호대상자'이며, 기초노령연금법에 의한 기초노령연금 대상은 '생활이 어려운 노인'(소득하위 70%)으로 하고 있었다. 기초연금법에 의한 기초연금 대상을 '일정소득 이하'(소득하위 70%)로 제한을 두고 있다.

---

4) 경로연금은 65세 이상 노인 대상 평균 약 15%의 해당자들에게 매달 최하 1만5천원에서 5만원까지 지급되었으며, 점차 상향조정하여 2005년에는 3만5천원에서 5만원까지 지급되었다.

5) 기초노령연금은 65세 이상 노인의 소득하위 70% 해당자들에게 국민연금 가입자 월평균 소득(A값)의 5%(84,000원)를 지급하였다.

2) 기초연금 수급권자

기초연금 수급권자의 범위는 65세 이상인 사람으로서 소득인정액이 선정기준액 이하인 사람이다. 기초연금 수급권자의 범위에서 제외되는 사람은 공무원연금법 · 공무원재해보상법 · 사립학교교직원연금법에 따른 퇴직연금 등, 군인연금법에 따른 퇴역연금 등, 군인재해보상법에 따른 상이연금 등, 별정우체국법에 따른 퇴직연금 등, 국민연금과 직역연금의 연계에 관한 법률에 따른 직역재직기간이 10년 이상인 연계퇴직연금 등 연금의 수급권자와 그 배우자에게는 기초연금을 지급하지 아니한다(제3조).

선정기준액은 65세 이상인 사람 중 기초연금 수급자가 100분의 70 수준이다. 선정기준액은 65세 이상인 사람 및 그 배우자의 소득 · 재산 수준과 생활실태, 물가상승률 등을 고려하여 산정한다. 배우자가 있는 노인가구는 배우자가 없는 노인가구의 선정기준액에 100분의 160을 곱한 금액으로 한다(시행령 제4조).

3) 급여내용

기초연금액은 기준연금액[6]으로 산정한다. 기준연금액은 2021년 30만원을 기준으로 하여 보건복지부장관이 그 전년도의 기준연금액에 전국소비자물가변동률을 반영하여 매년 고시한다. 기준연금액은 5년마다 기초연금 수급권자의 생활수준, 국민연금 평균소득월액평균액의 변동률, 전국소비자물가변동률 등을 종합적으로 고려하여 기초연금액의 적정성을 평가하고 그 결과를 반영하여 기준연금액을 조정한다(제5조).

국민연금의 노령연금 수급권자 또는 분할연금 수급권자와 북한이탈주민의 보호 및 정착지원에 관한 법률에 의한 국민연금 수급권자에게 기초연금이 지급되는 경우의 기초연금액은 기준연금액에서 국민연금액을 전국소비자물가상승률을

6) 기준연금액은 보건복지부장관이 그 전년도의 기준연금액에 전국소비자물가변동률을 반영하여 매년 고시한다. 2024년 기준연금액은 월 최대 334,810원이다.

반영하여 매년 조정한 금액인 소득재분배급여금액에 3분의 2를 곱한 금액을 뺀 금액(그 뺀 후의 금액이 0보다 작은 경우에는 0으로 한다)에 기준연금액의 2분의 1에 해당하는 금액인 부가연금액을 더한 금액으로 한다(제5조).

기초연금액의 감액은 부부 모두 기초연금 수급권자인 경우에는 각각의 기초연금액에서 기초연금액의 100분의 20에 해당하는 금액을 감액하고, 소득인정액과 기초연금액을 합산한 금액이 선정기준액 이상인 경우에는 선정기준액을 초과하는 금액의 범위에서 기초연금액의 일부를 감액할 수 있다(제8조).

4) 운영체계

기초연금은 국가와 지방자치단체가 운영한다. 기초연금이 노인의 생활안정을 지원하고 복지를 증진하는 데 필요한 수준이 되도록 최대한 노력하여야 하고, 필요한 비용을 부담할 수 있도록 재원을 조성하여야 한다. 국민연금기금은 기초연금 지급을 위한 재원으로 사용할 수 없다(제4조).

보건복지부장관의 권한은 그 일부를 시·도지사 또는 시장·군수·구청장에게 위임할 수 있다. 또한 국민연금공단에 기초연금 신청의 접수, 정보 제공, 조사·질문의 지원, 기초연금의 지급, 미지급 기초연금 청구의 접수, 수급권 소멸 등 변동사항 신고의 접수, 환수금의 고지, 독촉 및 징수, 이의신청의 접수, 기초연금정보시스템의 구축·운영을 위탁할 수 있다(제28조).

5) 보장비용

국가는 지방자치단체의 노인인구 비율 및 재정 여건 등을 고려하여 기초연금의 지급에 드는 비용 중 100분의 40 이상 100분의 90 이하의 범위에서 비용을 부담한다. 국가가 부담하는 비용을 뺀 비용은 시·도와 시·군·구가 상호 분담한다(제25조).

6) 권리보호

기초연금 수급권은 양도하거나 담보로 제공할 수 없으며, 압류 대상으로 할 수 없다. 기초연금으로 지급받은 금품은 압류할 수 없다(제21조).

기초연금 지급 결정이나 그 밖에 처분에 이의가 있는 사람은 그 결정이나 처분이 있음을 안 날부터 90일 이내에 시·도지사, 시장·군수·구청장에게 이의신청을 할 수 있다(제22조).

5. 장애인연금법

1) 장애인연금법의 개관

(1) 형성과정

장애인에 대한 최초 법률인 심신장애자복지법(1981. 6. 5. 제정·시행)은 장애인을 부양 또는 보호하는 자에 대하여 부양수당제도(제14조)를 운영하였다. 심신장애자복지법이 장애인복지법(1989. 12. 30. 전문개정·시행)으로 바뀌면서 장애인 본인에 대하여 생계보조수당제도(제34조)를 운영하였고, 장애인복지법 전문개정(1999. 2. 8., 시행 2000. 1. 1.) 시 장애수당제도(제44조)로 변경되었다. 장애인연금법이 제정(2010. 4. 12., 시행 2010. 7. 1)되자 장애수당 대상에서 장애인연금 대상자를 제외하고, 장애수당제도는 지속되고 있다(제49조).

장애인연금법(2010. 4. 12. 제정, 2010. 7. 1. 시행) 이후에는 중증장애인에 대하여는 장애인연금법에 의해 장애인연금의 대상으로 하고 경증장애인은 장애인복지법에 의해 장애수당 대상으로 하고 있다.

(2) 목적

장애인연금법의 목적은 장애로 인하여 생활이 어려운 중증장애인에게 장애인연금을 지급함으로써 중증장애인의 생활안정 지원과 복지 증진 및 사회통합을 이루는 것이다(제1조). 경제활동이 어려운 근로무능력 중증장애인은 생활수준이 열악하고 국민연금 등 공적소득보장제도의 사각지대에 놓인 경우가 많으므로, 18세 이상의 중증장애인으로서 소득인정액이 일정 수준 이하인 자에게 매월 일정액의 무기여(無寄與) 연금을 지급하는 장애인연금 제도를 도입하여 중증장애인에 대한 사회보장 사각지대를 해소하고 사회통합을 강화하려는 것이다.

2) 수급권자의 범위

수급권자의 범위는 18세 이상의 중증장애인으로서 소득인정액이 그 중증장애인의 소득 · 재산 · 생활수준과 물가상승률 등을 고려하여 선정기준액 이하인 사람으로 한다. 장애인연금 수급권자의 범위에서 제외되는 사람은 공무원연금법 · 공무원재해보상법 · 사립학교교직원연금법에 따른 퇴직연금 등, 군인연금법에 따른 퇴역연금 등, 군인재해보상법에 따른 상이연금 등, 별정우체국법에 따른 퇴직연금 등, 국민연금과 직역연금의 연계에 관한 법률에 따른 연계퇴직연금 등 연금의 수급권자와 그 배우자에게는 장애인연금을 지급하지 아니한다(제4조). 장애인연금 수급권자가 65세가 되면 장애인연금을 지급하지 않으므로(제6조) 별도로 기초연금을 신청하여야 한다. 선정기준액을 정하는 경우 18세 이상의 중증장애인 중 수급자가 100분의 70 수준이 되도록 한다(제4조).

3) 급여내용

장애인연금의 종류로는 기초급여와 부가급여가 있다. 기초급여는 근로능력의 상실 또는 현저한 감소로 인하여 줄어드는 소득을 보전하여 주기 위하여 지급하는 급여이다. 기초급여액은 2021년 월 30만원을 기준으로 하여 보건복지부장관이 그 전년도의 기준연금액에 전국소비자물가변동률을 반영하여 매년 고시한다(제6조). 부가급여는 장애로 인하여 추가로 드는 비용의 전부 또는 일부를 보전하여 주기 위하여 지급하는 급여이다. 부가급여액은 월정액[7]으로 한다(제7조).

4) 운영체계

장애인연금은 국가와 지방자치단체가 운영한다. 장애인연금이 중증장애인의의 생활안정을 지원하고 복지를 증진하는 데 필요한 수준이 되도록 최대한 노력하여야 하고, 매년 필요한 재원을 조달하여야 한다(제3조).

보건복지부장관 또는 시 · 도지사 또는 시장 · 군수 · 구청장의 업무 중 정보와 자료의 제공 요청 및 제공, 수급자의 조사, 금융정보 등의 제공 요청 및 제공에 관한 사항에 관한 업무를 한국사회보장정보원에 위탁한다. 또한 장애 정도 재심사에 관한 업무를 국민연금공단에 위탁한다(제23조, 시행령 제16조).

5) 보장비용

국가는 지방자치단체의 재정 여건 등을 고려하여 장애인연금의 지급에 드는 비용 중 특별시는 100분의 50, 광역시 · 도 · 특별자치시 · 특별자치도는 100분의 70을 부담한다. 국가가 부담하는 비용을 뺀 비용은 시 · 도와 시 · 군 · 구가 상호 분담한다(제21조, 시행령 제14조).

7) 월정액은 기초생활보장 생계급여, 의료급여수급권자는 월 9만원, 그 외 급여 수급권자 및 차상위계층은 월 8만원, 기초생활보장수급자 미해당자로서 65세 미만은 3만원, 65세 이상은 5만원이다(시행령 제6조 별표1).

6) 권리보호

수급자에게 장애인연금으로 지급된 금품이나 이를 받을 권리, 장애인연금수급계좌의 예금에 관한 채권은 압류할 수 없다. 수급자는 장애인연금을 받을 권리를 다른 사람에게 양도하거나 담보로 제공할 수 없다(제19조).

장애인연금 지급 결정이나 그 밖에 처분에 이의가 있는 사람은 그 결정이나 처분이 있음을 안 날부터 90일 이내에 시 · 도지사, 시장 · 군수 · 구청장에게 이의신청을 할 수 있다(제18조).

Chapter 14

공공부조 관련 사회복지법 핵심내용 학습 사회복지사1급 기출문제 해설

출제 경향 분석

최근 3년간 출제경향을 볼 때, 교재 "제14장 공공부조 관련 사회복지법"에서는 총 11문제가 출제되었다. 국민기초생활보장법 5문제, 의료급여법 2문제, 기초연금법 2문제, 긴급복지지원법 2문제로 최근에는 매년 국민기초생활보장법이 2문제씩, 의료급여법, 기초연금법, 긴급복지지원법이 각각 1문제씩 출제되고 있다.

01 국민기초생활보장법상 급여의 종류와 방법에 관한 설명으로 옳은 것은?

[2024년도 제22회]

① 생계급여는 물품으로는 지급할 수 없다.
② 생계급여는 수급자에게 주거 안정에 필요한 임차료, 수선유지비, 그 밖의 수급품을 지급하는 것으로 한다.
③ 장제급여는 자활급여를 받는 수급자가 사망한 경우 장제조치를 하는 것으로 한다.
④ 자활급여는 관련 비영리법인에 위탁하여 실시할 수 있다.
⑤ 교육급여는 보건복지부장관의 소관으로 한다.

정답 ④

해설 국민기초생활보장법에서 급여의 종류와 방법에 관한 규정은 제7조에 있다. 이 조항에 따르면, 생계급여, 의료급여, 주거급여, 교육급여, 해산급여, 장제급여, 자활급여 등이 전체 또는 일부 실시된다. 이 급여들은 수급자의 필요에 따라 제공되며, 수급자의 소득, 재산, 근로능력 등을 고려하여 결정된다.

① 생계급여는 금전을 지급하는 것으로 한다. 다만, (금전으로 지급할 수 없거나 금전으로 지급하는 것이 적당하지 아니하다고 인정하는 경우에는 물품을 지급)할 수 있다(국민기초생활보장법 제9조).
② 생계급여는 수급자에게 (의복, 음식물 및 연료비와 그 밖에 일상생활에 기본적으로 필요한 금품을 지급)하여 그 생계를 유지하게 하는 것으로 한다(국민기초생활보장법 제8조).

③ 장제급여는 (생계급여, 주거급여, 의료급여를 받는 수급자가 사망한 경우) 장제조치를 하는 것으로 한다(국민기초생활보장법 제14조).
④ 자활급여는 (관련 공공기관 · 비영리법인 · 시설과 그 밖에 대통령령으로 정하는 기관)에 위탁하여 실시할 수 있다. 이 경우 그에 드는 비용은 보장기관이 부담한다(국민기초생활보장법 제15조).
⑤ 교육급여는 (교육부장관)의 소관으로 한다(국민기초생활보장법 제12조).

02 국민기초생활보장법상 지역자활센터의 사업이 아닌 것은? [2024년도 제22회]

① 자활을 위한 사업자금 융자
② 자활을 위한 정보제공, 상담, 직업교육 및 취업알선
③ 생업을 위한 자금융자 알선
④ 자활기업의 설립 · 운영 지원
⑤ 자영창업 지원 및 기술 · 경영 지도

정답 ①

해설 지역자활센터의 사업은 국민기초생활보장법 제16조에 규정되어 있다.

지역자활센터 등(제16조)

① 보장기관은 수급자 및 차상위자의 자활 촉진에 필요한 다음 각 호의 사업을 수행하게 하기 위하여 사회복지법인, 사회적협동조합 등 비영리법인과 단체(이하 이 조에서 "법인 등"이라 한다)를 법인 등의 신청을 받아 지역자활센터로 지정할 수 있다.
1. 자활의욕 고취를 위한 교육
2. 자활을 위한 정보제공, 상담, 직업교육 및 취업알선,
3. 생업을 위한 자금융자 알선
4. 자영창업 지원 및 기술 · 경영 지도
5. 제18조에 따른 자활기업의 설립 · 운영 지원
6. 그 밖에 자활을 위한 각종 사업

03 의료급여법의 내용으로 옳은 것은? [2024년도 제22회]

① 시 · 도지사는 의료급여증을 발급하여야 한다.
② 급여비용의 재원을 충당하기 위하여 보건복지부에 의료급여기금을 설치한다.
③ 보건복지부에 두는 의료급여심의위원회는 의료급여의 수가에 관한 사항을 심의한다.
④ 시 · 도지사는 상환받은 대지급금을 의료급여기금에 납입하여야 한다.
⑤ 수급권자가 의료급여를 거부한 경우 시 · 도지사는 의료급여를 중지해야 한다.

정답 ③

해설 선택지 각 항목에 대한 의료급여법의 조항은 다음과 같다.

① (시장 · 군수 · 구청장)은 신청을 받으면 지체 없이 의료급여증을 신청인에게 발급해야 한다(의료급여법 제8조).

② 이 법에 따른 급여비용의 재원에 충당하기 위하여 (시 · 도)에 의료급여기금(이하 "기금"이라 한다)을 설치한다(의료급여법 제25조).

③ 이 법에 따른 의료급여사업의 실시에 관한 사항을 심의하기 위하여 보건복지부, 시 · 도 및 시 · 군 · 구에 각각 의료급여심의위원회를 둔다. 보건복지부에 두는 의료급여심의위원회(이하 "중앙의료급여심의위원회"라 한다)는 다음의 사항을 심의한다. 1) 의료급여사업의 기본방향 및 대책 수립에 관한 사항, 2) 의료급여의 기준 및 수가에 관한 사항, 3) 그 밖에 보건복지부장관 또는 위원장이 부의하는 사항(의료급여법 제6조).

④ (시장 · 군수 · 구청장)은 상환받은 대지급금을 의료급여기금에 납입하여야 한다(의료급여법 제21조).

⑤ 수급권자가 의료급여를 거부한 경우 (시장 · 군수 · 구청장은) 의료급여를 중지해야 한다(의료급여법 제17조).

04 기초연금법의 내용으로 옳은 것을 모두 고른 것은? [2024년도 제22회]

> ㄱ. 본인과 그 배우자가 모두 기초연금 수급권자인 경우에는 각각의 기초연금액에서 기초연금액의 100분의 20에 해당하는 금액을 감액한다.
> ㄴ. 기초연금 수급권자의 권리는 3년간 행사하지 아니하면 시효의 완성으로 소멸한다.
> ㄷ. 기초연금 수급자가 대통령령으로 정하는 바에 따라 사망한 것으로 추정되는 경우 수급권을 상실한다.

① ㄱ ② ㄱ, ㄴ ③ ㄱ, ㄷ
④ ㄴ, ㄷ ⑤ ㄱ, ㄴ, ㄷ

정답 ①

해설 기초연금법에 대한 질문에 대한 답변은 다음과 같다.

ㄱ. 본인과 그 배우자가 모두 기초연금 수급권자인 경우에는 각각의 기초연금액에서 기초연금액의 100분의 20에 해당하는 금액을 감액한다(기초연금법 제8조).

ㄴ. 기초연금의 환수금을 환수할 권리와 기초연금 수급권자의 권리는 (5년간) 행사하지 아니하면 시효의 완성으로 소멸한다(기초연금법 제23조).

ㄷ. 기초연금법 제16조의 규정은 다음과 같다.

① 특별자치시장 · 특별자치도지사 · 시장 · 군수 · 구청장은 기초연금 수급자가 다음의 어느 하나의 경우에 해당하면 그 사유가 발생한 날이 속하는 달의 다음 달부터 그 사유가 소멸한 날이 속하는 달까지는 기초연금의 지급을 (정지)한다. 1) 기초연금 수급자가 금고 이상의 형을 선고받고 교정시설 또는 치료감호시설에 수용되어 있는 경우, 2) 기초연금 수급자가 행방불명되거나 실종되는 등 대통령령으로 정하는 바에 따라 사망한 것으로 추정되는 경우

05 국민기초생활보장법상 급여의 종류와 방법에 관한 설명으로 옳은 것은?

[2023년도 제21회]

① 부양의무자가 「병역법」에 따라 징집되거나 소집된 경우 부양능력이 있는 것으로 본다.
② 보장기관은 차상위자의 가구별 생활여건을 고려하여 예산의 범위에서 급여의 전부 또는 일부를 실시할 수 있다.
③ 생계급여 선정기준은 기준 중위소득의 100분의 50 이상으로 한다.
④ 생계급여는 상반기 · 하반기로 나누어 지급하여야 한다.
⑤ 주거급여는 주택 매입비, 수선유지비 등이 포함된다.

정답 ②

해설 국민기초생활보장법상 급여의 종류는 생계급여, 주거급여, 의료급여, 교육급여, 해산급여, 장제급여, 자활급여가 있다. 생계급여는 정부가 기초생활보장수급자에게 의류비, 식비, 주거비 등 일상생활에 필요한 비용을 지급하는 것을 말한다. 즉, 정부가 한 가정의 최저 생활비를 보장하여 일상생활을 할 수 있도록 지원하는 것이다. 생계급여는 현금 지급을 원칙으로, 기초생활보장 수급자가 신청한 계좌로 매월 20일 정기적으로 입금된다.

선택지와 관련된 국민기초생활보장법의 규정은 다음과 같다.

① 부양의무자가 「병역법」에 따라 징집되거나 소집된 경우 부양능력이 (없는) 것으로 본다(제8조의2).
② 보장기관은 차상위자의 가구별 생활여건을 고려하여 예산의 범위에서 급여의 전부 또는 일부를 실시할 수 있다(제7조).
③ 생계급여 선정기준은 기준 중위소득의 100분의 (30) 이상으로 한다(제8조).
④ 생계급여는 (매월 정기적으로) 지급하여야 한다(제9조).
⑤ 주거급여는 수급자에게 주거 안정에 필요한 (임차료, 수선유지비, 그 밖의 수급품)을 지급하는 것으로 한다(제11조).

06 국민기초생활보장법상 급여의 기본원칙을 모두 고른 것은?

[2023년도 제21회]

ㄱ. 근로능력 활용	ㄴ. 보충급여	ㄷ. 타법 우선	ㄹ. 수익자부담

① ㄱ, ㄴ
② ㄷ, ㄹ
③ ㄱ, ㄴ, ㄷ
④ ㄴ, ㄷ, ㄹ
⑤ ㄱ, ㄴ, ㄷ, ㄹ

정답 ③

해설 국민기초생활보장법상 급여의 기본원칙은 최저생활보장의 원칙, 보충급여의 원칙, 자립지원의 원칙, 개별성의 원칙, 가족부양 우선의 원칙, 타법 우선의 원칙 등이다. 구체적인 내용은 다음과 같다.

① 급여는 수급자가 자신의 생활의 유지 · 향상을 위하여 그의 소득, 재산, 근로능력 등을 활용하여 최대한 것을 전제로 이를 보충(보충급여) · 발전시키는 것을 기본원칙으로 한다.
② 부양의무자의 부양과 다른 법령에 따른 보호는 이 법에 따른 급여에 우선(타법 우선)하여 행하여지는 것으로 한다.
③ 다른 법령에 따른 보호의 수준이 이 법에서 정하는 수준에 이르지 아니하는 경우에는 나머지 부분에 관하여 이 법에 따른 급여를 받을 권리를 잃지 아니한다.

07 긴급복지지원법상 "위기상황"에 해당하는 사유를 모두 고른 것은? [2023년도 제21회]

ㄱ. 주소득자가 사망, 가출, 행방불명 등으로 소득을 상실하여 생계유지가 어렵게 된 경우
ㄴ. 본인이 중한 질병 또는 부상을 당하여 생계유지가 어렵게 된 경우
ㄷ. 본인이 가구구성원으로부터 방임 등을 당하여 생계유지가 어렵게 된 경우
ㄹ. 본인이 가구구성원으로부터 성폭력을 당하여 생계유지가 어렵게 된 경우

① ㄱ, ㄴ, ㄷ
② ㄱ, ㄴ, ㄹ
③ ㄱ, ㄷ, ㄹ
④ ㄴ, ㄷ, ㄹ
⑤ ㄱ, ㄴ, ㄷ, ㄹ

정답 ⑤

해설 긴급복지지원법 제2조(정의)에서 "위기상황"이란 본인 또는 본인과 생계 및 주거를 같이 하고 있는 가구구성원이 다음 각 호의 어느 하나에 해당하는 사유로 인하여 생계유지 등이 어렵게 된 것을 말한다.

① 주소득자(主所得者)가 사망, 가출, 행방불명, 구금시설에 수용되는 등의 사유로 소득을 상실한 경우
② 중한 질병 또는 부상을 당한 경우
③ 가구구성원으로부터 방임(放任) 또는 유기(遺棄)되거나 학대 등을 당한 경우
④ 가정폭력을 당하여 가구구성원과 함께 원만한 가정생활을 하기 곤란한 경우
⑤ 본인이 가구구성원으로부터 성폭력을 당한 경우
⑥ 화재 또는 자연재해 등으로 인하여 거주하는 주택 또는 건물에서 생활하기 곤란하게 된 경우
⑦ 주소득자 또는 부소득자(副所得者)의 휴업, 폐업 또는 사업장의 화재 등으로 인하여 실질적인 영업이 곤란하게 된 경우
⑧ 주소득자 또는 부소득자의 실직으로 소득을 상실한 경우
⑨ 보건복지부령으로 정하는 기준에 따라 지방자치단체의 조례로 정한 사유가 발생한 경우
⑩ 그밖에 보건복지부장관이 정하여 고시하는 사유가 발생한 경우

08 국민기초생활보장법상 보장기관과 보장시설에 대한 예시이다. '보장기관 – 보장시설'을 순서대로 옳게 짝지은 것은? [2022년도 제20회]

ㄱ. 「장애인복지법」 제58조 제1항 제1호의 장애인 거주시설
ㄴ. 「사회복지사업법」 제2조 제4호의 사회복지시설 중 결핵 및 한센병요양시설
ㄷ. 대전광역시장
ㄹ. 전라남도지사
ㅁ. 인천광역시 교육감

① ㄱ - ㄴ ② ㄴ - ㅁ ③ ㄷ - ㄱ
④ ㄹ - ㄷ ⑤ ㅁ - ㄹ

정답 ③

해설 **국민기초생활보장법상 보장기관과 보장시설**

"보장기관"은 이 법에 따른 급여를 실시하는 국가 또는 지방자치단체를 말한다(제2조).
"보장시설"이란 제7조에 규정된 급여를 실시하는 「사회복지사업법」에 따른 사회복지시설로서 다음 각 호의 시설 중 보건복지부령으로 정하는 시설을 말한다(제32조).

1. 「장애인복지법」 제58조제1항제1호의 장애인 거주시설
2. 「노인복지법」 제32조제1항의 노인주거복지시설 및 같은 법 제34조제1항의 노인의료복지시설
3. 「아동복지법」 제52조제1항 및 제2항에 따른 아동복지시설 및 통합 시설
4. 「정신건강증진 및 정신질환자 복지서비스 지원에 관한 법률」 제22조에 따른 정신요양시설 및 같은 법 제26조에 따른 정신재활시설
5. 「노숙인 등의 복지 및 자립지원에 관한 법률」 제16조제1항제3호 및 제4호의 노숙인재활시설 및 노숙인요양시설
6. 「가정폭력방지 및 피해자보호 등에 관한 법률」 제7조에 따른 가정폭력피해자 보호시설
7. 「성매매방지 및 피해자보호 등에 관한 법률」 제9조제1항에 따른 성매매피해자 등을 위한 지원시설
8. 「성폭력방지 및 피해자보호 등에 관한 법률」 제12조에 따른 성폭력피해자보호시설
9. 「한부모가족지원법」 제19조제1항의 한부모가족복지시설
10. 「사회복지사업법」 제2조제4호의 사회복지시설 중 결핵 및 한센병요양시설
11. 그 밖에 보건복지부령으로 정하는 시설

기초생활보장의 급여는 수급자의 주거에서 행하는 것이 원칙이나, 수급자가 주거가 없거나 숙식을 제공하는 시설에서 생활하기를 원하는 경우에는 보장기관이 해당 수급자에 대한 급여지급 업무를 사회복지사업법에 의한 사회복지시설에 위탁할 수 있으며, 이와 같이 급여지급 업무를 위탁받은 시설을 보장시설이라고 한다.

09 의료급여법상 의료급여의 내용에 해당하지 않는 것은? [2022년도 제20회]

① 진찰 · 검사 ② 예방 · 재활 ③ 입원
④ 간호 ⑤ 화장 또는 매장 등 장제 조치

정답 ⑤

해설 **의료급여의 내용 등(의료급여법 제7조)**

① 이 법에 따른 수급권자의 질병 · 부상 · 출산 등에 대한 의료급여의 내용은 다음 각 호와 같다.
1. 진찰 · 검사
2. 약제(藥劑) · 치료재료의 지급
3. 처치 · 수술과 그 밖의 치료
4. 예방 · 재활
5. 입원
6. 간호
7. 이송과 그 밖의 의료목적 달성을 위한 조치

② 제1항에 따른 의료급여의 방법 · 절차 · 범위 · 한도 등 의료급여의 기준에 관하여는 보건복지부령으로 정하고, 의료수가기준과 그 계산방법 등에 관하여는 보건복지부장관이 정한다.
③ 보건복지부장관은 제2항에 따라 의료급여의 기준을 정할 때에는 업무 또는 일상생활에 지장이 없는 질환 등 보건복지부령으로 정하는 사항은 의료급여 대상에서 제외할 수 있다.

10 기초연금법상 기초연금의 지급정지 사유에 해당하는 것을 모두 고른 것은? [2022년도 제20회]

ㄱ. 기초연금 수급자가 금고 이상의 형을 선고받고 교정시설 또는 치료감호시설에 수용되어 있는 경우
ㄴ. 기초연금 수급자가 행방불명되거나 실종되는 등 대통령령으로 정하는 바에 따라 사망한 것으로 추정되는 경우
ㄷ. 기초연금 수급권자가 국적을 상실한 때
ㄹ. 기초연금 수급자의 국외 체류기간이 60일 이상 지속되는 경우

① ㄱ, ㄴ ② ㄷ, ㄹ ③ ㄱ, ㄴ, ㄷ
④ ㄱ, ㄴ, ㄹ ⑤ ㄱ, ㄴ, ㄷ, ㄹ

정답 ④

해설 **기초연금법상 기초연금의 지급정지 사유(제16조)**

① 특별자치시장 · 특별자치도지사 · 시장 · 군수 · 구청장은 기초연금 수급자가 다음 각 호의 어느 하나의 경우에 해당하면 그 사유가 발생한 날이 속하는 달의 다음 달부터 그 사유가 소멸한 날이 속하는 달까지는 기초연금의 지급을 정지한다.
1. (기초연금 수급자가 금고 이상의 형을 선고받고 교정시설 또는 치료감호시설에 수용되어 있는 경우)

2. (기초연금 수급자가 행방불명되거나 실종되는 등 대통령령으로 정하는 바에 따라 사망한 것으로 추정되는 경우)
3. (기초연금 수급자의 국외 체류기간이 60일 이상 지속되는 경우). 이 경우 국외 체류 60일이 되는 날을 지급 정지의 사유가 발생한 날로 본다.
4. 그 밖에 제1호부터 제3호까지의 경우에 준하는 경우로서 대통령령으로 정하는 경우

② 제1항에 따른 지급 정지의 절차 등에 관하여 필요한 사항은 보건복지부령으로 정한다.

11 긴급복지지원법상 직무수행 과정에서 긴급지원대상자가 있음을 알게 된 경우 이를 신고하고, 긴급지원대상자가 신속하게 지원을 받을 수 있도록 노력하여야 하는 자에 해당하지 않는 것은? [2022년도 제20회]

① 「의료법」에 따른 의료기관의 종사자
② 「고등교육법」에 따른 직원
③ 「지방공무원법」에 따른 공무원
④ 「무형문화재 보전 및 진흥에 관한 법률」에 따라 지정된 국가무형문화재의 보유자
⑤ 「사회복지사업법」에 따른 사회복지시설의 종사자

정답 ④

해설 긴급복지지원법 제7조에 따르면, 직무수행 과정에서 긴급지원대상자가 있음을 알게 된 경우 이를 신고하고, 긴급지원대상자가 신속하게 지원을 받을 수 있도록 노력하여야 하는 사람들은 다음과 같다.

① 「의료법」에 따른 의료기관의 종사자
② 「유아교육법」, 「초 · 중등교육법」 및 「고등교육법」에 따른 교원, 직원, 산학겸임교사, 강사
③ 「사회복지사업법」에 따른 사회복지시설의 종사자
④ 「국가공무원법」 및 「지방공무원법」에 따른 공무원
⑤ 「장애인활동 지원에 관한 법률」에 따른 활동지원기관의 장 및 그 종사자와 활동지원인력
⑥ 「학원의 설립 · 운영 및 과외교습에 관한 법률」 학원의 운영자 · 강사 · 직원 및 교습소의 교습자 · 직원
⑦ 「건강가정기본법」에 따른 건강가정지원센터의 장과 그 종사자
⑧ 「청소년 기본법」에 따른 청소년시설 및 청소년단체의 장과 그 종사자
⑨ 「청소년 보호법」에 따른 청소년 보호 · 재활센터의 장과 그 종사자
⑩ 「평생교육법」에 따른 평생교육기관의 장과 그 종사자

Chapter

15

사회서비스 관련 사회복지법

1. 노인복지 관련법
2. 장애인복지 관련법
3. 아동복지 관련법
4. 가족복지 관련법
5. 기타 사회서비스 관련법

Chapter

15 사회서비스 관련 사회복지법

사회서비스 정의에 대해 사회서비스 관련 기본법 및 일반법에서는 그 범위를 달리하고 있다. 사회보장기본법 및 사회서비스지원 및 사회서비스원 설립 · 운영에 관한 법률(사회서비스원법)은 넓은 의미로 사회서비스는 '국가 · 지방자치단체 및 민간부문의 도움이 필요한 모든 국민에게 복지, 보건의료, 교육, 고용, 주거, 문화, 환경 등의 분야에서 인간다운 생활을 보장하고 상담, 재활, 돌봄, 정보의 제공, 관련 시설의 이용, 역량 개발, 사회참여 지원 등을 통하여 국민의 삶의 질이 향상되도록 지원하는 제도'라고 한다(사회보장기본법 제3조 제4호, 사회서비스원법 제2조 제1호).

다른 사회복지법제에서는 그 법의 목적에 따라 범위를 달리하고 있다. 사회서비스 이용 및 이용권 관리에 관한 법률(사회서비스이용권법)은 사회서비스를 '사회복지사업법 제2조 제6호에 따른 사회복지서비스, 보건의료기본법 제3조 제2호에 따른 보건의료서비스, 그 밖에 이에 준하는 서비스로서 대통령령으로 정하는 서비스'라고 하고(사회서비스이용권법 제2조 제1호), 사회복지사업법은 가장 좁은 의미로 사회복지서비스를 정의하는데 '국가 · 지방자치단체 및 민간부문의 도움을 필요로 하는 모든 국민에게 사회보장기본법 제3조 제4호에 따른 사회서비스인 복지, 보건의료, 교육, 고용, 주거, 문화, 환경 등의 분야 중 사회복지사업을 통한 서비스를 제공하여 삶의 질이 향상되도록 제도적으로 지원하는 것'이라고 한다(사회복지사업법 제2조 제6호).

이들 법제를 종합하면 사회서비스는 넓은 의미로는 '개인 또는 사회 전체의 복지 증진 및 삶의 질 제고를 위해 사회복지, 보건의료, 교육, 문화, 주거, 고용, 환경 등 분야를 아우르며 사회적으로 제공하는 서비스'라고 할 수 있으며, 좁은 의미로는 '노인, 아동, 장애인 등을 대상으로 한 돌봄 서비스를 총칭하는 서비스'라고 할 수 있다.

사회서비스의 특성은 급여의 내용과 형태가 비물질적 · 심리사회적 서비스가 주된 내용이 된다. 급여의 특성상 개인적 욕구의 특수성에 따라 개별적 처우를 제공해야 한다. 서비스를 전달하는 사람의 전문적 개입과 기술이 중요하고 전문인력의 자질과 실천적 윤리의식이 성공적인 법의 실현에 결정적 요소가 된다(남기민 외, 2020: 358)

사회서비스 관련 사회복지법제의 구조는 사회보장기본법(1995. 12. 30. 제정, 1996. 7. 1. 시행)을 기본법으로 한다. 사회보장기본법 제23조 제1항은 '국가와 지방자치단체는 모든 국민의 인간다운 생활과 자립, 사회참여, 자아실현 등을 지원하여 삶의 질이 향상될 수 있도록 사회서비스에 관한 시책을 마련하여야 한다.'고 규정하여 사회서비스 관련법의 기본법임을 알리고 있다. 일반법으로 서비스 이용에 관하여 사회서비스이용권법(사회서비스 이용 및 이용권 관리에 관한 법률, 2011. 8. 4. 제정, 2012. 2. 5. 시행)이 있고, 급여에 관하여 사회보장급여법(사회보장급여의 이용 · 제공 및 수급권자 발굴에 관한 법률, 2014. 12. 30. 제정, 2015. 7. 1. 시행)이 있으며, 전달체계에 관하여는 사회복지사업법(1970. 1. 1. 제정, 1970. 4. 2. 시행) 및 사회서비스원법(사회서비스 지원 및 사회서비스원 설립 · 운영에 관한 법률, 2021. 9. 24. 제정, 2022. 3. 25. 시행)이 있다.

사회서비스는 생애주기별 영역으로는 임신 · 출산, 영 · 유아, 아동 · 청소년, 중고령, 노인, 죽음으로 구분되지만, 대상으로는 노인, 장애인, 아동, 가족 등으로 구분된다.

1. 노인복지 관련법

1) 사회복지법제적 의의

노인복지법은 노인복지 관련 사회서비스법의 기본법적 성격을 갖는다. 노인복지법은 제2조에서 노인복지의 기본이념으로 '존경받으며 건전하고 안정된 생활 보장', '능력에 따른 적당한 일에 종사', '사회적 활동에 참여할 기회 보장', '심신의 건강 유지', '지식과 경험을 활용하여 사회의 발전에 기여'하도록 노력하여야 함을 명시하고 있다.

노인복지 관련법으로는 노인복지법(1981. 6. 5. 제정 · 시행)이 주된 법률이다. 기타 고령자고용법(고용상 연령차별금지 및 고령자고용촉진에 관한 법률, 1991. 12. 31. 제정, 1992. 7. 1. 시행), 장애인등편의법(장애인 · 노인 · 임산부 등의 편의증진보장에 관한 법률, 1997. 4. 10. 제정, 1998. 4. 11. 시행), 저출산 · 고령사회기본법(2005. 5. 18. 제정, 2005. 9. 1. 시행), 고령친화산업진흥법(2006. 12. 28. 제정, 2007. 6. 29. 시행), 기초연금법(2014. 5. 20. 제정, 2014. 7. 1. 시행), 노후준비지원법(2015. 6. 22. 제정, 2015. 12. 23. 시행), 장애인보조기기법(장애인 · 노인 등을 위한 보조기기 지원 및 활용촉진에 관한 법률, 2015. 12. 29. 제정, 2016. 12. 30. 시행), 사회복지시설급식법(노인 · 장애인 등 사회복지시설의 급식안전 지원에 관한 법률, 2021. 7. 27. 제정, 2022. 7. 28. 시행), 노인일자리법(노인 일자리 및 사회활동 지원에 관한 법률, 2023. 10. 31. 제정, 2024. 11. 1. 시행), 돌봄통합지원법(의료 · 요양 등 지역 돌봄의 통합지원에 관한 법률, 2024. 3. 26. 제정, 2026. 3. 27. 시행)이 있다.

2) 노인복지법

(1) 목적

노인복지법의 목적은 노인의 질환을 사전예방 또는 조기발견하고 질환상태에 따른 적절한 치료 · 요양으로 심신의 건강을 유지하고, 노후의 생활안정을 위하여 필요한 조치를 강구함으로써 노인의 보건복지를 증진하는 것이다(제1조).

(2) 내용

노인복지법의 적용대상은 65세 이상 노인이다. 생업지원(제25조), 경로우대(제26조) 및 건강진단(제27조)에 있어서 65세 이상 자를 대상으로 하고 있다.

국가와 지방자치단체는 노인 보건복지증진의 책임이 있다(제4조). 노인복지를 담당하게 하기 위하여 특별자치도와 시 · 군 · 구에 노인복지상담원을 둔다(제7조).

노인의 사회참여 확대를 위하여 노인의 지역봉사 활동기회를 넓히고 노인에게 적합한 직종을 개발 · 보급하며 근로능력 있는 노인에게 일할 기회를 우선적으로 제공한다(제23조). 노인을 지역봉사지도원으로 위촉하여 업무 중 민원 상담 등 업무를 수행하며(제24조), 양로시설, 노인공동생활가정, 노인복지주택, 노인요양시설 및 노인요양공동생활가정의 입소노인의 보호를 위하여 노인복지명예지도원을 둔다(제51조).

노인복지시설의 종류는 노인주거복지시설, 노인의료복지시설, 노인여가복지시설, 재가노인복지시설, 노인보호전문기관, 노인일자리지원기관, 학대피해노인 전용쉼터가 있다(제31조). 노인복지시설에는 노인 등의 신체활동 또는 가사활동 지원 등의 업무를 전문적으로 수행하는 요양보호사를 두어야 한다(제39조의2).

홀로 사는 노인에 대하여 방문요양과 돌봄 등의 서비스와 안전확인 등의 보호조치를 취한다(제27조의2). 홀로 사는 노인에 대한 돌봄 사업을 수행하기 위하여 독거노인종합지원센터를 설치 · 운영할 수 있다(제27조의3).

노인에 대하여는 노인의 신체에 폭행을 가하거나 상해를 입히는 행위, 노인에게 성적 수치심을 주는 성폭행 · 성희롱 등의 행위, 자신의 보호 · 감독을 받는 노인을 유기하거나 의식주를 포함한 기본적 보호 및 치료를 소홀히 하는 방임행위, 노인에게 구걸을 하게 하거나 노인을 이용하여 구걸하는 행위, 노인을 위하여 증여 또는 급여된 금품을 그 목적 외의 용도에 사용하는 행위, 폭언, 협박, 위협 등으로 노인의 정신건강에 해를 끼치는 정서적 학대행위를 하여서는 아니된다(제39조의9). 노인학대로 인하여 피해를 입은 노인을 일정기간 보호하고 심신 치유 프로그램을 제공하기 위하여 학대피해노인 전용쉼터를 이용하게 한다(제39조의19).

국가 또는 지방자치단체는 노인일자리전담기관의 설치 · 운영 또는 위탁에 소요되는 비용, 건강진단 등과 상담 · 입소 등의 조치에 소요되는 비용, 노인복지시설의 설치 · 운영에 소요되는 비용을 부담하거나(제45조), 보조할 수 있다(제47조).

2. 장애인복지 관련법

1) 사회복지법제적 의의

장애인복지법은 장애인복지 관련 사회서비스법의 기본법적 성격을 갖는다. 장애인복지법은 제3조에서 장애인복지의 기본이념으로 '장애인의 완전한 사회참여와 평등을 통하여 사회통합'을 이루는 것이라고 명시하고 있다.

1980년대 이전 장애인에 대한 인식은 시혜, 자선, 기피의 대상으로 사회적 차별과 소외로 복지적 관심이 부족하였다. 장애인 관련 법규는 생활보호법, 사회복지사업법, 아동복지법 등에 산재되어 있었다. UN에서 1981년을 '세계 장애인의 해'로 선포한 것을 계기로 우리나라 최초의 장애인복지 관련 기본법이라 할 수 있는 심신장애자복지법(1981. 6. 5. 제정 · 시행)을 제정하였다. 이 법은 1989년 12월 30일 장애인복지법으로 전문개정 · 시행되었다.

이후 장애인고용법(장애인고용촉진 및 직업재활법, 1990. 1. 13. 제정, 1991. 1. 1. 시행), 장애인등편의법(장애인 · 노인 · 임산부 등의 편의증진보장에 관한 법률, 1997. 4. 10. 제정, 1998. 4. 11. 시행), 장애인기업법(장애인기업활동촉진법, 2005. 7. 29. 제정, 2005. 10. 30. 시행), 교통약자법(교통약자의 이동편의 증진법, 2005. 1. 27. 제정, 2006. 1. 18. 시행), 특수교육법(장애인 등에 대한 특수교육법, 2007. 5. 25. 제정, 2008. 5. 26. 시행), 장애인차별금지법(장애인차별금지 및 권리구제 등에 관한 법률, 2007. 4. 10. 제정, 2008. 4. 11. 시행), 장애인연금법(2010. 4. 12. 제정, 2010. 7. 1. 시행), 장애인활동법(장애인활동 지원에 관한 법률, 2011. 1. 4. 제정, 2011. 10. 5. 시행), 치매관리법(2011. 8. 4. 제정, 2012. 2. 5. 시행), 장애인활동지원에 관한 법률(2011. 1. 4. 제정, 2011. 10. 5. 시행), 장애아동복지지원법(2011. 8. 4. 제정, 2012. 8. 5. 시행), 주거약자법(장애인 · 고령자 등 주거약자 지원에 관한 법률, 2012. 2. 22. 제정, 2012. 8. 23. 시행), 발달장애인법(발달장애인 권리보장 및 지원에 관한 법률, 2014. 5. 20. 제정, 2015. 11. 21. 시행), 장애인보조기기법(장애인 · 노인 등을 위한 보조기기지원 및 활용촉진에 관한 법률, 2015. 12. 29. 제정, 2016. 12. 30. 시행), 장애인건강권법(장애인건강권 및 의료 접근성 보장에 관한 법률, 2015. 12. 29. 제정, 2017. 12. 30. 시행), 사회복지시설급식법(노인 · 장애인 등 사회복지시설의 급식안전 지원에 관한 법률, 2021. 7. 27. 제정, 2022. 7. 28. 시행), 돌봄통합지원법(의료 · 요양 등 지역 돌봄의 통합지원에 관한 법률, 2024. 3. 26. 제정, 2026. 3. 27. 시행) 등 법률이 순차적으로 제정되었다.

2) 장애인복지법

(1) 목적

장애인복지법의 목적은 장애인의 인간다운 삶과 권리보장을 위한 국가와 지방자치단체 등의 책임을 명백히 하고, 장애발생 예방과 장애인의 의료 · 교육 · 직업재활 · 생활환경개선 등에 관한 사업을 정하여 장애인복지대책을 종합적으로 추진하며, 장애인의 자립생활 · 보호 및 수당지급 등에 관하여 필요한 사항을 정하여 장애인의 생활안정에 기여하는 등 장애인의 복지와 사회활동 참여증진을 통하여 사회통합에 이바지하는 것이다(제1조).

(2) 내용

장애인복지법의 적용대상은 장애인이다. 장애인은 신체적 · 정신적 장애로 오랫동안 일상생활이나 사회생활에서 상당한 제약을 받는 자를 말한다(제2조). 장애인은 등록하도록 함으로써 장애인등록제를 운영하고 있다(제32조).

국가와 지방자치단체는 장애인복지 조치와 실시의 책임기관이다. 장애 발생을 예방하고, 장애의 조기 발견에 대한 국민의 관심을 높이며, 장애인의 자립을 지원하고, 보호가 필요한 장애인을 보호하여 장애인의 복지를 향상시킬 책임을 진다(제9조). 아울러, 국민도 장애 발생의 예방과 장애의 조기 발견을 위하여 노력하여야 하며, 장애인의 인격을 존중하고 사회통합의 이념에 기초하여 장애인의 복지향상에 협력하여야 한다(제10조).

보건복지부장관은 장애인의 권익과 복지증진을 위하여 관계 중앙행정기관의 장과 협의하여 5년마다 장애인정책종합계획을 수립 · 시행하여야 한다(제10조의2). 국무총리 소속 장애인정책조정위원회는 장애인 종합정책을 수립하고 관계부처 간의 의견을 조정하며 그 정책의 이행을 감독 · 평가한다(제11조). 중앙행정기관의 장은 해당 기관의 장애인정책을 효율적으로 수립 · 시행하기 위하여 소속 공무원 중에서 장애인정책책임관을 지정할 수 있다(제12조). 장애인복지 관련 사업의 기획 · 조사 · 실시 등을 하는 데에 필요한 사항을 심의하기 위하여 지방자치단체에 지방장애인복지위원회를 둔다(제13조). 장애인복지 향상을 위한 상담 및 지원 업무를 맡기기 위하여 시 · 군 · 구에 장애인복지상담원을 둔다(제33조). 장애인복지 전문인력으로는 의지 · 보조기 기사, 언어재활사, 장애인재활상담사,

한국수어 통역사, 점역 · 교정사 등이 있다(제71조).

장애인복지의 기본정책으로는 장애발생 예방, 의료와 재활치료, 사회적응 훈련, 교육, 직업, 정보에의 접근, 편의시설, 안전대책, 사회적 인식개선, 홍보영상의 제작 · 배포 · 송출, 선거권 행사를 위한 편의 제공, 주택 보급, 문화환경 정비, 복지 연구 등의 진흥, 경제적 부담의 경감, 장애인 가족 지원 등을 들 수 있다(제2장).

장애인 복지조치로는 장애인 검진 · 재활상담 및 장애인복지시설 입소, 자녀 교육비 지원, 사업 · 직업능력 향상 자금 대여, 매점 · 자동판매기 · 담배소매인 · 우표류 판매업 등 우선 선정 등 생업지원, 장애인 생산품 우선구매, 공공시설 장애인 우선이용, 자동차 조세감면, 장애수당, 장애아동수당, 보호수당, 산후조리 도우미 지원 등이 있다(제3장).

장애인의 자기결정에 의한 자립생활을 위하여 활동지원사의 파견 등 활동보조서비스 또는 장애인보조기구의 제공, 그 밖의 각종 편의 및 정보를 제공한다(제53조). 장애인의 자립생활 지원을 위하여 활동지원급여, 장애동료 간 상담, 성 관련 상담을 지원한다(제4장). 장애인의 자립생활을 실현하기 위하여 장애인자립생활지원센터를 운영한다(제54조)

장애인복지시설의 종류는 장애인 거주시설, 장애인 지역사회재활시설, 장애인 직업재활시설, 장애인 의료재활시설, 장애인 쉼터, 피해장애아동 쉼터, 장애인생산품 판매시설이 있다(제58조).

누구든지 장애인에 대하여 성희롱 · 성폭력, 신체 폭행 · 상해, 폭행 · 협박 · 감금 · 구속으로 노동 강요, 유기 · 방임, 구걸 강요, 체포 · 감금, 정서적 학대, 증여 · 급여 금품의 목적 외 사용, 유해한 곡예 등 장애인 학대 및 성범죄 행위를 하여서는 아니 된다(제59조의9).

장애인 학대 및 성범죄는 예방이 최선으로 자격취득 과정이나 보수교육 과정에서 교육내용에 포함되어 있어야 한다. 장애인학대 및 장애인 대상 성범죄를 알게 된 때에는 누구든지 장애인권익옹호기관이나 수사기관에 신고할 수 있으며, 사회복지 업무기관의 장 및 종사자는 그 직무상 알게 된 즉시 지체 없이 신고하여야 한다(제59조의4).

학대받은 장애인의 법정대리인, 직계친족, 형제자매, 장애인권익옹호기관의 상담원 또는 변호사는 장애인학대사건의 심리에 있어서 보조인이 될 수 있으며, 법원은 학대받은 장애인을 증인으로 신문하는 경우 본인 또는 검사의 신청이 있는 때에는 본인과 신뢰관계에 있는 사람의 동석을 허가할 수 있다(제59조의8).

장애인복지실시기관은 자녀교육비, 자립훈련비, 장애수당, 장애아동수당, 보호수당, 활동지원급여, 장애인복지시설의 설치 · 운영비용을 부담한다. 국가와 지방자치단체는 장애인복지시설 이용비용의 전부 또는 일부를 부담한다(제79조, 시행령 제42조). 장애인이 장애인복지시설을 이용 시 자산과 소득을 고려하여 본인부담금을 부과할 수 있다(제79조). 국가와 지방자치단체는 장애인복지시설의 설치 · 운영에 필요한 비용의 전부 또는 일부를 보조할 수 있다(제81조).

3. 아동복지 관련법

1) 사회복지법제적 의의

아동복지법은 아동복지 관련 사회서비스법의 기본법적 성격을 갖는다. 아동복지법은 제2조에서 아동복지의 기본이념으로 첫째, 아동은 자신 또는 부모의 성별, 연령, 종교, 사회적 신분, 재산, 장애유무, 출생지역, 인종 등에 따른 어떠한 종류의 차별도 받지 아니하고 자라나야 한다. 둘째, 아동은 완전하고 조화로운 인격발달을 위하여 안정된 가정환경에서 행복하게 자라나야 한다. 셋째, 아동에 관한 모든 활동에 있어서 아동의 이익이 최우선적으로 고려되어야 한다.

넷째, 아동은 아동의 권리보장과 복지증진을 위하여 보호와 지원을 받을 권리를 가진다는 것을 명시하고 있다.

1960년대 제정된 아동복리법(1961. 12. 30. 제정, 1962. 1. 1. 시행)은 구호적 성격의 복지제공에 중점을 두고 있어 그동안의 경제 · 사회의 발전에 따라 발생한 사회적 복지요구에 부응하지 못하고 있으므로 요보호아동뿐만 아니라 일반아동을 포함한 전체아동의 복지를 보장하고 특히 유아기에 있어서의 기본적 인격 · 특성과 능력개발을 조장하기 위한 여건을 조성할 수 있도록 하기 위해 1981년 4월 13일 아동복지법으로 전문개정 · 시행되었다.

우리나라의 입양은 1950년대 6.25전쟁과 빈곤으로 인한 고아를 외국인이 입양하는 절차를 간소하게 할 목적으로 1961년 9월 30일 고아입양특례법을 제정 · 시행하였다. 고아가 아닌 아동도 입양될 수 있도록 1976년 12월 31일 입양특례법이 제정 · 시행되면서 고아입양특례법은 폐지되었다. 입양특례법은 1995년 1월 5일 전문개정하여 입양촉진 및 절차에 관한 특례법(1996. 1. 6. 시행)으로 명칭을 변경했다가 2011년 8월 4일 전면개정하여 입양특례법(2012. 8. 5. 시행)으로 명칭 변경되고, 2023년 7월 18일 전부개정하여 국내입양에 관한 특례법(2025. 7. 19. 시행)으로 명칭 변경되었다. 같은 날 국제입양에 관한 법률(2025. 7. 19. 시행)이 제정되었다.

이후 영유아보육법(1991. 1. 14. 제정 · 시행), 청소년성보호법(아동 · 청소년 성보호에 관한 법률, 2000. 2. 3. 제정, 2000. 7. 1. 시행), 실종아동법(실종아동의 보호 및 지원에 관한 법률, 2005. 5. 31. 제정, 2005. 12. 1. 시행), 장애아동복지지원법(2011. 8. 4. 제정, 2012. 8. 5. 시행), 아동학대처벌법(아동학대 범죄의 처벌 등에 관한 특례법, 2014. 1. 28. 제정, 2014. 9. 19. 시행), 아동수당법(2018. 3. 27. 제정, 2018. 9. 1. 시행), 위기임신보호출산법(위기 임신 및 보호출산지원과 아동보호에 관한 특별법, 2023. 10. 31. 제정, 2024. 7. 19. 시행) 등 법률이 순차적으로 제정되었다.

2) 아동복지법

(1) 목적

아동복지법의 목적은 아동이 건강하게 출생하여 행복하고 안전하게 자랄 수 있도록 아동의 복지를 보장하는 것이다(제1조).

(2) 내용

아동복지법의 적용대상은 아동이다. 아동은 18세 미만의 사람을 말한다. 특히, 보호대상아동은 보호자가 없거나 보호자로부터 이탈된 아동 또는 보호자가 아동을 학대하는 경우 등 그 보호자가 아동을 양육하기에 적당하지 아니하거나 양육할 능력이 없는 경우의 아동을 말하며, 지원대상아동은 아동이 조화롭고 건강하게 성장하는 데에 필요한 기초적인 조건이 갖추어지지 아니하여 사회적·경제적·정서적 지원이 필요한 아동을 말한다(제3조).

국가와 지방자치단체는 아동의 안전·건강·복지 증진을 위하여 아동과 그 보호자 및 가정을 지원하고 보호대상아동, 지원대상아동 및 장애아동의 권익을 증진하기 위한 정책을 수립·시행하여야 한다(제4조). 아울러, 아동의 보호자도 아동을 가정에서 그의 성장시기에 맞추어 건강하고 안전하게 양육하여야 할 책무가 있다. 모든 국민은 아동의 권익과 안전을 존중하여야 하며, 아동을 건강하게 양육하여야 한다(제5조).

보건복지부장관은 아동정책의 효율적인 추진을 위하여 5년마다 아동정책기본계획을 수립하여야 한다. 기본계획은 미리 관계 중앙행정기관의 장과 협의하여 수립하고 아동정책조정위원회의 심의를 거쳐 확정한다(제7조). 아동정책조정위원회는 국무총리 소속으로 하며 아동의 권리증진과 건강한 출생 및 성장을 위하여 종합적인 아동정책을 수립하고 관계 부처의 의견을 심의·조정하며 그 정책의 이행을 감독하고 평가한다(제10조). 그 실무기관으로는 아동권리보장원이 아동정책에 대한 종합적인 수행과 아동복지 관련 사업의 효과적인 추진을 위하여 필요한 정책의 수립을 지원하고 사업평가 등의 업무를 수행한다(제10조의2).

시 · 도, 시 · 군 · 구에는 아동복지심의위원회를 두어 연도별 아동정책시행계획 수립 및 시행, 보호조치, 퇴소조치, 보호기간의 연장 및 보호조치의 종료, 친권행사의 제한이나 친권상실 선고 청구, 아동의 후견인의 선임이나 변경 청구, 지원대상아동의 선정과 그 지원에 관한 사항 등을 심의한다(제12조). 또한 시 · 도, 시 · 군 · 구에는 아동복지에 관한 업무를 담당하기 위하여 아동복지전담공무원을 둘 수 있다(제13조). 시 · 군 · 구 아동위원은 아동에 대하여 항상 그 생활상태 및 가정환경을 상세히 파악하고 아동복지에 필요한 원조와 지도를 행하며 전담공무원, 민간전문인력 및 관계 행정기관과 협력한다(제14조).

누구든지 아동 매매, 아동 대상 성희롱 등의 성적 학대, 신체적 학대, 정서적 학대, 아동 유기 · 방임, 장애 아동 공중관람, 아동 구걸강요, 아동 곡예, 아동 양육 알선, 아동을 위하여 증여 · 급여된 금품 목적 외의 용도로 사용 등의 행위를 하여서는 아니 된다(제17조).

시 · 도지사 또는 시장 · 군수 · 구청장은 보호대상아동을 발견하거나 보호자의 의뢰를 받은 때에는 아동의 최상의 이익을 위하여 보호조치를 하여야 한다. 보호조치는 상담 · 지도, 친족의 가정 보호 · 양육 조치, 가정 위탁 보호 · 양육 조치, 아동복지시설 입소, 약물 및 알코올 중독, 정서 · 행동 · 발달 장애, 성폭력 · 아동학대 피해 등으로 특수한 치료나 요양 등의 보호를 필요로 하는 아동을 전문치료기관 또는 요양소에 입원 또는 입소, 입양조치 등이다(제15조).

시 · 도지사, 시장 · 군수 · 구청장 또는 검사는 아동의 친권자가 그 친권을 남용하거나 현저한 비행이나 아동학대, 그 밖에 친권을 행사할 수 없는 중대한 사유가 있는 것을 발견한 경우 아동의 복지를 위하여 필요하다고 인정할 때에는 법원에 친권행사의 제한 또는 친권상실의 선고를 청구하여야 한다(제18조). 친권자 또는 후견인이 없는 아동을 발견한 경우 그 복지를 위하여 필요하다고 인정할 때에는 법원에 후견인의 선임을 청구하여야 한다(제19조).

학대아동사건에 대한 법원의 심리과정이나 수사기관이 피해아동을 조사하는 경우 변호사, 법정대리인, 직계 친족, 형제자매, 아동학대전담공무원, 보장원 또는 아동보호전문기관의 상담원은 보조인이 될 수 있다. 피해아동을 증인으로 신문하거나 수사기관이 피해아동을 조사하는 경우 검사, 피해아동과 그 보호자 또는 아동권리보장원, 아동보호전문기관의 신청이 있는 경우에는 피해아동과 신뢰관계에 있는 사람의 동석을 허가할 수 있다(제21조).

아동지원서비스로는 아동 안전 및 건강지원, 취약계층 아동 통합서비스지원 및 자립지원, 방과 후 돌봄서비스 지원이 있다. 아동 안전 및 건강지원으로 아동복지시설과 아동용품 안전기준에 따라 제작 · 설치 · 관리하도록 안전기준 설정, 아동의 안전에 대한 교육, 아동보호구역에서의 고정형 영상정보처리기기 설치, 아동안전 보호인력의 배치, 아동긴급보호소를 지정 · 운영, 건강한 심신 보존 지원, 보건소의 아동의 전염병 예방조치 · 건강상담 · 신체검사 · 보건위생 지도 · 영양개선 등이 있다. 취약계층 아동 통합서비스지원은 아동의 성장 및 복지 여건이 취약한 가정을 선정하여 그 가정의 지원대상아동과 가족을 대상으로 보건 · 복지 · 보호 · 교육 · 치료 등을 종합적으로 지원하는 것이며, 취약계층 아동 자립지원은 보호대상아동의 위탁보호 종료 또는 아동복지시설 퇴소 이후의 자립을 지원하는 것이다. 방과 후 돌봄서비스 지원은 초등학교의 정규교육 이외의 시간 동안 돌봄서비스를 실시하는 것이다. 이를 위해 다함께돌봄센터를 설치 · 운영할 수 있다(제4장).

아동복지시설의 종류는 아동양육시설, 아동일시보호시설, 아동보호치료시설, 공동생활가정, 자립지원시설, 아동상담소, 아동전용시설, 지역아동센터, 아동보호전문기관, 가정위탁지원센터, 아동권리보장원, 자립지원전담기관, 학대피해아동쉼터가 있다(제52조).

국가와 지방자치단체는 아동학대의 예방과 방지를 위하여 아동학대의 예방과 방지를 위한 각종 정책의 수립 및 시행, 연구 · 교육 · 홍보 및 아동학대 실태조사, 관계 기관 간의 협력체계 구축, 아동학대신고체제의 구축 · 운영, 피해아동의 보호와 치료 및 피해아동의 가정에 대한 지원, 아동학대 신고의무자 교육 프로그램 개발 및 관리 · 운영, 아동복지시설 및 아동학대 예방 · 방지 관련 기관 지도 · 감독 등 조치를 취하여야 한다. 지방자치단체는 아동학대를 예방하고 수시로 신고를 받을 수 있도록 긴급전화를 설치하여야 한다(제22조).

아동의 안전에 대한 교육은 아동복지시설의 장, 어린이집의 원장, 유치원의 원장 및 초 · 중등학교의 장이 교육대상 아동의 연령을 고려하여 매년 성폭력 예방, 아동학대 예방, 실종 · 유괴의 예방과 방지, 감염병 및 약물의 오남용 예방 등 보건위생관리, 재난대비 안전, 교통안전에 관한 교육계획을 수립하여 교육을 실시하여야 한다(제31조). 보건복지부장관은 아동학대의 예방과 방지, 위반행위자의 계도를 위한 교육 등에 관한 홍보영상을 제작하여 방송편성책임자에게 배포하여야 한다(제24조).

국가 또는 지방자치단체는 아동복지시설의 설치 및 운영과 프로그램의 운용, 수탁보호 중인 아동의 양육 및 보호관리, 보호대상아동의 가정위탁 보호, 아동복지사업의 지도, 감독, 계몽 및 홍보, 신고의무 교육, 피해아동 보호 조치, 취약계층 아동 통합서비스지원, 보호대상아동의 자립지원, 자산형성지원사업, 아동복지단체의 지도 · 육성에 필요한 비용의 전부 또는 일부를 보조할 수 있다(제59조). 시 · 도지사, 시장 · 군수 · 구청장 또는 아동복지시설의 장은 아동보호조치에 필요한 비용의 전부 또는 일부를 아동의 부양의무자로부터 징수할 수 있다(제60조).

4. 가족복지 관련법

1) 사회복지법제적 의의

가족복지 관련 사회서비스법의 기본법은 건강가정기본법이다. 헌법 제36조 제1항에서 '혼인과 가족생활은 개인의 존엄과 양성의 평등을 기초로 성립되고 유지되어야 하며, 국가는 이를 보장한다.'고 하고, 건강가정기본법은 제2조에서 기본이념으로 '가정은 개인의 기본적인 욕구를 충족시키고 사회통합을 위하여 기능할 수 있도록 유지·발전되어야 한다.'고 명시하고 있다. '건강가정'은 가족구성원의 욕구가 충족되고 인간다운 삶이 보장되는 가정이라고 정의하여(제3조) 가족복지의 이상적 모습을 설명하고 있다.

가족복지 관련법은 1989년 모자복지법에서 시작하여, 1997년 가정폭력방지법 및 가정폭력처벌법이 각각 제정되고 드디어 2004년 가족복지 관련법의 기본법이라 할 수 있는 건강가정기본법이 제정되었다. 1989년 모자복지법은 2007년 한부모가족지원법으로 변경되었으며, 이후 국제결혼 증가라는 사회현상에 따라 2008년 다문화가족지원법이 제정되었다.

가족복지 관련법에서는 가정폭력에 대해 각별히 규정하고 있다. 처벌 특례법과 피해자보호법이 동시에 만들어지다가 기본법이 제정되었다. 자세히 살펴보면, 가정폭력처벌법(가정폭력 범죄의 처벌 등에 관한 특례법, 1997. 12. 13. 제정, 1998. 7. 1. 시행)과 같은 시기에 가정폭력방지법(가정폭력 방지 및 피해자보호 등에 관한 법률, 1997. 12. 31. 제정, 1998. 7. 1. 시행)이 제정되었다. 이후 성폭력처벌법(성폭력 범죄의 처벌 등에 관한 특례법, 2010. 4. 15. 제정·시행)과 같은 시기에 성폭력방지법(성폭력 방지 및 피해자보호 등에 관한 법률, 2010. 4. 15. 제정, 2011. 1. 1. 시행)이 제정되었다. 결국, 2018년에는 기본법으로 여성폭력방지기본법(2018. 12. 24. 제정, 2019. 12. 25. 시행)이 제정되었다. 이 법은 여성폭력을 성별에 기반한 여성에 대한 폭력으로 신체적 · 정신적 안녕과 안전할 수 있는 권리 등을 침해하는 행위로서 관계 법률에서 정하는 바에 따른 가정폭력, 성폭력, 성매매, 성희롱, 지속적 괴롭힘 행위와 그 밖에 친밀한 관계에 의한 폭력, 정보통신망을 이용한 폭력 등으로 정의하고 있어(제3조), 가족복지 분야의 가정폭력과 성폭력을 아우르고 있다.

또한, 경제적 · 심리적 · 신체적 사유 등으로 인하여 출산 및 양육에 어려움을 겪고 있는 임산부의 안전한 출산을 지원하고, 그 태아 및 자녀인 아동의 안전한 양육환경을 보장하기 위하여 2023년 10월 31일 위기임신보호출산법(위기 임신 및 보호출산 지원과 아동보호에 관한 특별법, 2024. 7. 19. 시행)을 제정하였다.

가족복지 관련법은 여성 사회진출에 따른 일 · 가정 양립, 양성평등, 가족친화를 지원하기 위해 남녀고용평등법(남녀고용평등과 일 · 가정 양립지원에 관한 법률, 1987. 12. 4. 제정, 1988. 4. 1. 시행), 저출산 · 고령사회기본법(2005. 5. 18. 제정, 2005. 9. 1. 시행), 가족친화법(가족친화 사회환경의 조성 촉진에 관한 법률, 2007. 12. 14. 제정, 2008. 6. 15. 시행)을 제정하였다.

2) 건강가정기본법

(1) 목적

건강가정기본법은 2004년 2월 9일 제정되고, 2005년 1월 1일 시행되었다. 건강가정기본법의 목적은 건강한 가정생활의 영위와 가족의 유지 및 발전을 위한 국민의 권리 · 의무와 국가 및 지방자치단체 등의 책임을 명백히 하고, 가정문제의 적절한 해결방안을 강구하며 가족구성원의 복지증진에 이바지할 수 있는 지원정책을 강화함으로써 건강가정을 구현하는 것이다(제1조).

건강가정기본법의 기본이념은 가정이 개인의 기본적인 욕구를 충족시키고 사회통합을 위하여 기능할 수 있도록 유지 · 발전되어야 하는 것이다(제2조). 국가는 건강가정사업과 관련되는 다른 법률을 제정 또는 개정하는 경우에는 이 법에 부합되도록 하여야 한다(제6조). 가족가치는 가족구성원이 부양 · 자녀양육 · 가

사노동 등 가정생활의 운영에 함께 참여하여야 하고 서로 존중하며 신뢰하는 것이다(제7조). 이런 점에서 건강가정기본법이 가족복지 관련법의 기본법이라고 볼 수 있다.

(2) 내용

모든 국민은 가정의 구성원으로서 안정되고 인간다운 삶을 유지할 수 있는 가정생활을 영위할 권리를 가지며, 가정의 중요성을 인식하고 그 복지의 향상을 위하여 노력하여야 한다(제4조).

국가 및 지방자치단체는 건강가정을 위하여 필요한 제도와 여건을 조성하고 가족구성원의 특성과 가정유형을 고려하여 시책을 추진하여야 한다. 또한, 민주적인 가정형성, 가정친화적 환경조성, 양성평등한 가족가치 실현 및 가사노동의 정당한 가치평가를 위하여 노력하여야 한다(제5조).

건강가정사업으로는 가정지원, 위기가족긴급지원, 자녀양육지원, 가족단위 복지증진, 가족 건강증진, 가족부양 지원, 민주적이고 양성평등한 가족관계의 증진, 가족단위의 시민적 역할증진, 가정생활문화의 발전, 가정의례, 가정봉사원 지원, 이혼예방 및 이혼가정지원, 건강가정교육, 자원봉사활동의 지원이 있다(제3장). 가정봉사원은 가정을 방문하여 가사·육아·산후조리·간병 등을 돕는 사람이다(제30조).

위기가족긴급지원의 종류에는 아이돌봄지원·가사돌봄지원 등 가족돌봄, 가족상담·집단프로그램·자조모임 운영 등 가족의 심리·정서지원, 법률구조, 의료지원, 복지서비스 등 연계 등이 있으며, 지원기간은 1년 이내이다(제21조의2).

여성가족부 및 지방자치단체는 건강가정사업에 관한 업무를 전담하여 수행한다(제34조). 한국건강가정진흥원은 다양한 가족의 삶의 질 제고 및 가족역량 강화를 위한 가족정책을 효율적이고 체계적으로 지원한다(제34조의2). 건강가정지원센터는 가정문제의 예방·상담·치료, 건강가정의 유지를 위한 프로그램의 개발, 가족문화운동의 전개, 가정 관련 정보·자료 제공 등 업무를 수행한다. 센터에는 건강가정사업을 수행하기 위하여 관련분야에 대한 학식과 경험을 가진 건강가정사를 두어야 한다(제35조).

건강가정사는 2005년 건강가정기본법 시행 때부터 제35조에 규정한 국가자격증임에도 건강가정사 자격(제35조 제3항~5항), 직무(시행령 제4조), 이수교과목(시행규칙 제5조)에 대하여만 규정하고 그 자격증 발급절차에 대한 규정이 없어 자격증을 발급하지 못하는 아쉬움이 있다.

국가 및 지방자치단체는 건강가정사업을 수행하는 단체 또는 개인에 대하여 필요한 비용의 전부 또는 일부를 보조하거나 그 업무수행에 필요한 지원을 할 수 있다(제36조).

3) 한부모가족지원법

(1) 목적

가족복지 관련법으로는 모자복지법(1989. 4. 1. 제정, 1989. 7. 1. 시행)이 처음 제정되고, 모부자복지법(2002. 12. 18. 개정, 2003. 6. 19. 시행)으로 변경되었으며, 다시 한부모가족지원법(2007. 10. 17. 개정, 2008. 1. 18. 시행)으로 변경되면서 그 적용대상을 확대해 나갔다.

한부모가족지원법의 목적은 한부모가족이 안정적인 가족 기능을 유지하고 자립할 수 있도록 지원함으로써 한부모가족의 생활 안정과 복지를 증진하는 것이다(제1조).

(2) 내용

한부모가족 지원대상자는 한부모가족이다. 한부모가족은 모자가족 또는 부자가족이다. 모자가족은 모가 세대주인 가족이고 부자가족은 부가 세대주인 가족이다. 한부모는 배우자와 사별·이혼하거나 배우자로부터 유기된 자, 정신·신체의 장애로 장기간 노동능력을 상실한 배우자를 가진 자, 교정시설·치료감호시설에 입소한 배우자 또는 병역복무 중인 배우자를 가진 사람, 미혼자(사실혼 관계에 있는 자 제외), 배우자의 생사가 분명하지 아니한 자, 배우자 또는 배우자 가족과의 불화 등으로 인하여 가출한 자, 24세 이하의 모 또는 부인 청소년 한부모로서 18세 미만(취학 중인 경우에는 22세 미만) 아동인 자녀를 양육하는 자이다(제4조).

이외에도 미혼의 출산 전 임신부와 출산 후 해당 아동을 양육하지 아니하나 출산지원시설을 이용하는 모, 부모가 부양할 수 없는 아동을 양육하는 조부 또는 조모, 국내 체류 외국인 중 대한민국 국적의 아동을 양육하고 있는 모 또는 부로서 외국인 등록을 마친 자는 지원대상자가 된다(제5조의2).

한부모가족복지 급여로는 생계비, 아동교육지원비, 아동양육비, 고등학교의 입학금 · 수업료, 학용품비가 있다. 또한, 아동양육비는 미혼모나 미혼부가 5세 이하의 아동을 양육하거나 모 · 부의 직계존속이 5세 이하의 아동을 양육하는 경우, 34세 이하의 모 또는 부가 아동을 양육하는 경우에는 추가적인 복지 급여를 실시한다(제12조).

국가나 지방자치단체는 한부모가족의 생활안정과 자립을 촉진하기 위하여 사업에 필요한 자금, 아동교육비, 의료비, 주택자금 중 하나의 복지 자금을 대여할 수 있다(제13조).

한부모가족의 경제적 안정을 위해 한부모가족의 모 또는 부와 아동의 직업능력개발훈련, 직업 알선, 우선 고용, 한부모가족 관련 시설 및 기관과 직업안정기관 간 연계, 공공시설에 매점 및 시설 설치 우선 허가, 공공의 아동 편의시설과 그 밖의 공공시설 우선 이용 등 조치를 하여야 한다(제14조, 제14조의2, 제15조, 제16조).

한부모가족에게 제공되는 가족지원서비스에는 아동의 양육 및 교육 서비스, 장애인, 노인, 만성질환자 등의 부양 서비스, 취사, 청소, 세탁 등 가사 서비스, 교육 · 상담 등 가족 관계 증진 서비스, 인지청구 및 자녀양육비 청구 등을 위한 법률상담, 소송대리 등 법률구조서비스, 상담 · 심리치료 등이 있다(제17조). 특히, 청소년 한부모에게는 교육 지원, 주거마련 등 자립에 필요한 자산 형성을 위한 재정적 지원, 건강진단이 이루어지고 있다(제17조의2, 제17조의4, 제17조의5). 미혼모 · 미혼부 · 자녀가 건강하게 생활할 수 있도록 산전 · 분만 · 산후관리, 질병의 예방 · 상담 · 치료, 영양 · 건강에 관한 교육 등 건강관리 지원이 있다(제17조의6).

국민주택의 분양 및 임대에는 한부모가족에게 일정 비율이 우선 분양될 수 있도록 한다(제18조). 한부모가족 상담전화는 한부모가족 지원에 관한 종합정보의 제공과 지원기관 및 시설의 연계 등에 관한 전문적이고 체계적인 상담서비스를 제공한다(제18조의2).

한부모가족복지시설에는 출산지원시설(3세 미만 자녀), 양육지원시설(6세 미만 자녀 동반 한부모가족), 생활지원시설(18세 미만 자녀 동반한 한부모가족), 일시지원시설, 한부모가족복지상담소가 있다(제19조).

국가나 지방자치단체는 한부모가족복지시설을 설치할 수 있으며, 그 외의 자가 한부모가족복지시설을 설치 · 운영하려면 시 · 도지사, 시장 · 군수 · 구청장에게 신고하여야 한다.

국가나 지방자치단체는 대통령령으로 정하는 바에 따라 한부모가족복지사업에 드는 비용을 보조할 수 있다(제25조).

4) 다문화가족지원법

(1) 목적

다문화가족지원법은 2008년 3월 21일 제정되고 2008년 9월 22일 시행되었다. 다문화가족지원법의 목적은 다문화가족 구성원이 안정적인 가족생활을 영위하고 사회구성원으로서의 역할과 책임을 다할 수 있도록 함으로써 이들의 삶의 질 향상과 사회통합하는 것이다(제1조).

(2) 내용

다문화가족 지원대상은 다문화가족이다. 다문화가족은 결혼이민자와 대한민국 국적을 취득한 자로 이루어진 가족, 외국인으로서 인지 · 귀화허가로 대한민국 국적을 취득한 자와 대한민국 국적을 취득한 자로 이루어진 가족이다(제2조).

다문화가족에 대한 사회적 차별 및 편견을 예방하고 사회구성원이 문화적 다양성을 인정하고 존중할 수 있도록 다문화 이해교육을 실시 · 홍보하여야 한다. 여성가족부장관은 홍보영상을 제작하여 방송사업자에게 배포하여야 하고, 교육부장관과 시 · 도 교육감은 학교에서 다문화가족 이해 교육을 실시하여야 한다(제5조).

국가와 지방자치단체는 결혼이민자 등이 대한민국에서 생활하는 데 필요한 기본적 정보(아동 · 청소년에 대한 학습 및 생활지도 관련 정보 포함) 제공, 사회적응교육, 한국어교육, 출신 국가 문화 등 이해 교육, 가정폭력 예방 · 피해자 보호 · 언어통역 · 법률상담 · 행정지원, 가정폭력상담소 · 보호시설 확대, 영양 · 건강 교육, 산전 · 산후 도우미 파견, 건강검진 등 의료서비스를 지원한다(제8조, 제9조). 아동 · 청소년 보육 · 교육을 실시함에 있어서 다문화가족 구성원인 아동 · 청소년을 차별하여서는 아니 된다(제10조).

국가와 지방자치단체는 다문화가족이 민주적이고 양성평등한 가족관계를 누릴 수 있도록 가족상담, 부부교육, 부모교육, 가족생활교육 등을 추진하여야 한다(제11조).

다문화가족 지원 조직으로는 다문화가족의 삶의 질 향상과 사회통합에 관한 중요 사항을 심의 · 조정하기 위한 국무총리 소속 다문화가족정책위원회(제3조의4), 다국어에 의한 상담 · 통역 서비스 등을 제공하는 여성가족부 주관 다문화가족종합정보전화센터(제11조의2), 다문화가족지원센터(제12조)가 있다.

5) 가정폭력 관련법

(1) 가정폭력방지법

가정폭력방지법은 1997년 12월 31일 제정되고, 1998년 7월 1일 시행되었다. 이 법의 목적은 가정폭력 예방과 가정폭력 피해자 보호 · 지원이다(제1조). 피해자를 고용하고 있는 자는 누구든지 가정폭력범죄 피해자를 해고하거나 불이익을 주어서는 아니 된다(제4조의5).

가정폭력 예방과 피해자 보호를 위해 긴급전화센터(제4조의6), 가정폭력 관련 상담소(제5조), 가정폭력피해자 보호시설(제7조)을 설치 · 운영할 수 있다. 보호시설의 종류에는 단기보호시설(6개월의 범위), 장기보호시설(2년의 범위), 외국인보호시설(2년의 범위), 장애인보호시설(2년의 범위)이 있다(제7조의2).

(2) 성폭력방지법

성폭력방지법은 2010년 4월 15일 제정되고, 2011년 1월 1일 시행되었다. 이 법의 목적은 성폭력 예방과 성폭력피해자 보호 · 지원이다(제1조). 피해자 또는 성폭력 발생 사실을 신고한 자를 고용하고 있는 자는 성폭력 피해자 또는 성폭력 발생 사실을 신고한 자에게 불이익조치를 하여서는 아니 된다(제8조).

성폭력 예방과 피해자 보호를 위해 성폭력 예방교육 지원기관(제5조의2), 성폭력피해상담소(제10조), 성폭력피해자보호시설(제12조)을 설치 · 운영할 수 있다. 보호시설의 종류에는 일반보호시설, 장애인보호시설, 특별지원 보호시설, 외국인보호시설, 자립지원 공동생활시설, 장애인 자립지원 공동생활시설이 있다(제12조).

5. 기타 사회서비스 관련법

1) 사회복지공동모금회법

(1) 형성과정

사회복지 공동모금은 관 주도가 아닌 민간단체 주도로 모금의 자율성과 배분의 공정성을 기하여 민간의 참여를 활성화하기 위해 추진되었다. 사회복지공동모금회는 1970년 1월 1일 제정된 사회복지사업법(1970. 4. 1. 시행) 제24조의 규정에 의하여 처음으로 설립 근거가 마련되었다. 이후 사회복지사업기금법이 1980년 12월 31일 제정 · 시행되었으며, 사회복지사업법은 1983년 5월 21일 개정 · 시행으로 사회복지공동모금회 규정을 삭제하였다. 사회복지사업기금법은 1997년 3월 27일 제정된 사회복지공동모금법이 1998년 7월 1일 시행되면서 폐지되었다. 사회복지공동모금법은 사회복지공동모금회법(1999. 3. 31. 개정, 1999. 4. 1. 시행)으로 법제명이 변경되어 현재까지 사용되고 있다.

(2) 목적

사회복지공동모금회법의 목적은 사회복지 공동모금을 통하여 국민이 사회복지를 이해하고 참여하도록 함과 아울러 국민의 자발적인 성금으로 조성된 재원을 효율적이고 공정하게 관리 · 운용함으로써 사회복지를 증진하는 것이다(제1조).

사회복지공동모금의 기본 원칙은 자의 의사에 반하여 기부금품 모집 금지, 공동모금재원 공정 배분 · 관리 · 운용 · 결과 공개이다(제3조).

(3) 내용

사회복지공동모금회는 사회복지법인으로 하며, 사회복지공동모금사업을 관장한다(제4조). 사회복지공동모금사업은 사회복지공동모금, 공동모금재원의 배분

·관리·운용, 사회복지공동모금에 관한 조사·연구·홍보 및 교육·훈련, 사회복지공동모금 관련 국제교류 및 협력증진, 다른 기부금품 모집자와의 협력 등 사업이다(제5조).

사회복지공동모금사업에 필요한 경비는 사회복지공동모금에 의한 기부금품, 법인이나 단체가 출연하는 현금·물품·재산, 복권수익금 배분금, 그 밖의 수입금의 재원으로 조성한다(제17조).

사회복지공동모금회는 매년 8월 31일까지 다음 회계연도의 공동모금재원 배분기준을 정하여 공고하여야 한다. 그 배분기준은 공동모금재원의 배분대상, 배분한도액, 배분신청기간 및 배분신청서 제출 장소, 배분심사기준, 배분재원의 과부족 시 조정방법, 배분신청 시 제출할 서류 등이며, 재난구호 및 긴급구호 등 긴급히 지원하여야 할 필요가 있는 경우에는 별도의 배분기준에 따라 지원할 수 있다(제20조). 국제보건의료지원사업에 대하여 기부금품의 100분의 10의 범위에서 이사회 의결로 정하는 비율에 따라 개발도상국가를 비롯한 외국 및 군사분계선 이북지역의 보건의료수준의 향상을 위한 사업, 주요 감염병 퇴치 등에 대한 사업에 배분할 수 있다(제20조의2).

공동모금재원은 사회복지사업이나 그 밖의 사회복지활동에 사용하며, 매 회계연도에 조성된 공동모금재원은 해당 회계연도에 지출하는 것을 원칙으로 한다(제25조). 기부금품의 기부자는 배분지역, 배분대상자 또는 사용 용도를 지정할 수 있다(제27조).

2) 자원봉사활동기본법

(1) 목적

자원봉사활동기본법 2005년 8월 4일 제정되고, 2006년 2월 5일 시행되었다. 자원봉사활동기본법의 목적은 자원봉사활동에 관한 기본적인 사항을 규정함으로써 자원봉사활동을 진흥하고 행복한 공동체를 건설하는 것이다(제1조). 자원봉사활동기본법은 자원봉사 관련법의 기본법이다. 이 법 제6조는 '자원봉사활동의 진흥 등에 관하여는 다른 법률에 특별한 규정이 있는 경우를 제외하고는 이 법에서 정하는 바에 따른다.'고 규정하고 있다.

(2) 내용

자원봉사활동은 개인 또는 단체가 지역사회 · 국가 및 인류사회를 위하여 대가 없이 자발적으로 시간과 노력을 제공하는 행위를 말한다(제3조). 자원봉사활동 정책의 기본 방향은 첫째, 자원봉사활동은 국민의 협동적인 참여 능력을 높일 수 있는 방향으로 추진하여야 한다. 둘째, 자원봉사활동은 무보수성, 자발성, 공익성, 비영리성, 비정파성, 비종파성의 원칙 아래 수행될 수 있도록 하여야 한다. 셋째, 모든 국민은 나이, 성별, 장애, 지역, 학력 등 사회적 배경에 관계없이 누구든지 자원봉사활동에 참여할 수 있도록 하여야 한다. 넷째, 자원봉사활동의 진흥을 위한 정책은 민 · 관 협력의 기본 정신을 바탕으로 하여 추진하여야 한다.

자원봉사활동에는 정치활동 등이 금지된다. 자원봉사단체 및 자원봉사센터는 특정 정당이나 특정인의 선거운동을 하여서는 아니 된다(제5조). 또한 누구든지 개인 또는 단체에 대하여 자원봉사활동을 강요하여서는 아니 된다(제5조의2).

자원봉사활동의 범위는 사회복지, 보건, 지역사회, 환경, 사회적 취약계층, 청소년, 범죄, 교통, 재난, 문화 · 관광 · 예술 · 체육, 부패, 소비자 보호, 공명선거, 국제협력 · 봉사, 공공행정, 공익사업, 주민복리 등 활동을 포괄하고 있다(제7조).

자원봉사진흥위원회는 자원봉사활동에 관한 주요 정책을 심의하기 위하여 행정안전부장관 소속으로 설치된다(제8조).

학교 · 직장 등에서 자원봉사활동은 장려하고(제11조) 국가와 사회에 현저한 공로가 있는 자원봉사활동을 한 자원봉사자, 자원봉사단체, 자원봉사센터 등에 대하여 포상한다(제12조).

자원봉사활동이 안전한 환경에서 이루어질 수 있도록 자원봉사자는 보호되어야 하며(제14조), 자원봉사자에 대한 교육훈련 및 안전대책 등이 체계적으로 관리되어야 한다(제15조).

한국자원봉사협의회는 전국 단위의 자원봉사활동을 진흥 · 촉진하기 위한 활동을 한다(제17조). 국가기관 및 지방자치단체는 자원봉사센터를 설치할 수 있다(제19조).

3) 정신건강복지법

(1) 목적

정신건강복지에 관하여는 정신보건법이 1995년 12월 30일 제정되고 1996년 12월 31일 시행되었다. 이후, 2016년 5월 29일 정신건강복지법(정신건강증진 및 정신질환자 복지서비스 지원에 관한 법률, 2017. 5. 30. 시행)으로 전부개정되어 법제명이 변경되었다.

정신건강복지법의 목적은 정신질환의 예방 · 치료, 정신질환자의 재활 · 복지 · 권리보장과 정신건강 친화적인 환경 조성에 필요한 사항을 규정함으로써 국민의 정신건강증진 및 정신질환자의 인간다운 삶을 영위하는 것이다(제1조).

정신건강복지법의 기본이념은 모든 국민은 정신질환으로부터 보호받을 권리를 가지며, 모든 정신질환자는 인간으로서의 존엄과 가치를 보장받고, 최적의 치료를 받을 권리를 가지며, 부당한 차별대우를 받지 아니한다(제2조).

(2) 내용

정신질환자는 망상, 환각, 사고나 기분의 장애 등으로 인하여 독립적으로 일상생활을 영위하는 데 중대한 제약이 있는 사람을 말한다(제3조).

보건복지부장관은 정신건강복지센터(제15조), 국가트라우마센터(제15조의2), 중독관리통합지원센터(제15조의3), 동료지원쉼터(제15조의4), 국립정신건강연구기관(제16조), 국립 · 공립 정신병원(제21조), 정신요양시설(제22조), 정신재활시설(제26조)을 설치 · 운영한다.

정신건강복지서비스로는 고용 및 직업재활 지원(제34조), 평생교육 지원(제35조), 문화 · 예술 · 여가 · 체육활동 등 지원(제36조), 가족에 대한 정보제공과 교육(제38조), 정신건강증진시설 입원 · 퇴원 등 절차조력서비스(제38조의2), 성년후견제 이용지원(제38조의3)이 있다.

정신질환자의 보호의무자는 후견인 또는 부양의무자가 된다(제39조).

정신질환자나 정신건강상 문제가 있는 사람은 정신의료기관 등에 입원하는 방법은 자의입원(제41조), 동의입원(제42조), 보호의무자 2명 이상에 의한 입원(제43조), 시 · 도지사 · 시장 · 군수 · 구청장에 의한 입원(제44조)이 있다. 특히, 보호의무자에 의한 입원 및 시 · 도지사 · 시장 · 군수 · 구청장에 의한 입원의 경우에는 입원 등의 입원적합성심사위원회의 심사를 받을 수 있다(제45조).

Chapter 15

사회서비스 관련 사회복지법 핵심내용 학습 사회복지사1급 기출문제 해설

출제 경향 분석

최근 3년간 출제경향을 볼 때, 교재 "제15장 사회서비스 관련 사회복지법"에서는 총 14문제가 출제되었다. 아동복지법 3문제, 한부모가족지원법 3문제, 사회복지공동모금회법 3문제, 노인복지법 2문제, 장애인복지법 1문제, 건강가정기본법 1문제, 정신건강증진 및 정신질환자 복지서비스 지원에 관한 법률 1문제로 최근에는 매년 아동복지법, 한부모가족지원법, 사회복지공동모금회법이 각각 1문제씩 출제되고 있다.

01 노인복지법의 내용으로 옳은 것은? [2024년도 제22회]

① 노인복지주택에 입소할 수 있는 자는 65세 이상의 노인으로 한다.
② 국가는 지역 간의 연계체계를 구축하고 노인학대를 예방하기 위하여 중앙노인보호전문기관을 설치 · 운영하여야 한다.
③ 노인취업알선기관은 지역사회 등에서 노인에 의한 재화의 생산 · 판매 등을 직접 담당하는 기관이다.
④ 노인요양공동생활가정은 노인들에게 일상생활에 필요한 편의를 제공함을 목적으로 하는 노인주거복지시설이다.
⑤ 지역노인보호전문기관은 시 · 군 · 구에 둔다.

정답 ②

해설 문제 선택지와 관련하여 노인복지법에 규정된 내용은 다음과 같다.
① 노인복지주택에 입소할 수 있는 자는 (60세) 이상의 노인으로 한다(노인복지법 제33조의2).
② 국가는 지역 간의 연계체계를 구축하고 노인학대를 예방하기 위하여 중앙노인보호전문기관을 설치 · 운영하여야 한다(노인복지법 제39조의5).
③ 노인취업알선기관은 (노인에게 취업 상담 및 정보를 제공하거나 노인일자리를 알선하는) 기관이다(노인복지법 제23조의2).

④ 노인요양공동생활가정은 (치매 · 중풍 등 노인성질환 등으로 심신에 상당한 장애가 발생하여 도움을 필요로 하는 노인에게 가정과 같은 주거여건과 급식 · 요양, 그 밖에 일상생활에 필요한 편의를 제공함을 목적으로 하는) 시설이다(노인복지법 제34조).
⑤ 학대받는 노인의 발견 · 보호 · 치료 등을 신속히 처리하고 노인학대를 예방하기 위하여 지역노인보호전문기관을 (특별시 · 광역시 · 도 · 특별자치도)에 둔다(노인복지법 제39조의5).

02 아동복지법의 내용으로 옳지 않은 것은? [2024년도 제22회]

① 지방자치단체는 아동이 항상 이용할 수 있는 아동전용시설을 설치하도록 노력하여야 한다.
② 시 · 도지사 또는 시장 · 군수 · 구청장은 보호조치 중인 보호대상아동의 양육상황을 분기별로 점검하여야 한다.
③ 아동정책조정위원회 위원장은 국무총리가 된다.
④ 아동위원은 명예직으로 하되, 아동위원에 대하여는 수당을 지급할 수 있다.
⑤ 보건복지부장관은 아동정책의 효율적인 추진을 위하여 5년마다 아동정책기본계획을 수립하여야 한다.

정답 ②

해설 문제 선택지와 관련하여 아동복지법에 규정된 내용은 다음과 같다.
① 지방자치단체는 아동이 항상 이용할 수 있는 아동전용시설을 설치하도록 노력하여야 한다(아동복지법 제53조).
② 시 · 도지사 또는 시장 · 군수 · 구청장은 보호조치 중인 보호대상아동의 양육상황을 (매년) 점검하여야 한다(아동복지법 제15조의3).
③ 아동정책조정위원회 위원장은 국무총리가 된다(아동복지법 제10조).
④ 아동위원은 명예직으로 하되, 아동위원에 대하여는 수당을 지급할 수 있다(아동복지법 제14조).
⑤ 보건복지부장관은 아동정책의 효율적인 추진을 위하여 5년마다 아동정책기본계획을 수립하여야 한다(아동복지법 제7조).

03 한부모가족지원법의 내용으로 옳은 것은? [2024년도 제22회]

① 여성가족부장관은 5년마다 한부모가족에 대한 실태조사를 실시하고 그 결과를 공표하여야 한다.
② "청소년 한부모"란 18세 이하의 모 또는 부를 말한다.
③ 교육부장관은 청소년 한부모가 학업을 계속할 수 있도록 여성가족부장관에게 협조를 요청하여야 한다.
④ "모" 또는 "부"에는 아동인 자녀를 양육하는 미혼자(사실혼 관계에 있는 자는 제외한다)도 해당된다.

⑤ 한부모가족에 대한 국민의 이해와 관심을 제고하기 위하여 매년 9월 7일을 한부모가족의 날로 한다.

정답 ④

해설 문제 선택지와 관련하여 한부모가족지원법에 규정된 내용은 다음과 같다.
① 여성가족부장관은 (3년)마다 한부모가족에 대한 실태조사를 실시하고 그 결과를 공표하여야 한다(한부모가족지원법 제6조).
② "청소년 한부모"란 (24세) 이하의 모 또는 부를 말한다(한부모가족지원법 제4조).
③ (여성가족부장관)은 청소년 한부모가 학업을 계속할 수 있도록 (교육부장관)에게 협조를 요청하여야 한다(한부모가족지원법 제17조의2).
④ "모" 또는 "부"에는 아동인 자녀를 양육하는 미혼자도 해당된다. 미혼자 중에서 사실혼 관계에 있는 자는 제외한다(한부모가족지원법 제4조).
⑤ 한부모가족에 대한 국민의 이해와 관심을 제고하기 위하여 매년 (5월 10일)을 한부모가족의 날로 한다(한부모가족지원법 제5조의4).

04 사회복지공동모금회법상 사회복지공동모금회(이하 '모금회'라 한다)에 관한 설명으로 옳지 않은 것은? [2024년도 제22회]

① 모금회는 사회복지사업을 지원하기 위하여 연중 기부금품을 모집할 수 있다.
② 지방자치단체는 모금회에 기부금품 모집에 필요한 비용을 보조할 수 있다.
③ 배분분과실행위원회는 20명 이상의 위원으로 구성된다.
④ 모금회는 정관을 작성하여 보건복지부장관의 허가를 받아 등기함으로써 설립된다.
⑤ 모금회는 매년 8월 31일까지 다음 회계연도의 공동모금재원 배분기준을 정하여 공고하여야 한다.

정답 ④

해설 문제 선택지와 관련하여 사회복지공동모금회법에 규정된 내용은 다음과 같다.
① 모금회는 사회복지사업을 지원하기 위하여 연중 기부금품을 모집할 수 있다(사회복지공동모금회법 제18조).
② 지방자치단체는 모금회에 기부금품 모집에 필요한 비용을 보조할 수 있다(사회복지공동모금회법 제33조).
③ 배분분과실행위원회는 20명 이상의 위원으로 구성된다(사회복지공동모금회법 제13조).
④ 모금회는 사회복지법인으로 한다. 모금회는 정관을 작성하여 보건복지부장관의 (인가)를 받아 등기함으로써 설립된다(사회복지공동모금회법 제4조).
⑤ 모금회는 매년 8월 31일까지 다음 회계연도의 공동모금재원 배분기준을 정하여 공고하여야 한다(사회복지공동모금회법 제20조).

05 건강가정기본법에 관한 설명으로 옳지 않은 것은? [2023년도 제21회]

① "가족"이라 함은 혼인·혈연·입양으로 이루어진 사회의 기본단위를 말한다.
② 모든 국민은 혼인과 출산의 사회적 중요성을 인식하여야 한다.
③ "1인가구"라 함은 성인 1명 또는 그와 생계를 같이하는 미성년자녀로 구성된 생활단위를 말한다.
④ 국가는 양성이 평등한 육아휴직제 등의 정책을 적극적으로 확대 시행하여야 한다.
⑤ 국가는 생애주기에 따르는 가족구성원의 종합적인 건강증진대책을 마련하여야 한다.

정답 ③

해설 2004년에 제정된 「건강가정기본법」은 건강한 가정생활의 영위와 가족의 유지 및 발전을 위한 국민의 권리·의무와 국가 및 지방자치단체 등의 책임을 명백히 하고, 가정문제의 적절한 해결방안을 강구하며 가족구성원의 복지증진에 이바지할 수 있는 지원정책을 강화함으로써 건강가정 구현에 기여하는 것을 목적으로 한다. 문제의 선택지와 관련된 법 규정은 다음과 같다.

① "가족"이라 함은 혼인·혈연·입양으로 이루어진 사회의 기본단위를 말한다(건강가정기본법 제3조).
② 모든 국민은 혼인과 출산의 사회적 중요성을 인식하여야 한다(건강가정기본법 제8조).
③ "1인가구"라 함은 1명이 단독으로 생계를 유지하고 있는 생활단위를 말한다(건강가정기본법 제3조).
④ 국가 및 지방자치단체는 자녀를 양육하는 가정에 대하여 자녀양육으로 인한 부담을 완화하고 아동의 행복추구권을 보장하기 위하여 보육, 방과후 서비스, 양성이 평등한 육아휴직제 등의 정책을 적극적으로 확대 시행하여야 한다(건강가정기본법 제22조).
⑤ 국가 및 지방자치단체는 영·유아, 아동, 청소년, 중·장년, 노인 등 생애주기에 따르는 가족구성원의 종합적인 건강증진대책을 마련하여야 한다(건강가정기본법 제24조).

06 아동복지법상 보호가 필요한 아동을 발견하고 양육환경을 개선할 수 있도록 지원하기 위하여 이용할 수 있는 자료와 정보에 해당하는 것을 모두 고른 것은? [2023년도 제21회]

ㄱ. 「국민건강보험법」 제41조제1항 각 호에 따른 요양급여 실시 기록
ㄴ. 「국민건강보험법」 제52조에 따른 영유아건강검진 실시 기록
ㄷ. 「초·중등교육법」 제25조에 따른 학교생활기록 정보
ㄹ. 「전기사업법」 제14조에 따른 단전 가구정보

① ㄱ, ㄴ, ㄷ ② ㄱ, ㄴ, ㄹ ③ ㄱ, ㄷ, ㄹ
④ ㄴ, ㄷ, ㄹ ⑤ ㄱ, ㄴ, ㄷ, ㄹ

정답 ⑤

해설 아동복지법상 아동보호 사각지대 발굴 및 실태조사(제15조의4)의 각 조항 규정은 다음과 같다.

① 보건복지부장관은 보호가 필요한 아동을 발견하고 양육환경을 개선할 수 있도록 지원하기 위하여 「사회보장기본법」 제37조에 따른 사회보장정보시스템(이하 "사회보장정보시스템"이라 한다)을 통하여 다음 각 호의 자료 또는 정보를 처리할 수 있으며, 해당 자료를 토대로 아동보호를 위한 실태조사 대상 아동을 선정할 수 있다.
  1. 「국민건강보험법」 제41조제1항 각 호에 따른 요양급여 실시 기록
  2. 「국민건강보험법」 제52조에 따른 영유아건강검진 실시 기록 및 「의료급여법」 제14조에 따른 건강검진 실시 기록 중 6세 미만에 대한 기록
  3. 「초 · 중등교육법」 제25조에 따른 학교생활기록 정보
  4. 「사회보장급여의 이용 · 제공 및 수급권자 발굴에 관한 법률」 제12조제1항 각 호에 따른 정보
  5. 「감염병의 예방 및 관리에 관한 법률」 제24조제1항에 따른 필수예방접종 실시 기록

② 보건복지부장관은 아동보호의 사각지대 해소를 위하여 제1항에 따른 자료 또는 정보 및 실태조사 대상 아동의 명단을 시 · 도지사 또는 시장 · 군수 · 구청장에게 제공할 수 있다.

③ 시 · 도지사 및 시장 · 군수 · 구청장은 보건복지부장관이 제2항에 따라 제공한 자료 또는 정보 및 실태조사 대상 아동의 명단을 토대로 아동의 주소지 등을 방문하여 양육환경 조사를 실시하여야 한다.

④ 보건복지부장관, 시 · 도지사 및 시장 · 군수 · 구청장은 제3항에 따른 조사 결과 필요하다고 인정하는 경우에는 복지서비스의 제공, 제15조에 따른 보호조치, 수사기관 또는 아동보호전문기관과의 연계 등 적절한 조치를 하여야 한다.

⑤ 보건복지부장관은 아동보호 사각지대 발굴 및 아동 보호 체계를 갖추기 위하여 필요한 정보시스템을 구축 · 운영할 수 있으며, 이 경우 사회보장정보시스템을 연계하여 이용할 수 있다.

07 사회복지공동모금회법상 사회복지공동모금회에 관한 설명으로 옳지 않은 것은?

[2023년 제21회]

① 회장, 부회장 및 이사의 임기는 3년으로 하며, 한 차례만 연임할 수 있다.

② 사회복지공동모금사업을 수행한다.

③ 모금회의 업무를 처리하기 위하여 사무총장 1명과 필요한 직원 및 기구를 둔다.

④ 특별시 · 광역시 · 특별자치시 · 도 · 특별자치도 단위 사회복지공동모금지회를 둔다.

⑤ 사회복지사업이나 그 밖의 사회복지활동 등을 지원하기 위한 재원을 조성하기 위하여 기획재정부장관의 승인을 받아 복권을 발행할 수 있다.

정답 ⑤

해설 지역사회복지론 과목에서 출제된 문제이지만 사회복지법제론 관련 문항으로 수록하였다. 다음 내용은 사회복지공동모금회법상 사회복지공동모금회에 대한 주요 내용이다.

① 사회복지공동모금회는 단일법인으로 사회복지공동모금사업을 수행하는 사회복지사업법의 사회복지법인이다.

② 정관을 작성하여 보건복지부장관의 인가를 받아 등기함으로써 설립된다.
③ 특별시 · 광역시 · 특별자치시 · 도 · 특별자치도의 광역시도 단위에 지회를 둔다.
④ 회장, 부회장 및 이사의 임기는 3년으로 하며, 한 차례만 연임할 수 있다.
⑤ 이사(회장 · 부회장 및 사무총장을 포함) 15명 이상 20명 이하의 이사를 둔다.
⑥ (보건복지부장관)의 승인을 받아 복권을 발행할 수 있다.
⑦ 기부금품의 기부자는 사용용도를 지정할 수 있다.
⑧ 모금방법은 지역배분형, 개별형, 기업중심형, 단체형, 특별사업형이 있다.
⑨ 모금기간은 연말집중모금과 연중모금으로 분류한다.
⑩ 신청사업은 프로그램 사업과 기능보강 사업으로 나누어 공모형태로 진행된다.
⑪ 프로그램 사업비의 배분유형은 성과중심형, 성과확산형, 산출중심형이 있다.

08 정신건강증진 및 정신질환자 복지서비스 지원에 관한 법률상 정신질환자의 보호의무자가 될 수 있는 사람은? [2023년도 제21회]

① 후견인
② 파산선고를 받고 복권되지 아니한 사람
③ 해당 정신질환자를 상대로 소송 중인 사람
④ 행방불명자
⑤ 미성년자

정답 ①

해설 정신건강증진 및 정신질환자 복지서비스 지원에 관한 법률은 1995년 제정되어 1996년 시행되었으며, 정신질환의 예방 · 치료, 정신질환자의 재활 · 복지 · 권리보장과 정신건강 친화적인 환경 조성에 필요한 사항을 규정함으로써 국민의 정신건강증진 및 정신질환자의 인간다운 삶을 영위하는 데 이바지함을 목적으로 한다.

법률상 보호의무자(제39조)는 주로 「민법」에 따른 후견인 또는 부양의무자로서 정신질환자의 보호의무를 가지고 있다. 보호의무자(제39조)에 관한 규정은 다음과 같다.

① 「민법」에 따른 후견인 또는 부양의무자는 정신질환자의 보호의무자가 된다.
② 다음 각 호의 어느 하나에 해당하는 사람은 보호의무자가 될 수 없다.
   1. 피성년 후견인 및 피한정후견인
   2. 파산선고를 받고 복권되지 아니한 사람
   3. 해당 정신질환자를 상대로 한 소송이 계속 중인 사람 또는 소송한 사실이 있었던 사람과 그 배우자
   4. 미성년자
   5. 행방불명자
   6. 보건복지부령으로 정하는 부득이한 사유로 보호의무자로서의 의무를 이행할 수 없는 사람
③ 보호의무자 사이의 보호의무의 순위는 후견인 · 부양의무자의 순위에 따르며 부양의무자가 2명 이상인 경우에는 「민법」에 따른다.

09 다음이 설명하는 한부모가족지원법상의 한부모가족복지시설은? [2023년도 제21회]

> 배우자(사실혼 관계에 있는 사람을 포함한다)가 있으나 배우자의 물리적 · 정신적 학대로 아동의 건전한 양육이나 모의 건강에 지장을 초래할 우려가 있을 경우 일시적 또는 일정 기간 동안 모와 아동 또는 모에게 주거와 생계를 지원하는 시설

① 일시지원복지시설 ② 부자가족복지시설
③ 모자가족복지시설 ④ 한부모가족복지상담소
⑤ 미혼모자가족복지시설

정답 ①

해설 **한부모가족복지시설(한부모가족지원법 제19조)**

① 한부모가족복지시설은 다음 각 호의 시설로 한다.

1. 출산지원시설: 다음 각 목의 어느 하나에 해당하는 자의 임신 · 출산 및 그 출산 아동(3세 미만에 한정한다)의 양육을 위하여 주거 등을 지원하는 시설
   가. 제4조제1호의 모
   나. 혼인 관계에 있지 아니한 자로서 출산 전 임신부
   다. 혼인 관계에 있지 아니한 자로서 출산 후 해당 아동을 양육하지 아니하는 모
2. 양육지원시설: 6세 미만 자녀를 동반한 한부모가족에게 자녀를 양육할 수 있도록 주거 등을 지원하는 시설
3. 생활지원시설: 18세 미만(취학 중인 경우에는 22세 미만을 말하되, 「병역법」에 따른 병역의무를 이행하고 취학 중인 경우에는 병역의무를 이행한 기간을 가산한 연령 미만을 말한다) 자녀를 동반한 한부모가족에게 자립을 준비할 수 있도록 주거 등을 지원하는 시설
4. 일시지원시설: 배우자(사실혼 관계에 있는 사람을 포함한다)가 있으나 배우자의 물리적 · 정신적 학대로 아동의 건전한 양육이나 모 또는 부의 건강에 지장을 초래할 우려가 있을 경우 일시적 또는 일정 기간 동안 모와 아동, 부와 아동, 모 또는 부에게 주거 등을 지원하는 시설
5. 한부모가족복지상담소: 한부모가족에 대한 위기 · 자립 상담 또는 문제해결 지원 등을 목적으로 하는 시설

10 한부모가족지원법의 내용으로 옳지 않은 것은? [2022년도 제20회]

① "청소년 한부모"란 24세 이하의 모 또는 부를 말한다.
② 한부모가족의 모 또는 부와 아동은 한부모가족 관련 정책결정과정에 참여할 권리가 있다.
③ 여성가족부장관은 자녀양육비 산정을 위한 자녀양육비 가이드라인을 마련하여 법원이 이혼판결 시 적극 활용할 수 있도록 노력하여야 한다.
④ 국가와 지방자치단체는 청소년 한부모의 건강증진을 위하여 건강진단을 실시

할 수 있다.

⑤ 국가나 지방자치단체는 아동양육비를 대여할 수 있다.

정답 ⑤

해설 한부모가족지원법의 내용으로 국가나 지방자치단체는 아동양육비가 아니라 (아동교육비)를 대여할 수 있다.

복지 자금의 대여(한부모가족지원법 제13조)

① 국가나 지방자치단체는 한부모가족의 생활안정과 자립을 촉진하기 위하여 다음 각 호의 어느 하나의 자금을 대여할 수 있다.
1. 사업에 필요한 자금
2. 아동교육비
3. 의료비
4. 주택자금
5. 그 밖에 대통령령으로 정하는 한부모가족의 복지를 위하여 필요한 자금

② 제1항에 따른 대여 자금의 한도, 대여 방법 및 절차, 그 밖에 필요한 사항은 대통령령으로 정한다.

이러한 지원은 한부모가족이 안정적인 가족 기능을 유지하고 자립할 수 있도록 돕기 위한 목적으로 제공된다.

11 노인복지법의 내용으로 옳지 않은 것은? [2022년도 제20회]

① 노인복지주택 입소자격자는 60세 이상의 노인이다.

② 보건복지부장관은 요양보호사가 거짓으로 자격증을 취득한 경우 그 자격을 취소하여야 한다.

③ 누구든지 노인학대를 알게 된 때에는 노인보호전문기관 또는 수사기관에 신고할 수 있다.

④ 노인일자리전담기관에는 노인인력개발기관, 노인취업알선기관, 노인일자리지원기관이 있다.

⑤ 지방자치단체는 65세 이상의 자에 대하여 건강진단과 보건교육을 실시할 수 있다.

정답 ②

해설 **요양보호사 자격의 취소(노인복지법 제39조의14)**

① 시·도지사는 요양보호사가 다음 각 호의 어느 하나에 해당하는 경우 그 자격을 취소할 수 있다. 다만, 제1호부터 제3호까지의 경우 자격을 취소하여야 한다.
1. 제39조의13(요양보호사의 결격사유) 각 호의 어느 하나에 해당하게 된 경우
2. 제39조의9(금지행위)를 위반하여 제55조의2부터 제55조의4까지(벌칙)의 규정에 따른 처벌을 받은 경우
3. 거짓이나 그 밖의 부정한 방법으로 자격증을 취득한 경우

4. 영리를 목적으로 노인 등에게 불필요한 요양서비스를 알선 · 유인하거나 이를 조장한 경우
5. 자격증을 대여 · 양도 또는 위조 · 변조한 경우

② 시 · 도지사는 제1항에 따라 요양보호사의 자격을 취소하는 경우 청문을 실시하여야한다.
③ 제1항의 자격취소의 절차 등에 관하여 필요한 사항은 보건복지부령으로 정한다.

12 장애인복지법의 내용으로 옳은 것은? [2022년도 제20회]

① 「난민법」 제2조 제2호에 따른 난민인정자는 장애인등록을 할 수 있다.
② 보건복지부장관은 3년마다 장애인정책종합계획을 수립 · 시행하여야 한다.
③ 보건복지부장관은 5년마다 장애실태조사를 실시하여야 한다.
④ 보건복지부장관은 피해장애인의 임시 보호 및 사회복귀 지원을 위하여 장애인 쉼터를 설치 · 운영할 수 있다.
⑤ 장애인복지시설의 장은 장애인 거주시설에서 제공하여야 하는 서비스의 최저기준을 마련하여야 한다.

정답 ①

해설 장애인 등록의 대상이 되는 사람은 각 법률에 따라 (국내거소신고를 한 사람, 재외국민으로 주민등록을 한 사람, 대한민국에 영주할 수 있는 체류자격을 가진 사람, 결혼이민자, 난민인정자) 등이다(장애인복지법 제32조의2). 장애인복지법의 규정 내용으로 선택지의 오답을 체크하면 다음과 같다.

② 보건복지부장관은 (5년마다) 장애인정책종합계획을 수립 · 시행하여야 한다(제10조의2).
③ 보건복지부장관은 (3년마다) 장애실태조사를 실시하여야 한다(제31조) .
④ (시 · 도지사)는 피해장애인의 임시 보호 및 사회복귀 지원을 위하여 장애인 쉼터를 설치 · 운영할 수 있다(제59조의13).
⑤ (보건복지부장관)은 장애인 거주시설에서 제공하여야 하는 서비스의 최저기준을 마련하여야 한다(제60조의3).

13 아동복지법의 내용으로 옳은 것은? [2022년도 제20회]

① 시장 · 군수 · 구청장은 보호조치 중인 보호대상아동의 양육상황을 3년마다 점검하여야 한다.
② 시 · 군 · 구에 두는 아동위원은 명예직으로 수당을 지급할 수 없다.
③ 보건복지부장관 소속으로 아동정책조정위원회를 둔다.
④ 아동권리보장원의 장은 아동학대가 종료된 이후에도 아동학대의 재발 여부를 확인하여야 한다.

⑤ 아동복지시설의 장은 보호하고 있는 12세 이상의 아동을 대상으로 자립지원계획을 수립하여야 한다.

정답 ④

해설 아동권리보장원의 장 또는 아동보호전문기관의 장은 아동학대가 종료된 이후에도 가정방문, 전화상담 등을 통하여 아동학대의 재발 여부를 확인하여야 한다(제28조). 아동복지법의 규정 내용으로 선택지의 오답을 체크하면 다음과 같다.

① 시 · 도지사 또는 시장 · 군수 · 구청장은 보호조치 중인 보호대상아동의 양육상황을 (매년) 점검하여야 한다(제15조의3).
② 시 · 군 · 구에 두는 아동위원은 명예직으로 수당을 지급할 수 (있다)(제14조).
③ (국무총리 소속으로) 아동정책조정위원회를 둔다(제10조).
⑤ 아동권리보장원의 장, 가정위탁지원센터의 장 및 아동복지시설의 장은 보호하고 있는 (15세) 이상의 아동을 대상으로 매년 개별 아동에 대한 자립지원계획을 수립하고, 그 계획을 수행하는 종사자를 대상으로 자립지원에 관한 교육을 실시하여야 한다(제39조).

14 사회복지공동모금회법의 내용으로 옳은 것은? [2022년도 제20회]

① 배분분과실행위원회는 위원장 1명을 포함하여 20명 이내의 위원으로 구성한다.
② 국가나 지방자치단체는 모금회의 관리 · 운영에 필요한 비용을 보조할 수 있다.
③ 기부금품의 기부자는 배분지역, 배분대상자 또는 사용 용도를 지정할 수 없다.
④ 사회복지공동모금회는 언론기관을 모금창구로 지정할 수 있으나 지정된 언론기관의 명의로 모금계좌를 개설할 수 없다.
⑤ 모금회의 정관으로 규정하지 아니한 사항은 「민법」 중 사단법인에 관한 규정을 준용한다.

정답 ②

해설 사회복지공동모금회법의 규정 내용으로 선택지의 오답을 체크하면 다음과 같다.

① (분과실행위원회)는 위원장 1명을 포함하여 20명 이내의 위원으로 구성한다. 단, 배분분과실행위원회는 (20명 이상의 위원으로) 구성한다(제13조).
③ 기부금품의 기부자는 배분지역, 배분대상자 또는 사용 용도를 지정할 수 (있다)(제27조).
④ 사회복지공동모금회는 언론기관을 모금창구로 지정하고 지정된 언론기관의 명의로 모금계좌를 개설할 수 (있다)(제19조).
⑤ 모금회의 정관으로 규정하지 아니한 사항은 「민법」 중 (재단법인)에 관한 규정을 준용한다(제34조).

참고문헌

1. 국내 단행본

고수현(2020). **사회복지법제와 실천**(제5판). 서울: 정민사.

고수현(2023). **사회복지법제와 실천**(제6판). 서울: 동문사.

김만두 · 한혜경(2000). **현대사회복지개론**(개정판). 서울: 홍익제.

김영애 · 임유진(2022). **사회복지법제와실천**. 서울: 한국방송통신대학교출판문화원.

김원섭(2023). 한국 복지체제 발전과 윤석열 정부 복지정책의 방향–사회보장정책을 중심으로–. 사단법인 코리아컨센서스연구원(분석과 대안).

김재호 · 전대성 · 안은정(2019). **사회복지법제론–법제와 실천–**. 서울: 창지사.

남기민 · 홍성로(2020). **사회복지법제와 실천**(제7판). 경기: 공동체.

노기남 · 박선태 · 오승환 · 윤춘모 · 이금숙(2021). **사회복지법제와 실천**. 서울: 동문사.

박근수 · 고간용 · 이충은(2021). **사회복지법제론**. 서울: 양서원.

박진화(2023). **사회복지법제와 실천**. 경기: 공동체.

서동명(2022). **사회복지법제와 실천**(제2판). 서울: 신정.

원용찬(1998). **사회복지발달사–포스트 복지자본주의와 패러다임–**. 전주: 신아.

윤찬영 · 김광병 · 송인규 · 이윤진(2023). **사회복지법제와 실천**. 서울: 학지사.

이명현(2019). **사회복지법제와 실천**(제2판). 경기: 공동체.

이용재(2023). **사회복지 법제와 실천**. 서울: 양서원.

이인재 · 류진석 · 권문일 · 김진구(2004). **사회보장론**(개정판). 서울: 나남출판.

이정서 · 정성배 · 김선녀(2022). **사회복지사 1급 한권으로 끝내기**. 서울: 동문사.

이중엽(2022). **사회복지 법제와 실천**(6판). 서울: 양서원.

임정문 · 이지복 · 조순례 · 박지유 · 배명수 · 이한철 · 노미향 · 신미애 · 이경수(2023). **사회복지 법제와 실천**. 서울: 동문사.

임정문 · 현영렬 · 김재경 · 박선태 · 나직균(2020). **사회복지의 이해**. 서울: 동문사.

장승혁(2024). 산업재해 판례의 동향과 전망. 사회보장법과 법원(2024년 봄 공동학술대회), 한국사회보장법학회, 한양대학교법학연구소, 사법정책연구원, 2024: 1-38.

정진경(2019). **사회복지법제와 실천**(제2판). 경기: 공동체.

정현태 · 김동욱 · 류기덕 · 서민호 · 이승현 · 제미자(2020). **사회복지법제와 실천**. 경기: 공동체.

조원탁 · 김형수 · 이형하 · 조준(2020). **사회복지법제와 실천**(13판). 서울: 양서원.
한국사회복지교육협의회(2022). 사회복지학 교과목지침서.
한수웅(2016). **헌법학**(제6판). 서울: 법문사.
홍완식 · 곽관훈 · 김명엽 · 김재윤 · 박규용 · 박병도 · 장교식 · 정대 · 최관호 · 황대성(2023). **법학개론**(제10판). 경기: 피앤씨미디어.
황미경(2020). **사회복지법제와 실천**. 서울: 양서원.

2. 인터넷 사이트

국가복지정보센터 http://www.e-welfare.go.kr
국민건강보험공단 http://www.nhic.or.kr
국민연금공단 http://www.nps.or.kr
근로복지공단 http://www.kcomwel.or.kr
노동부 http://www.molab.go.kr
대법원 http://www.scourt.go.kr
법제처 http://www.moleg.go.kr
보건복지부 http://www.mw.go.kr
복지로 http://www.bokjiro.go.kr
한국산업인력공단 https://www.q-net.or.kr (사회복지사 1급/자료실/기출문제지 및 최종정답), (사회복지사 1급/자료실/기타자료/사회복지사 1급 출제영역)

찾아보기

ㄱ

가입기간 합산협정 / 165
가정봉사서비스 / 260
가정봉사원 / 260
가정폭력 / 384
가정폭력방지법 / 384
가족요양비 / 320
강행규정 / 23
강행법 / 23, 105
건강가정기본법 / 377, 378
건강가정사 / 380
건강가정사업 / 379
건강검진 / 312
건강보험분쟁조정위원회 / 315
건강보험심사평가원 / 313
건강보험정책심의위원회 / 309
건강보험제도 / 308
경로연금 / 346
경제법 / 118
경제협력개발기구 / 156
계약의 공정성 원칙 / 62
계약자유의 원칙 / 60
고용노동부 / 290
고용보험 / 287
고용보험기금 / 290
고용보험료 / 288
고용보험법 / 285
고용보험사업 / 288
고용보험위원회 / 287
공공부조 / 192, 329
공공부조법 / 111
공공부조수급권 / 156
공무담임권 / 132
공법 / 21, 104
공익소송 / 32
공장법 / 65
공적연금 / 275
과실책임의 원칙 / 60
관습법 / 50
광의 / 39
교육급여 / 335
구법 / 24
구빈세 / 64
구상권 / 199
구직급여 / 288
구체적 권리설 / 137
국내법 / 103, 104
국민건강보험공단 / 313, 321
국민건강보험법 / 305, 307
국민기초생활보장법 / 91, 331
국민기초생활보장제도 / 331
국민연금 / 278
국민연금공단 / 284
국민연금기금 / 283

국민연금법 / 276
국민연금제도 / 278
국제기구 / 155
국제노동기구 / 49, 155
국제노동협약 / 159
국제법 / 104
국제법규 / 48
국제사회복지협의회 / 155
국제아동권리협약 / 49
국제연합 / 49, 155
국제인권규약 / 48, 160
국제화 / 153
궁극적 가치 / 173
권리 / 114
권리구제 / 143
권리성 / 141
권익옹호 / 180
규범 / 16
규범적 의미 / 40
규칙 / 47, 121
근로복지공단 / 294
기본권 / 128, 130
기본재산 / 254
기준 중위소득 / 332
기준소득월액 / 277
기준연금액 / 347
기초급여 / 350
기초노령연금 / 346
기초연금 / 346
기초연금법 / 345
기초연금액 / 347
긴급복지지원법 / 342
긴급지원대상자 / 343
길버트법 / 66

ㄴ

노동법 / 116
노동자질병보험법 / 69
노령연금 / 281
노인 등 / 317
노인복지법 / 365, 366
노인복지시설 / 366
노인장기요양급여 / 319
노인장기요양보험 / 317, 318
노인장기요양보험료 / 318
노인장기요양보험법 / 315
논리해석 / 31
뉴딜정책 / 70

ㄷ

다문화가족 / 383
다문화가족지원법 / 382
당위규범 / 17
대서양헌장 / 157
독일 사회보험법 / 68
등급판정위원회 / 319, 321

ㅁ

명령 / 47
무과실책임(집합적 책임) 원칙 / 62
문리해석 / 31
미국 사회보장법 / 70
민법 / 117

ㅂ

바이마르헌법 / 40, 153
반사적 이익 / 114
반환일시금 / 283
배분적 정의 / 18
법 / 16
법률 / 46
법률관계 / 114
법률구조제도 / 147
법률불소급 / 112
법률불소급의 원칙 / 24
법률유보 / 134
법원 / 45
법이념 / 20
법적 권리설 / 136
법적 안정성 / 19
베버리지 보고서 / 67, 127
보상 / 44
보수월액보험료 / 310
보장기관 / 220
보장비용 / 337
보장시설 / 336
보조금 / 263
보통재산 / 254
보편성 / 15
보험 / 45
보험료 면제협정 / 165
복지권 / 40
부가급여 / 312, 351
부양의무자 / 333
부작위 / 146
부조 / 44
분할연금 / 281
불가양성 / 15
불가침성 / 15
불문법 / 49, 50
빈민구제제도 / 78
빈민법 / 64, 67
빈민의료구제 / 81

ㅅ

사망일시금 / 282
사법 / 21, 104
사법체계 / 183
사법해석 / 30
사업장가입자 / 279
사유재산 존중의 원칙 / 60
사유재산불가침 원칙 / 60
사적자치의 원칙 / 60
사회권 / 135
사회권적 기본권 / 135
사회규범 / 16
사회법 / 22, 61, 103, 104
사회법전 / 38
사회보장 / 41, 107, 192
사회보장급여 / 197, 220
사회보장급여법 / 217, 219
사회보장기본법 / 90, 110, 189, 192
사회보장법 / 41, 71, 127
사회보장비용 / 204
사회보장수급권 / 197
사회보장위원회 / 196
사회보장전달체계 / 202
사회보장정보시스템 / 203, 227
사회보장정책 / 199
사회보장제도 / 201

사회보장헌장 / 158
사회보장협정 / 49, 164
사회보험 / 192, 275
사회보험법 / 111, 127
사회보험법제 / 275, 285, 305
사회복지 / 37, 41
사회복지관 / 249, 257
사회복지공동모금회 / 385
사회복지공동모금회법 / 385
사회복지급여 / 141
사회복지법 / 37, 41, 107, 171
사회복지법인 / 249, 252
사회복지사 / 183, 185, 262
사회복지사업 / 248
사회복지사업법 / 87, 217, 245, 247
사회복지서비스 / 249
사회복지수급권 / 138
사회복지시설 / 249, 256
사회복지실천 / 174
사회복지실천 가치 / 174, 176
사회복지의 날 / 251
사회복지전담공무원 / 234
사회복지조례 / 120
사회서비스 / 193, 363, 364
사회서비스법 / 111
사회적 기본권 / 133
사회정의 / 177
사회제도 / 17
사회통합 / 43
산업재해보상보험 / 292
산업재해보상보험법 / 291
상위법 우선 / 105
생계급여 / 334
생산적 복지 / 91
생존권 / 40
생존권적 기본권 / 133
생활보장위원회 / 336
생활보호법 / 87
선거권 / 132
성문법 / 29, 46
성폭력방지법 / 384
세계보건기구 / 155
세계인권선언 / 16, 157
소득월액보험료 / 310
소득인정액 / 332
소유권 절대 원칙 / 60
소유권의 사회성 원칙 / 61
속인주의 / 29, 112
속지주의 / 30, 112
수급권자 / 220, 332, 347, 350
수단적 가치 / 174
수속적 권리 / 139
스핀햄랜드법 / 66
시민법 / 59
시민사회 / 60
시설급여 / 320
신법 / 24
신빈민법 / 66
신청주의 / 140, 198
실업 / 286
실업급여 / 288
실업의 인정 / 287
실정법 / 21, 39, 103
실질적 의미 / 38
실체법 / 23, 105
실체적 권리 / 139

실효성 / 29
심사청구 / 143

ㅇ

아동권리선언 / 158
아동권리협약 / 161
아동복지법 / 371, 373
아동복지시설 / 375
아동복지심의위원회 / 374
아동수당법 / 94
아동지원서비스 / 375
아동학대 / 375
양곡대여제도 / 80
엔클로저 / 58
연금보험료 / 280
예외법 / 105
요양급여 / 311
요양병원간병비 / 321
원조 / 44
원칙법 / 105
위기가구 / 222
위기가족긴급지원 / 379
유권해석 / 30
유럽경제공동체 / 155
유럽사회보장법전 / 158
유럽협의회 / 49, 155
유족연금 / 282
육아휴직 급여 / 289
윤리강령 / 184
의료급여 / 335, 340
의료급여기관 / 341
의료급여법 / 338
의료보험 / 89
의무 / 115
의원입법 / 26
이념 / 17
이념적 / 40
이의신청 / 143
이중성 / 129
인간의 존엄성 / 176
인과적 법관계 / 44
인권 / 15
인권보장 / 15
인권선언 / 156
일반법 / 22, 104
일반적 정의 / 18
일신전속권 / 198
일용근로자 / 287
임의가입자 / 279
임의규정 / 23
임의법 / 23, 105
입법 / 24
입법권 / 25
입법방침설 / 136
입법절차 / 25
입법체계 / 183
입법해석 / 30

ㅈ

자기결정권 / 181
자연법 / 21, 103
자연적 권리성 / 129
자원봉사활동 / 387
자원봉사활동기본법 / 386
자유권 / 131
자치법규 / 48

자활급여 / 336
작업장심사법 / 66
장기요양급여 / 317
장애연금 / 281
장애인권리선언 / 159
장애인권리협약 / 162
장애인복지법 / 367, 368
장애인복지시설 / 370
장애인연금 / 351
장애인연금법 / 349
장제급여 / 335
재가급여 / 320
재가복지서비스 / 260
전문성 / 179
절차법 / 23, 105
절차적 권리 / 139
정부입법 / 28
정신건강복지법 / 388
정신지체인권리선언 / 159
정의 / 18
정주법 / 66
제네바 선언 / 157
제정법 / 46
조례 / 120
조리 / 51
조선구호령 / 84
조세법 / 119
조약 / 48
주거급여 / 334
주관적 공권성 / 129
지역가입자 / 279, 309
지역사회보장협의체 / 232
지역사회복지 / 248
직권주의 / 198
직장가입자 / 309

ㅊ

차등적 가치 / 174
차상위계층 / 334
참정권 / 132
처분 / 146
처분등 / 146
청구권적 기본권 / 133
최광의 / 39
추상적 권리설 / 137
취업촉진 수당 / 289

ㅌ

타당성 / 29
통상임금 / 292
특례요양비 / 320
특별법 / 22, 104
특별현금급여 / 320

ㅍ

판례 / 32
판례법 / 50
평균소득월액 / 277
평균임금 / 292
평균적 정의 / 18
평등권 / 131
프로그램 권리설 / 136
필라델피아선언 / 157

ㅎ

학리해석 / 31
한국사회보장정보원 / 229
한국사회복지사협회 / 260
한국사회복지협의회 / 261
한부모가족 / 380
한부모가족복지시설 / 382
한부모가족지원법 / 380
한시법 / 29
합목적성 / 18
합목적적 법관계 / 44
해산급여 / 335
해석 / 30
행위규범 / 40
행정법 / 115
행정소송 / 146
행정심판 / 146
행정해석 / 30
헌법 / 16, 40, 46, 105, 130
헌법상 기본권 / 128
현금급여 / 311
현물급여 / 311
협의 / 38
형식적 의미 / 38
효력 / 29, 112
후원금 / 263

기타

1종수급권자 / 339
2종수급권자 / 339
3심제도 / 32
A규약 / 161
B규약 / 161

저자소개

■ 박 용 오

서정대학교 글로벌융합복지과 교수
연세대학교 사회복지학 학사 및 석사
연세대학교 가양4종합사회복지관 부관장
한국사회복지협의회(공공기관) 나눔사업본부장
한국사회서비스관리원(준정부기관) 원장
한국사회복지사협회(법정단체) 사무총장
사단법인 사회복지법제학회 부회장
사회복지사 1급 국가시험 출제위원
경기사회복지공동모금회 배분위원회 위원장

■ 조 달 현

서정대학교 휴먼케어서비스과 교수
명지대학교 대학원 교육학 석사, 박사
국무총리 청소년보호위원회 규제개혁심의위원
여성가족부 정책자문위원
서울특별시의회 의원
상담인적자원개발위원회(ISC) 운영위원
한국청소년단체협의회 사무총장
청소년지도사 자격검정 및 연수위원회 위원
대한불교조계종사회복지재단 이사 및 시설장임용평가위원(현)
사회복지사 1급, 평생교육사 2급, 분노조절상담지도사 1급 등

■ 조 재 문

서정대학교 사회복지상담학과 교수
중앙대학교 행정대학원 사회복지전공 졸업(행정학 석사)
서울대학교 의과대학 장수과학최고지도자과정 이수
한국사회보장법학회 정회원, 한국연금학회 정회원
주택연금명예홍보대사, 국민연금자문단 위원
국민연금공단 지사장
서울시립영등포장애인종합복지관 운영위원
지역사회보장대표협의체 위원(영등포구, 양천구, 시흥시)
사회복지법인 광명복지재단 이사
사회복지사 1급, 노후준비상담사, 평생교육강사 1급, 노인교육강사 1급 등

사회복지법제와 실천

초판 1쇄 발행 / 2024년 8월 30일
초판 2쇄 발행 / 2025년 8월 5일

•

공저자 / 박용오 · 조달현 · 조재문
발행인 / 이 중 수
발행처 / **동 문 사**

•

서울특별시 서대문구 홍제원 1길 12
(홍제동 137-8)
Tel : 02)736-3718(대), 736-3710, 3720
Fax : 02)736-3719
등록번호 : 1974.04.27. 제9-17호
가격 : 25,000원

•

ISBN : 979-11-6328-558-8 (93330)
E-mail : dong736@naver.com
www.dongmunsa.com